你未看此花时，此花与汝同归于寂；你来看此花时，则此花颜色一时明白起来，便知此花不在你的心外。

王阳明，《传习录》

在对宇宙的最早的神话学解释中，我们总是可以发现一个原始的人类学与一个原始的宇宙学比肩而立：世界的起源问题与人的起源问题难分难解地交织在一起。

恩斯特·卡西尔，《人论》

·意义形式论·

赵毅衡 意义形式论五书

符号学
原理与推演

赵毅衡 著

四川大学出版社

图书在版编目（CIP）数据

符号学原理与推演 / 赵毅衡著. — 成都：四川大学出版社，2023.7
（意义形式论五书）
ISBN 978-7-5690-6248-9

Ⅰ.①符… Ⅱ.①赵… Ⅲ.①符号学－研究 Ⅳ.①H0

中国国家版本馆CIP数据核字（2023）第140695号

书　　名	符号学原理与推演 Fuhaoxue Yuanli yu Tuiyan
著　　者	赵毅衡
丛 书 名	意义形式论五书
出 版 人	侯宏虹
总 策 划	张宏辉
丛书策划	张宏辉　陈　蓉
选题策划	陈　蓉
责任编辑	陈　蓉
责任校对	吴近宇
装帧设计	叶　茂
插图绘制	卢茜娅　赵锐锐
责任印制	王　炜
出版发行	四川大学出版社有限责任公司 地址：成都市一环路南一段24号（610065） 电话：（028）85408311（发行部）、85400276（总编室） 电子邮箱：scupress@vip.163.com 网址：https://press.scu.edu.cn
印前制作	四川胜翔数码印务设计有限公司
印刷装订	四川盛图彩色印刷有限公司
成品尺寸	170 mm×240 mm
印　　张	26
插　　页	3
字　　数	401千字
版　　次	2023年8月 新1版
印　　次	2023年8月 第1次印刷
定　　价	79.00元

本社图书如有印装质量问题，请联系发行部调换

版权所有 ◆ 侵权必究

扫码获取数字资源

四川大学出版社
微信公众号

编订说明

四川大学出版社建议出版我的作品集，但旧作各书，已经多次重印或重版，卑之无甚高论。二十多本摆一书架，形同作秀，狂妄自大，自己脸红，这次合集的只是未曾修订再版过的近作。新世纪后不久回国任教，有机会集中心力，就一系列久思未决的"意义形式"问题，做比较集中深入而且持久的思考。其成果就是2011年的《符号学原理与推演》，2015年的《广义叙述学》，2017年的《哲学符号学：意义世界的形成》，2022年的《艺术符号学：艺术形式的意义分析》，2023年的《符号美学与艺术产业》。最后两本书实际上是同一课题的上下卷（分别是"纯艺术"与"泛艺术"）。只因行政上分成两个项目，只能作两本书出版。

究竟为何称为"意义形式论"，我在《哲学符号学：意义世界的形成》的"余论"中已经详解。这些问题半个世纪来一直在头脑中，形成了包括八十与九十年代出版的《文学符号学》《苦恼的叙述者》《当说者被说的时候：比较叙述学导论》等书。现在回顾，不能说不值一哂，但也不必特地集合进来。因此，一生思考追求，最终就这几本勉强可以拿出手的"意义形式论五书"。

集合起来后总览之，就显现了一些问题：前后四十年，有些课题，有些论点，不可避免会重复谈，例如在新世纪第一个十年写成的《符号学原理与推演》中，专章讨论了后来进入《广义叙述学》和《艺术符号学：艺术形式的意义分析》的基本思想。既然读者有五本书互相参读，保留后出的专著就可以了。篇幅宝贵，读者的时间更应珍惜。此种情况，有关章节一律砍掉，留几个小注，说明原委。只是经常同一问题，各处各用，不可能抹掉所有的思考，此时用脚注说明可互参之处。

  最后的最后，总要说几句感慨。学术天下公器，只是借我手而成文，能用一生思考这些问题，对了错了，都值得了，所以谈不上"天鹅之歌"。若天假我以年，有后续之作，此处就不必谢幕。书生除了读书写作，百无一用。思考权虽然冥冥赐于每人，暴殄天物总是可惜。

赵毅衡

2023 年 7 月 10 日

目 录

引 论 …………………………………………………………… 1
  1. 什么是符号？………………………………………………… 1
  2. 符号学何用？………………………………………………… 8
  3. 符号学发展的四个模式与三个阶段 ………………………… 14
  4. 符号学与其他学派的融合 …………………………………… 17
  5. 应用符号学 …………………………………………………… 19
  6. 符号学的工作范围 …………………………………………… 20
  7. "二十一世纪是符号学世纪" ………………………………… 24

上编 原 理

第一章 符号的构成 ……………………………………………… 29
  1. 符号载体，空符号 …………………………………………… 29
  2. 物、符号、物—符号 ………………………………………… 31
  3. 符号的降解：物化 …………………………………………… 35
  4. 符号化 ………………………………………………………… 38
  5. 片面化 ………………………………………………………… 42
  6. 符号的实用意义及其度量 …………………………………… 44
  7. 文本 …………………………………………………………… 46

第二章 符号过程，不完整符号 ………………………………… 52
  1. 意义不在场才需要符号 ……………………………………… 52
  2. 符号必有意义 ………………………………………………… 54
  3. 任何解释都是解释 …………………………………………… 56

4. 信号 …………………………………… 60
　　5. 无发送符号 …………………………… 63
　　6. 潜在符号 ……………………………… 66
　　7. 自我符号 ……………………………… 69
　　8. 镜像，自我镜像 ……………………… 71
第三章　任意性与理据性 ……………………… 74
　　1. 任意性 ………………………………… 74
　　2. 系统性 ………………………………… 76
　　3. 共时性 ………………………………… 79
　　4. 有机论，"噪音"，露迹 …………… 82
　　5. 理据性，像似符号 …………………… 87
　　6. 指示符号 ……………………………… 92
　　7. 规约符号 ……………………………… 96
　　8. 中文的理据性与规约性 ……………… 98
第四章　符号表意 ……………………………… 101
　　1. 能指与所指 …………………………… 101
　　2. 双重分节 ……………………………… 104
　　3. 符号意指三分式 ……………………… 109
　　4. 无限衍义，分岔衍义 ………………… 116
　　5. 试推法 ………………………………… 122
　　6. 艾柯七条与类型问题 ………………… 125
　　7. 皮尔斯的普遍三分论 ………………… 133
第五章　媒介与渠道 …………………………… 138
　　1. 媒介，传媒，渠道，体裁 …………… 138
　　2. "媒介即信息" ……………………… 144
　　3. 多媒介文本的联合解码 ……………… 146
　　4. 通感 …………………………………… 149
　　5. 出位之思 ……………………………… 152
　　6. 体裁与期待 …………………………… 154
第六章　伴随文本 ……………………………… 159

1. 伴随文本的定义 …… 159
2. 显性伴随文本：副文本，型文本 …… 161
3. 生成性伴随文本：互文本，同时文本 …… 163
4. 解释性伴随文本：评论文本，链文本，先/后文本 …… 165
5. 普遍伴随文本与文本间性 …… 170
6. 伴随文本执着 …… 173
7. 深层伴随文本 …… 176

第七章 双轴关系 …… 179
1. 双轴互相依靠 …… 179
2. 宽幅与窄幅 …… 183
3. 双轴偏重与文本风格 …… 185
4. 展面与刺点 …… 188

第八章 符号的解释 …… 192
1. 符号学三分科，符形学 …… 192
2. 符义学 …… 194
3. 符用学 …… 195
4. 符号六因素与六性质 …… 198
5. 语境论 …… 203
6. 意图定点 …… 205

第九章 符号修辞 …… 209
1. 符号修辞的特点 …… 209
2. 概念比喻 …… 211
3. 符号明喻、隐喻、转喻、提喻及各种变体 …… 214
4. 符号比喻的各种复杂变体 …… 218
5. 象征：与"符号"的混用 …… 221
6. 生成象征的方法 …… 227
7. 语言反讽与符号反讽 …… 234
8. 反讽与悖论 …… 236
9. 大局面反讽 …… 241
10. 四体演进 …… 243

第十章　符码与元语言 ………………………………………… 250
1. 符码 ……………………………………………………… 250
2. 元语言与意义 …………………………………………… 253
3. "断无不可解之理" ……………………………………… 255
4. 元语言的构成 …………………………………………… 259
5. 同层次元语言冲突 ……………………………………… 263
6. 解释旋涡 ………………………………………………… 265
7. 元元语言冲突，"评价旋涡" …………………………… 270

下编　推　演

第十一章　理据性及其滑动 …………………………………… 275
1. 偶发再度理据性 ………………………………………… 275
2. 普遍符用理据性 ………………………………………… 278
3. 理据性上升 ……………………………………………… 281
4. 理据性滑落 ……………………………………………… 283
5. 理据性滑落后陡升，禅宗公案 ………………………… 287

第十二章　谎言与虚构 ………………………………………… 291
1. 符号，真相，谎言 ……………………………………… 291
2. 接受原则 ………………………………………………… 296
3. "同意接受"各类型 ……………………………………… 299
4. "拒绝接受"各类型 ……………………………………… 304
5. 虚构中如何述真？ ……………………………………… 307
6. 真假与计谋的文化道德 ………………………………… 312

第十三章　标出性 ……………………………………………… 315
1. 语言学中的标出性 ……………………………………… 315
2. 文化研究中的标出性 …………………………………… 318
3. 风格作为标出特征 ……………………………………… 321
4. 标出性的历史翻转 ……………………………………… 323
5. 中项问题 ………………………………………………… 326

第十四章　身份与文本身份，自我与符号自我 ·················· 331
1. 术语群辨析 ·················· 331
2. 从主体到自我 ·················· 335
3. 从自我到身份 ·················· 337
4. 当代文化的身份自我危机 ·················· 345
5. 自我的纵横移动 ·················· 347
6. 反思自我的悖论，试推自我 ·················· 351
7. 文本身份 ·················· 355
8. 普遍隐含作者 ·················· 362

第十五章　当代社会的符号危机 ·················· 365
1. 后期现代的意义方式 ·················· 365
2. 当代符号危机的四个特征 ·················· 366
3. 从异化劳动、异化消费，到异化符号消费 ·················· 374
4. 替代选择 ·················· 377
5. 经典重估与"文学场"破溃 ·················· 380
6. 两种经典化，两种替代自我 ·················· 383

第十六章　现代性与评价旋涡 ·················· 388
1. 历史与符号力量 ·················· 388
2. 现代性的动力与制动 ·················· 390
3. "中体西用"没有错 ·················· 393
4. 新儒家的整体元语言 ·················· 395

后　记 ·················· 400
再版后记 ·················· 402
修订后记 ·················· 404
2023 年再版后记 ·················· 406

引 论

1. 什么是符号？

人的精神，人的社会，整个人类世界，浸泡在一种很少有人感觉到，却没有一刻能摆脱的东西里，这种东西叫符号。

本书将涉及的许多重要概念，例如意义、系统、象征、文化、艺术、美、意识形态，都苦于定义太多太复杂，唯独"符号"与"符号学"却几乎没有定义。西方著作给"符号学"的定义一般都是："符号学是研究符号的学说。"（Semiotics is the study of signs）[①] 这很难说是定义，在中文里是同词反复；在西文中，只是在解释 semiotics 这个希腊词根僻词是什么意思。不过如果能说清什么是符号，勉强还算一个定义。

但是很多符号学家认为，符号无法定义。符号学家里多夫（David Lidov）写了几千字讲解后，干脆说："符号学有必要给'符号'一个定义吗？众所周知，科学不必定义它们的基本术语：物理学不必定义'物质'，生物学不必定义'生命'，心理学不必定义'精神'。"[②]

但符号学作为一种对普遍思维规律的思索，目的就是理清人表达与认识意义的方式，如果不能首先处理自己的基本定义，就失去根本

[①] Paul Cobley, "Introduction", *The Routledge Companion to Semiotics*, New York: Routledge, 2010, p. 3; 这个定义实际上来自索绪尔，索绪尔最早建议建立一个叫作"符号学"的学科，它将是"研究符号作为社会生活一部分的作用的科学"（Ferdinand de Saussure, *Course in General Linguistics*, New York: McGraw-Hill, 1969, p. 14）。

[②] David Lidov, "Sign", in Paul Bouissac (ed.), *Encyclopedia of Semiotics*, Oxford: Oxford University Press, 1998, p. 575.

出发点。严肃的讨论毕竟要从一个定义出发，笔者愿意冒简单化的风险，给符号一个清晰的定义：**符号是被认为携带意义的感知**。

如此定义并不是没人想到过，只是没有人如此说清。文化学者霍尔就如此说："我们用于表述带有意义的语词、声音或形象的总的术语是符号。"① 如此说法是描述，不太像定义。**笔者还进一步认为：意义必须用符号才能表达，符号的用途是表达意义。反过来说，没有意义可以不用符号表达，也没有不表达意义的符号**。

这个定义，看起来简单而清楚，翻来覆去说的是符号与意义的锁合关系。实际上它卷入一连串至今难以明确解答的难题，甚至可以得出一系列令人吃惊的结论。本书需要花上几章篇幅，才能把这个定义卷入的细节问题讨论清楚。

首先，既然任何意义活动必然是符号过程，既然意义不可能脱离符号，那么意义必然是符号的意义，符号就不仅是表达意义的工具或载体，而且符号是意义的条件：有符号才能进行意义活动。德里达说得极准确："从本质上讲，不可能有无意义的符号，也不可能有无所指的能指。"②

由此，我们必须定义"意义"。要说出任何意义，必须用另一个意义；判明一个事物是有意义的，就是说它是引发解释的，可以解释的。而一切可以解释出意义的事物，都是符号，因此，意义有一个同样清晰简单的定义：**意义就是一个符号可以被另外的符号解释的潜力，解释就是意义的实现**。

雅柯布森说："能指必然可感知，所指必然可翻译。"这种说法简练而明确："可译性"指"可以用语言解释"，也包括"可以用另一种符号再现"，或是"用另一种语言翻译"。"可译"就是用一个符号代替另一个符号，但这个符号依然需要另外一个符号来解释。

因此，上面的定义可以再推一步：**意义必用符号才能解释，符号**

---

① 斯图尔特·霍尔：《表征：文化表象与意指实践》，徐亮、陆光华译，北京：商务印书馆，2005年，第24页。

② 雅克·德里达：《声音与现象：胡塞尔现象学中的符号问题导论》，杜小真译，北京：商务印书馆，1999年，第20页。

用来解释意义。反过来，没有意义可以不用符号解释。这话听起来很缠绕，实际上意思简单：一个意义包括发出（表达）与接收（解释）这两个基本环节，这两个环节都必须用符号才能完成，而发出的符号在被接收并且得到解释时，必须被代之以另一个符号，因此，解释就是另一个符号过程的开端，它只能暂时搁置前一个符号过程，而不可能终结意义延展本身。意义的这个定义与本书下面将讨论的"无限衍义"相一致。

由此，我们可以回答本节开始时的问题：什么是符号学？说"符号学是研究符号的学说"，西方学者自己也极不满意[1]；艾柯的定义"符号学研究所有能被视为符号的事物"[2]，也几乎没有改进。也有人说符号学"研究人类符号活动（semiosis）的特点"，亦即人的"元符号能力"[3]，这依然没有逃脱同义词互相定义。笔者认为，从对符号的定义出发，我们可以说**符号学是研究意义形式的学说**。

为什么如此简明扼要、言之成理的定义，要等这本书才能说出来？符号学者们当然朝这个方向想过，但是研究意义的学说太多，例如认识论、语意学、逻辑学、现象学、解释学。也有某些论者认为符号学的研究重点是"表意"（signification，即 articulated meaning）。[4] 福柯也说："我们可以把使符号'说话'，发展其意义的全部知识，称为解释学；把鉴别符号，了解连接规律的全部知识，称为符号学。"[5] 他的意思是符号学与解释学各据一半，相辅相成。这个看法已经不对，实际上现在符号学已经延伸到符号意义的接收一端，即研究与意义相关的全部活动：符号就是意义，无符号即无意义，**符号学即形式**

---

[1] 钱德勒（Daniel Chandler）在他那本影响很大的网上提供的《符号学初阶》（*Semiotics for Beginners*）中，开头一小段定义符号学，接着说："如果你不是那种人，定要纠缠在让人恼怒的问题上让大家干等，就往下看……"此话强作轻松，听来很无奈。

[2] Umberto Eco, *A Theory of Semiotics*, Bloomington: Indiana University Press, 1976, p.7.

[3] Susan Petrilli, "Semiotics", in Paul Cobley (ed.), *The Routledge Companion to Semiotics*, New York: Routledge, 2010, p.322.

[4] Bronwen Martin, Felizitas Ringham, *Key Terms in Semiotics*, London: Bloomsbury, 2006, p.119.

[5] Michel Foucault, *The Order of Things: An Archeology of Human Sciences*, London: Routledge, 2002, p.33.

意义研究。如果本书读起来更像一种"重在解释认知的符号学",这本是符号学应有的形态。

符号与意义的环环相扣,是符号学最基本的出发点。笔者上面的定义,听起来有点像一个"解释循环"(hermeneutical circle),事实上也的确是一个解释循环:符号表达释放意义以吸引符号解释,符号解释通过追求意义接近符号表达。西方学者没有从这个角度讨论问题,可能是因为意义(meaning)的同义词 significance,构词来自符号(sign),两者同根,不言而喻。但是他们通用的定义"符号学是研究符号的学说",也只是用一个拉丁词根(sign 来自拉丁词 signum)解释一个同义的希腊词根(semiotics 来自希腊词 semeîon)。与其像那样做一个单向的"重叠定义",本书用一个解释循环式的定义,可能更接近问题的核心。

艾柯看出文本与解释之间有个循环,与笔者对符号的理解相近。他说:"文本不只是一个用以判断解释合法性的工具,而是解释在论证自己合法性的过程中逐渐建立起来的一个客体。"也就是说,文本是解释为了自圆其说("论证自己的合法性")而建立起来的,它的意义原本并不具有充分性。艾柯承认这是一个解释循环:"被证明的东西成为证明的前提。"[①] 有意义的追求,才有意义;有解释,才能构成符号文本。

笔者这个关于符号意义的定义,与本书第八章第三节讨论符用学说的"符号的意义即符号的使用"是兼容的:使用符号的过程,也就是解释符号的过程。红灯的意义可以用表示"停车"的语言、手势、动作、降速等来解释,红灯符号的使用(准备停车,或是加速冲过街口)是对停车信号的理解。本书多处(第八章第三节"符用学",第九章第六节"生成象征的方法",第十一章第三节"理据性上升")将细致讨论"使用"在符号意义形成中的重大作用。

人类为了肯定自身的存在,必须寻找存在的意义,因此符号是人

[①] 艾柯:《诠释与过度诠释》,王宇根译,北京:生活·读书·新知三联书店,1997年,第78页。

存在的本质条件。怀特海（Alfred North Whitehead）说："人类为了表现自己而寻找符号，事实上，表现就是符号。"① 这话对了一半：没有符号，人不能表现，也不能理解任何意义，从而不能作为人存在。进一步说，没有意义，不仅人无法存在，"人化"的世界无法存在，人的思想也不可能存在，因为我们只有用符号才能思想，或者说，思想也是一个产生并且接收符号的过程。

这样讨论的目的，是确定符号学涉及的大范围。很多人认为符号学就是研究人类文化的，文化的确是符号学研究最大的一个领域，但是符号学还研究个人非社会化的认知活动、心灵活动、一切有关意义的活动，甚至包括一切有灵之物的认知与心灵活动。

正因为人生需要意义来支持，本书用皮尔斯一个奇特的说法开场，希望到全书结束时，能证明他这种说法并非故作惊人。皮尔斯认为人自身是人使用的一个符号："每一个思想是一个符号，而生命是思想的系列，把这两个事实联系起来，人用的词或符号就是人自身。"②

如果个人的思想也必须用符号才能进行，那么，当我一个人思考时，本是交流用的符号，也就内化为个人思想。那样，本属于个人的世界——沉思、幻觉、梦境等心理活动——哪怕内容上是极端个人化的、隐秘的、被抑制而不进入表达的，形式上却可以为他人所理解：这就是为什么符号学能讨论人性也讨论人的社会性。

如果思想即人本质的符号化，那么人的本质也是"符号性的"。在语言转折之后，学界都同意"言说者言说语言"的旧观念，应当被理解为"语言言说言说者"。③ 从符号学角度扩大言之，不是我们表达思想需要符号，而是我们的思想本来就是符号：与其说自我表意需要符号，不如说符号让自我有表达与解释意义的能力。人的所谓自

---

① Alfred North Whitehead, *Symbolism: Its Meaning and Effect*, Cambridge: Cambridge University Press, 1928, p. 62.
② 转引自科尼利斯·瓦尔：《皮尔士》，郝长墀译，北京：中华书局，2003年，第116页。
③ 参见倪湛阿：《语言·主体·性别——初探巴特勒的知识迷宫》，见朱迪斯·巴特勒：《性别麻烦：女性主义与身份的颠覆》，宋素凤译，上海：上海三联书店，2009年，第2页。

我，只能是符号自我。① （这点将在本书第十四章详细讨论）

以上讨论，听起来好像很抽象，肯尼斯·伯克对此做过一个非常合乎情理的解释。1966年他下过一个"人的定义"，他认为卡西尔说的"人是使用符号的动物"还不够，人的思想实为符号的"终端屏幕"（terministic screen），世界通过它才"有了意义"（makes sense），也就是说，由于使用符号，我们成为我们理解中的世界的一部分。例如没有地图、地理书、经纬度，这些似乎是纯粹的符号工具，我们不可能对世界地理格局有任何认识。因此，拥有完全不同地理符号体系的人，世界就会完全不同。伯克的结论是："没有符号系统，世界就没有意义形态。"② 如果按"天圆地方"来理解世界，我们不仅居住在一个非常不同的世界上，实际上也是非常不同的人。

地理世界如此，人在世界上要处理的一切，包括家庭、人际关系、信仰、意识形态甚至生死，无不如此。我们的世界和人生，无非是这些因素的组合。因此，有理由说，没有符号给予人的世界以意义，我们就无法作为人存在于世：符号就是我们的存在。这个说法，似乎过分了一点，但是很多论者得出类似的结论，例如朗格说，没有符号，人就不能思维，就只能是一个动物，因此符号是人的本质……符号创造了远离感觉的人的世界。③

早期符号学家关于"人的符号本质"的看法，是极其大胆的思想。把我们的内心活动看成并非完全私人的、并非不可解的领域，实际上是让符号学向马克思主义的意识形态论、向现象学、向精神分析打开大门。我们的思想，无论是社群性的社会意识和文化生活，或是个人的思想、意志、欲望，还是拒绝被表现的潜意识，都是以符号方式运作的。

本书还会多次回到这一论点，一再证明这个出发点之重要。我们对于世界是如何组成的，至今所知不多，因为人能够理解的世界，不

---

① Norbert Wiley, *Semiotic Self*, Chicago: University of Chicago Press, 1994, p. 1.
② Kenneth Burke, *Language as Symbolic Action: Essays on Life, Literature, and Method*, Berkeley & Los Angeles: University of California Press, 1966, pp. 3—6.
③ 参见吴风：《艺术符号美学——苏珊·朗格美学思想研究》，北京：北京广播学院出版社，2002年，第28页。

是人的理解之外的自在的世界。一旦人的理解参与进来，世界就不再是自在的世界，而是人化的世界。世界一旦人化，就变成了符号与物的混合。人的世界，虽然不是为人而设的目的论的世界，却是被人意义化的世界。当然，把世界看成为人而存在的符号世界，却是人类的自大。我们只能说，人的认识范围之外的世界很大很复杂，而人只能根据感知和解释去认识它，因此，本书开头几章需要仔细分辨讨论的，是在人借以生存并寻找意义的世界中，符号与物是如何混合的。

有许多符号学家认为"人的世界"与"物理世界"的区分，在于"人的世界"由符号组成。索绪尔认为整个非符号世界，"在语言出现之前一切都是不清晰的……只是混沌不分的星云"①。卡西尔认为"人不再生活在一个单纯的物理宇宙中，而是生活在一个符号宇宙中"②，卡西尔由此提出著名的论断："人是使用符号的动物。"

另一些论者则进一步认为人之外的世界也由符号组成。皮尔斯认为："整个宇宙……哪怕不完全是由符号构成，也是充满了符号。"③皮尔斯这段文字得到许多人的赞同，例如霍夫迈尔，他把从大爆炸开始的整个宇宙史，描写成充满符号意义的历史。④他指的是大爆炸的遗迹（例如"红移""辐射背景"），成为宇宙历史的符号。

笔者不想赞同这些有点大而无当的观点：符号只是当人在世界中寻求意义时才出现，实在世界（不管是"物理世界"或"经验世界"）成为人化的世界后，才具有存在的本体性质。应当说，超出人的经验范围之外，这个世界哪怕如皮尔斯所说充满了符号，哪怕宇宙的历史如霍夫迈尔所说全是符号的历史，它们绝大部分也只是潜在符号。要理解这样一个宇宙所蕴藏的"可能的意义"，应当说是典型"人类中心论"的傲慢。至少，符号学的任务，只是设法理解在人的理解方式中，意义与形式是如何混合的。

---

① Ferdinand de Saussure, *Course in General Linguistics*, New York: McGraw-Hill, 1969, pp. 111—112.
② 恩斯特·卡西尔：《人论》，甘阳译，上海：上海译文出版社，1985年，第43页。
③ *The Essential Peirce*, Bloomington: University of Indiana Press, 1992—1998, Vol. 2, p. 394.
④ Jesper Hoffmeyer, *Signs of Meaning in the Universe*, Bloomington: University of Indiana Press, 1996.

2. 符号学何用？

最近二十多年，我们目睹了人类历史上从未有过的一场剧变：当代文化高速冲进一个"高度符号化时代"。符号消费已经远远超过物质消费，相应地，符号生产也不得不超过物质生产。在当代，个人不是作为生产者实现人生价值，而是作为消费者，尤其是作为一个符号消费者存在。社会必须照应生产者，失业率是全世界任何政府都在头痛的问题；消费者却照应政府，符号消费者更是为当代社会做出积极贡献。"中国成为全球头号奢侈品消费大国"，这样的消息让全世界刮目相看，也让中国人扬眉吐气。但是，我们对这局面及其重大历史后果，至今没有充分的理解；我们对当代社会符号生产和消费的规律，至今没有认真地研究和争辩。

从另一个方向看，在社会各阶层的对抗中，在国际范围内的文化冲突中，对"符号权"的争夺，越来越超过其他实力宰制权的争夺。可以说，不仅是各民族国家，而且整个人类文明所面临的问题，大半是符号问题。无论我们是关心人类的过去、现状、未来，还是只想弄懂我们在各自生活中的幸福、苦恼、愤怒，不理解符号，就无法弄清这些问题的实质，更谈不上采取对策。

为什么符号学在中国，如同在世界其他许多国家一样，会迅速兴起成为显学？[①] 为什么每个大学应当开设符号学课程，甚至普及符号学知识？因为中国需要符号学，也因为中国学者参与了符号学的创立。"符号学"这个中文词，是赵元任在 1926 年一篇题为《符号学大纲》的长文中提出来的，此文刊登于上海《科学》杂志上。在这篇文章中他指出："符号这东西是很老的了，但是拿一切的符号当一种题目来研究它的种种的性质跟用法的普遍的原则，这事情还没有人做

[①] 近年符号学在中国队伍渐渐扩大，成为跨学科的显学。请参看赵毅衡在《符号学在中国六十年》中列举的具体例子与统计数字，参见《四川大学学报（哲学社会科学版）》2012 年第 1 期，第 5—13 页。

过。"① 他的意思是不仅在中国没有人做过，而且在世界上还没有人做过，赵元任应当是符号学的独立提出者。② 他的确是独立于索绪尔或皮尔斯提出这门学科，我们知道索绪尔用 semiologie，皮尔斯用 semiotics，韦尔比夫人（Lady Victoria Welby）建议用 significs，那么赵元任建议用的中文词，应当是这个学科的第四种称呼方式。日文中的"记号论"是翻译，中文中的"符号学"不是。

第二个理由，是这个学科开始成熟。现代符号学近一百年进展迅猛，经过一系列学派的竞争更替，经过各国学者的努力，已经发展成一门比较成熟而系统的学科。它提供了一套极为犀利的工具，能相当有效地对付当代文化纷乱杂陈的课题。本书上编"原理"，希望把各家的论辩成果整理清楚，尽可能厘清各派的分歧所在，并且补上可能缺失的环节（例如载体与媒介、伴随文本、意图定点、解释旋涡等），下编则朝文化的各个方面推演，提出一些符号学至今尚未处理的问题（如理据性滑动、标出性、述真接受原则等），从而提出一个笔者认为比较行得通的符号学体系。

第三个理由，符号学理论的发展并没有结束，这个学科大有可为。从拙著可以看到，它至今有大量未解决的空白。符号学"原理"，不是公式，而是发展可能；符号学"现有看法"不断受到挑战，无法定于一尊。在应用中，符号学不断有新的问题暴露出来，新的疆界不断被拓展，而中国学者在这个学科中极为活跃，虽然西方符号学界成绩斐然，中国学界也没有一味鹦鹉学舌。在大学课堂上，在"符号学论坛"，以及"符托邦""符号学思享""符号学"等微信群、公众号的热烈讨论中，学生（无论攻读的是文科哪一门）都觉得符号学对他们的专业有用。许多学科原先只是材料与实践技术的堆集，现在有了学理化的可能。

为什么符号学能用来分析人类或个人面临的难题？因为寻找意义

---

① 吴宗济、赵新那编：《赵元任语言学论文集》，北京：商务印书馆，2002 年，第 178 页。
② 赵元任在此文中说，与他提出的"符号学"概念相近的英文词，可以为 symbolics、symbology 或 symbolology（吴宗济、赵新那编：《赵元任语言学论文集》，北京：商务印书馆，2002 年，第 177 页）。

是人作为人存在于世的基本方式。符号是意义活动（表达与解释意义）的独一无二的方式。符号学是人类历史上有关意义与理解的所有思索的综合提升。

笔者二十年前对"文化"下了一个定义：文化是一个社会所有符号意义活动的总集合。① "文明"往往包括其物质生产，而"文化"则全部由意义活动组成。钱锺书的分辨断然而清晰："'衣服食用之具'，皆形而下，所谓'文明事物'；'文学言论'则形而上，所谓'文化事物'。"② 一个民族可以较快地从工业文明进入电子文明，而它的文化要进入当代文化样式（例如互联网文化）就需要做出更自觉的努力。正因为文化是意义活动集合，符号学是人文社会科学所有学科共同的方法论，有人称符号学为"文科的数学"。可能符号学没有如此判然绝对，但是符号学的"可操作性"特色，使它适用于全部人文与社会学科。

对当代文化、社会及其政治经济问题的研究和论辩，现在已经有一个伞形称呼："批评理论"（Critical Theory）。这个西文词原先指法兰克福学派的马克思主义理论，中文译为"批判理论"；现在此词开始一般化，把文学、艺术、文化、文化政治、社会批判、全球化问题等都结合进来，中文统称为"批评理论"。③

批评理论从二十世纪初发展到现在，已经极为丰富，以至于二十世纪被称为"批评世纪"。不管发展到何种形态，批评理论始终依赖于四个支柱体系：马克思主义文化批评、现象学－存在主义－解释学、心理分析、形式论。在二十世纪初，这四种理论不约而同同时出现，互相之间并不存在影响关系，但是它们共同的取向，是试图透过现象寻找底蕴，寻找本质，寻找深层的规律。批评理论各学派首先出现于二十世纪初的欧洲，这并不奇怪：欧洲思想者普遍感到了现代性

---

① 参见笔者《文学符号学》，北京：中国文联出版公司，1990年，第89页。
② 钱锺书：《管锥编·史记会注考证》，北京：生活·读书·新知三联书店，2007年，第一卷，第533页。
③ 关于"现代批评理论"这个概念的历史、范围以及内涵，可参见赵毅衡、傅其林、张怡编《现代西方批评理论·原典读本》"导言"，重庆大学出版社，2010年。

的压力。那时在世界其他地方，尚未出现这种历史对思想的压力。

二十世纪批评理论最重要的思想体系，是马克思主义。从葛兰西（Antonio Gramsci）、卢卡契（György Lukács）开始，到法兰克福学派，基本完成了马克思主义的"文化转向"（Cultural Turn），马克思主义使当代批评理论保持批判锋芒。当代著名批评理论家，很多是马克思主义者；而二十世纪大多数马克思主义者，也主要从事文化批判。

当代批评理论的第二个思想体系，是现象学－存在主义－解释学（Phenomenology－Existentialism－Hermeneutics）。这个体系是典型的欧洲传统哲学之延续。从胡塞尔（Edmund Husserl）开始的现象学，与从狄尔泰（Wilhelm Dilthey）开始的现代解释学，本来是两支学术，却在海德格尔（Martin Heidegger）、利科（Paul Ricoeur）等人手中结合了起来。伽达默尔（Hans-Georg Gadamer）与德里达（Jacques Derrida）在二十世纪八十年代的著名"德法论争"，显示了较严谨的哲学思辨与解放的理论姿态之间的差别。

当代批评理论的另一个支柱思想，是精神分析（Psychoanalysis）。这一支的发展，一直陷入争议，但是其发展势头一直不减。只是这一派的"性力"（libido）出发点，与中国人传统观念过于对立。拉康（Jacques Lacan）的理论对西方当代批评理论影响巨大，其陈意多变，表达方式复杂，在中国的影响却一直不够充分。

当代文论的形式论（Formalism）体系，是批评理论中重要的方法论。这一潮流似乎是"语言转向"（Linguistic Turn）的产物，至今已深深锲入当代批评理论。符号学原本是形式论的一个派别，由于其理论视野开阔，不尚空谈，具有可操作性，六十年代之后成为形式论的集大成者。符号学从结构主义推进到后结构主义，从文本研究推进到文化研究，如今符号学与形式论几乎同义（叙述学、认知语义学等，是符号学普遍原则在特殊领域中的扩展）。当代全球文化的迅速蜕变，使形式研究超越了自身：一方面形式论保持其分析立场，另一方面它超越了形式，批判锋芒越来越锐利，成为批评理论的方法论基础。

在当代，流派结合成为开拓新阵地的主要方式。对当代批评理论作出重大贡献者，无不得益于体系结合，此时符号学作为人文社科的总方法论，作用就非常清楚。七十年代前，两个体系结合已经常见，例如巴赫金（Mikhail Bakhtin）的理论被称为"马克思主义符号学"；拉康的精神分析应用了大量符号学概念；克里斯蒂娃用符号学研究精神分析，展开了性别研究的新局面；波德利亚以符号学与马克思主义结合，对当代资本主义做出尖锐剖析；利科等人则是把解释学与形式论结合起来。

近四十年批评理论的新发展，往往都以"后"字当头出现。但许多后结构主义者原先是结构主义者，这证明结构主义有自行突破的潜质；后现代主义研究当代社会文化正在发生的重大转折；后殖民主义则反映当代世界各民族之间——尤其是西方与东方国家之间——文化政治关系的巨大变化，以及西方殖民主义侵略的新形式；如果我们把女性主义与性别研究看作"后男性宰制"的学说，可以说，六十年代之后的批评理论，都是上述四个支柱理论的延伸。

把现代批评理论分成"四个支柱，若干延伸"，自然是过于整齐的切割。笔者只是想指出，现代批评理论已经覆盖了整个人类社会文化触及的所有课题。只要我们能时时回顾四个基础理论，就不必老是跟着西方"最时髦理论"奔跑，就能走出"不是跟着说，就是自言语"的两难之境。

"关门自言语"并不是出路。如果有人认为靠整理十九世纪之前的中国思想语汇，就能解决当前文化面临的种种难题，民族自豪感也能得到满足，那么任务就太简单了。既然十九世纪之前西方也没有批评理论，那么十九世纪前传统中国没有产生系统的批评理论，又有什么可奇怪的呢？整个批评理论是现代性压力的产物，批评理论自晚清以来在现代中国的兴起，正是这种压力的体现。只要掌握了四个支柱理论，我们就能与各国学界站在同一起跑线上，对世界批评理论作出中国独特的贡献。

国内学界，在这四个支柱理论上用力并不平衡，对形式论－符号学下的工夫可能最少。但是迄今为止，中国学界为符号学做了大量贡献,李幼蒸的《理论符号学导论》评述欧美符号学诸家的学说,颇为详备;胡壮麟、王铭玉、丁尔苏等人推动了语言符号学,使之成为中国符号学的最大支脉;龚鹏程的《文化符号学》一书,是中国古代语文学的一种总结,自成一家;赵宪章、汪正龙等,对现代形式美学做了相当系统的整理和发展;张杰、周启超等学者,对俄国文化符号学派的引介影响很大。国内尚有不少学者集中精力于符号学的单科应用:叶舒宪、徐新建等人在符号人类学上卓有建树;申丹、傅修延、乔国强、龙迪勇等学者在叙述学方向上成绩斐然;孟华、申小龙等精研汉字符号学,李先焜、王小盾、祝东等致力中国早期符号思想研究,创见甚多。中国的符号学研究,已做出不少成绩。

但是符号学领域之大,留下的空白依然很多。这原因倒不完全是国内学界的责任。无论是从中国还是从世界范围看,符号学本身的发展,遇到比其他三个支柱理论更多的困难。符号学的目的,是为当代人文社科各种课题的研究寻找一个共同的方法论。这个任务只能说完成了一部分:当今各种文化课题的研究,已经都离不开符号学,但是符号学至今发展不能令人满意。从本书提出的问题就可以看到,至今没有一个系统完整而合用的符号学体系,索绪尔理论严重过时,而皮尔斯理论刚译入中文[①],许多文化符号学著作,包括西方学者的著作,只是罗列各种应用范围(例如传媒、时尚、广告、影视等),缺少归纳总结。文化全球化,已经迫切需要一个更多元的符号学。虽然至今符号学依然有欧美中心色彩,但是,在众多学者的努力下,综合东西方智慧的符号学正在出现。

本书的任务是试图建立一个能讨论当今文化问题,又兼顾理论周密性的符号学体系。笔者的努力,不可避免是一种尝试。各章的讨论中,尽可能举例说明抽象的原理:符号学就在我们身边,我们尚不了解符号学,符号却了解我们。

---

① C. S. 皮尔斯:《皮尔斯:论符号》,赵星植译,成都:四川大学出版社,2014年。

3. 符号学发展的四个模式与三个阶段

符号学自身发展过程中经历过几种模式，今日符号学不可能完全抹除这几种模式留下的印痕。符号学的各种"原典文献"固然有开拓之功，但是带有模式本有的局限性，不能当成金科玉律，研读时不可不察。

第一种模式是语言学模式。索绪尔认为，语言虽然只是人类使用的符号之一种，却是不成比例的超大符号体系，语言学研究应当为符号学提供模式，因此符号表意的根本原则是任意性。二十世纪前期，"索绪尔式语言学"迅速成熟。在六十年代，当结构主义符号学潮涌成一个声势浩大的运动时，语言学为之提供了一个系统清晰、根基牢固的理论框架。

三十年代的布拉格学派、六十年代的巴黎学派提出的符号学体系，大都建筑在索绪尔原理之上，他们的符号学实际上是"语言学式的"符号学。符号学难免落入结构主义的封闭格局。索绪尔理论很难摆脱封闭系统观，此中原因，本书第三章第四节将有详细讨论。

符号学的另一种模式，是皮尔斯提出的逻辑－修辞学模式。这种模式考量所有的符号类型，由此发现符号表意的理据性不同，这个出发点促使符号学向非语言式甚至非人类符号扩展；更重要的是，皮尔斯模式提出了符号意指的一系列三分式，使符号向无限衍义开放。

二十世纪大部分时期，虽然有莫里斯、米德等人的坚持，皮尔斯模式还是受到冷落。到七十年代，符号学界"重新发现"皮尔斯。西比奥克、艾柯等人，把符号学推进到后结构主义阶段。皮尔斯理论成为当代符号学的基础理论，成为符号学最重要的模式。有论者甚至认为符号学发展到当代，索绪尔的贡献只能说"相当微小"（only minor）[①]，"符号学之父"竟然已被符号学近年的发展边缘化。

---

① Winfried Nöth, *Handbook of Semiotics*, Bloomington & Indianapolis: Indiana University Press, 1990, p. 64.

这是一个非常令人吃惊的结论，但是并非言过其实。这对有志于符号学的学子是一个适时的提醒。或许在二十世纪末，两个学派已经在符号学更广泛的视野中携手并进。①但是符号学的研习者，应当保持对索绪尔理论的警觉。皮尔斯模式并非无缺点，其讨论过于零散，真知灼见散落在各种笔记信件之中，而且过分热衷于分类，难免有勉强之处。

符号学的第三种模式，是德国新康德主义者卡西尔（Ernst Cassirer）的"文化符号论"。②他建立了一种文化哲学，作为普遍的"文化语法"。卡西尔的象征思想在其弟子朗格（Susanne Langer）的文艺美学中得到充分发展。他们的论点精彩，却难以进一步在其他学科领域中推演，与这一模式相近的还有美国文论家伯克（Kenneth Burke）的"符号行动"理论。③伯克的立场接近新批评，五十年代初推动新批评拓宽视野。④卡西尔学派不太关注符号学作为方法论的可操作性，他们的模式成为一种历史遗迹，因后继无人而从符号学中消失。但他们对文化的重视，今日看来依然是值得珍视的学术财富。

符号学的第四种模式，开拓者是苏俄符号学家巴赫金（Mikhail Bakhtin），他开创了从形式研究文化的传统，有人称之为"语言中心马克思主义"（Language-Centred Marxism），但他的成就长期湮没无闻；六七十年代洛特曼（Yuri Lotman）、伊凡诺夫（V. V. Ivanov）等人为首创立的莫斯科－塔尔图学派（Moscow-Tartu School），发扬光大之。这一派坚持用符号学研究社会和文化，尤其是他们的"符号场"理论，从大处着眼研究文化，摆脱了形式论常有的琐碎。这一派的理论模式主要借鉴自信息论与控制论，尤其是普利高津的耗散理

---

① Eero Tarasti, *Existential Semiotics*, Bloomington and Indianapolis: Indiana University Press, 2000, p. 12.

② Ernst Cassirer, *The Philosophy of Symbolic Forms*. 其第四卷在卡西尔1945年去世时只留下零星手书草稿，近年整理出版：*The Metaphysics of Symbolic Forms*, Vol. 4, New Haven: Yale University Press, 1998. 注意这一派喜欢用"symbol"一词，应当译成"符号"，不应拘泥于原文对应。见本书第九章的详细讨论。

③ Kenneth Burke, *Language as Symbolic Action: Essays on Life, Literature, and Method*, Berkeley & Los Angeles: University of California Press, 1966.

④ 参见笔者《重访新批评》，天津：百花文艺出版社，2009年，第137—139页。

论，技术色彩较浓。如何处置科学模式与人文思考之间的张力，至今是一个有待探讨的问题。

以上四种模式都为现代符号学理论发展做出了贡献，也各有符号学进一步发展必须摆脱的弱点。符号学从先前模式中一次次脱茧而出，它的成熟是符号学界自我学习、自我改进的结果。本书上编原理部分，重新审视符号学的各种模式，力图博采众长，但是当今符号学的出发点，应当是皮尔斯理论，而不是索绪尔理论，这点无可否认。

从二十世纪初至今，符号学的四种模式都有过展开机会，符号学的发展前后经历了三个阶段。

第一阶段二十世纪上半期，是模式的奠定和解释阶段。除了上述模式奠基者，还出现一批最早的推进者：莫里斯把皮尔斯理论发展成系统；朗格在美学和文艺学中推进卡西尔理论，伯克与卡西尔理论遥相呼应；而巴赫金理论由于政治原因被搁置。早期推进最突出的是索绪尔理论，由于得到布拉格学派（穆卡洛夫斯基、特鲁别茨柯伊等）、符号语言学派（叶尔姆斯列夫、马丁奈、班维尼斯特等）的热情拥戴，索绪尔符号学在六十年代前率先成熟为一个完整的体系。

第二阶段出现于二十世纪六七十年代，符号学作为一种理论正式起飞。索绪尔符号学直接发展成六十年代结构主义大潮。雅柯布森、列维－斯特劳斯、巴尔特、格雷马斯、布勒蒙、托多罗夫、索勒斯等人，把结构主义发展为六十年代最显赫的学派；符号学开始卷入其他思潮：马克思主义（戈德曼、阿尔都塞）、心理分析（拉康、克里斯蒂娃）、现象学/解释学（梅洛－庞蒂、利科）等。这些人大都不承认自己属于一个名叫"结构主义"的运动，但是他们却毫不讳言对符号学的热情。在稍晚时候，莫斯科－塔尔图学派开始在苏联形成；而艾柯、西比奥克等人开始发展皮尔斯这一支的符号学。第二阶段的特点是符号学成为人文－社科规模宏大的总方法论。这个阶段的特点是索绪尔模式一家独大。

第三阶段出现于七十年代中期，到今天仍然在展开。这个阶段的特点是皮尔斯的开放模式取代了索绪尔模式，由此结构主义自我突破成为后结构主义。除了皮尔斯模式，巴赫金与塔尔图模式也开始扩大影响，一些被忘却的奠基者，如维尔比夫人，其贡献也被大规模整理出来。① 自二十世纪八九十年代以来，理论符号学提出更多新颖的模式，并整合各种模式成为一个新的运动。据守模式对符号学不利：当代文化研究的迅猛发展会使任何模式迅速陈旧。模式意识淡漠，可能会使符号学运动缺乏明星，没有权威，却能使这个学科四面出击，朝任何需要符号学一显身手的方向推进。因此，第三阶段符号学的特点，一是与其他学派结合，二是广泛应用于具体课题。

4. 符号学与其他学派的融合

莫里斯和托多罗夫都认为（西方）符号学有四个源头：语言学（包括语言哲学）、逻辑学、修辞学、解释学。② 这个说法不确切，即使在西方传统中，对符号学发展产生重大影响的学科还有很多，哲学、诗学、艺术学、美学、传播学、认知理论、心理学（尤其是格式塔心理学）、人工智能甚至生理学，都为二十世纪符号学的兴起提供了思想资源。③ 可以说，不同的符号学家，结合不同学科。符号学本来就是许多学科汇合的产物，当代符号学的发展，更是向学派融合的方向推进。

与符号学结合最顺理成章的是马克思主义。符号学本质上是批判性的，它把符号意义看成文化编织话语权力网的结果，与马克思主义的意识形态批判，精神上至为契合。两者结合首先推动了符号学的社会学研究：沃尔佩（Galvano Della Volpe）的符号美学，詹姆逊（Fredric Jameson）的政治无意识理论，列斐伏尔（Henri Lefebvre）的符号文化社会学，霍尔（Stuart Hall）的文化解码理论，伯明翰学派如费斯克（John Fiske）等人的亚文化"符号抵抗"研究，布迪厄（Pierre

---

① Susan Petrilli (ed.), *Signifying and Understanding: Reading the Works of Victoria Welby and the Signific Movement*, New York & Berlin: Mouton de Gruyter, 2009.
② 茨维坦·托多罗夫：《象征理论》，王国卿译，北京：商务印书馆，2004年，第12页。
③ Winfried Nöth, *A Handbook of Semiotics*, Bloomington: Indiana University Press, 1990, p. 11.

Bourdieu）的符号资本理论，波德利亚（Jean Baudrillard）的商品符号学，霍基（David Hodge）等人的符号社会学，更早的时候，还有民主德国克劳斯（Georg Klaus）等人的"唯物主义符号学"。这种结合俨然汇成大潮，"马克思主义符号学"（Marxian Semiotics）或称社会符号学，已经成为当代学界的一个重要学派。这个学派的论辩展开的基本动力，是马克思主义的社会批判，但不仅方法是符号学式的分析，其批评对象也从资本主义的经济霸权转入符号霸权，切中当代资本主义消费经济的命脉，当代符号学的最重要分支就是符号学社会批判。

符号学与精神分析，也是互相吸引，相得益彰。弗洛伊德解析梦的"修辞"，与符号的分析策略非常相似；拉康从"能指链"入手讨论潜意识的符号构成，他的精神分析符号理论奥秘难测；在克里斯蒂娃的"符号心理分析"理论中，符号学成为心理分析与女性主义结合的桥梁；当代性别研究，例如巴特勒的"展演性"理论，大量吸收符号学的成果，在"身体政治""性别政治""娱乐文化中的女性"等关键课题上，符号学为当今性别研究送上了犀利的解剖刀，性别符号学（Semiotics of Gender）在近年开始形成。[①]

现象学－存在主义－解释学这一理论系列，关注意义的生成与理解，与符号学有相当多重叠部分。现象学创始人胡塞尔仔细讨论了符号问题，半个世纪后，德里达就是在符号问题上找出胡塞尔理论的盲点，为解构主义打下基础，无独有偶，符号学奠基者皮尔斯有他独特的现象学理论。二十世纪三十年代舒茨（Alfred Schutz）已经开始现象学式的社会符号学研究；梅洛－庞蒂（Maurice Merleau-Ponty）则是将符号学与存在主义结合的第一人；此后格雷马斯、库尔泰、高盖等人发展"主体符号学"理论；塔拉斯蒂近年的著作系统地提出了存在主义符号学[②]，艾柯等人融合接受美学，对符号学的解释理论做出了全新的阐发，而西尼（Carlo Sini）等人发展出相当系统的现象符

[①] Darlene M. Juschka, *Political Bodies/Body Politic: The Semiotics of Gender*, London: Equinox, 2010.

[②] Eero Tarasti, *Existential Semiotics*, Bloomington: University of Indiana Press, 2000.

号学;① 利科（Paul Ricoeur）深入总结解释学与叙述的关系，更是引人注目；索内松（Göran Sonesson）等人创立的认知符号学，极有见地。

第三阶段符号学在理论上的重大发展，都是与其他学派融合的产物。符号学与这几个文化批评支柱理论的结合，已经产生了极其丰富的成果。符号学今后的发展，更必须依靠学派融合。②

5. 应用符号学

第三阶段符号学发展的另一个重要战场，就是在各种文化领域中应用符号学。"门类符号学"实际上是近年符号学最突出的表现。所有与意义研究相关的学科，都转向符号学，以获得系统的理论支持。

自二十世纪八十年代以来，符号学各种门类的应用更形成大潮。人类文化的各个部门都涉及意义活动，因此都是符号学的用武之地。至今可以说，没有一个文化部门不受惠于符号学，在西文与东方文字中，都出现了各种符号学专著。广告、商品、商标、时尚、明星、旅游、游戏、体育、竞赛、教育、赛博空间等，都出现了符号学论著；在社会符号学方面，出现了城市、考古、宗教、亚文化、民俗、庆典、生态等，也都有符号学的专门研究；在艺术符号学方面，出现了电影、音乐、图像、建筑、设计等，符号学都找到了用武之地。以上还不包括超出社科人文领域的"准科学"，如法律符号学、刑侦符号学、人工智能符号学甚至医学符号学等，这个单子不可能穷尽今后将出现的门类符号学研究。

几乎所有这些门类符号学都是近二十年来的成果，其范围之广，雄辩地证明符号学可以成为社会与人文研究的总方法论。某些杰出的"门类研究"（例如伯明翰学派的大众传媒研究、麦茨的电影符号学、

---

① Carlo Sini，*Ethics of Writing*，Albany：State University of New York Press，2009.
② 参见赵星植：《当代符号学新潮流研究（1980—2020）》，成都：四川大学出版社，2021年。

纳梯艾兹的音乐符号学①），证明门类应用也能反过来对符号学理论做出相当贡献。

在目前这个第三阶段，符号学版图在扩大。符号学近年在日本、中国、印度以及拉美各国发展势头迅猛。目前，符号学研究中明显的缺项，就是未能充分吸收中国的先秦名学、禅宗美学、唯识宗和因明学的成果。东方的学术传统至今尚未能充分融入符号学，说明符号学的发展还有很大余地。

应当坦诚地说，单靠东方现代之前思想史的理论成果，不太可能为符号学建立一个独立的新体系，正如西方十九世纪之前关于符号的讨论（例如欧洲中世纪修辞学）一样，只能有借鉴意义。任何人不可能仅仅依靠自己民族现代之前讨论意义的文献，构筑一个足够当代应用的全面的符号学理论。此种努力，只是一种"虚构的谱系学"或"黄金时代传说"（Golden Legend）。② 换句话说，构筑一个独立的"东方符号学"，与构筑一个独立的"西方古典符号学"一样，都是有用的，但不可能代替现代符号学体系。现代符号学只有在现代性充分成熟后，在对意义问题的深层底蕴的寻求成为气候时，才可能产生。符号学是在二十世纪初多个形式论源头（索绪尔、皮尔斯、俄国形式主义、布拉格学派、英美新批评等）之中同时萌发的，这种条件在二十世纪之前，无论在东方或西方都不存在。这不是对东方或西方的偏见，任何学科不可能完全靠回到过去向未来推进。

6. 符号学的工作范围

以上讨论，使我们面对一个结论：人类淹没在符号中，我们能认识的世界由符号组成。因此出现一种看法，即"泛符号学论"（pan-semiotics）。洛克是第一个使用"符号学"这个词的人，他认为全部

---

① Jean-Jacques Nattiez, "The Contribution of Musical Semiotics to the Semiotic Discussion in General", in Thomas A. Sebeok (ed.), *A Profusion of Signs*, Bloomington: Indiana University Press, 1977, pp. 121–142.

② Paul Bouissac, "The 'Golden Legend' of Semiotics", *Semiotica*, 17, pp. 371–384.

人类知识可以分成三个部分："物理学"（Physica）、"技能学"（Practica）、"符号学"（他拼写为 Semiotike）。"符号学"涵盖了今天称为人文与社会科学的全部领域。[①]

说普天下学问都是符号学的范围，不是没有道理，因为都卷入意义。王夫之的界定更宽："乃盈天下而皆象矣。诗之比兴，书之政事，春秋之名分，礼之仪，乐之律，莫非象也，而《易》统会其理。"[②] 中国古人看到了符号学的"全覆盖"品格。

对这种局面，艾柯有一段理解，应当说非常合理："一种看法是一切必须从符号学角度进行研究，另一种看法是一切可以从符号学角度来探索，只是成功程度不一。"[③] 第一种看法是"符号学帝国主义"，第二种看法切合实际。是否有用的确要具体看，哪怕能用上符号学，也不一定能有效地推进这些学科。符号学并不能解决许多学科（例如医学、地质学、地震学）的特殊问题，符号学不能代替专业训练和研究，虽然这些学科的学生看几本符号学的书，对他们了解自己学科的本质，不为无益。

这就牵涉符号学自觉的工作范围：所有的意义活动都依靠符号，符号学的基本规律，符号学的基本理论，也应当适用所有意义活动。但是当该领域的专业特征过强后，符号学规律就只有一般的参照意义。

李幼蒸对符号学的研究领域边界提出一个看法："符号学只研究那些意指关系欠明确的现象，一旦某种意指关系问题充分明确之后，该研究即进入了科学学科阶段。"[④] 这种观察原则上正确，实际工作时却不得不受限制。科学学科，无论意指关系是否已经明确，都不是符号学能扮演积极角色的领域，即使暂时编码还不够强（"意指关系欠明确"），例如气功治疗、基因研究、地震预测，也不用符号学家提

---

① John Locke, *An Essay Concerning Human Understanding*, Chapter XXI, "The Division of the Science", London: BiblioBazaar, 2006, p. 189.
② 王夫之：《船山全书》第一册，《周易外传》卷六，长沙：岳麓书社，1996 年，第 1039 页。
③ Umberto Eco, *A Theory of Semiotics*, Bloomington: Indiana University Press, 1976, p. 27.
④ 李幼蒸：《理论符号学导论》（第 3 版），北京：中国人民大学出版社，2007 年，第 64 页。

供意见。符号学处理的，是从本质上"意义歧出丰富"的社会与人文学科，很难处理以"强编码"为目标（不管是否已经达到了这个目标）的学科。

虽然我们说符号学是"人文和社会科学所有学科的总方法论"，符号学的实际研究范围，也并不囊括人文和社会科学所有学科。首先，人类使用的表意体系中，语言是个超大体系，符号语言学早就形成了独立学科[①]，文化语言学也在成形[②]，因此，符号学转而更关注非语言符号；其次，因为叙述是符号学最典型的研究对象，叙述学已经发展成独立学科，符号学更关注非小说叙述。

这只是一个分工问题，一个完整的符号学理论应当涵盖语言学与叙述学，本书也努力做到这一点。这种"子学科独立门户"现象，今后还会继续发生。在当代文化迅速发展的局面中，某些门类符号学会很快系统化，成为独立学科，例如符号人类学、传媒符号学、影视符号学等。

因此，符号学越来越类似人文－社会学科的数学。符号学的理论应当能适合所有的人类文化课题，就像数学公式应当适合任何可以量化的对象。如果某条符号学原理，竟然不能适用于某种文化研究课题，那么相关的符号学原理就站不住脚，需要修正，需要补充。

符号学理论的方法，不得不避开两个极端。首先，它不能只局限于描述，而不总结可操作的规律。例如卡西尔，给了象征最宽泛的定义，但是他的描述式展开，又成了今日符号学研习者应当避开的覆辙。托多罗夫虽然把卡西尔列为现代符号学四大源头之一，但卡西尔式符号学，包括他著名的女弟子朗格的符号美学，后世没有很大发展。在四十年代，莫里斯当时已经批评卡西尔的三卷本大作《象征形式理论》"暗示多，科学少"[③]。李幼蒸对其中原因的看法接近莫里

[①] 参见王铭玉：《语言符号学》，北京：高等教育出版社，2004年。
[②] 参见邢福义主编：《文化语言学》，武汉：湖北教育出版社，1999年初版，2000年第2版。
[③] Charles Morris, *Writings on the General Theory of Signs*, The Hague: Mouton, 1971, p. 229.

斯，认为卡西尔理论"分析过程缺乏可操作性"①。

符号学方法取向上的另一个极端是格雷马斯。格雷马斯过于热衷公式图表表述，规律相当抽象。格雷马斯这一派虽然在二十世纪六七十年代影响很大，大师去世后他的弟子很难继续推进这个学派，李幼蒸认为原因是曲高和寡。用数学或逻辑的表述法会离人文学科过远，本书也避免这样做。虽然可以比作"文科数学"，但符号学的理论研讨或许应当避免进入过分数理化的表述，符号逻辑是抽象的符号学研究，它已经超越"人文与社科"的范围，进入与科学的结合部，与此类似的，还有人工智能和计算机语言研究。

美国符号学家迪利（John Deely）建议把符号学分成四个层次，认为这也正是符号发展的历史顺序：②

> 动物符号
> 前语言符号
> 语言符号
> 后语言符号（文本符号）：民俗、艺术、绘画、建筑、音乐等

图画与文字，究竟何者出现在先，是有争议的。"前语言符号"与"后语言符号"，实际上很难区分清楚。塔拉斯蒂举过一个有趣的例子，说明语言学与符号学之间的"级差"。如果我们去镇上的市场去买一千克土豆，那么出现的只是语义学问题；但如果我们去另外的市场，那里的文化与我们相差很大（如非洲人或者波斯人），问题就可能是符号学的。语义学问题只关系清晰表达，而符号学牵涉文化。"我想买一千克土豆"，在某些文化中可能不通：那里的土豆可能论堆交易。笔者建议，可以把符号学的全部领域分成以下四对八个领域：

---

① 李幼蒸：《理论符号学导论》（第3版），北京：中国人民大学出版社，2007年，第486页。
② John Deely et al（eds.）, *Frontiers in Semiotics*, Bloomington: Indiana University Press, 1986, p. v.

人文领域/科学领域

非语言领域/语言领域

非叙述领域/叙述领域

理论领域/应用领域

从定义上说，符号学应当包括所有这四对领域，每对中的前者是符号学的工作重点，原因前面已经讨论过。理论符号学的任务，是给所有人类寻找意义的活动（也就是整个文化的研究）建立一个公分母，寻找一个共同的理解方式。但真正可以应用符号学的领域，可以说是一种与自然科学相对的"文化科学"或"人类科学"。

因此，符号学实际上是个许多非符号学学者都参与的领域。一个世纪以来，对符号学做出贡献的学者，来自哲学、语言学、文学理论、文化研究、美学、影视研究、传播理论、社会学、人类学，以及某些科学领域如人工智能、控制论、信息论等。至今，符号学依然在这些学科的推动下前进。

正由于这种边界流动状态，符号学理论面对的问题在增多，有些老问题至今未能解决，又有新的问题出现。从本书各章可以看到，当代文化的发展，在不断挑战符号学，迫使符号学理论不断发展。动态发展成了符号学的常态，一旦把问题说清楚，恐怕不免简单化。

7. "二十一世纪是符号学世纪"

意义问题（包括意义的产生、发送、传达、接收、理解、变异）是人文与社会学科共有的核心问题，而符号学的任务就是提供研究意义的基本原则。从符号学着手，头绪纷繁的文化现象就有了一个共通的理论和方法论框架，相互之间出现比约性，各学科的理论也就不再是材料堆集，各门类研究也不再封闭于学科特殊性的茧壳之内。

当今时代面临一个大变局。文化转型加速，社会的符号活动空前活跃,人类生活的各个方面都出现了"符号满溢"。这是几千年世界历史上从未出现过的现象,建立一个能对付当今文化巨大变化的符号学理论,要求已经很迫切。

但是符号学的文化研究有一个难点:文化这个大概念本身边界模糊,当前的变化使其边界更为流动,对符号学领域的划定也必须有一定弹性。在这个问题上,符号学理论发展史上有足够的教训。例如巴尔特曾认为各种文化符号学讨论归根结底只是一个语言学问题,既然不可能用图像讨论图像,就必须用语言来讨论图像符号学。他认为"人类语言不仅是意义的模式,更是意义的基石",因此,符号学研究的是"当事物与语言相遇时会如何"。[①] 他这话太片面,符号学的发展超越了语言。例如,本书必须用语言写成,不能证明本书讨论的对象必须归结到语言。

本书的另一个难点是:文化符号学发展至今,文献资料虽然丰富,讨论却相当散乱。目前国内外已有几种文化符号学论文集,进行理论综合的却并不多。因此,本书并非细读国内国外已有资料就能完成,没有一种文献达到了本书希望达到的目标。"有很大数量的文章讨论各种文化问题,但是实际上并不存在一门文化符号学。"[②]

我们不得不把一个世纪以来各个学派及其主要代表人物的思想,综合在一个比较完整的理论框架之中。幸而,融合与应用,一直是符号学发展第三阶段的两个关键词,一个多学说综合的符号学理论,将是符号学进入一个新阶段的契机。

二十一世纪的世界急盼人类对它取得一个符号学的理解,因为二十一世纪的世界,不仅是符号泛滥,而且已经整个浸泡在符号之中,已经不可能脱离符号过饱和状态。本书最后若干章,将仔细分析这个局面:人类文化很可能快步走向一场难以阻挡的符号危机。人们至今还没有仔细检查符号,至今没有看清我们放出魔瓶的这个怪物,怎么

---

① 罗兰·巴特:《流行体系:符号学与服饰符码》,敖军译,上海:上海人民出版社,2000年,第3、10页。

② Peter Stockinger, *Semiotics of Culture: Some General Considerations*, Paris: Maison des Sciences de l'Homme, 2003, p. 1.

谈得上制服它？

　　说"二十一世纪是符号学世纪",不是符号学者的自夸,相反,是对人类社会前景的一种深深的忧虑:人类文化的符号构成变化太快,我们的理解过于滞后。

上编 原理

第一章　符号的构成

1. 符号载体，空符号

西方对符号的传统定义是"一物代一物"，这个定义简单清晰，问题却太多。

此说原为拉丁文 Aliquid stat pro aliquo，英译 Something stands for something else。首先是中译有点问题：无论是 quid 还是 thing，都不是"一物"，而应当是"一个事物"（an entity）：一场表演、一个眼神、一个梦、一首歌，都不是"物"，而是"事物"，事物可能是符号。

其次，符号甚至可以非"事物"。符号需要的是一个"感知"作为符号载体（sign vehicle），感知本身却不是符号。严格来说，符号是载体的感知与这个感知携带的意义之间的关系。[①] "符号载体"这个术语过于累赘，在一般讨论中，甚至在符号学的论述中，为了简便，常常把"符号载体"直接称作"符号"。

很多中西论者认为"符号具有物质性"，此看法值得商榷。大部分符号载体的确是"物质性"的，但可感知的不一定是物质。物理学家至今不能确认光的物质性，不能确认电磁波的源头必定是物。这种物理学问题，当然不能在符号学中辨清。

而且，作为符号载体的感知，可以不是物质，而是物质的缺失：

[①] 参见笔者《感觉质与呈符化：当今符号美学的"新感性"趋势》，《符号与传媒》第 26 辑，成都：四川大学出版社，2023 年，第 5—21 页。

空白、黑暗、寂静、无语①、无嗅、无味、无表情、拒绝答复等。缺失能被感知，而且经常携带着重要意义：绘画中的留空、音乐中的休止、飞机从雷达上消失、情书久等不来。这种符号被西比奥克称为"零符号"（Zero Sign）②；韦世林教授称之为"空符号"③，后者是个比较清楚的术语。近年符号学界对所谓"欲言还止"（aposiopesis）的讨论，说明学者们意识到此问题的重要性。④

零和空无，可以是极具意义的符号。钱锺书先生指出："宗教家言常以空无一物之虚堂、净无点墨之白纸，象示所谓至大极本之真质……宋周敦颐《太极图》、明释法藏《五宗原》均以空白圆圈〇始，示大道之原。"⑤ 不仅在潜心论"虚"的道家中，弃有说"空"的佛教中是如此，欧洲在理性主义渐渐成为思想主流时，也开始明白空无符号的重要。零作为符号的出现，是推动数学发展的关键一大步；"消失点"（vanishing point，即焦点）革新了美术上的透视法；"想象货币"即纸币，使商品市场成为可能。⑥ 艾柯也曾举出许多空符号的例子：汽车不打灯，表示"我将直行"；旗舰上不升司令旗，是表示"司令不在舰上"。⑦ 实际上，一个人可以停止说话，停止做表情，但不可能停止表达意思，因为不说话无表情也表达意义。

《道德经》说"大音希声"，"大音"作为音乐本体体现为无声的寂静，它本质上是人对于世界的音乐性聆听。但是静默本身不是"大

---

① 关于无语在儿童教育学上的符号意义，请参见 Jean Umiker-Sebeok, "Silence Is Golden? The Changing Role of Non-Talk in Preschool Conversations", in Mary Ritchie Key（ed.）, *The Relation Between Verbal and Nonverbal Communication*, The Hague: Mouton, pp. 295－314.

② Thomas Sebeok, *Contributions to the Doctrine of Signs*, Lanham: University Press of America, 1985, p. 118.

③ 韦世林：《空符号与空集合的微妙关系初探》，《昆明学院学报》2009 年第 4 期，第 42—47 页。

④ 欲言还止（aposiopesis）旧译"脱绝"。例如"滚，不然……"不说，意思反而充分表达。2011 年 8 月，加拿大蒙特利尔大学语词与图像研究所举行国际会议，专门讨论了此课题。

⑤ 钱锺书：《管锥编·周易正义》（一二），北京：生活·读书·新知三联书店，2007 年，卷一，第 55 页。

⑥ Brian Rotman, *Signifying Nothing: the Semiotics of Zero*, Palo Alto: Stanford University Press, 1987, p. 1.

⑦ Umberto Eco, *A Theory of Semiotics*, Bloomington: University of Indiana Press, 1976, p. 55.

音",声音中的寂静才是。空符号要表意,必须有一个背景。空符号是"应该有物时的无物"。

第三种"非物质"符号,是"心灵符号"。人在沉思、幻觉、做梦时的"感知"携带着意义。幻觉者听见失去的亲人说话使人流泪,信教者看见圣灵符号显现而认为灵魂得救,这些形象意义重大:牧师或心理分析医生的任务就是对它们进行解读。类似的"心像"也出现于艺术欣赏中,无法说这种形象是"物质性的",但这些形象的确是携带着丰富意义的感知。上一节我们已经讨论过,思想(无论是形象思维还是逻辑推理)必须使用概念符号才能工作。

总结一句,符号载体与"物质"之间有直接或间接的关联:空白之所以能被感知,是由于与可感知事物对比之感知阙如;形象来源于对物质事物的记忆,来自经验的积累,但是这些符号本身不是物质性的。《道德经》说:"无状之状,无物之象,是为恍惚。"这些"无物之象"符号看来都有点恍惚,但是一定要证明这些符号载体的"物质性",似乎不是符号学的工作。我们唯一能坚持的是,符号载体必须是可感知的。

感知只是符号定义的一半。这个感知必须在接收者那里成为一种被识别被解释的体验,也就是有可能被"符号化",才成为符号。正因为符号的接受是个分阶段的过程,从感知(perceived),到接收(received),到接受(accepted),到解释(interpreted),这过程能进行到哪一步始终是个问题。"接收"与"接受"有细微差别,"接收"是意义实在化的开始,而"接受"是意义内化的开始。

2. 物、符号、物—符号

如此定义之后,我们可以说,在数量极其庞大的符号中,非物质的符号可能较少,大多数的符号的确有"物源"(物质性源头),不妨说符号是被认为携带着意义的具体物或具体行为。本章关于"物—符号"的讨论,如果要处处说明符号载体可能的"非物质性",就无法进行。

在人类社会中，每一种实用物，或有实用目的的行为，都有可能带上符号意义；反过来，每一种供使用的物，也可以变成符号载体。这样就出现表意－使用性复合的"符号－使用体"（sign-function）。这个复合词各家用法不一样：巴尔特在 1964 年作的《符号学原理》一书中，用 sign-function 指兼有物的使用性的符号①；而艾柯用此词组表示"符号功能"②。本书用法接近巴尔特。

可以说，任何物都是一个"物－符号"双联体。它可以向纯然之物一端靠拢，完全成为物，不表达意义；它也可以向纯然符号载体一端靠拢，纯为表达意义。这两个极端只在特殊情况下存在。任何"物－符号"都在这两个极端之间移动，因此，绝大部分物都是偏移程度不一的表意－使用体，其使用部分与表达意义部分的"成分分配"，取决于在特定解释语境中，接收者如何解释这个载体所携带的意义。

从这个基本理解出发，可以看出，符号根据其"物源"，可以有三种：

第一种是自然事物（例如岩石、雷电），它们原本不是为了"携带意义"而出现的，它们"落到"人的意识中，被意识符号化，才携带意义。如雷电传达了天帝之怒，岩石成了矿脉的标记。

第二种是人工制造的器物（例如石斧、碗筷、食品），原本也不是用来携带意义的，而是使用物。这些事物，当它们"被认为携带意义时"，都可能成为符号。如石斧在博物馆成为文明的印记，食品在超市橱窗里引发我们的食欲。

第三种是人工制造的"纯符号"，完全为了表达意义而制造出来的事物，例如语言、艺术、表情、姿势、图案、烟火、货币、游行、徽章、旗子、棋子、游戏、体育等，它们不需要接收者加以"符号

---

① 罗兰·巴尔特：《符号学原理》，见赵毅衡编《符号学文学论文集》，天津：百花文艺出版社，2004 年，第 285 页。此词组在该书中译成"符号－功能体"。巴尔特讨论的，是符号载体的"使用功能"。

② "不存在符号，只有符号功能。符号这一概念是日常语言的虚构物，其位置应当由符号功能取而代之。" Umberto Eco, *A Theory of Semiotics*, Bloomington：Indiana University Press, 1976, p. 34.

化"才成为符号，因为它们是作为意义载体被制造出来的。它们的意义，可以是实用的，也可以是没有实用价值的，即艺术的。

实用意义符号与艺术意义符号，两者的区别不在符号本身，而在于接收者如何解释。诗可以"兴观群怨"或"多识鸟兽鱼虫之名"，歌曲可以唤起群众，电影大片能赚到上亿元票房等，这是艺术符号的实用性表意用途，与艺术作为艺术被接收，是完全不同的事。

因此，可以把符号按物源与意义种类，大致分成下述几类：

```
1.自然物（原先只具有使用性）
  ├─1-1   只有使用性的自然物
  └─1-2   自然物符号化带上意义
2.人造物
  ├─2-1   人造物第一类：为使用而制造（原先只具有使用性）
  └─2-2   人造物第二类：为表意而制造的纯符号（原先只具有意义）
          ├─2-2-1  纯符号第一类：实用意义符号（原先具有实用意义）
          └─2-2-2  纯符号第二类：艺术意义符号（原先具有非实用意义）
```

图示上列为六行：1－1，2－1都是纯然物，不是符号；2－2"纯符号"大致分为2－2－1实用意义符号，以及2－2－2艺术意义符号，因此，符号只有上面打了黑体的三类。艾柯曾建议把符号分成三大类：天然事件、人为符号、诗意符号。[①] 诗意符号即艺术符号，上面的图示，表面上类似艾柯对符号的分类，实际不然。艾柯分类的是符号，而本书说的"物－符号"功能在不同语境中意义千变万化，所以图示中不厌其烦地说"原先"是作为什么而产生的。与其说有三种符号，不如说世界上所有的"物－符号"在不同语境中，分别表现出功能的混合方式。

这听起来很复杂，实际上是人类世界中每一件东西的存在方式。举一个简单易懂的例子：我往建筑工地运来卵石，准备打混凝土地基，这是用卵石的自然物的**使用性**（1－1）；我在水洗石子时，发现

---

① Umberto Eco, *A Theory of Semiotics*, Bloomington: Indiana University Press, 1976, pp.16－17.

其中有一颗花纹漂亮的雨花石，我就捡起来送给一个南京朋友作为礼物，巩固友谊，这是用符号的**实用意义**（1—2）。我那位朋友见到后如获至宝，用锦缎盒子衬裱起来，变成人工制造的纯符号（2—1）。他供在墙上，怀念他的南京童年岁月（2—2—1）。来访者不知，只看到石子之美，这是用的符号的**艺术意义**（2—2—2）。一颗似乎只具有自然使用性（加固混凝土）的石子，在不同的接收方式中，可以在五种功能中很自然地转换。

为了更清楚地说明这些关系，上面的列表，可以画成下表：

1—1 自然物（使用性）	1—2 自然物—实用意义符号	
2—1 人工制造物（使用性）	2—2—1 人工制造实用意义符号	2—2—2 艺术意义符号

这张表格看起来不复杂，它把世界上所有的物与"物—符号"分成五类。物构成了世界的全域：物分成自然物（1—1）与人工制造物（2—1），这两者都是物，因此都有使用性，所有的符号都是物，也都能降解为物，即回归使用性；经过符号化，无论是自然物（1—2）或人工物（2—2—1）都可以带上意义，变成实用意义符号；但是只有人工制造物才能带上非实用意义（2—2—2）变成艺术符号。自然物（例如石子）先要人工化（例如装盒示人）变成人工制品，才能成为艺术意义符号。本书第十四章会仔细讲解艺术符号的"人工化"原则。

从此表可以看到，"物使用性"不是符号的"实用意义"。"物使用性"指的是物作为工具武器来使用，也可以有实用的符号意义。例如一辆汽车，有物的功用，能载人代步；也有标示社会身份的意义。连小县城里的新娘，都对实用意义非常敏感，若知道新郎派来接她的车不是宝马，就可能哭闹着拒绝上车，以为不然一辈子在娘家亲友中抬不起头来。

再者，符号的意义可以很实用。一般人，甚至知识分子，都经常说"这只有符号意义"，意思是"这只是纸上谈兵"，"无实用意义"。

他们恐怕是误用了"符号"二字。首先，这个世界上任何意义都要用符号才能表达，因此没有"非符号意义"这件事；其次，符号意义很可能是非常"实用性"的：可度量，可卖高价，可判罪定生死，可以决定是否打一场战争。

总结一句：每一件"物－符号"在具体场合的功能变换，是使用性与各种符号意义的比例分配变化造成的。物（自然物、人工制造物）可能带上意义而变成符号，使用性与意义性共存于一事物之中。后一种（人造纯符号）原来就是作为符号生产出来的，却也有可能失去意义，"物化"成为使用物。在人化的世界中，一切都是意义可变的"物－符号"。

3. 符号的降解：物化

上一节石子的例子，是物的"符号化"（意义生成、增加）；反过来的变化，则是"去符号化"（desemiotization）或称"物化"，即让符号载体失去意义，降解为使用物。上一节中被符号化的雨花石，有可能重新成为一颗只有使用性的石子，例如出于某种原因成为丢弃物，只能铺路。

哪怕是作为符号制造出来的纯符号，只要有物载体，就不会绝对不能回归为物。《三国演义》第六回，说到孙坚在焚烧的汉室皇宫找到了秦汉皇位的玉玺："王莽篡逆，孝元皇太后将印打王寻、苏献，崩其一角，以金镶之。"玉玺是皇位的标记，绝对是一件纯符号。在打人这一刻，玉玺不是皇权符号，而是老太太使用的一件笨拙武器。此后，这件玉玺补上一块金镶角，在《三国演义》中，此补角被当作此玉玺是真传的证据，军阀之间为此大开战。打人的后果，又被符号化，带上重大的证实意义。

2009年6月26日，"中国青年网"报道："今天上午10时15分，网友在两江论坛发帖，帖子里的图片显示一位女生表情非常悠然自得的样子，用百元纸币点烟。"这与玉玺打人一样，符号被降低到载体（纸）的物使用性。此图片上传后，被网民广为转发评论，此时又带上"富二代脑残"的意义，成为一个新的符号。

原本是作为符号制造出来的纯符号，很容易变成使用物。有人"梅妻鹤子"，有人"焚琴煮鹤"；有人礼佛，也有狂禅和尚烧佛像取暖；信用卡可以用来开锁；钻戒可以用来划玻璃；奖杯可以用来盛物（诺贝尔奖得主高锟用"莫里斯奖杯"在家中盛火柴盒），用来喝水（大雨天夺得奖杯的运动员兴奋地喝"天水"）；武僧用法器做武器，用念珠做弹丸。

符号一物在一定语境中，不再作为符号存在。《汉书·扬雄传下》："钜鹿侯芭常从雄居，受其《太玄》《法言》焉，刘歆亦尝观之，谓雄曰：'空自苦！今学者有禄利，然尚不能明《易》，又如《玄》何？吾恐后人用覆酱瓿也。'雄笑而不应。"鲁迅《集外集拾遗·题〈呐喊〉》："最彻底的革命文学家叶灵凤先生，彻底到每次上茅厕时候都用我的《呐喊》去揩屁股。"只用书的物性，是对书这种纯符号作为符号的价值之完全否定。

《时代周刊》2009年十大新闻之五："九寸钉"乐队的音乐被用于审问关塔那摩湾监狱的犯人，调高音量，持续数周，直至他们无法忍受，主唱雷诺向美国政府抗议，并倡议组建"摇滚音乐人联盟"，抵制在审问犯人时播放他们的音乐作品。可见西方摇滚对于阿拉伯耳朵，只是噪音，"降解"为音波。

如此完全归于物的例子比较极端。我们更多见到的"去符号化"，是不同程度的符号意义缩小。例如前辈视若珍宝的纪念品被后人送到当铺或旧货市场，题写送给朋友的书见于旧书摊，买一套《莎士比亚全集》放书架做装饰。① 开车的符号意义不一样，在地广人稀的地方，无车寸步难行，使用性较强；在人口密集的地方，开车过于不方便，使用性不足，此时符号意义较大。

在另一端，符号载体本身的物价值可能很有限，携带的符号实用意义常常有"放大效果"。"投之以木瓜，报之以琼瑶，匪报也，永以

---

① 池上嘉彦在《符号学入门》（北京：国际文化出版公司，1985年）中说，买了钢琴或百科全书而不用，放在那里做样子，是购买了符号的外延意义，而不是其内涵意义。笔者认为，这是使用了它们的实用符号意义（排场），而不是它们的艺术符号意义。

为好也。"木瓜与琼瑶作为符号,都可以被解释为携带"永以为好"的意义,作为山盟海誓,比原物的意义价值大得多。琼瑶当然也是符号,但是其价值过高,引发我们对爱情纯洁程度的怀疑。用木瓜为盟誓,这才出现强烈的符号化。作歌者有意选用了两种价值差异极大的物,以说明符号的力量。

表意性与使用性的消长,在历史文物上最明显。许多文物在古代是实用物,但是年代久远使它带上越来越多的符号意义。我们的祖先修一座桥,是为了实用用途,今日此桥功能已经大不如前,石板拱桥已经不便行走。当时的符号意义(例如宣扬德政)消失,今日观察者解释出来的符号意义(例如从中解读出几百年前的技术水平,或地方政府的社会动员能力)却越来越多。一旦成为历史文物,使用性渐趋于零,而意义越来越多,两者正成反比。

再次说明,这里谈的"使用性"不是符号的实用意义,鼎的使用性是煮的器皿。当鼎成为祭祀礼器,就不再具有器具的使用性;楚庄王"问鼎中原",这位野心家问的是鼎的实用符号意义;今日鼎作为历史文物,符号意义已经变化很大,不再是权力符号,而是古代文明的符号,完全失去使用性,实用意义也不同了。

符号化与去符号化,是可以上下滑动的标尺。《史记·高祖本纪》记载,项羽在阵前威胁,要把刘邦的父亲放在锅里煮,刘邦坦然说:"吾与项羽俱北面受命怀王,曰'约为兄弟',吾翁即若翁。必欲烹而翁,则幸分我一杯羹。"这是一场"去符号化"心理战:两个军阀比谁更流氓。刘邦拒绝对其意义做相应理解,坚持"我的父亲就是你的父亲,煮成的汤意义相同",项羽就无计可施。

从历史规律来看,符号表意性随着文明的进程而增加。当代文化的一个重要特点是"符号泛滥"。具体表现为,上面说的各种符号－物,现在都剧烈地朝符号化方向滑动。

首先,绝大部分自然物原本与人无关,"征服自然"(例如攀登)把它们硬拉入人化的世界,"改天换地"(例如发电)把它们变成半人造物,旅游观光更是把任何自然人化,1－1变成1－2。

其次,在绝大部分符号－使用体中,表意成分越来越大,大到使用性越来越可以忽略的地步，例如品牌使商品的纯符号部分增大，相比之下，使用性部分越来越小。

再者，纯符号物，即只为表达意义而出现的物品（2－2），已经越来越多，多到淹没使用物的地步，例如娱乐与体育，引出比很多实用问题更受人瞩目的大标题："足球无关生死，足球超过生死。"

最后，人工符号中的实用表意部分（2－2－1）越来越小，艺术部分（2－2－2）比例越来越大，出现所谓"泛艺术化"。这样，"物－符号"二联滑动，就进入了"物－实用符号－艺术符号"三联滑动。这问题需要做专门的、仔细的讨论。[①]

4. 符号化

符号化，即对感知进行意义解释，是人对付经验的基本方式。无意义的经验让人恐惧，而符号化能赋予世界给我们的感知以意义。只要符号化，哪怕看来完全没有意义的，也可能被解释出意义。

符号化什么时候开始？这也就是问：事物在什么样的条件下开始被解释出意义？艾柯认为是在"表现与内容相关时"[②]。这话同义反复，称之为"表现"（expression）就已经是确认携带意义，有表现就有被表现，就已经是符号。如果艾柯的"表现"指的是表现方式，他是说"物载体"一旦用来表现意义内容，就成为符号，这依然是同义反复，因为表现意义的物，从定义上说，就是符号载体。

布拉格学派的穆卡洛夫斯基认为符号化应当划为两个阶段，即"前符号实践"（presemiotic praxis）阶段以及"符号功能"（semiotic function）阶段。[③] 他的意思是：在符号化的人类文明出现之前，人的"纯实践"活动并不具有符号意义。但是我们无法证明存在过无符

---

① 关于"二联滑动"与"三联滑动"，请参见笔者《符号美学与艺术产生》第一部分第三章，成都：四川大学出版社，2023年。

② Umberto Eco, *A Theory of Semiotics*, Bloomington: Indiana University Press, 1976, p. 231.

③ Jan Mukarovsky, *Structure, Sign and Function*, New Haven: Yale University Press, 1978, p. 56.

号能力的"人类"。

有一些符号神学家认为,在上帝赋予人灵魂之前,人类处于"前符号"的纯自然状态。① 这实际上是承认:人作为人,必定是使用符号的人。《荀子》中说:"夫禽兽有父子而无父子之亲,有牝牡而无男女之别。"这"亲"与"别"就是对符号意义的自觉。无"父子男女之别"的人,荀子认为不是人类。

另一位布拉格学派符号学家布加齐列夫认为,符号化发生于一物"获得了超出它作为自在与自为之物的个别存在的意义时"②。他举的例子是:一块石头不是符号,把这块石头放在田地中作为田界标记,就成为符号。"分界"的意愿把标界符号化,石头只是这个符号偶然的物源。

那么石头如何符号化?给任何物一个称呼,就是一个符号化行为。汉代刘熙的《释名》是推勘汉语语源的创始之作,其中说:"名,明也,名实是分明也。"是名让实变"明",命名就是符号化。当有人看到一块石头,认出是一块石头,名之为"一块石头",命名使此石头符号化。

巴尔特在《符号学原理》一书中区分两种符号化方式:把物变成"社会文化符号"(sociocultural sign);把物变成"经济符号"(economic sign)。后者主要指物在"商品系列"中的位置。③ 由此,巴尔特认为"绝对非表意的物"(non-signifying object)只有一种,即绝对即兴制作完全不类似于现存模式的用品。④ 此言不尽然,"完全不同于现存模式"的事物多得很:艺术家做的事,就是让作品尽量不落入现存模式,而艺术作品恰恰是纯粹的符号。

---

① 参见 Robert S. Corrington, *Nature's Self: Our Journey from Origin to Spirit*, Lanham: Rowman & Littlefield, 1996。

② Peter Bugajilev, "Signs in Dress", in L. Matejka and I. R. Titunik (eds.), *Semiotics of Art*, Cambridge, MA: MIT Press, 1979, p. 14.

③ 罗兰·巴尔特:《符号学原理》,见赵毅衡编选:《符号学文学论文集》,天津:百花文艺出版社,2004年,第296页。

④ 罗兰·巴尔特:《符号学原理》,见赵毅衡编选:《符号学文学论文集》,天津:百花文艺出版社,2004年,第295页。

在符号化问题上，艾柯的讨论比较清晰。他认为符号化有三步：一是思维主体确定某物"有某功能"，二是归类为"用于什么目的的石头"，三是由此命名为"叫作什么"①。具体到石头的例子，符号化的三步就是：发现一块石头可用来打人，归类为"一种武器"，称之为"战斧"。第一步已经是符号化的门槛：在人意识到一块尖石可以伤害别人之时，石头成为服务于他的目的之物，他就对此种石头另眼看待，赋予它意义。远在命名之前，就出现了符号化。

符号化与物本身的品质或类别关系不大，物必须在人的观照中获得意义，一旦这种观照出现，符号化就开始，物就不再留于"前符号状态"中。因此，一块石头只要落入人的体验之中，人感到手中的这个硬物有意义（例如特点明显可作标记，颜色花纹美观可作装饰，坚硬尖利可以作武器等），这块石头就不再是自在之物，它已成为人化世界中的物－符号。

从以上关于符号化的讨论中，我们可以看到，符号化取决于人的解释，这个人不仅是社会的人，同时还是个别的人，他的解释行为不仅受制于社会文化，也受制于此时此刻他个人的主观意识。在符号解释中，社会文化的规定性，经常有让位于个人意志的时候。

虽然"西施"是社会共有的择偶标准，但"情人眼里出西施"，说明解释可能非常个人化。因此，任何符号解释都有个人与社会两个方面，符号化的过程，从个人感受开始，最终的解释方式（理解符号所用的符码）可以是文化性的，也可以是个人化的。符号化是个人意识与文化标准交互影响的结果。

上文说过，不存在完全不可能携带意义的物，但是究竟一件"物－符号"有多少意义，取决于符号的具体解读方式。我现在渴了，举起杯子喝水。这可能没有符号意义，这是我对身体需求的反应。此时如果有观察者，他可以从我喝茶的行为中读出意义：学生认为我是讲课太苦，关心者怀疑口渴是疲劳，同事知道我又在苦思理论，警官可能认为我因有罪而焦虑，同胞可能认为我是苦于怀乡。

---

① Umberto Eco, *A Theory of Semiotics*, Bloomington: Indiana University Press, 1976, p. 31.

符号化的过程，即赋予感知以意义的过程，经常称为"再现"（representation，有些论者译为"表征"①）。霍尔对"再现"的功用解释得非常简明清晰："你把手中的杯子放下走到室外，你仍然能想着这只杯子，尽管它物理上不存在于那里。"②

这是脑中的再现：意义生产过程，就是用符号（在此处是心像）来表达一个不在场的对象与意义。

再现的对立面是"呈现"（presentation），一个杯子可以呈现它自身，物自身的呈现不能代表任何其他东西，呈现无法产生意义。只有当呈现对一个意义构筑者意识发生，在他的解释中变成再现，才会引向意义。关于这些概念的讨论，有时候很复杂，因为它在中文中与"表现"（expression）相近。"表现"是个人意识（尤其是情感）的再现，从符号学角度来看，可以认为再现与表现并不对立，表现是再现的一种。③

而呈现不同，呈现是事物向意识展现可感知观相的第一步，其感知尚没有变成符号而获得意义，再现则已经被意义解释符号化。这个测试方法并不复杂。呈现是单一的（以某种形态面向意识），再现则是多元多态的（可以有多种解释）。例如一棵树（无论是树"自身"，还是树的画，树的雕像，或是"树"这个词），呈现不是意义，它们只能引向意义，只有被解释者解释出"植物""自然""生机""童年"，或者其他任何意义，此时"树"的各种形式的呈现，才变成携带意义的再现，物象就变成了符号。因此，再现就可以被理解为携带意义的呈现。

皮尔斯说，"只有被解释成符号，才是符号"④。这句话简单、明

---

① 关于 representation 的详细讨论，请参见笔者《"表征"还是"再现"？一个不能再"姑且"下去的重要概念区分》，《国际新闻界》2017年第8期，第23—37页。
② 斯图尔特·霍尔：《表征》，徐亮、陆兴华译，北京：商务印书馆，2005年，第4页。
③ 谢冬冰：《表现性的符号形式：卡西尔-朗格美学的一种解读》（上海：学林出版社，2008年），把这一派的符号学称作"表现性的"，应当说是很准确的，卡西尔与朗格很强调符号的情感表现。
④ "Nothing is a sign unless it is interpreted as a sign", Charles Sanders Peirce, *Collected Papers*, Cambridge Mass：Harvard University Press, 1931-1958, Vol 2, p.308.

了、精辟，但是并不周全。人工制造的纯符号（例如一首诗），哪怕没有被人接收并解释，依然是符号。说它们不是符号，就否认了它们表达意义的本质特征，那么它什么也不是？

5. 片面化

作为符号载体之物必须能被感知，本书已经讨论过这一点。但是被感知的不是物本身，而是物的某些观相。物不需要全面被感知才携带意义，让物的过多品质参与携带意义，反而成为表意的累赘。"被感知"并不能使符号回归物自身，恰恰相反，符号因为要携带意义，迫使接收者对物的感受"片面化"，成为意义的"简写式"。

例如，看到一辆汽车驶过来，一个人会马上解释出"危险"意义，并且立即闪避。解释者此时不仅不需要对汽车有整体认知，甚至不需要这方面的"前理解"——他不需要曾有被汽车压倒的经验，也不需要曾经观察过汽车撞伤人的记忆，他可以从各种非直接的途径获得解释能力，只需要意识到汽车的这种重量，这种速度，一旦被撞到，对他会有很大危险。此时汽车的其他品质，例如色彩、样式、品牌，只要与重量和速度无关，就应当被忽视，万一这些与意义解释无关的品质被感受到了，就是符号文本中的噪音。噪音就是不携带意义的感知，此问题本书在第三章会讨论。

我们可以看到，片面化是符号化之必需：无关品质可以甚至必须忽视，不然解释效率太低。显然，这不是符号载体本身所决定的，而是解释的需要。如果汽车按喇叭，一个人听到马上会躲避，甚至不去看汽车，此时整个符号感知就极端片面化，只剩下喇叭声；但是当朋友向你炫耀新车，此时你就会观察另外一些细节，例如座椅皮革的品质：那会是另一种方式的片面化。

因此，符号在传送与解释的过程中片面化，最后只剩下与意义相关的品质，这是感知成为符号载体的保证。一件物成为符号载体，不是因为它作为物的存在，恰恰相反，**符号载体只是与接收意义相关的可感知品质之片面化集合。**

例如，钱币作为购买力符号，钱币作为历史文物符号，钱币作为收藏价值的符号，要求三种完全不同的片面化。购物者、历史学家、盗墓者，看到的似乎是同一物，但接收的符号完全不同，从而引向不同的意义解释。感知本身是经验的捕捉，而捕捉哪些方面，被解释目的控制。我接到一纸文字书写，如果我把它当作一条待猜的谜语，我就会忽视书法的飘逸、文词的优美，而去注意文字内容；如果我当作一纸书法，我就暂时不顾写的内容；如果看成一封书信，我就暂时不管书法。

所以符号载体不仅不是物，甚至不是感知的集合，而只是与意识中"注意类型"相关的某些感知的临时集合。由此我们可以得出一个听来奇怪的结论：同一符号物源（例如一场足球赛），可以承载完全不同的符号，如足球艺术、展览爱国热情、看帅哥、赌假球机会，等等。这就是为什么本书一再强调，符号不是物本身，符号只是各种相关感知的寄宿地。

回到上一节开始时说的符号定义，符号远不是"一物代一物"那么简单。皮尔斯指出，符号是"一物在某个方面（in some respect or capacity）代替另一物或另一人"[①]。莫里斯指出："符号学研究普通物，只要它们参与符号行为，但也只在它们参与的程度上（only in so far）。"[②] 他们所说的"某方面"与"参与的程度"这两个限定语非常重要，否则我们就不会明白：符号不等于符号载体，也不等于感知，符号是感知与意义之间的关系。

片面化不是简单化，片面化是感知对相关意义之定向汇集，是物源的自我取消。让木瓜或琼瑶带上"永以为好"的意义，就是使木瓜不成其为木瓜，琼瑶不成其为琼瑶；让拳击成为体育，就必须使拳击不以打人为目的，不成其为拳击。只有感知片面化，才能保证符号化。木瓜与琼瑶这样的物，意义范围大幅度提升扩充，就是因为首先

---

① Charles Sanders Peirce, *Collected Papers*, Cambridge, MA: Harvard University Press, 1931-1958, Vol 2, p. 228.

② Charles Morris, *Foundations of the Theory of Signs*, Chicago: University of Chicago Press, 1970, p. 4.

被片面化。

例如，绰号就是极端片面化的符号，但它有放大自我缺点的能力，才被认为特别传神，从而取代了我们的名字，这是让我们非常遗憾的符号力量。同理，一幅画、一场考试、一部小说、一栋"地标建筑"，因为都是符号，就都不会是对象的全面再现，甚至不是"典型"特点的再现。

《红楼梦》第五十四回，贾母批评才子佳人故事都是破绽百出："这有个原故：编这样书的，有一等妒人家富贵，或有求不遂心，所以编出来污秽人家。再一等，他自己看了这些书看魔了，他也想一个佳人，所以编了出来取乐。何尝知道那世宦读书家的道理？"① 贾母是大富婆，瞧不起写小说的穷秀才，未免过于势利，不过她对小说的看法再正确不过。只有"何尝知道道理"的一厢情愿片面化，才能把幻想放大得精彩。

片面化不一定"虚假"，它既能提高认知的效率，也可能导致有效的意义解释。医生经常用安慰剂、心理暗示等来治疗病人，实际是用符号表意对付病症。这些表意不能构成真实的因果关系，但是身体可以接收这种片面化，而且产生想要达到的效果。解释目的导致片面化感知，这是因为解释活动服从文化对符号表意的体裁规定。有传媒研究者调查说："现在，人们选择一本杂志到从书架上取走它的平均时间是3秒钟……你就需要许多封面标题（像'完美的性爱'等这样的短语来推销你的文章），而且选用的标题不得不气势夺人。"② 符号表意片面化实际上是广告成功的秘诀。

6. 符号的实用意义及其度量

符号化即给某种载体以意义。意义有很多种，基本上可以分成两大类：一类是"实用符号意义"，可以取得具体的效果的意义；另一

---

① 曹雪芹、高鹗：《红楼梦》，杭州：浙江古籍出版社，2010年，第353页。
② 卡罗琳·凯奇：《杂志封面女郎：美国大众媒介中视觉刻板形象的起源》，曾妮译，天津：天津人民出版社，2006年，第40页。

类是"非实用符号意义",即艺术意义,或称"诗意"。这两种意义,并不是判别艺术与非艺术的分野。所谓非艺术品,在一定的使用语境中会有艺术意义,而所谓艺术品却经常有实用意义,例如能卖出一个高价。实用符号意义的例子很多,如仪式能升华我们的心灵,也能变成旅游卖点;衣装能增添美貌,可以达到"提高社会地位"的实际目的;爱情是心灵的需要,也必须考虑婚姻是否门当户对,能给自己带来何种好处。

"物化"是逆转表意,让符号载体回归物的使用性;"实用化"则是在接收符号时,给出的意义解释倾向于实用。这两者容易区分:到情人窗下唱小夜曲,对邻居是"物化"的噪音,对情人是浪漫意义的"艺术符号",一旦骚扰到左邻右舍无法忍受,来给这位情人施加压力,让她及早接受求爱,可能就是符号意义的"实用化"。

艺术、体育、游戏,都是纯符号,它们的意义可以很不相同:艺术经常被理解为替代生活庸常的升华;体育代替人类的好斗甚至战争;游戏则被看成人在真与假的竞争中取得的平衡。但是它们都可能引发参与者过分强烈的感情,以至于符号的"实用价值"压过了艺术意义。例如艺术、体育、游戏的开发公司与经纪人、经营者,可以赚大笔利润。对他们来说,这些依然是符号活动,却可以取得非常实际的价值。

实用化只是个程度区别,城市绿地安排、旅游点规划、电影道具布景,这些似乎是非实用符号,背后却隐藏强烈的实用社会意义,甚至商业用途。《诗经·小雅·斯干》:"乃生男子,载寝之床,载衣之裳,载弄之璋。……乃生女子,载寝之地,载衣之裼,载弄之瓦。"璋是好的玉石,瓦是纺车上的零件。男孩弄璋,女孩弄瓦。这些符号意义,似乎只是玩具,实际上造成了男女一生的固定社会角色。

"实用意义"可以比较,可以作社会学的调查统计度量,在当代经常可以换算成金钱。符号价值货币化,实际上成为当代文化一个明显的符号学特征。

符号量化不是自今日始,它是人对意义本身的一种解释方式。例如礼物作为人际关系的符号,已经有几千年历史,是人类文化向来就有的意义实践。古代的番邦"进贡",对朝贡者是个义务,被朝贡的天朝,一样进入礼物所体现的意义契约。礼物的实际价值,把送礼者与收礼者的社会等级差距,所求索的好处价值以及各种其他因素(例如送礼者对收礼者贪婪卑劣程度的估计,对"礼尚往来"的回报计算),精打细算地计算在内。一旦礼物价值超过这些价值的总和,送礼就没有必要。

甚至出现在舞弊作假中也有价值量化。2009 年,某市高考文科状元总分 659 分,此考生是县招办主任之子,因为少数民族加分造假被取消录取资格。改变民族加分有限,既然有状元实力,身为招办主任的父亲为何还如此"画蛇添足"呢?弄虚作假是否合算,是可以度量的。

给符号的实用意义估价,是当代消费文化的一条重要特征。如果不能给品牌标价,即给商品定下超越实际价值的价格,品牌就不成其为品牌,商品的价值就沦为物的价值。在当代社会,冒牌商品的商标精美,制作加工也不差,但是货主为了尽快脱手而标出便宜价格,这时冒牌反而暴露。① 原因可以理解,名牌商品是供奢侈消费用的,价格不够高,使该符号意义显得不够分量。此时价格不是商品的价格,是商品意义转换成价值。

7. 文本

符号很少会单独出现,一般总是与其他符号形成组合,如果这样的符号组成一个"合一的表意单元",一般称为"文本",也就是说,一个文本中的符号元素在解释中合成一个"合一意义"。先前学界常认为"文本"这个术语等同于"讲述"(discourse,或译"语篇")②,此术语无论中西文,都过于倾向语言,不适合作为所有符号组合的通称。信息论中则把符号结合起来的整体称为"超符号"(super-sign),

---

① 这是 2007 届博士生苗艳在符号学课程作业中举的例子,特此致谢。
② János S. Petöfi, "Text, Discourse", in Thomas A. Sebeok (ed.), *Encyclopedic Dictionary of Semiotics*, Berlin: Mouton de Gruyter, 1986, pp. 1180—1187.

此术语意义不明确,各人用法不同。近年"超符号"术语渐渐只用于难以分解的符号组合,例如图像。① 而"文本"一词,渐渐作为"符号组合"意义通用。

此词西文 text 原意是"编织品"(something woven)。② 中文定译"文本"极不合适,"文字"意味太浓,而符号文本却可以是任何符号编织组成。

在符号学史上,对文本概念做出最大贡献的,是两个符号学派别:一是德国二十世纪六十年代的"斯图加特学派",这派的领军人班斯(Max Bense)早在 1962 年就把这一批德国符号学家的贡献编成文集《文本理论》;二是莫斯科-塔尔图学派,他们把文本看作符号与文化联系的最主要方式,洛特曼在 1970 年出版了《艺术文本结构》,其中有好几篇文章着重讨论文本。由于当代符号学界的共同努力,符号学的分析单元,重点从单独符号转向符号文本。

在符号学中,"文本"一词的意义可以相差很大。最窄的意义,与中文的"文本"相近,指的是文字文本。文本不是其物质存在,因此一本书的不同版本,是同一"文本"。③ 文字文本有个空间和语义的边框,因此不包括注解、标题、序言、出版信息。此意义至今在使用,巴尔特与格雷马斯研究的"文本"基本上是最窄概念,即文字文本。④ 巴尔特问:"在图像之中、之下、周围是否总有文本(texte)?"⑤ 他指的是图像的文字说明。因此,必须根据上下文判别"文本"何义。

---

① "超符号"这个词被许多理论家用作别的意义,例如"超越语言与文化边界的巨大的表意"或"不能分成内容单元的符号组合",见 Umberto Eco, *A Theory of Semiotics*, Bloomington: Indiana University Press, 1976, p. 232.

② Yuri Lotman, *The Structure of Artistic Text*, Ann Arbor: University of Michigan Press, 1970, p. 6.

③ Alec McHoul, "Text", in *Encyclopedia of Semiotics*, Paul Bouissac (ed.), Oxford: Oxford University Press, 1998, p. 609.

④ A. J. Greimas & Joseph Courtés, *Semiotics and Language*, Bloomington: Indiana University Press, 1982, p. 340.

⑤ 罗兰·巴尔特:"图像修辞学",《语言学研究》,第六集,北京:书目文献出版社,2008 年。在《显义与晦义》(天津:百花文艺出版社,2005 年,第 27 页)一书中,此处译为"文字"。

比较宽的定义，是指任何符号表意组合，不管是印刷的、写作的、编辑出来的文化产品，还是从手稿、档案，到唱片、绘画、乐谱、电影、化学公式，等等。符号学中往往使用宽定义。提倡文本符号学的俄国符号学派，从巴赫金到洛特曼，到乌斯宾斯基，都是持最宽定义。巴赫金说："文本是直接的现实（思维和经验的现实），在文本中，思维与规律可以独立地构成。没有文本，就既无探询的对象亦无思想。"① 塔尔图学派的洛特曼的定义最为简明："文本"就是"整体符号"（integral sign）；乌斯宾斯基提出一个更宽的定义，文本就是"任何可以被解释的东西"②。因此，任何携带意义等待解释的都是文本。

本书建议，只要满足以下两个条件，就是符号文本：

1. 一些符号被组织进一个符号组合中。
2. 此符号组合可以被接收者理解为具有合一的时间和意义向度。

本书的这个定义虽然短，实际上牵涉六个因素：**一定数量的符号**被组织进**一个组合中**，让**接收者**能够把这个组合**理解**成有合一的**时间和意义**向度。此处暂时无法把每一点都在学理上讲清楚，本书会一点点处理，最后予以总结。

文本要如何组成才能有意义，实际上取决于接收者的意义构筑方式。接收者看到的文本，是介于发送者与接收者之间的一个相对独立的存在，它不是物的存在，而是意义关系。文本使符号表意跨越时间空间的间隔，成为一个过程。反过来说，通过表意过程，此符号组合就获得了"文本性"（textuality）。

---

① Quoted in Tzvetan Todorov, *Mikhail Bakhtin: The Dialogical Principle*, Minneapolis: University of Minnesota Press, 1981, p. 17.

② "Anything that can be interpreted", Boris Uspensky, "Theses on the Semiotic Study of Cultures", in Jan van der Eng and Mojmír Grygar (eds.), *Structure of Texts and Semiotic of Culture*, The Hague: Mouton, 1973, p. 6.

鲍德朗德认为,"文本性"包括以下七种品质:结构上的整合性;概念上的一贯性;发出的意图性;接收的"可接受性";解释的情境性;文化的文本间性;文本本身的信息性。① 这个"七性质"说法把符号学所有要处理的问题一网打尽了,无非是说,符号学的研究对象不是单独的符号,而是符号文本。

上述标准的头一条"结构上的整合性",是后面六条的保证。但后面的六条是否就能保证第一条呢?艾柯就提出过"伪组合"理论。某些"文本"的组合缺乏"整合性",各部分之间关系不明。他举的例子是蒙德里安的画和勋伯格的十二音阶音乐。实际上,很多符号组合都让人怀疑是否有"整合性":长轴山水切出一块难道不能形成单独文本?电影剪辑不是可以剪出好几种版本?裁剪后照片比原幅照片整合性更多还是更少?七十回《水浒传》是否真不如一百二十回"全本"?二十世纪六十年代实验戏剧的一种"发生"戏剧(Happenings),没有预定情节,演到哪里算哪里,无始无终,有意取消文本的"整合性"。②

笔者认为,"文本性"是接收者对符号表意的一种构筑态度,接收者在解释意义组合时,必须考虑发送者的意图(例如画家的画框范围),也可考虑文化对体裁的规定性(例如绝句应当只有四句),但是最后他的解释需要一个整体:**文本的构成并不取决于文本本身,而在于接收方式**。例如,地理上的一整条线路构成此人上路时考虑的文本,某个路标与周围的某些路况构成一个文本;如果他坚持读到底,一部百万字的长篇小说是一个文本;如果他中止阅读,一个章节也构成一个文本。文本作为符号组合,实际上是文本形态与解释"协调"的结果。

这看来是一个并不复杂的理解,但实际上关系重大,会导致很多理论困难。例如"有机论"问题:文本的组合究竟有多紧密,能使文本各部分服务于整体?本书会在第四章讨论"有机论"问题。其次是

---

① Robert de Beaugrande, *Text, Discourse and Process*, Norwood, NJ: Ablex, 1980.
② Zoltán Szilassy, *American Theater of the 1960's*, Carbondale, IL: Southern Illinois University Press, 1986, pp. 64—68.

与"语境"和"伴随信息"的关系:究竟什么地方应当作为文本的边界,边界外的各种因素(例如标题、题词、注解)是否算文本的一部分?本书会在第六章仔细讨论"伴随文本"与"全文本"问题。

因此,符号文本是接收者对符号组合进行"文本化"(textualization)的结果,而文本化是符号化的必要方式。文本自身的结构是否"完整"只有参照意义,文本的组合关系是解释出来的。一个交通警察、一个抢银行的强盗、一个看风景的行人,会在同一个街景中找出不同的组合,因为他们需要追求不同的意义。本书上一节说到"片面化",文本化就是片面化的结合。接收者不仅挑拣符号的各种可感知方面,而且挑拣感知的成分。一个足球运动员"眼观六路耳听八方",看到己方与对方各个队员的相对位置与运动速度,并且迅速判断这个"文本"的意义。体育界行话,称此人善于"读"比赛,此语很符合符号学。显然,一个后卫与一个前锋,必须对同一个局面读出很不同的"文本"。

钱锺书《管锥编》第一卷《老子王弼注》论卷,对文本问题理解深刻。此书讨论老子"数舆乃无舆"说,认为"即庄之'指马不得马'"。钱又引《那先比丘经》:"不合聚是诸材木不为车",指出:"不持分散智论,可以得一";"正持分散智论,可以破'聚'"。[①]"分散智论"是钱锺书对拉丁文 Fallacia Divisionis(分解谬见)的翻译。整体并不是部分的聚加:一个个数车辐,看不出车轮;一条条指出马腿,指出的并不是马。

那么,有没有不与其他符号组合,单独构成文本的"独立"符号?一个交通信号,一个微笑,一个手势,一个命令,"一叶知秋";有些符号似乎没有明显的组合因素,例如"瑞雪兆丰年""当头棒喝"。我们略一仔细考察,就会发现,完全孤立的符号不可能表达意义。要表达意义,符号必然形成组合:一个交通灯必然与其他信号(例如路口的位置、信号灯的架子)组合成交通信号;一个微笑的嘴

[①] 钱锺书:《管锥编·老子王弼注》,北京:生活·读书·新知三联书店,2007年,第685页。

唇必然与面容的其他部分组合成"满脸堆笑"或"皮笑肉不笑";一个手势必然与脸部身姿表情相结合为一个决绝的命令或一个临终请求;"佛祖拈花,迦叶微笑",显然迦叶看到的不只是花,而是佛祖、花、拈花手势的组合。

最后,"大局面"符号表意是一种超大符号文本。整个文化场景,甚至整个历史阶段的意义行为,被当作一个文本。本书最后几章将进入各种"大局面文本",例如文化演变、历史进程等。

第二章 符号过程，不完整符号

1. 意义不在场才需要符号

符号表意，笔者觉得存在三条悖论，听起来可能奇怪，实为符号的题中应有之义：

第一，意义不在场，才需要符号；
第二，不存在没有意义的符号；
第三，任何理解都是理解。

第一条，意义不在场才会有符号过程。符号表意之所以有必要，是因为意义缺场，**解释意义不在场是符号过程的前提**。任何意义传达，构成其过程的诸成分，必有某些成分不在场，或尚未充分在场。解释缺席，意义过程才获得展开的动力。缺席是一种姑且勿论，乐见其变。如长白山天池，边际齐全，即无水流；有缺口才形成瀑布，形成江流。符号等待解释，意义要解释后才能出现。时间上，逻辑上，解释必须出现在符号载体被感知之后。

符号意义的这个条件，就决定了它只是意义的替代，替代才能表意。文字、图画、影片、姿势（例如聋哑语）、物件（例如沙盘推演）、景观（例如展览台），偶尔我们可以看到"原件实物"。例如博物馆的"真实"文物，消防演习中真的放了一把火，法庭上出示证物，这些都是替代。此手枪只是"曾经"用于发出杀人的子弹，放到法庭上时，已经不是杀人状态的那把手枪。脱离原语境的实物不是"原物"，只是一种承载"证明"意义的符号。

由此可以得出一个似乎奇怪的结论：既然之所以需要符号，是因为缺少相关意义解释，那么符号越多，就越暴露出意义之阙如。孔子说："祭如在，祭神如神在。子曰：吾不与祭，如不祭。"① 正是因为神不在场，神的替代物才能置于祭坛上替代神，而参与祭奠仪式过程，才能在"我"的心中引出"神在"的意义解释。

耶稣似乎很明白这个道理。在希腊语（《圣经·新约》写成的语言）中，sema 即现在的"符号"一词，原意为神迹。法利赛人要耶稣行一个神迹给他们看，他们就会跟随主。② 希律王把耶稣抓来受审判，叫耶稣出示符号以自辩："你行一个神迹给我看吧！"③ 如果信仰缺失，符号不能创造信仰，只能更加暴露其无；无神迹，才是信仰确立的地方。耶稣与孔子，看来都很明白符号起作用的机制。列维纳斯说：上帝与一般"他者"之不同，在于它不仅是超越的，而且"超越到不在场"。也就是说，没有符号能替代上帝，是上帝存在的前提。④

因此，一旦感知符号载体在场，就可以非常准确地说，需要解释出来的意义并没有在场。如果我们觉得意义已经在场，那就证明我们还没有明白符号的真正的意义。中国古代官员出场要鸣锣开道，打出牌子"肃静""回避"。百姓虽然可能看到官员的轿子，甚至看到官员本人，却没有充分认识官员的权威，这个权威需要仪式符号来宣扬。

反过来，意义一旦被解释出来，符号的必要性就被取消，就如《庄子》说的"得意忘象，得鱼忘筌"。密电一旦译出，就不必再关心密电；神秘之物一旦有满意之解，神秘就自我取消；市场上橘子带一点叶子以示新鲜，一旦顾客决定购买，摊主就会帮助剪掉叶子装袋；投桃报李，互送秋波，是因为爱情关系尚未建立，或是爱意未能充分表达，已经是夫妻，眉目传情越来越少。

---

① 《论语·八佾》。
② 《路加福音》23：8。
③ 《马太福音》7：6。
④ 艾玛纽埃尔·勒维纳斯：《上帝·死亡和时间》，余中先译，北京：生活·读书·新知三联书店，1997年，第274页。

那么意义究竟先于符号而存在，还是后于符号而存在？似乎是，有了表达一个意义（例如"永以为好"）的需要，表意者才采取找一个符号（投之以木瓜）加以表达的行为，而接收者由此解释出求爱示好的意义。固然他有权选择一种反应（报之以琼瑶），或不反应（沉默），两种反应都属于下一个符号过程。

那么"永以为好"究竟先于符号还是后于符号？从符号过程分析，意义并不先于符号表达而存在，而是有了符号才有意义。没有木瓜（或琼瑶），"永以为好"的意义无法出现。符号并不一定表达已经存在的意义，投木瓜者要用符号表达的，只是未实现的意图，而不是意义，意义必须靠解释才能出现，没有解释，木瓜只是一个木瓜。不仅人造符号是如此，自然符号也是如此。皮尔斯喜欢举风向标（weathercock）为指示符号的例子，风向标的运动，是风吹造成的，原因虽然先出但是无法觉察，风向不在场，才需要看到风向标转动这个符号。

皮尔斯举最普通的路标为例："这犹如一个路标表明其所指之物在另一个地方，在那边，不在场。"被路标指明的是驾驶者没有看到的某种路况，此路况他看不见，或判断不了，一旦看清楚路况，路标就没有必要了。

从这个意义上说，符号表意，只是一个"待在"（becoming）。[①]一旦意义实现，符号过程就结束了，甚至意义也就消失了。符号的作用，正在于让我们寻找尚懵懂无所知的意义。

2. 符号必有意义

第二条悖论来自符号的根本品质，即符号与意义的锁定。要传送一个意义，发送者能发出的只是符号文本；要接收一个意义，接收者能接收到的也只是符号文本。那么，发送者如何能让接收者相信，他发出的符号必然有意义，接收者如何能肯定，他接收的符号必然有意

---

① Eero Tarasti，*Existential Semiotics*，Bloomington：Indiana University Press，2000，p.7.

义，从而开始对符号进行解释？对这个问题的回答，是符号的意义本体论。把世界变成有意义的世界，是人生存在这世界上之必需。人有生存本能，也就必须有意义本能。人时时刻刻做好符号化的站位，时刻准备对观察到的现象做符号化，也就是找出意义。

任何感知，只要能被当作意义的载体，就成了符号。符号之所以成为符号，就是因为有意义。这两个断言似乎同义反复，实际上却是人作为人的存在需要：我们不能容忍感知到的世界缺乏意义。因此符号学必然的前提是：**任何符号必然有意义**。没有这个前提，解释就失去最根本的动力。而一旦接收者放弃解释，被经验物就成为纯然而不再是符号。

意义是人生存的本质需要，我们无法延续与意义不相关的生存。艾柯主张在符号学中取消"意义"和"指称物"这种"不确定术语"，他建议用"文化单位"（cultural unit）取代之。[①] 但如果意义必然是文化的，人的本质就完全公共化了。上一章已经说过，个人性的意义解释经常是可能的、有效的。

符号之接受，必然以有意义为前提，意义使符号成为可能。很多论者谈过符号的两面。索绪尔提出能指与所指是符号的两面，犹如一枚硬币的两面；班维尼斯特也讨论过凡是表意必然有"表达面"与"内容面"。硬币这个比喻不错，因为我们不可能同时看到硬币的两面，同时我们也确信，这两面实际上构成一个东西：符号不可能把自己从意义上剥离下来。

因此，接收者解释一个符号，先决的假定就是这个符号有意义：这个硬币有另一面。诚然，解释活动最后不一定能达到一个"正确"解释，甚至不一定能达到一个"有效"解释。不管何种情况，接收者"意识"到意义之存在，才能推动解释。

塔拉斯蒂说："当我们将一个行动符号（符号文本），与它的'本质'的超越的观念比较，这个行动符号就有了一个更深刻的本质意义，一个超越的观念。因此，当接收者接收这个行动符号，我们事实

---

① Umberto Eco, *A Theory of Semiotics*, Bloomington: University of Indiana Press, 1976, p. 18.

上肯定了站在它身后的后符号（意义）。"① 他的意思是说，我们之所以接收一个符号，是因为它的"本质"即是有意义。

以上两节的论辩听来复杂，而且立场似乎互相矛盾：究竟意义是先在的，还是解释出来的？究竟在符号表意中意义是缺场的，还是在场的？实际上，这二者之间的张力，是符号过程的最基本动力之所在：

意义既不在场（尚未解释出来）又在场（必定能解释出来）。意义尚未解释（事先不在场的必定性），才能使符号活动朝解释方向进行；意义必定能得到一个解释（最后在场的必定性），接收者才能站到解释的位置上。

《道德经》把这个"有"和"无"与意义之"道"的关系说得很清楚："常无，欲以观其妙；常有，欲以观其微，此两者同出而异名。""道"作为意义，正是有和无互动的产物。有，才能看到其必有归宿；"无"，即不在场，才能看到其奥妙。"有"和"无"，"在场"与"缺失"，"同出而异名"，是同一符号过程必不可少的两个方面。② 所以《道德经》之三十八说："失道而后德，失德而后仁，失仁而后义，失义而后礼。"礼这符号，只是道德仁义缺场后的替代。一旦某种符号不断出现，就可以证明它的意义缺场相当严重，只能用符号敦请接收者把它解释出来。

3. 任何解释都是解释

为了更清楚地回答符号的这第三个悖论，我们必须区别符号过程中的三种不同"意义"：

---

① Eero Tarasti, *Existential Semiotics*, Bloomington: Indiana University Press, 2000, p. 34.
② 参看朱前鸿：《先秦名家四子研究》，北京：中央编译出版社，2005年，第43页。

```
发送者          符号信息         接收者
(意图意义)  →  (文本意义)  →  (解释意义)
```

本章讨论的几个问题，听起来很纠缠，一旦区分符号过程中这三种意义的交替变化，就不难理解。

第一，这三个意义经常是不一致的，欲使它们之间保持一致，需要特殊的文化安排，例如现代的"科学理性"文化。在人类"正常"的符号活动中，三者不一致是常态。陆机的《文赋》中说："恒患意不称物，文不逮意。盖非知之难，能之难也。""文不逮意"的原因并不是"知之难"，而是"能之难"。人的意义追求，不保证这三者一致。

第二，符号过程有个时空跨度，从发出到收到，可以相隔数万光年的空间距离，也可以"间不容发"。时空跨度使这三个意义并非同时在场。发出者的意图意义只是符号过程起始；符号发出后，只有文本携带意义，解释意义尚不在场。如果符号文本没有意义，也就没有理由被接收，不接收就没有解释出意义的可能。

第三，这三种意义不可能同时在场，后一个否定前一个，后一个替代前一个。符号过程只能暂驻于某一个意义：起始的意图意义，被携带的文本意义，轮流在场，最后（如果符号过程进行到解释环节的话）被取消在场，不在场的解释意义，最后要落实为在场。本章说的符号"意义"的三条悖论，说的都是解释意义，即符号意义的实现。

意义之有，是符号接收必要的工作前提，接收者真正的解释，不一定也不可能回到意图意义或文本意义，解释有效即是使解释成为一个解释，不需要与表意的其他环节对应。一旦接收者视某个感知为符号，它就成为解释对象，而符号一旦成为解释对象，就必然有意义。解释者的解释意向，使符号携带意义。

应当指出，不同类型的符号文本，对这三者的倚重是不同的。科学文本往往比较着重文本意义，因为所有科学发现，必须可以让同行在同样条件下重复此实验，并得到同样结果。谁做的，谁测定，谁解释这些主观因素，不仅不重要，而且必须排除在考虑之外。实用性表意，往往倚重意图意义。吵架争执起来时，辩护词是"我原意并非如此"；而文化交流，往往解释意义更为重要，广告、诗歌、电影，意义在于接收效果。

既然解释是符号意义最后实现的地方，就出现一个或许奇怪的结论：**任何解释都是解释**。理由来自本书的定义："符号是被认为携带意义的感知。"既然只要是"被认为"携带着意义就是符号，那么不管解释活动会达到怎样的结果，不管这样解释出来的意义是否"正确"，符号解释得出的"意义"作为意义本身总是合格的，它不一定需要与意图意义或文本意义对应。皮尔斯说："一个既定物给我们呈现无穷的特征，都要我们解释，假定有个解释的话，也只是猜测。"① 对于雷电，对于月食，人们有各种解释，这些解释是对是错，是随着历史文化而变化的，但没有理由说它们不是解释。

可以举一个比较戏剧化的例子。电影《刮痧》说一个美国华裔家庭，儿子感冒，祖父为他刮痧，学校发现红印，认为是家庭虐待，警方涉入调查，法院剥夺父亲的监护权。电影下半部的情节是父亲去"抢"回儿子，闹出更大的"违法"之事。

据说这部电影是根据真实故事改编的。作为中国人，我们能够理解其中的意图意义：刮痧"醒神救厥、解毒祛邪、清热解表、行气止痛"。但是既然这个文本（皮肤淤青）有独立的意义，法院的理解也不能说完全无中生有。如果这件事拿给中国人解释，居委会都能认同意图意义，但是如何才能说服美国的接收者同意这个理解？这里意图意义、文本意义、解释意义三者悲剧性地不一致。所谓"对错"是文化元语言的判言，而文化是随着地域与时代变易的。

进一步说，当接收者完全"不懂"，即无法理解一个符号，提不出任何解释，这时符号意义何在？例如猜不出一则谜语，读不懂一首诗。笔者的看法是，一旦接收者认定文本体裁，他面对的是谜语或诗，就是认定这个符号文本必定有解。解释努力是文本压力的效果，

---

① Charles Sanders Peirce, *Collected Papers*, Cambridge, MA: Harvard University Press, 1931–1958, Vol 2, p. 643.

这也就证明意义有解释的可能。接收并不直接导向理解，不理解并不证明文本不能解释。既然是否符合（意图或文本）原意，不是此解释是否成立的标准，那么接收者的任何解释努力，都完成了这一轮的符号过程。

任何解释努力都是一种解释，**所谓不理解也是一种解释**。听梵语《大悲咒》，听蒙古语唱歌，听意大利语歌剧，绝大部分人不理解。但只要不否认这些歌是有意义的符号文本，就是当作符号接收，哪怕接收者明白已经超出他索解的能力，他放弃做进一步解释努力，他的最起码解释努力（即"神秘感"）也使这些文本符合"被认为携带意义"这个定义。许多宗教密语，均是如此。《大悲咒》传世的是音读，很少人能懂，《楞严经注解》中有详细解说，秘咒就变为显说。佛教高僧们认为，不解说，不翻译，更能传达教义。

如果接收者完全不具备解释能力，例如收到电报，却不掌握相关密码，完全无从下手，那么此时符号过程无法完成。只要在合适条件下，接收者就有可能得出某种意义。"无法理解"恰恰是理解努力的结果，接收者是认为某感知携带着意义，才得出他不理解的结论，这也就是肯定了面对的符号应当有意义，这也是解释。

可以看到，符号过程三个环节的意义，一步步把前者具体化：意图意义在文本意义中具体化（主观的想法被落实到文本表现），文本意义在解释意义中具体化（文本的"待变"意义成为"变成"的意义）。反过来，这三层意义也在一步步否定前者。

第一，文本意义否定了意图意义的存在。如果意图意义并没有在文本中实现，就只是发送者的一厢情愿；反过来，如果文本意义体现了意图意义，那么意图意义只是一个供追溯的可能。

第二，解释意义否定了文本意义的存在。得到解释，使文本失去存在必要。本节上面已经说过，不管解释意义是否符合文本意义，解释意义至少暂时地结束一个符号表意过程。

以上符号过程的描述，是理想的。符号学之复杂，是因为绝大部分符号没有达到这个起码的标准，只能称为"不完整符号"，就是缺失了三个环节中的任何一环的符号。意图意义、文本意义、解释意义，三者都只是符号过程的必要工作假定。意图意义是"可能有"的意义，文本意义是"应当有"的意义，接收者提供的解释意义是"被实现"的意义，但是三个环节中没有一个是不可或缺的，大量符号行为实际上没有完成这三个环节，有一个甚至两个环节缺失，也已经是符号，因为这个感知已经携带意义。

4. 信号

因此，不完全符号是重要的符号类别，本书不得不仔细检查。符号学的研究范围比传播学宽得多。传播学（Communication Studies）研究两个主体之间的交流传达，因此必须有发送－信息－接收三个环节。而符号学的研究对象，包括各种**不完整符号**活动（信号、无发送符号、潜在符号、某些自我符号），传达过程严重缺损，却依然是符号过程。

符号学界关于信号（signal）有过大量讨论，因为信号在这个世界上大量存在。但是符号学界对信号的解释众说纷纭，至今没有接近一致的意见。把信号排除在符号之外，会造成理论和实践上的极大困难；把信号包括在符号内，一样会引起许多困惑，这的确是一个两难之境。

信号是一种特殊的不完整符号，它不需要接收者的解释努力。信号的特点是：

1. 它是一个有符号载体的意义发送。
2. 它不要求解释，却要求接收者以行动反应。

信号的起始既然是可被感知的载体，它就是符号。前一节说过，符号的三个环节，只要有一个存在，意义也就存在，就够资格成为符号，因此，从原则上我们无法否认信号是符号。

不少符号学家认为信号不能算符号，因为信号的反应是固定的，不要求解释。例如动物发情时，两性对气味或动作有反应，但是解释反应都是固定的。蜜蜂的舞蹈对蜂群是信号，超声波的反射对蝙蝠是信号，触摸对含羞草是信号，闪光对瞳孔肌肉是信号，染色体配置对胚胎生长是信号。信号可以发生在动物之间、植物之间，甚至有机体不同部位之间，并不一定需要以人格出现的解释者。因此，一旦承认信号是符号，会使符号学的领域过于扩大。反过来，不承认信号是符号，就会使符号学的领域过于缩小。

比较适中的说法是，作为符号的信号（不是电梯的光电管那样的机械信号），依然期盼接收者（人或动物）做（生物基因性的，或社会规范性的）固定的解释，从而反应也是固定的。这样，信号就不同于充满自然界的各种因果连接：地震引发海啸，月亮引发涨潮，电梯门的光电效应开关，都不能算信号—反应，因为其中完全没有哪怕解释者主体的地位。

而且，即使卷入人或动物解释者，直接的（物理或化学的）原因不是信号，对原因的感知才是。[①] 例如高血压可能是脑出血的原因，但高血压不是脑出血的信号，血压升高而头疼（症状）才是信号，量血压才是符号行为。山石滚落到公路上，对拦住路的山石的感知（形象）是"不可通行"的信号，山石的物理存在，却是不可通行的实际原因，不是信号。

任何符号的载体，必须被感知，没有感知就不可能是符号，这点必须坚持。但是感知符号载体者，不一定必须是一个人，可以是动物、植物、有机体，如果是人类设置的机械（例如闭路电视、无人侦察机），就必须要有人检查。一句话，感知者最终必须是"有灵性"的。

究竟什么是灵性？动植物有没有灵性，就属于争论的范围了。近年很多符号学家回顾在爱沙尼亚出生的德国生物学家于克斯库尔（Jacob von Uexküll，1864—1944）提出的"环境界"（Umwelt）概念，认为这是生物符号学的前驱。Umwelt 指的是生物体"主观感知到的世界"，因此其中充满了符号与意义，而这个世界中的"功能圈"

---

① Rostislav Pazukhin, "The Concept of Signal", *Lingua Posnaniensis*, 16, pp. 25—43.

（Funktionskreis），即符号过程（semiosis）。①

在这个基础上，美国符号学家西比奥克等人坚持把符号学扩大到生物界，让当今的环境保护运动与符号学结合，有一定道理。② 把信号看作符号的一种，符号学就可以扩展到动物符号学（zoosemiotics）、植物符号学（phytosemiotics），或是幼儿的非语言表意。③

但是我们可以看到，信号处于符号定义的门槛上：信号要求接收者立即做出反应，而不必也不允许做可能产生歧义的解释。④ 交通信号就是典型。红灯的意义不容置疑，它要求明确的行动回应。比赛的起跑枪声也不容许任何解释。可以看到，只有动物、植物、有机体，可以保证做到感知信号后自动采取行动。人哪怕面对在文化中习得的固定信号反应（例如中学体育课上学会听枪声起跑），也不可能完全排除解释。赛跑偷跑者叫人恼火，因为人必然对符号做解释，有解释余地就引向"投机取巧"。见到汽车冲来就躲闪，是人的求生本能，是对信号的反应，而对于想挡住汽车的人，他依然有另做解释另选反应的余地。

因此，信号传送的流程如下：

（发送者/意图意义）→**符号载体/信息意义**→（接收者/解释意义）→**反应**

信号不是没有接收者，只是信号不需要接收者做具有主体精神的解释，只向他提出反应的要求。生物界的信息传递与应用，应当说是比较极端的信号－反应模式，是符号活动的底线。许多学者致力在生物符号行为中寻找人类表意活动演化的基础，有的学者甚至在动物的

---

① Paul Cobley（ed.），*The Routledge Companion to Semiotics*，New York：Routledge，2010，p. 347.
② Thomas A. Sebeok et al，*Biosemiotics*，Berlin & New York：Mouton de Gruyter，1992.
③ Roberta Michnick Golinkoff，*The Transition from Pre-linguistic to Linguistic Communication*，Hillsdale，NJ：Lawrence Erlbaum Associates，1983，p. 57.
④ Thomas A. Sebeok，*Contributions to the Doctrine of Signs*，Lanham：University Press of America，1976，p. 121.

行为中找出诱骗谋略设计，这就使动物符号远远超越了信号的范围。① 的确，在动物的群体繁衍的一些最重要环节，例如哺乳、捕食、求偶，有时候可以看到动物作为一个物种（而不是个体），会对环境的信息做综合解释。但是绝大部分动物行为，如飞蛾扑火，的确是不加解释，这就是我们对生物信号现象是否能作为符号的犹豫之处。

"获得了灵性"的电脑做出的信号－反应是否是符号行为，至今存有争议。《军事信息报》曾报道：战争的突然性，对快速、灵活的反应能力要求，压缩了谋略的时间和空间。军事谋略的新时代已经来临，它的显著特征是：电脑与人脑合作，谋略与信息合成。目前，计谋这种复杂符号行为，还是要靠人来做（本书第十二章将详细讨论计谋问题），未来的符号活动不可预测，未来的符号学也不便预测。这可能是对人工智能"意义"的一点保留，我们只能期待人工智能主体性的出现。

本书不准备进入生物符号学与人工智能领域，但是本书承认生物与电脑的信号行为，是符号的边界，应当属于符号学研究范围。尤其在生态问题日益重要的今日，生物符号学日益重要，西比奥克为建立生物符号学做了长期而卓越的努力。但是这个区域过于模糊，本书只能划出符号学的这条门槛，不做深论。②

5. 无发送符号

最常见的不完全符号，是非人工制造的自然符号，第一章第三节已经讨论过符号"物源"分类。绝大部分无发送符号是自然符号。没有发送者，也就没有意图意义，也没有文本意义。自然符号携带的文

---

① Thomas A. Sebeok and R. Rosenthal (eds.), *The Clever Hans Phenomenon*: *Communication with Horses, Whales, Apes and People*, New York: New York Academy of Sciences, 1981.

② 关于生物符号，请参看笔者另一书中的介绍，见赵毅衡编：《文学符号学》，北京：中国文联出版公司，1990年，第63—67页。

本意义,完全来自接收者对其"符号化",也就是说,自然符号的意义,必须靠接收者强加。

古代政治常说"天意",古希腊神庙祭司说出的神意,中国的天文乾象、吉凶预兆、星卦谣谶、感应梦幻等自然现象,通过一套预言体系解释出意义。既然自然现象是"天意"的表现,解释者必须构筑神这个符号发送者。正由于此,天意符号文本必须尽可能随机(例如求签或测字),抹除人为意图意义的痕迹。

(发送者/意图意义)→**符号载体/文本意义→接收者/解释意义**

自然符号的发送者意图意义与文本意义,本来阙如,需要接收者的反向构筑,因此,无发送符号的表意过程是倒流的。重建自然符号的发送意图,几乎是人类文明难以避免的冲动,目的是使自然符号的表意过程重新完整,使符号具有权威意义。

构筑自然符号的发送者意图,是现代之前人类文化生活中的重要内容。《三国演义》言及"仰观天文""夜观星象"之事有二十余处,多以星象天文预言政事大局和将帅人物的吉凶,用来指导重要的战略。第十四回太史令王立"仰观天文",便预言"大汉气数将终,魏晋之地,必有兴者"。第三十三回曹操见"南方旺气灿然",觉得东吴孙权"恐未可图也"。第九十一回谯周见"北方旺气正盛",劝诸葛亮不要勉强伐魏。有时这种天意也可以指导具体的战术布置。官渡之战前夕,谋士沮授仰观天象,预言"恐有贼兵劫掠之害",袁绍不听其言,就被曹操烧了乌巢粮草。

在政治行为中,"天意"是如此重要,使得欲采取政治行为的人,不得不寻找携带所需要的"天意"符号的支持。《史记·项羽本纪》载,范增游说项羽杀刘邦:"吾令人望其气,皆为龙虎,成五采,此天子气也。急击勿失。"范增构筑了发送者"天"及其意图,目的是马上除掉刘邦。① 可惜项羽不太相信这种符号化方式,中国历史于是走上另一条路。

推而广之,文学作品中的写景,经常是给予自然景色发送意义。《诗经·采薇》:"昔我往矣,杨柳依依。今我来思,雨雪霏霏。"让自然景色充满类似"发送者"的人性意图,我们一般称为"移情"。

哪怕是有发送者的符号过程,发送者的意图强度可以有很大不同,艾柯甚至认为符号可以有发送者而无意图意义(无意识地发出符号),他列出了八种"意图关系"。② 笔者认为只要有发送主体,就必然有意图意义,发送者是否自觉,接收者是否理解,是另一回事。即使发送者是依样画葫芦,按例办事(例如在仪式中),依然有意图,即循规蹈矩的意图。

在文学理论中,有些学派认为文本意义比发出者意图意义重要得多,批评者不用追溯发送者意图,只需在文本中寻找意义构筑。持如此观点的大多为形式论学派,他们把文学艺术视为无发送符号。福柯认为"作者"这概念只是现代思想。现代之前没有"作者"这概念,《荷马史诗》或《水浒传》,多半是在相当长历史中许多作者的集体创作。③

当代批评家厌倦了一个上帝般的作者,拒绝从作者传记资料出发进行批评,因此他们建议作者离场。巴尔特认为文本诞生时,作者就死亡。④ 他们实际上是建议,最好把文学艺术看成无发送符号,这样才能让读者有解释的自由。

此种立场,恐怕有点走极端。即便作者自己声明的意图并不可靠,在分析作品时,我们依然无法忽视作者的时代背景与文化理念,哪怕这不是作者自觉的意图,却也是符号携带的"发送意图"。批评

---

① 这是 2008 届博士生王冠在符号学课程作业中举的例子,特此致谢。
② Umberto Eco, *A Theory of Semiotics*, Bloomington: University of Indiana Press, 1976, pp. 18—19.
③ 米歇尔·福柯:《什么是作者?》,见赵毅衡编选:《符号学文学论文集》,天津:百花文艺出版社,2004 年,第 513—524 页。
④ 罗兰·巴尔特:《作者之死》,见赵毅衡编选:《符号学文学论文集》,天津:百花文艺出版社,2004 年,第 505—512 页。

重构把这样的发送意图归结到所谓"隐含作者"（implied author）这个虚拟的人格上，隐含作者不是符号意义的实际发送者，而是解释者从文本中推导出来的支持符号文本意义的一套价值的"人格化"。所有的符号文本，都应当有这样一个"隐含作者"，本书第十六章将详细讨论"普遍隐含作者"问题。从符号学角度来看，批评家推导出这样一个人格的过程，很像占星师构筑星象发送意图的方式。

如果必须重构文学的发送者意图，有时候会做出非常勉强的解释。

《关雎》因为是《诗经》第一首，几千年释经儒者不敢怠慢。王充《论衡》解："周衰而诗作，盖康王时也，康王德缺于房，大臣刺晏，故诗作。"朱熹解《关雎》，认为是颂扬后妃之德，"太拟配文王"。如此强行制造作者意图来解诗，是因为传统文化必须把经书视为携带圣人的意图意义的文本。

此时我们就会想到禅宗在构筑意图意义问题上的洒脱。"不是风动，不是幡动，仁者心动。"南禅宗的这个开门公案，干脆否决了回溯发送意图的必要性，给解释主体以绝对自由，同时也让解释主体承担意义责任，这是非常独到的符号化方式。① 静坐打禅有所悟，此时"佛心"是否即自心，就由自己解释了。

符号过程从发送流向解释只是理想的情况。对无发送符号，解释操作却是"反者道之动"：接收者做反向倒推，构筑发送者意图作为意义解释的根据。

6. 潜在符号

潜在符号，是作为符号被生产出来的人工制品（纯符号），只是出于各种原因没有被接收，没有完成符号传达过程。② 此种符号文本，虽然没能够及接收者，依然是符号，原因是它们是作为符号被人

---

① 这个例子是2010届博士王立新在符号学课程作业中举出来的，特此致谢。
② 笔者在1990年出版的《文学符号学》一书中曾经把这种符号称为"零符号"，但是现在符号学界把空白文本的符号称为零符号，本书术语尽量从众，特此自我纠正。

类制造出来的。发送者明确地把它们当作意义载体生产出来的，只是出于某种原因，没有够及接收者：没有发表的文学艺术作品，没有被人看到的化妆或设计，半夜里无车辆行人时的红绿灯，没有传送出去的电子信件，没有送出的礼品，没有邮寄的单相思情书。这些都是符号，因为它们确定地携带着意图意义和文本意义，哪怕没有接收者，它们依然符合"携带意义"的符号定义，具有"被认为携带意义"的潜力，一旦有机会遇到接收者（例如"抽屉文学"重见天日，街口的录像被检查），就可以完成符号表意的整个过程。

潜在符号的流程图式如下：

发送者/意图意义→符号载体/文本意义→（接收者/解释意义）

没有被接收，符号过程就没能完成。但是这不能证明它们本来就没有携带意义，不能证明它们不是符号。上一章引过皮尔斯的话"只有被解释成符号，才是符号"，这话当然是对的，但是潜在符号是例外。说它们不是符号有点难，因为它们除了携带意义没有别的用处。本书从皮尔斯的立场让一步，承认有未能被接收的潜在符号，不是故意标新立异，而是力求说明符号过程三环节的相对独立地位。

《红楼梦》中贾宝玉挨打前呼救，在场的只有耳背婆婆，处于符号无法送达的窘境。但如果说他的惨叫呼救连符号都不是，就太亏了宝二爷。广告研究中讲究"到达率"，也就是说许多广告未能到达受众，也就成了潜在符号。甚至可以说，被接收而实现了可能携带着意义的符号是少数，大部分符号未能被解释成符号。

另一种准潜在符号，是上一节讨论的无发送者的自然符号。"一叶知秋"是对秋叶的符号解释，世上任何落叶都可以成为此种符号，为何此叶独幸？这里起表意作用的，不一定是个别的具体的某片落叶。正因为所有的落叶都可以是秋天的符号，具体的一片落叶借助全部落叶而成为秋之符号。

如果考虑到自然界充满了无发送符号，只要能够及接收者，都会被解读出意义，那么任何可能被解释出意义的物或现象，都可以是潜在符号，潜在符号就充溢了整个自然界。韦应物诗句"野渡无人舟自横"，此情此景，让骚人墨客感慨万千。但如果真是"无人"，这场面就不可能成为任何一种方式的再现，而只作为一个潜在符号存在。

因此，可以说任何一个显现的符号，都只是潜在符号的特例，无论是在自然界还是在人类世界，绝大多数感知没有完成符号过程。只有某些符号幸运地让接收者感知到并给予解释。但是，也只有当整个世界由潜在符号构成时，人才能感觉到自己存在于意义中，存在于"为我之物"中。

叶尔姆斯列夫曾经讨论过这种符号，他说："符号是否出现，这个问题的关键并不在于它是否得到了解释，而是是否有某种内容意图付之于它。"① 艾柯引了这句话，解释说叶尔姆斯列夫指的是一种"未曾解释，而仅仅是可以解释的系统"。艾柯说这种系统就是"信号"系统。② 笔者建议，最好不要把叶尔姆斯列夫的"尚未解释"的符号与"信号"相混。信号无需解释，但是依然要被接收，而"可以解释而未得解释"则是有可解释潜质却无此机会。鉴于这个世界上"携带意义"的感知数量无穷大，恐以单列一个种类为宜。

有的潜在符号稍微往前一些，落在符号的门槛上：当我们听到几声吼喊，我们不会完全不理解，因为能从语调、重音、姿势、节奏、律动、加速、迟延等方面，感觉到它们可能具有的内容。只是它尚未落到我们的文化场域中，是未充分成为文本的符号。③ 本章第三节说过，"任何解释都是一种解释，连不理解也是一种理解"。这些让人"不明白"的符号，也是符号，我们已经肯定它携带意义，只是我们的解释并不清晰。

---

① Louis Hjelmslev, *Prolegomena to a Theory of Language*, Madison: University of Wisconsin Press, 1961, pp. 99-100.
② Umberto Eco, *A Theory of Semiotics*, Bloomington: Indiana University Press, 1976, p. 134.
③ Umberto Eco, *A Theory of Semiotics*, Bloomington: Indiana University Press, 1976, p. 28.

7. 自我符号

既然符号表意有一个过程才能被感知、被接收，符号的意指就总有一个距离要跨越。可以看到，有三种"符号距离"：

（1）时间距离：符号从发出到接收的传达过程，必然占用一定时间。时间可以长达千年，例如古钱币；可以亿万年，例如地质或生物演化的符号解释；也可以几乎同时，例如看到母亲的眼神，或是躲开照相机的闪光。

（2）空间距离：远到在几万光年外的星系找一个黑洞，近到感受脸上挨了一掌。符号表意必须跨过一定的空间。如果没有时空距离，符号与其意义就会一起出现，意义充分在场，就不需要符号。

（3）表意距离：符号的载体与表意对象必须有所不同，符号表现绝对不会等同于对象自身，不然就不成其为"再现"，符号就自我取消了。在极端情况下，例如我想买的衣服，就是橱窗里的那一件（而不是那一种）衣服，依然有一个表意距离。符号意指的是"我穿上那件衣服后的风度"。

这三种距离说起来很简单，但是符号活动的面很广，一旦仔细思考，卷入的困难问题很多。

最难说清"符号距离"的，是**自我符号表意**。如果一个符号的接收者是发出者自己，此时的时间—空间距离几乎难以辨认，但是依然存在。我检查血压，或是我读自己三十年前写的笔记，此时我是符号表意的发送者，也是符号表意的接收者。我通过把自己对象化（把自己的身体情况"符号化"）来理解自身，我现在努力想理解的这个人，不是解释者"我自己"，而是通过解释重建的一个对象之我。①

---

① Eero Tarasti, *Existential Semiotics*, Bloomington: Indiana University Press, 2000, p. 66.

当符号的发送者与接收者是同一个主体,此种符号可称为"自体感受"(proprioceptive)符号。自我符号非常常见,最明显的自我信号发生在动物界。蝙蝠、海豚等动物能发出音波或超音波,用回音定位自身(echolocation)。《每日邮报》2009年10月6日报道,英国7岁男孩卢卡斯·默里生来双目失明,然而,卢卡斯学会了一种用舌头击声的"回声定位法"。经过一段时间刻苦练习之后,即使在大街上也能行走自如,不会撞上电线杆,如今他甚至还能进行打篮球、攀岩等高难度运动。如果我们把自己身体里一些生理过程也看成符号行为,例如DNA遗传符号,即西比奥克所谓"内符号学"(endosemiotics)[①],那么自我符号表意的范围就宽得多。

本书不准备进入这些符号的生理学边缘领域,但即使我们只处理人化的世界中的符号,依然可以看到,自己发送给自己的"自我符号"相当常见。有的时候自我符号过程比较明显,例如不准备出门只是自己打扮得齐楚一些(让自我感觉好些),例如写不想给任何人看的日记笔记(可以整理自己的思想),例如自己对自己生气(免得向别人发脾气)。

极而论之,可以说大部分符号表意都有"自我符号"的初始阶段,符号表意的第一个接收者往往是自己[②],就像写作的初稿,总是只给自己看的。任何思索都是在自己头脑中打草稿,然后才有可能找到合适载体,以文本形式发送出去。

自我符号表意有没有跨过一个时间-空间距离?笔者认为还是有,虽然发送者与接收者是同一个人,发送主体与接收主体依然处于有间隔的不同时空中。

有不少学者(例如米德和西比奥克),认为自我实际上可能分成不同的"我",尤其是"主我"(I)与"宾我"(me)。主我是自我意识(愿望、决策等),"宾我"可以是他人或社会对"我"的期待或评价,也可以是自我思索的对象。现在之我、过去之我、未来之我三者

---

① Thomas A. Sebeok, *The Semiotic Sphere*, New York: Plenum.
② 这个观点是2008级研究生肖翔首先提出来的,特此致谢。

之间，显然现在之我是主我。任何思想、判断、推理、想象、感悟等心智活动，实际上都是两个自我之间的协调，而不是纯然的"自我意志"。① 也就是说，自我符号不纯粹是我个人的表意活动，它也是一个意义过程。我，通过被符号解释对象化的我，来理解我自己。

8. 镜像，自我镜像

"符号距离"说的第三条，引发另一个困惑：镜像是不是符号？这在当代符号学中是一个争议问题，牵涉如何看待"绝似符号""同一符号""自我符号"等特殊符号。所谓"绝似符号"（absolute icon）包括非常相似的绘画、照片、录音、摄影、电影、高清电视等。部分"绝似"符号与对象外形非常接近（例如3D电影），几乎可以完全误认为合一。但是符号与对象并非同时在场，因此它们明显是代替对象的符号。而且，无论如何"绝似"的符号，都有框架套出对象的一部分。既然是用部分代表整体，这就符合第一章所说的符号"片面化"要求。

绝似符号很可能给接收者造成"实有其事"的误会，诱导出过于现实的解释。例如早期电影造成观众惊恐，广播剧火星人入侵造成群体恐怖，今日3D电影造成观众身体退缩反应。但绝似符号依然是符号，下文会讨论到符号与对象完全合一（sameness）的所谓"重复"（double），绝似符号并没有绝对到合一的地步，绝似只是错觉，实际上是不同程度的"貌似"，文化解读程式从此种貌似符号中读出"现实感"。

而镜像，还有闭路电视、监听等"远距镜像"，其图像常被称为"同一符号"（identical sign）。因为其对象与镜像完全同时出现，或是两者都在场（镜像的发送与接收似乎没有跨过时空距离），不符合

---

① George Herbert Mead, *Mind, Self, and Society: From the Standpoint of a Social Behaviorist*, Charles W. Morris (ed.), Chicago: University of Chicago, 1934. 这本重要著作是米德去世后，由他在芝加哥大学的学生兼好友、著名符号学家莫里斯编辑而成，米德的观念后来被称为"符号互动论"。

符号解释意义的"不在场原则"。

但是镜像、闭路电视、现场转播等，无法给出对象的全部，只是对象一部分的形象显示。接收者用这部分解释对象整体：对象的整体依然"不在场"，此时镜像所代表的对象与意义，依然需要解释。例如驾车者从后视镜中，只看见车后路面的一部分情况，需要从中解释出路况的全部情况，以决定自己相应的行动方案；闭路电视与监听也都需要接收者做出解释，而且是社会文化性的解释，例如解释看到的人的行为是否构成犯罪，所以它们依然是符号。

镜像有两种，他物镜像是接收者从镜中看到别的东西，自我镜像接收者照见自己。最难解释的是第二种，即自我镜像。我看镜中的自己，发出者、符号文本、接收者三者合一，同时在场，此时镜像还能不能算符号？笔者认为依然是符号。在自照时，我面对我，但是我并不了解对象我的全部情况。例如买衣服时要看一下穿衣镜，因为我不了解穿衣后的我是什么情况。在这个问题上，镜像有点像照片：我看着我自己的照片，也是在看着绝似我但是代替我的符号。某个姿势、某个场合中的我，并不是此地此刻对照片上我的形象做解释的我。既然自我镜像依然需要解释，那么它还是携带意义的符号。

《中国青年报》2001年6月4日报道："在某市一些招聘会上，出现众多年轻的女大学生，这些求职者都携有个人的写真集。"此事从符号学来看，似乎大可不必，因为考察对象充分在场，而且被确认在场。有的公司对雇员外貌有所要求，但是考察对面的真人应当更为可靠，不必通过照片。实际的情况是，呈交花了上千元做的写真影像的女生越来越多，招聘公司的确也收下备用。看来"同一符号"并不完全同一，所谓"上照"程度，化妆着装后的"颜值"，"写真集"可能提供不同的解释。

因此，镜像与写真集等"同一符号"，究竟是不是符号，取决于接收者（例如人事经理）是否能从感知中了解对象的更多相关信息，也就是说，镜像是否携带了某些意义，即第一章所谓"放大化"效果。镜像的对象与意义实为不完全在场，而不完全在场也应当视为一种不在场，因为解释者需要解释的是全部情况。

讨论镜像，不可能避而不谈拉康著名的"镜像阶段"理论。拉康提出，无自我（selfless）的幼儿，发现镜子中的影像，会"错认"（misrecognition），以为所看到的镜像是另一个小孩，一个玩伴。然后，他发现了在自我与镜中之人之间有奇特的对应行为。幼儿皱眉，那个玩伴也皱眉；幼儿吐出舌头，玩伴也做出同样的举动；幼儿伸手去触摸玩伴，而玩伴似乎也在触摸着幼儿，只是玩伴的触摸显得生硬，由此他开始明白镜像不是另一个幼儿，而是自己。①

可以对"镜像阶段"提出一种符号学的理解。在皮尔斯的"试推法"（后文将有详细讨论）理论中，解释者意识到错误，对进一步解释起重大作用。镜像阶段也就是人生的第一次严肃应用符号试错法。对玩伴的假设是错误的开端，而试错开始了符号解释过程，渐渐地镜像成为一种自我否定的经验。

正因为自我镜像是符号，才出现自我这种分裂：正因为自我镜像是符号，需要认识，主体体验这个人生第一出魔术，才得以上演。而艾柯则提出幼儿应当有一个"照相阶段"（photograph stage），因为幼儿弄清照片中旁人的形象，甚至自己的形象，要到五岁左右。② 这明显是符号距离造成更大的认知困难。

镜像作为符号，卷入的还有更复杂的问题，本书在第四章第六节讨论"类型化"时，再做详细探讨。

---

① Jacques Lacan, *Ecrits: A Selection*, 1977, London: Tavistock, Vol 1, p. 7.
② Umberto Eco, *Semiotics and the Philosophy of Language*, Bloomington: Indiana University Press, 1984, p. 223.

第三章　任意性与理据性

1. 任意性

符号过程到底凭借什么力量，把表意引向某种特定对象和特定解释上去呢？符号与意义究竟靠什么互相连接？索绪尔把这种连接关系称为"任意性"（arbitrariness），他说任意性是"语言符号本质的第一原则"[①]。"任意性"在中文中也常被译成"武断性"，两种译法都可能造成偏向误会，因此中文中有时干脆译为"任意武断性"。"任意"是逻辑上的"无逻辑联系"，"武断"是社会心理上的"无需理据"。译成五个字不是因为中文不够用，而是此西文术语本身一词兼二义。《简明牛津词典》给这个词两个意义：①基于并不一致的意见或任意的选择；②武断。[②]

在索绪尔看来，符号的能指与所指的关系既是社会习俗所规定的（武断的），又是无需理据的（任意的）。任意兼武断，就是说符号与其意义的结合方式不可能也无需论证。他的原话是："（任意性）它不是'取决于个体的自由抉择'这一意义上的任意性。相对于概念来说，它是任意的，因为它本身与这概念毫无特定的关联。整个社会都不能改变符号，因为演化的现象强制它继承过去。"[③] 他的意思是任意必兼武断。

[①] Ferdinand de Saussure, *Course in General Linguistics*, New York: McGraw-Hill, 1969, p. 61.

[②] *The Concise Oxford Dictionary* 对 arbitary 一词下的定义："1. based on or derived from uninformed opinion or random choice; 2. despotic"，也包括两个方面：没有理据而任意的；武断的。

[③] 费尔迪南·德·索绪尔：《索绪尔第三次普通语言学教程》，屠友祥译，上海：上海人民出版社，2007年，第87页。

班维尼斯特建议干脆把这个关系改为"必定"(necessary)①,不容选择,也无需讨论。

索绪尔更强调提出,任意性原则是任何符号普适的。他说,"将要建立的符号学"的对象"是以符号任意性为基础的全体系统"②:任意性原则不仅支配语言,而且支配所有符号系统,是符号之所以为符号的原因。只要是符号系统,必然以任意性为前提,从而使符号变得"不透明",自身不能导向意义,必须依靠社会文化的约定俗成来确定意义。

在索绪尔看来,符号的意义虽然会有历时的变化,在共时维度上却是固定的。这个看法显然是以语言为考察对象。而词汇的意义究竟从何而来,这个问题在哲学史上辩论已久。柏拉图《对话录》中的"克拉提鲁斯篇"("Cratylus"),整篇对话是(显然虚构的)三人辩论。苏格拉底先站在克拉提鲁斯一边,认为词语是"自然的",后来又站在赫莫根涅斯(Hermogenes)一边,认为"自然没有给事物一个名称,名称只是约定,是使用者的习惯"③。苏格拉底同意后者,但是他们的驳斥并没有终结辩论,而且苏格拉底最后出人意料地对自己的立场有所保留,他指出:"语言与对象之间应当有相似(likeliness),不然不够完美。"④

由此开始了贯穿西方哲学两千五百年的辩论,一种认为词语与对象天然有关系,此论点被称为"克拉提鲁斯论"(Cratylism);有时候被称为"透明性"(transparency)——从辞符可以"直接"看到意义;二十世纪符号学兴起后,大多数学者称之为"理据性"(motivation),热奈特等称具有理据性的语言为"模仿语"(mimologic)。

另一种看法认为语言并不具有对象的"本性"(nature),而只是

---

① Émile Benveniste, *Problems in General Linguistics*, Coral Cables: University of Miami Press, 1971, p. 45.
② Ferdinand de Saussure, *Course in General Linguistics*, New York: McGraw-Hill, 1969, p. 65.
③ Edith Hamilton and Huntington Cairns (eds.), *The Collected Dialogues of Plato*, Princeton: Princeton University Press, 1963, p. 423.
④ Edith Hamilton and Huntington Cairns (eds.), *The Collected Dialogues of Plato*, Princeton: Princeton University Press, 1963, p. 469.

社会上大家都"同意"(agreement)而已，这种理论因为柏拉图《对话录》中据称采取此立场的哲学家之名，而被称为"赫莫根涅斯论"(Hermogenism)，这也就是索绪尔的"任意武断性"或称"不透明性"(opaqueness)，符号学上称作"无理据性"(immotivation)，即从符号本身看不到与对象的连接。只要是符号系统，必然以任意性为前提。

2. 系统性

索绪尔提出的符号与其解释之间的任意性原则，会引出一系列重要结果，其中最主要的是系统问题。索绪尔本人并没有预见到他的语言符号学会发生如此大的影响，他甚至没有把自己的讲课稿写成文，但是他预感到"符号学的主要着眼点，是立足于符号的任意性基础上的整个系统集团"①。这个观点成了整个结构主义大潮的出发点。在上引这句话中，索绪尔已经提出了关键词"系统"(system)，而且指出系统"立足于任意性基础上"。系统性是任意性原则的必然后果，是看来散乱的符号单元之所以能表达明确意义的关键。

结构主义的核心问题，不是"结构"，而是"系统"。② 一个系统是各成分关联构成一个整体，而不是各成分的简单累积，系统大于各成分之和。也就是说，一旦进入系统，组分除了自身的功能，还获得了"系统功能"，例如一件衣服，配合进一套服装，或配合进一款时装系列，此时一件衣服不再是一件衣服，而是时装系统的一个组分。

系统能超过成分的总和，是因为系统有几个特点。首先是其"全域性"(wholeness)。例如在一种语言中，其符号单元（例如词汇）的意思是任意的，如何保证语言之间能翻译？因为每种语言覆盖的全

---

① Edith Hamilton and Huntington Cairns (eds.), *The Collected Dialogues of Plato*, Princeton: Princeton University Press, 1963, p. 68.

② 也有人认为系统是元素的集合，而结构是元素之间关系的构筑，这也就是说系统观是元素组成加上结构性。即使如此解释，"系统"一词，依然比"结构"这个词更清楚地解释了结构主义的原则。

域大致上一致，一种语言能覆盖的意义面，另一种语言大致上也能覆盖，只是每个词汇或短语的意义划分不一致。翻译之所以可能，是因为两个系统的全域覆盖，翻译的困难在于两个系统的组分覆盖区域不一样，就像两个拼图游戏，拼出来的全图相同，每一小块的覆盖面不一样。例如中文"桌子"，英文分成desk与table，每个地方要根据上下文和使用语境判断对应方式。例如交通警察的指挥，与红绿灯自动指挥，形式不同，分节也不同，"全域"却一致，系统之所以能互相替代、互相变换，正是符号的这种"全域系统性"。

结构观念古已有之，亚里士多德分析悲剧的六个因素，李渔讲戏剧结构"密针线"，这些都是结构分析，但与符号学的结构没有关系，因为其中没有全域覆盖与变异重组的讨论，并不是任何"结构"都符合系统的要求。

一个系统的符号组分能覆盖"全域"的意义，条件是在组分之间能互相区别。索绪尔认为"区分"是系统与各成分关系的主要维系条件。"狗"之所以为这个意义，并不在于它的发音和写法本身，而是在于与其他词发音上、写法上的区别，这种区分保证了这个词在汉语这个系统中，独占一个特定的意义。

对这种区分原则可以做个简单的实验。一盘象棋丢失了一个"将"，可以用任何一个木块替代，但是为了保持系统性，要满足两点要求：第一，此木块与其他棋子不同（棋盘上不能有相同木块）；第二，这个木块的走法（使用）与"将"相同，目的是让整副棋子覆盖象棋的全域。这样，整个系统依然起作用，而这枚棋子作为系统的一个单元也依然起作用。这块东西本身是什么物质，什么颜色，什么形状，给人什么感知，并非至关重要，因为"将"之为"将"本来就是任意武断的。

符号系统之所以能够服务于"全域"，在于它是动态的、可变的。系统的任何状态都只是一种暂时的显现方式，系统保证了动态变化中的延续。例如下棋，从开局下到面目全非的任何阶段，都在系统规则能处理的范围内。系统的变化服从一套规则（下棋规则、"棋路"），这套规则控制了系统的全部运作。索绪尔称这套规则为"语言"

(langue),而系统的任何一次显现形态为"言语"(parole),更正确的说法是深层结构(deep structure)与表层结构(surface structure)。深层结构是任何系统能发挥作用的关键,因此索绪尔对符号学发展的贡献,往往被称作"系统论"(systematics)。

后来出现的控制论,把系统的这种能力称为系统的"自行组织"(self-organizing)能力,或"抗扰乱"(counter-perturbation)能力。结构的这种能力,是因为可以变换的表面结构,受深层结构控制。由此,凡是承认深层结构为系统控制与重组力量的人,都是结构主义者。不少人认为马克思(以经济基础控制上层结构)、弗洛伊德(以本我控制自我)、涂尔干(以集体意识控制个人行为)等思想家,都是结构主义的前驱。甚至有人认为托勒密体系是结构天文学,哈维的血液循环论是结构生理学,居维叶的古生物重建是结构古生物学,林奈的物种分类是结构生物学,等等。① 这些体系的确都是符号表意体系,但是作为一个"系统"起作用,就不再是个别的累积。十九世纪末涂尔干与塔尔德关于社会学中社会规律关系与个人行为的辩论,给了索绪尔很大启发。②

列维-斯特劳斯从"系统性"出发,给了结构一个定义:

> 第一,结构展示了一个系统的特征,系统由若干组分构成,任何一个组分的变化都会引起其他成分变化;第二,对于任一模式,都应有可能排列出同类型一组模式中产生的一个转换系列;第三,上述特征,使结构能预测,如果某一组分发生变化,模式将如何反应;最后,模式的组成,使一切被观察到的事实都成为可以理解的。③

---

① Georges Mounin, *Semiotic Praxis: Studies in Pertinence and in the Means of Expression and Communication*, New York: Plenum, 1985, p. 105.
② Stjepan Gabriel Meštrović, *Durkheim and Postmodern Culture*, New York: Walter de Gruyter, 1992, p. 72.
③ Claude Levi-Strauss, *Structural Anthropology*, New York: Basic Books, 1974, p. 7.

这个定义听起来复杂，实际上是强调符号表意必须依靠系统。不能纳入系统的东西，无法存储，无法传送，也无法解释，而符号恰恰需要这些功能。因此，一旦承认索绪尔的"任意性"原则，符号与意义就无自然联系，符号就不得不依靠系统才能表意。

皮尔斯没有讨论系统性问题，很多人认为这恰恰是皮尔斯的优势所在。后结构主义坚决攻击结构主义的系统观念，这样做是对的，但是系统性并非完全没有道理。目前符号学界对皮尔斯符号学的极高评价，以及对索绪尔的系统模式符号学的贬低，是对二十世纪六十年代结构主义极盛期过高名声的反拨。反拨是必要的，但反拨矫正不等于必须完全漠视。要破解系统性，首先必须理解系统性。在本书的讨论中，尤其在下半部分讨论艺术与文化符号问题时，我们依然会感到系统性的重要。俄苏符号学派把普利高津的耗散系统观用于文学，发展了开放系统观，证明系统性在一定条件下依然是个重要概念。

3. 共时性

系统性连带出来的另一个问题，是所谓"共时性"，在索绪尔理论的四个二元对立（能指／所指，语言／言语，共时／历时，组合／聚合）中，这条似乎最容易理解，实际上还挺复杂。共时性问题，是索绪尔为语言学发展做出的重大贡献。索绪尔之前的语言学，主要在语言的演变上下功夫，而索绪尔的系统观，注重的是一个系统内部各种元素之间的关系，因此要求从一个"共时角度"来观察，系统才能运作。系统各因素之间，不是历时性的联系，而是在某个条件下共存的关系。

共时观念，给语言学的研究带来重大变化，也使符号学一开始就落在一个非常有效的模式之中。但共时观念还没有被真正弄清楚，就被追赶时髦的学界宣布过时，所以本书稍微多花一点功夫解释一下。首先，共时与历时不可分，每个系统都是在历时地转化为一连串的共时局面中形成的。没有一个符号系统能历时不变，我们只能谈历时性中的共时性，这一点容易理解。

关于共时与历时究竟如何区分，却一直有很多误解。列维－斯特劳斯在《结构人类学》中举交响乐为例，说一首交响乐是共时与历时配合而成。某个瞬间的和声与配器是共时性的，交响乐的演奏则是历时的。① 巴尔特认为西餐中一道道上菜是历时的。② 两位大师恐怕是弄错了。他们把符号系统的空间展开/时间展开，误作为共时性/历时性。有的符号文本在空间中展开（例如壁画、建筑），有的符号文本在时间中展开（例如电影、仪式）。哪怕需要在时间中展开的文本，依然可以被看成一个共时结构，只要展开的时间过程没有影响组分的相互关系和意义的变化。一本小说看上去是空间的存在，而讲故事需要时间，但一本小说和一则故事都不是历时的。当符号组合被看成一个文本，或一个系统，它们就是共时的。

列维－斯特劳斯和巴尔特关于一首交响乐或一顿西餐是"历时性"的说法，颇类似钱锺书所引《优婆塞戒经》中的例子："有智之人，若遇恶骂，当作是念：是骂詈字，不一时生；初字出时，后字未生，后字生已，初字复灭。若不一时，云何是骂？"钱锺书认为这种态度，可以"以资轩渠"③。

符号学讨论的共时，不是指符号文本的空间（非时间）展开方式，而是解释者看待这个系统的角度。对于一个系统的研究，可以有共时与历时两种侧重。一部交响乐，一顿西餐，哪怕不是严格的"共时发生"（空间并存），也可以被看作共时系统，即可以当作一个系统给予解释。

斯瓦西里语把周围所有的人分成"活人"、"撒哈"（sasha）、"扎马尼"（zamani）三种。活人是在世的人；撒哈是人已去世，但是在世的有与他相识的人；扎马尼是已经死去，并且所有认识他的人也都已经死去。④ 这是一个非常典型的系统。原先是历时的关系，在意义

---

① Claude Levi-Strauss, *Structural Anthropology*, New York: Basic Books, 1963, p.45.
② Roland Barthes, *Elements of Semiology*, London: Cape, 1967, p.25.
③ 钱锺书：《管锥编·老子王弼注》，北京：生活·读书·新知三联书店，2007年，第685页。
④ James W. Loewen, *Lies My Teacher Told Me: Everything Your American History Textbook Got Wrong*, New York: The New Press, 2008, p.23.

关系中变成了一个共时系统，三种"人"互相区别，必须用不同方式处理，谈论扎马尼已经无人对证。其他语言对历时的两种死者不加区别，是因为更多地凭借共时的书面记载谈论他们。

因此，共时性与历时性，只是观察解释符号系统的角度之分，并不是严格的时间问题。叶尔姆斯列夫说得一清二楚："（共时性是）语言成分内在逻辑上的一致性，而不是经验上的共时性，而所谓历时性也只能看成一种关系转换系列。"① 巴尔特后来似乎也明白了这一点："时装的共时性年年风云变化，但在一年之内它是绝对稳定的。"② 为什么时装系统"一年之内"是稳定的？因为时装需要用四个季节展开整个系统。巴尔特对共时性的看法，在几年中前后矛盾，只能说他一直在思考这个问题。如果巴尔特知道我们至今尚在一句一句认真读《符号学原理》，他必定会郑重其事地做个自我修正吧。

既然系统必须从"共时"角度观察，索绪尔符号学就带上一种共时偏好，这一点受到不少关注社会历史的理论家抨击。既然系统只有在共时状态中观察，历史就只是系统的叠加。③ 符号系统的一系列共时状态，靠"自组性"组成一个贯穿了的演变系列，才出现系统的历时性，因此难以否认，系统观是共时性优先。虽然共时性并不否认历时性，当共时结构被特别关注时，历时关系容易被忽视。

基于索绪尔理论，至少共时性作为一种可供选用的研究角度出现，只要这种观念没有独霸学界，就不应当说是坏事。这个理论兴起之初，不少学者赞美有加。巴尔特甚至说，索绪尔提出共时性原理，"意味着起源概念的退场……个体不再相当于'子女'，而是相当于'同胞'；语言结构不再是一种'贵族制'，而是一种'民主制'"。他甚至感慨地说索绪尔的理论，与索绪尔本人的"籍贯"有关："只有一位卢梭的同乡，住在具有数百年民主制传统的日内瓦，才能想到把

---

① Louis Hjelmslev, *Prolegomena to a Theory of Language*, Madison, Milwaukee: University of Wisconsin Press, 1969, pp. 109—110.
② 罗兰·巴特：《流行体系：符号学与服饰符码》，敖军译，上海：上海人民出版社，2000年，第8页。
③ 参见 Fredric Jameson, *The Prison-house of Language: A Critical account of Structuralism and Russian Formalism*, Princeton: Princeton University Press, 1972, pp. 5—6.

语言的意义比拟为社会契约。"① 这个赞美太政治化,也太诗意。

4. 有机论,"噪音",露迹

心理学家皮亚杰讨论结构主义有机整体观,提出其三条特征。皮亚杰对"结构的守恒性和某种封闭性",这可以说是结构主义有机论最清楚的表述,所以我详细引述于此。

他的第一条是"整体性":

> 一个结构是由若干个成分所组成的;但是这些成分是服从于能说明体系之成为体系特点的一些规律的。这些所谓组成规律,并不能还原为一些简单相加的联合关系,这些规律把不同于各种成分所有的种种性质的整体性质赋予作为全体的全体。"②

皮亚杰同时也注意到变化的压力,他提出结构的第二条特征"转换性":

> 一项起结构作用的活动,只能包含在一个转换体系里面进行。"③

结构的成分变化,可以引起结构的整体转换。

这种转换是在结构之内进行的,这就引出皮亚杰的第三条特征"自我调整性":

> 结构的第三个基本特性是能自己调整;这种自身调整性质带来了结构的守恒性和某种封闭性。试从上述这两个结果来开始说

---

① 参见 Fredric Jameson, *The Prison-house of Language: A Critical account of Structuralism and Russian Formalism*, Princeton: Princeton University Press, 1972, p. 164.
② 皮亚杰:《结构主义》,倪连生、王琳译,北京:商务印书馆,2006年,第4页。
③ 皮亚杰:《结构主义》,倪连生、王琳译,北京:商务印书馆,2006年,第7页。

明，它们的意义就是，一个结构所固有的各种转换不会越出结构的边界之外，只会产生总是属于这个结构并保存该结构的规律的成分。①

自我调节是系统的生命力之所在，但也使系统能够在变异中不必把自己打散。

这可能是思想史上对有机论最雄辩的辩护。亚里士多德以降，大部分文艺学家都是有机论者：作品是一个有机整体，不可能删除任何一部分，而不损及其整体意义。对长篇作品，这种说法稍嫌夸张，至少在持这种观点的理论家和批评家看来，对作品任何一个部分的最高赞扬，是证明它对作品整体所做的贡献；而对一部作品的最高赞扬，是说明各个部分如何被综合成一个更富于意义的整体。作品就像一个有机的生物，虽然整体由部分组成，整体却拥有部分所无的生命。

有机论在任何时代都不缺少拥护者，似乎这是对艺术作品理所当然的理解方式。亚里士多德以降，理论家立场可以各不相同，拥护有机论却似乎自然而然。柯勒律治的浪漫主义，爱默森的超验主义，坡的神秘主义，克罗齐的直觉主义，现实主义者如别林斯基②，马克思主义者如卢卡奇③，形式主义者如新批评派，黑格尔的辩证整体理论对他们的影响最大。二十世纪初开始兴起的格式塔心理学，也给有机整体论很大支持。然而，有机论最后也是最强大的辩护者，是从索绪尔符号学发展出来的结构主义。

二十世纪七十年代初之后，符号学发展到后结构主义阶段，有机论才从文艺学中渐渐消退。解构主义者德·曼明确反对"修辞有机主义"，他认为隐喻、象征等修辞格所携带的有机观念，即言义合一，会发展成"美学的帝国主义"，张扬权威主义与专制倾向："我们称为

---

① 皮亚杰：《结构主义》，倪连生、王琳译，北京：商务印书馆，2006年，第10页。
② 别林斯基说，艺术作品比现实更美，是因为"里面没有任何偶然和多余的东西，一切局部从属于一个整体，一切朝向一个目标，一切构成一个美丽的、完整的、单独的存在"。《别林斯基选集》（第二卷），满涛译，上海：上海译文出版社，1979年，第457页。
③ Martin Jay, *Marxism and Totality*, Berkeley: University of California Press, 1984, pp. 81—102.

意识形态的这种东西,正是语言现实与自然现实——亦即指涉与现象——两者的混淆。"① 德·曼认为,只有用反讽不知疲倦地求异,才能颠覆有机论。

本书要到第九章讨论符号修辞学时,才能讨论修辞如何冲破有机结构,朝反讽运动。德·曼指责有机论为"美学的帝国主义",眼光很敏锐。但是本章上文引用巴尔特赞美共时性中的"日内瓦公民的民主意识",结论正好相反。可以说这两种说法都是过分"政治化",牵强之处可付一笑。

有机论牵涉所谓"噪音"问题。巴尔特在《符号学原理》一书中声称:"艺术无噪音。"② 意思是艺术作品是一个完整的符号系统,作品中任何元素都是构成系统的单元,不存在不需要的组分。巴尔特又在《流行体系:符号学与服饰符码》中声言,"(对时装的)描述是一种无噪音的言语",因为"任何东西都不能干扰它所传递的单纯意义:它完全是意义上的"。③ 说文本无噪音,实际上就是把文本看作一个完全自组自适的系统。

同是在二十世纪六十年代,格雷马斯的观点却相反,他认为噪音问题与体系的开放程度有关:"在一个封闭文本中,一切语义冗余皆有意义——与开放文本相反,那里的冗余是'杂音'——,特别是当这些冗余在自然语言中显现为相同或相近的词语时,其意义更为昭然。"④ 格雷马斯看出,是否有噪音,取决于如何看待文本。只要跳出系统之外,就可以看到,接收者必然在文本中发现对他的解释不需要的冗余感知,巴尔特后来自己也承认"噪音"不可避免。⑤

本书第一章第六节说到,符号意义的发送与解释是一种片面化。

---

① Paul de Man, "The Concept of Irony", in *Aesthetic Ideology*, Minneapolis: University of Minnesota Press, 1996, p.170.

② Roland Barthes, *Elements of Semiology*, London: Cape, 1967, p.58.

③ 罗兰·巴特:《流行体系:符号学与服饰符码》,敖军译,上海:上海人民出版社,2000年,第18页。

④ A. J. 格雷马斯:《论意义:符号学论文集》(下册),冯学俊、吴泓缈译,天津:百花文艺出版社,2005年,第148页。

⑤ 罗兰·巴特:《明室:摄影札记》,赵克非译,北京:中国人民大学出版社,2011年,第47页。

被感知却被片面化到表意行为之外的部分，就只能算噪音。噪音部分可以被感知，但不能被"内化"为解释。我们读书时，会尽量忽视书边乱涂的不相关词句；我们看电影时，会尽量不顾及起身临时遮住视线的观众。人在符号化过程中，不自觉地贯穿了目的论，为了求解而把感知的丰富性抽干。王羲之书《兰亭序》有涂改，董其昌说王羲之"随手所如，皆入法则，所以为神品也"。这是艺术文本被经典化之后的特殊解释，一种解释中的噪音在另一种解释中可以去噪音化。

对于自然世界，这点容易理解。我们无法顾及整体的自然，只能采集相关的感知，把无关的搁在一边。难题出在人造的"纯符号"中，尤其是艺术中。既然是有目的的人造的符号，尤其是艺术文本这样精心制作的符号，为什么文本还会有噪音？既然噪音是不携带意义的干扰因素，艺术作品岂不是完全可以删除这些干扰？

因此，应当区分两种噪音。第一种是符号发送过程中无可奈何地带上的不表意部分，例如演员说话突然结巴，例如无线电发送中的干扰音，电影摄制过程中不小心拍摄进来的物件。在精心制作的纯艺术符号中，这种噪音应当减少到最低程度。第二种是解释者认为对他的解释不起作用的部分，应当说，这种噪音普遍存在，因为每个解释者提供的意义不一样。在可以解释成意义的范围之外的感知，就是噪音。解释活动必然产生噪音，任何一种解释都不可能让文本的每一部分都进入意义。

齐泽克对于噪音的普遍性，有段精彩的论述："文本总是存在一些不合适的异己的成分，为此，一个文本总是逃避变化它能被理解的存在形式，这是它的统一性的终极保证。"[①] 齐泽克的意思是说，文本总有不协调的部分，正因为此，文本才对接收者产生"按期盼意义理解文本"的压力。反过来说，拥有不可理解的部分，才使文本不会完全臣服于"期盼中的"固定解释。

至今有很多论者坚持"艺术无噪音论"。戏剧符号学家依兰姆说：

---

① Slavoj Žižek, *The Invisible Remainder: On Schelling and Related Matters*, London & New York: Versos, 1996, p. 26.

"戏剧信息无赘余……每个信号都具有（或被认为具有）其美学理据。删除这些信号会剧烈地改变被表演的信息或文本的价值。"① 这段话在关键点上自相矛盾："都具有美学理据"与"都被认为具有美学理据"完全不同。哪怕"世界第一画"达·芬奇的《蒙娜丽莎》，人物背后的风景是按照文艺复兴时代的肖像画惯例画的，有的人认为大有意味。"一个遥远的背景一直延伸向远处的冰山。只有弯曲的道路和远处的桥梁显示着人的存在。模糊的分界线、潇洒的人物、光亮与黑暗明显的对比和一个总体的冷静的感觉都是达·芬奇的风格。"② 但是，还是有人认为此风景与肖像不相关。《红楼梦》中大量灯谜，有人认为意义重大，每一处都影射情节和人物命运，也有人认为大部分灯谜与主题不相干。

对此，我们这种非红学家无法判断，只能说《红楼梦》中的灯谜，对前一种人不是噪音，对后一种人才是。

既然噪音不可避免，噪音就是一种重要的风格因素，有些艺术家就有意暴露制作痕迹。"露迹"成为现代艺术的重要特征。现代油画有意暴露笔触，现代音乐有意安排非乐音，现代戏剧有意让灯光师上场对着人物打光，现代小说家在小说中说自己如何写此篇小说。这些艺术家做的，正是把"加工"过程作为噪音暴露出来，而加工的目的原是排除噪音。巴尔特说现代艺术家的这些做法，是对抗资产阶级意识形态，因为"我们社会尽最大努力消除编码痕迹，用数不清的办法使叙述显得自然……不愿承认叙述的编码是资产阶级社会及其产生的大众文化的特点，两者都要求不像符号的符号"③。所谓"编码痕迹"就是未能完全编码而留下的噪音痕迹，这样就让人看到了符号化过程，"像符号的符号"就会让人警惕，因为不再是"自然"或"真实"。

承认噪音，就是承认艺术作品不可能是有机整体，因为有机论的

---

① Keir Elam, *The Semiotics of Theatre and Drama*, London: Methuen, 1980, p. 4.
② Carol Strickland and John Boswell, *The Annotated Mona Lisa: A Crash Course in Art History from Prehistoric to Post-Modern*, Kansas City: Andrews McMeel, 1992.
③ Roland Barthes, *Image-Music-Text*, New York: Hill & Wang, 1977, p. 44.

第一要义是"每个部分都为整体意义做出贡献",不可或缺,删除一处,整体意义就不再完整。这种说法实际上把文本看作意义的完美体现。一旦我们承认艺术是一种符号,那么在某些解释中,必定有文本的某些部分变成没有对整体意义做出贡献的冗余部分。这不一定会降低艺术价值。暴露艺术的"非有机组成",经常有特殊的效果。①

克摩德曾经一针见血地指出,二十世纪六十年代巴尔特的结构主义符号学,是有机论的最复杂辩护。巴尔特从七十年代起超越结构主义,正是感到了有机论的危险:"巴尔特之所以最后放弃了用形式主义方法确立底本与述本的言语/语言关系的努力,正是因为他害怕即使成功了,也只会复活旧有的特定作品特定结构这种有机论神化。这样,我们想打开的作品又重新关闭,重新拥有一个所指的秘密。"②

5. 理据性,像似符号

系统性与有机论问题,可以说都是索绪尔的任意性原则造成的。如果符号与对象之间,不必依靠任意武断性连接,就出现另一种符号学。索绪尔把"任意武断性"的反面称作"理据性"(motivation),他坚持认为符号与意义之间没有理据。皮尔斯没有用理据性这个术语,他的理论体系却立足于理据性,有了理据性,符号文本不依靠系统就可表意,因此皮尔斯的符号理据论使符号学最终摆脱了系统观。

索绪尔也承认,任意性原则,哪怕在语言的词汇层面上也不是绝对的,至少有两种词不完全任意。一是象声词、感叹词,都具有"语音理据性"(phonetic motivation),只是这两种词在语言的词汇总量中很少,可算普遍任意性中的例外。③ 二是复合词,如"十五",或词组如"苹果树"。复合词或词组具有排列方式的理据性(前词与后

---

① 关于噪音的更完整讨论,请参见笔者《艺术符号学:艺术形式的意义分析》第二部分第一章,成都:四川大学出版社,2022年。
② Frank Kermode, *The Art of Telling: Essays on Fiction*, Cambridge: Harvard University Press, 1983, p.75.
③ Frank Kermode, *The Art of Telling: Essays on Fiction*, Cambridge: Harvard University Press, 1983, p.67.

词的搭配并不任意），这样，理据性成分在语言中相当多，一旦构成组合（如复合词），就出现二度理据性。

语言中的理据性比索绪尔意识到的更多。柏拉图已经发现某些语音与意义有关联，他没有总结规律。古代文明的许多典籍，如印度的《奥义书》，希伯来的 Kabbalah，日本佛教九世纪出现的"真言宗"，都注意到这个问题。洛克与莱布尼茨为这问题还有一场辩论，洛克主张语音与语意的关系是全任意，莱布尼茨认为不全是任意。

虽然有些人认为全世界的语言都有"声音像似"（phonetic iconism）。全世界各民族几乎都用唇音 m 称呼母亲，显然这与哺乳有关；用塞音 p-d 称呼父亲，看来与最简单的呼叫有关。再例如英文那样用 b 作"打击"用词（如 bang, beat, batter, bash, bruise, blister），用 p 作"脚步"用词（step, stop, stamp, stomp, tap, tamp, tramp）。中文一旦像声，也几乎类似，例如急剧动作用爆破音："棒打""抨击""拍打"。但是这种语音相似，在任何语言中都过于零散，难以找到规律。

皮尔斯的符号学一开始就不以语言为符号范式，于是符号与其"对象"之间的关系，就显示出各种"本有的"连接。皮尔斯认为，根据与对象的关系，符号可以分成三种：像似符号（icon）、指示符号（index）、规约符号（symbol）。前两种是有理据性的符号。

像似符号指向对象靠的是"像似性"（iconicity）："一个符号代替另一个东西，因为与之相似（resemblance）。"[①] 任何感知都有作用于感官的形状，因此任何感知都可以找出与另一物的像似之处，也就是说任何感知都是个潜在的像似符号。[②] 符号化的第一步，实际上是比拟模仿。

像似性初看起来简单直接，有一种"再现透明性"，似乎符号与对象的关系自然而然，让我们马上想到视觉上的像似，例如电影、摄影这样的体裁，如肖像、风景画这样的题材，符号与对象的关系不言

[①] Charles Sanders Peirce, *Collected Papers*, Cambridge, MA: Harvard University Press, 1931—1958, Vol 3, p. 362.

[②] Ernst H. Gombrich, *Art and Illusion*, London: Phaidon, 1968, p. 12.

而喻,让人觉得有一种"直接感"(immediality)。其他符号"引入非自然因素,如时间、意识、历史,以及符号的间离性干预,从而瓦解了自然的在场性"①。而图像虽然是符号,但它看起来似乎是对象的自然而直接的显现。

实际上"像似"概念远远比此复杂,仔细探究,我们会发现这种"自然而然"是假象,尤其当我们移到图表、关系式、音响等符号载体,像似关系就不直接了。像似性由于当代文化的"图像转向"而成为学界研究的重要课题。符号学界,以阿姆斯特丹大学与苏黎世大学的符号学中心为首,从1997年开始,举行世界"语言文学像似性"讨论会②,问题越讨论越多,也正如整个符号学,问题越多学科越丰富,国内也有胡易容等学者研究卓有所成。③

首先,像似不一定是图像的,而可以是任何感觉上的。舒伯特的《鳟鱼》旋律像似鱼的跳跃,里姆斯基—科萨科夫的《野蜂飞舞》中的音符像似蜜蜂的嗡嗡声。还有嗅觉上、味觉上,例如香水像似某种花卉。只是非图像的像似,没有图像那么直接,上述的音乐,没有标题很难确定像似。

其次,像似关系,似乎应当是符号尽量去模仿对象,这问题远非如此简单,很可能是符号创造对象,对象模仿符号。皮尔斯已经指出:"像似符号可以不必依靠对象的实在性,其对象可以是纯粹的虚构的存在。"④ 例如麒麟(unicorn)、凤凰(phenix)的图像或设计图,符号看起来很生动很"实在",对象却不存在,模型图像之类的对象,必须反过来像似符号,它们反过来创造对象。

而当今文化中大量的图像,究竟是在摹写对象,还是在创造对象?用王尔德幽默的话,是艺术模仿生活,还是生活模仿艺术?当代文化的发展趋势是后面这种像似符号越来越多,看一看大量的旅游景

---

① 阿莱斯·艾尔雅维茨:《图像时代》,胡菊兰、张云鹏译,长春:吉林人民出版社,2003年,第206页。
② International Symposia on Iconicity in Language and Literature.
③ 胡易容:《图像符号学:传媒景观世界的图式把握》,成都:四川大学出版社,2014年。
④ Charles Sanders Peirce, *Collected Papers*, Cambridge, MA: Harvard University Press, 1931—1958, Vol. 4, p. 531.

点就可以明白这种变化。

进一步说，从具体到抽象，像似性幅度可以很宽。凡事三分的皮尔斯，把像似性也分成三级：形象式像似（imaginal icon）、图表式像似（diagrammic icon）、比喻式像似（metaphorical icon）。形象式像似符号是图像式的，上文已经说过，虽然有一部分像似符号靠形象创造对象，这类像似符号与对象的关系比较清楚而自然。图表式与比喻式像似符号，则比较复杂。

所谓图表式像似，是一种"构造类似"。皮尔斯解释说："它与对象的像似，不是在其外形上，而是各个部分之间的关系上。"代数公式，或化学反应公式，其内部关系（部分与整体的关联）与对象形成所谓"结构同型"（structural homology）。各种"图表"就是把符号之间的关系（例如大学排名、富豪榜）变成图表的位置关系。索绪尔说的复合词与词组所具有的理据性，实际上就是"图表式像似性"。

语言中词汇的衍变就具有这样的构造类似之处：英语 high, higher, highest，随着词长与词素增加，意义程度加强。这种情况被有的语言学家称为"构造像似性"（constructional iconicity）。[①] 甚至拟声词，所拟的不一定是"真实的"声音。汉语"黏黏糊糊""糊里糊涂""气势汹汹"，拟的不是物态，而是词汇（粘黏、糊涂、凶狠）之拟声叠加，表示"程度又加一层"。

第三级为比喻式像似，抽象程度又比图表式像似朝前跨了一大步。比喻像似，就已经脱出符号的初级像似之外：符号只是再现了对象的某种品质，有时候是很难说清楚的品质。在比喻式像似中，像似成为某种思维像似，"拟态"像似。例如，筑高台模仿至高无上，由此产生了遍布世界各地的"金字塔文化"，而所有获得权势者，首先要登上高台。上下位置像似了权力与服从关系。

仪式往往是"历史像似"，因为极其遥远而成为一种关系方式。社会关系中各种貌似具有像似性的动作关系，实际上是历史留下的文化陈迹，如脱帽致意，或举手致意，原是中世纪骑士脱下头盔，或搁

[①] William Mayerthaler, *Morphological Naturalness*, Ann Arbor: Karoma, 1988.

开武器，伸出空手表示无敌意。在当代，体育成为重要的比喻像似符号，它用有规则的对抗比喻人与人、民族与民族的竞争。战争中的具体动作（射击、投掷、击剑等），通过"像似性"成为仪式。

先锋主义的抽象美术，如蒙德里安的垂直线画，德库宁的单色画，都没有对象可言。因为无对象，也就不是形象像似，甚至很难说是图形像似。波洛克的最重要辩护士美术批评家格林伯格，把"抽象表现主义"的画比喻成艺术史的重大转变阶段，即"艺术渐渐剥离内容，纯化成工具"。[①] 实际上就是说不必有表意对象。波洛克的"滴沥"勉强可以说是一个"比喻式像似"，像似（或者说创造了）"思想动势"这样一种品质。[②] 本书第十四章将讨论到，跳过对象，是艺术符号的特权。

应当承认，上述三级像似性之间，边界不一定很清晰。近年的文化研究理论，把各种"关系像似"，称为文化拓扑学（cultural topology），也就是研究各种变易中的关系形式。[③] 最著名的例子是福柯关于历史与社会"圆形监视"（panopticon）结构的研究：当圆形监狱式的监视变形成闭路电视式监视，形式已经大变，但是"构造像似性"依旧。再进一步扩大，圆形监视可以成为"概念比喻"，例如"道德法庭""舆论法庭"造成的全民监视。

像似符号还卷入了另一个问题，即"像似程度"问题。莫里斯改进皮尔斯的像似性定义，认为像似符号与对象之间是"分享某些性质"，也就是说，像似性符号与对象只是部分像似。这个定义比较准确：一旦符号与对象"分享全部性质"，像似性就变成相同性，符号变成所谓"全像似"。[④] 本书第二章已经讨论过这个问题。

---

① Clemente Greenberg, "After Abstract Expressionism", in *Collected Essays and Criticism*, Vol. Ⅳ, p. 124.

② Steven Naifeh & Gregory White Smith, *Jackson Pollock: An American Saga*, New York: Clarkson N. Potter Inc, 1989, p. 12.

③ 请参见笔者《艺术符号学：艺术形式的意义分析》第二部分第五章，成都：四川大学出版社，2022年。

④ Charles Morris, *Writings on the General Theory of Signs*, The Hague: Mouton, 1971, p. 273.

如果接收者完全无法辨认同时在场的两个感知有什么区别,两者之间互相成为"重复"(double),不具有符号关系。解释者如果无法辨认两只松鼠的差别,就无法把一只当作替代另一只的符号。艾柯指出:"我写字的这张纸,与刚写完的那张纸,是'重复',没有理由说前者是后者的符号。"① 这种情况非常多。同一次印出的两张照片,同一版的两本书,两辆完全相同的汽车,彼此之间无法出现符号替代关系。只有当仅仅一个感知在场时,它才是替代其种类的符号。任何一只松鼠(例如放在动物园里),可以作为全部松鼠的类别符号;任何一辆汽车(例如放在车展上),可以作为这一型号汽车的类别符号。

重复的绝对像似,与完全无法找到与对象之间像似点的符号,是像似性光谱的两端。像似性的差别可以如此之大,这也就是为什么艾柯严厉批评皮尔斯的像似概念。他认为像似符号依然必须靠文化规约表意:"像似性并不存在于形象与其对象之间,而存在于形象与先前文化的内容之间。"② 他的意思是:像似理据性本身无法连接两者。因此艾柯认为像似本身作为理据,是"像似谬见"(iconic fallacy),主张干脆从符号学中取消像似性这个范畴。虽然艾柯说得很对,像似问题不如初看那么简单,此论还是有点走极端。下文会说到,大部分符号是混合理据性的。

6. 指示符号

皮尔斯讨论的第二种"有理据"的符号是指示符号(index,复数 indices)。皮尔斯说:"指示符号是在物理上与对象联系,构成有机的一对。"

指示性,是符号与对象因为某种关系——尤其是因果、邻接、部分与整体等关系——而能互相提示,让接收者能想到其对象,指示符

---

① Umberto Eco, *Semiotics and the Philosophy of Language*, Bloomington: Indiana University Press, 1984, p. 210.
② Umberto Eco, *A Theory of Semiotics*, Bloomington: University of Indiana Press, 1976, pp. 216—217.

号的作用，就是把解释者的注意力引到对象上。

皮尔斯举的指示符号例子非常多：风向标、敲门声、手指指点、喊人、名字、专用名词、物主代词、关系代词、选择代词。皮尔斯解释说这些符号有共同点："指示符号只是说：'在那儿！'它吸引我们的眼睛，迫使目光停留在那里。指示代词、关系代词，几乎是纯粹的指示符号，它们指出对象而不加描写；几何图形上的字母亦然。"① 学生们最常用的指示符号，是用书包抢位子；上课的老师则经常用教鞭或手电筒头。电影《人群中的脸》（*Faces in the Crowd*），主人公患了奇症，无法记住脸容，于是弄不清家人、亲友、朋友、敌人，在此电影中危险的是她记不住企图杀她的凶手。

艾柯对指示符号特别重视（与他对像似符号的怀疑态度正成对比），他觉得皮尔斯的解释不够清楚，因此他把指示符号分成两类：踪迹（trace）与指示（index）。② 从因果推到并非实在的邻接，称为踪迹，例如猎人看到足迹而知道野兽的走向，其邻接关系已经过去，并不在场；指示则相反，从邻接推向因果，例如巴甫洛夫实验中的条件反射形成后，铃声成为指示，与唾液邻接。在另一处，他认为踪迹也可以称为"印迹"（imprint），例如复写、复印、镜像、现场转播电视等。③

笔者觉得艾柯的两种指示符号，很难严格区分。动阑尾炎手术的外科医生，依据病人特别疼的位置，在皮肤上画一道，这是踪迹。依照着这根线划开皮肤，打开腹腔，就是把印迹当作指示。笔者在本书行文中把某些重要的词句打成黑体，明显是指示，提醒读者注意；但是黑体词也是我思想的"踪迹"。

收集爱好者用部分的物，代替已经不可能够及的对象，例如收集汽车号牌、名人遗物、名人签字、名人书信、钱币、邮票、火花。零

---

① Charles Sanders Peirce, *Collected Papers*, Cambridge, MA: Harvard University Press, 1931–1958, Vol 2, p. 310.

② 转引自 Winfried Nöth, *Handbook of Semiotics*, Bloomington: Indiana University Press, 1990, p. 113.

③ Umberto Eco, *Semiotics and the Philosophy of Language*, Bloomington: Indiana University Press, 1984, p. 214.

星的物件具有特殊意义，其意义不在本身，在于它指示的整件（过去某个时代）。当一个人把指示符号与对象的替代关系暂时忘却，欲望从对象移到替代符号，就出现了"恋物狂"（fetishism）。

指示符号文本有一个相当重要的功用，就是给对象以一定的组合秩序。它们既然靠因果和邻接与对象联系，符号在文本中的组织，也就使对象有个相对整齐的对比方式，使对象也跟着组合成序列。最清楚最简单的指示符号，是手指，它不仅指明对象，而且给出对象的方向、动势、大小、幅度的暗示。当我们使用一个代词（例如"这个"），实际上调动了整套代词（这个、那个、这些、那些、哪个、哪些）的系统，用一环带出了整个系列，即指示性把对象放到特定的关系中。

符号指明对象的排列位置，似乎只是指示符号的顺带功能，其实是"指示"这个关键功能之所在：在关系之中确定意义。指示符号的这种功能，不是其他符号所能替代的。乐队指挥给出的不是音乐，而是音乐元素（节奏、力度、情绪等）组成方式的指示符号。

例如诗词的格律，就是一种指示性符号的序列秩序。律诗的对偶，限制了语义的自由展开，但是它给予的不仅仅是诗的形式美。没有这些形式上的指示符号构成的秩序，诗的体裁特征就会消失，也就是诗作为诗消失。这就是为什么艾略特和庞德再三宣称：没有自由诗（free verse）完全自由，那样诗就自我取消了。① 分行、韵式等指示符号，把诗放在文本体系中诗的位置上，诗才成为诗。

教师按学位等安排级别；体育比赛按年龄，按性别，按残废等级分组；高考加分，给特殊青年相对更多的机会。不少人费尽心机想在这个既定秩序中投机假冒，成为一个大问题，这证明指示符号秩序最后是解释出来的。② 指示符号秩序感也可能具有强制性。各种等级制度就是具有压迫性的，例如高考成绩与高校之间的等级对应，可能会影响人的一生，指示符号成为等级烙印。

---

① Noel Stock, *The Life of Ezra Pound*, London: Routeledge and Kegan Paul, 1970, pp. 205—206.
② 据2009年7月9日《羊城晚报》："全国少年乒乓球比赛骨龄测试，竟查出三成多小选手虚报年龄。"

书籍、档案、字典等，以字母或笔画排列，都是指示符号给对象以秩序。上海市中心一带，东西向的路用中国的城市名，南北向的路用省名；纽约曼哈顿的路名基本上东西向街全部用数字，南北向的街几乎全部用字母，类似经纬度，可以严格地定位；全世界大部分国家，路西路南房子用双号，路东路北房子用单号，而整个号码由东往西，由南往北增大。指示符号的秩序组合，给行人极大方便。

电影教学中有所谓的"库里肖夫实验"，这位苏联电影工作者在十九岁的时候发现一种现象。他在一个特写镜头后面，分别接上三种不同的内容。结果是观众在看的时候，根据后面出现的那个镜头的内容，来断定前面那个特写镜头中的人的情绪。接的是一个欢乐的场面，观众就觉得那人的脸上露出了笑容；接的是一个悲伤镜头，观众就会觉得那个特写中的人脸是悲伤的。其实那几个例子里的特写镜头是同一个，不同的邻接关系转化为不同的文本意义，最后影响了解释意义。

库里肖夫实验，实质是邻接（指示关系）影响符号解释，单个镜头的"像似性"意义有限。影视看来是像似符号，但其中的"影视内指示符号"（intrafilmic indices），即次序排列，意义比形象更为重要。笔者在符号学课程的作业中要求学生——不管是不是影视专业的——都自己编写短小的"分镜头剧本"，结果学生编出很多有趣的镜头连续段，证明这不是导演或剪辑师才能弄通的艺术。

皮尔斯指出："指示符号是这样一种符号，如果其对象被移走，就不成其为符号。"[①] 他的意思是指示符号的主导意义是对象。而相当多符号有所谓"指称难题"（problem of reference）[②]。因此，提供秩序的符号（例如路牌）最好不要太"艺术"，或者说，其艺术品格应当被忽视。

---

① Charles Sanders Pierce, *Collected Papers*, Cambridge, MA: Harvard University Press, 1931—1958, Vol 2, p. 297.

② Saul Kripke, "A Problem in the Theory of Reference: The Linguistic Division of Labor and the Social Character of Naming", in *Philosophy and Culture*, Montreal: Editions Montmorency, 1986, pp. 241—247.

自然符号的最大特点是弱编码，也就是说意义的解释比较模糊，歧解的可能性较大。例如从云的形状判断地震很不准确。《三国演义》中诸葛亮立下军令状说三天之内必有东风，东吴官佐都讪笑他是自己找死，今日的气象学家否定诸葛亮这种预报的可能性，可见自然符号经常指示性不足。

秩序也有代价。《南方周末》曾报道称中国目前对电影内容的管理不科学是显而易见的，在国外已经成功实施多年的分级制，至今在中国电影界仍是讳莫如深，几至谈分级而色变的地步。[①] 建立分级制本意是保护未成年人，一旦要秩序，就不得不为每种对象设立一个指示符号，结果"限制级"电影的缺失就太明显。明末利玛窦带来的《万国全图》，中国作为"远东"落到边上，受到指责。利玛窦把太平洋改画到中间，依然惹怒华夏中心主义者："中国当居正中，而图置稍西，全属无谓。"[②]

当今符号学界不少人认为指标符号比像似符号更为基础，甚至更为重要，笔者也持这种观点。[③]

7. 规约符号

靠社会约定符号与意义的关系，这种符号称为规约符号，皮尔斯称之为 symbol。这个称呼在西方思想史上意义混乱，连累中文也混乱不堪，在皮尔斯自己的讨论中也相当混乱，本书第九章第五节将详做辨析讨论。"规约符号"，是与对象之间没有理据性连接的符号，也就是索绪尔所说的"任意/武断"符号。

皮尔斯认为相当多的符号是有理据的（像似性或指示性），只是一部分符号没有理据性，解释者都需要靠规约来确认符号与意义的关

[①] 《南方周末》：《2008年中国人最关心的十大问题之八：电影会实行分级制吗？》，2009年第1期。

[②] 《破邪集》卷三，转引自陈义海：《明清之际：异质文化交流的一种范式》，南京：江苏教育出版社，2007年，第255页。

[③] 参见笔者《哲学符号学：意义世界的形成》上编第五节"指示性作为符号的第一性"，成都：四川大学出版社，2023年。

系。但皮尔斯也承认,很少会有纯理据性符号。无论什么样的理据性,解释时依然必须依靠规约。规约性是任何符号多少必定要有的品质,否则无法保证符号表意的效率,而理据性只是一部分符号具有的程度不同的品质。

这种普遍规约性是符号表意的通则。像似性与指示性,无法给接收者一个确定的解释意义。没有社会规约,无论男女洗手间门口用穿裙子、穿裤子人形象(像似性符号),还是用烟斗与高跟鞋图形(指示性符号),还是用别国语言的"男""女"字样(规约性符号),人们依然逡巡不敢进。符号表意的确切保证是使用者所属社会的规约。

例如象声词,连索绪尔都认为是有理据的词汇,但语言中即使有理据的部分,依然要靠规约性。狗吠声,英语为 bow-bow,法语为 oua-oua,汉语中为"汪汪",每个民族都认为自己的象声词像极了,对比一下就可以明白这种像似性非常有限,哪怕表现狗叫声这样简单的对象,也不可能不靠规约性。

一般人认为"副语言"(paralanguage),即非词汇性的话语成分,例如声高、语气、手势、表情等,像似性很强,各国通用。其实其中有很大的规约性。例如大部分民族用点头表示同意,阿拉伯人摇头表示同意;又例如赵元任先生指出的,中国人向人招手掌心朝下,西方人掌心朝上。

规约性是社会性的,因此不同社会的规约不一样,不能通用,而像似符号与指示符号,各个社会有可能都有能力懂(虽然不像规约符号那样能立即精确理解)。洗手间不用文字说明,用图案,就是想用"世界通用"的符号,不用规约符号,反而能避免误会。全球化与"图像转向"同时发生,原因在此。

应当指出,符号三分说清楚不难,在具体符号身上,三者却经常混合。皮尔斯指出:"要找到任何一个没有指示性的事例是非常困难的,如果不是不可能的话。"[①] 他的意思是说任何符号多多少少都有

---

① Charles Sanders Peirce, *Collected Papers*, Cambridge, MA: Harvard University Press, 1931—1958, Vol. 2, p. 304.

指示性，都引起接收者对对象的注意，因此都有指示成分。实际上三者几乎都是普遍的，一个常见的"禁止掉头"交通标识，就由像似、指示、规约三者结合。

指示符号可以与像似符号结合。许多指示符号，以像似对象的一部分指向对象的全体。此种符号非常多见，可以称为"像似－指示符号"。例如一块牌画上铁丝网，指示的是禁区；中国戏曲舞台表演，用碎步与目视代上楼下楼，用挥鞭代骑，用开门动作代替门。其大量使用像似－指示符号，与基本上使用像似符号的西方戏剧，形成两种非常不同的风格。

相当多符号混合了这三种成分，无法截然说某个符号属于某一种，只是各种成分多少而已。所以上文说，任何符号多少有图像性，多少有指示性，也多少有规约性。三种符号各有其长处：

像似性使符号表意生动直观；
指示性使对象集合井然有序；
规约性让符号表意准确有效。

皮尔斯认为上述三种关系"尽可能均匀混合（blended as equally as possible）的符号，是最完美的符号"[①]。不太清楚如何测量符号组分的"等分均匀"，也不太明白为什么这样的符号"完美"。不过凭此倒可以宣称，中文是世界上最"完美"的符号系统。因此下文专门给一节讨论中文的三理据结合。

8. 中文的理据性与规约性

汉语与世界上其他语言相同，规约性占主导。《荀子》中说："名无固宜，约之以命。约定俗成谓之宜，异于约则谓之不宜。名无固

[①] Charles Sanders Peirce, *Collected Papers*, Cambridge, MA: Harvard University Press, 1931－1958, Vol. 4, p. 448.

实，约之以命实。"这是中国古代哲人非常精确的卓见。

但书面的中文不然，中文是世界上唯一现存的**非拼音文字**。中文的特殊性引起许多文学家（如庞德）、哲学家（如德里达）、符号学家（如克里斯蒂娃）的注意，他们从中引出一系列对西方文化及其语言基础的质疑。他们的看法不一定符合中文发展的历史，只能看作有趣的误读。

拼音文字是纯规约性的，因为表音文字不可能表现除声音之外的任何其他形象，而语言的声音对象局限于象声词和感叹词。

哪怕文字起源于象形，也不约而同转向拼音。中文起源于象形，但是没有朝拼音的路子发展。中文迅速摆脱象形，发展出复杂的构词法，系统内部出现有效的指示秩序；也可能因为民族疆域过大、方言复杂，对文化统一的需要太大，必须拒绝拼音文字随方言而变化的像似性，中文文字强有力的规约性迎合了国家一统的需要。当欧洲各地方言演变成独立语言，语言促成独立文化，独立文化创造民族国家时；中文的固定写法，保证了中国文化的稳定延续。

"文"原意为图像，携带意义的图画不一定是文字，"形声相益"互相配合，才成文字。成为文字之后，写下来才是"书者如也"，才成为文字规约性表意系统。甲骨文与金文中异体字之多，证明图像性比重很大，规约性不足。郑樵《六书略》中指出"指事字"有三兼："事兼声，事兼形，事兼意。"事是文字符号的对象，要进入文字符号系统，要有规定的发音，有规定的写法，有规定的意义解释。这正是符号语言学的规定。

"六书"中的造字四法是象形、指事、会意、形声。赵元任给了它们一个符号学分析[①]：象形源出描摹对象的图画文字（pictograph），其他三种实际上都是在象形基础上发展起来的各式指示符号。

"指事字"（Ideographs）是在象形字上加符号，形成了皮尔斯所

---

① Yuen Ren Chao, *Language and Symbolic Systems*, Cambridge: Cambridge University Press, 1968, pp. 103—104.

说的"图形像似符号"。指事字"视而可察，察而见意"："本"为树根，刀边为"刃"，"日"为一轮光中有实，都是另加标注，引起注意。"乌"，清代段玉裁《说文解字注》："鸟字点睛，乌则不，纯黑故不见其睛也。"这是"空符号"的妙用，缺失本身成为符号。

"会意"是形象组合，实际上是复合的指事，赵元任称之为 Compound Ideograph。"比类合谊，以见指"："休"为人倚树，日月为"明"，鱼羊为"鲜"，子女为"好"，心脑为"思"，女执帚为"妇"。本章上面已经讨论过，组合与序列，是指示符号的特点。

至于占了中文字绝大多数的"形声字"（赵元任称为 Phonetic Compound），则是"以事为名，取譬相成"，"名"是形旁的类别，"譬"是声旁的语音，例如"刚"，例如"桥"。这是中文朝拼音文字转化的开始，简体字比繁体字更多语音因素。据《甲骨文字集释》统计，在商代的甲骨文字里，形声字仅占 37% 强，到《说文解字》，增到 80% 强。而现代汉字里的形声字则已经达到 90% 以上。所以中文语言实际上沿着皮尔斯的符号三分法，从像似符号，演变成指示符号，再演变成规约符号。或许其他书面语言也是从这条路上走过来的，只有中文保持了三种成分并列，因此，可能接近上面说的皮尔斯的理想，成为"最美的文字"。

无论哪种字的构造，都只是词源问题，一旦进入中文这个符号系统，各种造字法本身都淡入幕后。因此庞德"借鉴中文"为现代西方诗学发明的"表意文字法"（ideogrammic method），根据的是中文中其实不复存在的"像似性"。德里达认为中文是不同于西方的"非语音中心，亦即非逻各斯中心"的语言，也是没有考虑到中文中语音因素越来越多，实际上是在逐渐拼音化。无论如何，当具体使用时，中文与任何其他文字一样，全部词汇都必须是规约符号。哪怕写诗时，也是如此。中文"诗中有画"，拼音文字写的诗也一样会有此效果。

第四章　符号表意

1. 能指与所指

本书不得不推迟到此章，才讨论符号学最基本的一对术语"能指"与"所指"。这对术语原是索绪尔讨论符号的出发点，符号学发展到今天，这一对似乎简单易用的概念，引出的误会太多。当代符号学需要更精确的术语，本书在前面已经不得不用"符号载体""符号文本"等来分解"能指"，用"意义""对象""解释"等来分解"所指"。

索绪尔把符号视为能指与所指的结合。能指是符号的可感知部分，在不十分严格地讨论符号学时，符号也就是符号的能指。但究竟什么是所指，却是争论不清的题目，此词失诸笼统。

索绪尔认为能指是"声音-形象"，而所指是"概念"，两者都不是客观的物理实体[①]，甚至都不是个人心理中的。能指"是声音留下的印迹，是声音给我们的印象"，而所指是社会性的"集体概念"（collective concepts）。两者都是"独立于外界客体的心智体"（mental entities），不管能指还是所指，都是只在"符号结构"（sign structure）内部的存在。因此，他称符号学是"形式，而不是实质的科学"。他说"树"指的不是一棵特定的树，而是"树"这个概念集合。关于符号指向究竟是个体还是类型，本章最后一节将详细讨论。

笔者很难同意所有的符号所指都是概念。我指着桌上的水杯，要

[①] Ferdinand de Saussure, *Course in General Linguistics*, Wade Baskin, trans., New York: McGraw-Hill, 1969, p. 66.

的就是这杯水，而不是"水"这个概念。笔者认为，如果一定要给所指下一个定义，所指就是能指所指出的东西，就是能指所指向的东西。笔者这个定义的确是同义反复，而且似乎故作惊人之词，实际上索绪尔的术语本来就是这个意思：这两个法文词，是同一个动词"符指"的主动动名词（signifiant 符指者，能指）与被动动名词（signifié 被符指者，所指）。"被符指者"的定义当然就是"符指者"所指出的。所以在西文中不必为所指下定义。

本章头两节的详细讨论证明，没有别的说法能概括两者的关系。至于哪些东西能被指出来，那就应当仔细分解了。也正是因为可被符指的东西太多太杂，本书不得不建议弃用"所指"这个太笼统的概念。

大部分符号表意是科学的/实用的，必须是"所指优势"符号，以明确地传达意义。《易传·明象篇》："故言者，所以明象，得象而忘言；象者所以存意，得意而忘象。"实用表意活动以达意为目的，得意忘言，得鱼忘筌，是正常的。朗格描写实用语言时说："比如一个词，它仅仅是一个记号，在领会它的意义时，我们的兴趣会超出这个词本身而指向它的概念。词本身仅仅是一个工具，它的意义存在于它自身之外的地方。一旦我们把握了它的内涵或识别出某种属于它外延的东西，我们便不再需要这个词了。"[①] 所以"买椟还珠"被人笑话，"名不副实"是我们都想躲开的罪名。

鲁迅《藤野先生》一文中说到他把解剖图"美化"了一下，受到教师藤野的好意规劝："你看，你将这条血管移了一点位置了。——自然，这样一移，的确比较的好看些，然而解剖图不是美术，实物是那么样的，我们没法改换它。"解剖图当然必须所指优先，能指是否"好看"，不必也不应当考虑。

所指优势，并不是说所指必然是"真相"。接收者满足于他认为合理的一种意义，这意义是否为"真相"，符号学中的讨论很复杂，

[①] 苏珊·朗格：《艺术问题》，滕守尧、朱疆源译，北京：中国社会科学出版社，1983年，第128页。

本书要到第十二章才能详谈。曹操的"望梅止渴"计，能指是"梅子"的语言表达，这个仅仅能指就起到解渴作用，与真实的梅子相同。

另一种符号，艺术的/仪式的/文化的符号行为，表意过程的主导环节正相反，是能指优势。一首唐诗，可能我们至今没有理解其意义，却记住了文词。仔细检查，我们可以发现艺术/仪式/文化领域的符号表意，能指并不需要明确指向所指，而是独立形成一种价值。①古代中国人三跪九叩向皇帝表示敬意，欧洲人用鞠躬。能指虽然不同，所指是相同的。但耶稣会教士在中国苦心经营二百年，最后撤出，传说原因之一是，梵蒂冈天主教教皇虽然也同意教士应当向中国皇帝表示敬意，却不允许他们用叩头方式表示这种敬意。

在这种符号表意中，所指是否"真实"就很不重要，甚至反过来，能指能够制造真相的感觉。专门研究禁忌的人类学家玛丽·道格拉斯在《纯洁与危险》一书中指出，犹太人忌食海蜇，是因为犹太人为种族维系而长期禁止族外通婚，海蜇被视为"非鱼非肉"，犯了忌讳。②直至今日，犹太人看到有人食用海蜇仍会反胃。就如一些中国人看到"美式摔跤"（其实是一种表演）觉得惨不忍睹，过分残酷。《诗》可兴观群怨，小说可诲淫诲盗，都与能指制造的"现实幻觉"有关。

能指优势的规范意义，在命名中非常明显。中国古代的避讳，所指相同，能指只是改用一种写法，不遵守就会有杀身之祸。太平天国在江河日下时，公布《钦定敬避字样》，避讳制度加倍严格起来。

其实在"能指形式偏执"上，国人至今不遑多让：1996年广州

---

① 举个容易理解的例子。陈建华《读茅盾〈创造〉——"时代女性"与革命公共空间》中指出："鸳鸯蝴蝶派以'高尚情操'为正宗，尽可能不描写女性肉体，万一不得不提到，则用'酥胸'；旧式色情小说如《金瓶梅》，当代颓废小说如《废都》，用'奶子'……'乳房'一词，从日语转用，是科学（解剖学）用语，（五四）小说用此词，就带上一种奇异的'现代性'。这是对同一个女性器官完全不同的能指方式。"见赵毅衡《重访新批评》，天津：百花文艺出版社，2009年，第319页。

② Mary Douglas, *Purity and Danger: An Analysis of Concepts of Pollution and Taboo*, London & New York: Routledge, 2002, p.65.

与北京同时改电话号码位数为八位，北京统一加 6，这在大众心中暗指"六六大顺"，广州原拟加 5，群众反对，因为 5 粤语谐音"无"，因此改成 8，粤语谐音"发"。这是能指崇敬，盼望能指创造所指：城市人患"城市病"，幸福感不高，更需要每天接触到这些吉祥数字。

对于科学和实用的所指优势符号，所指意义的确实性，有独立的核实方式，例如用逻辑方式证实，或用实验方式（重复方式）证实。[①] 但是对能指优势符号而言，要在同一个文化体系内，受同一个意识形态元语言控制，就很难观察符号是否有效。而一旦站到此文化之外，能指创造意义的能力就很可能失效。各民族"吉祥数字"大不相同，即为此理。

福柯对能指的这种自行创造意义的力量，颇感悲哀。在《词与物》一书中，他认为人类最初使用符号时，语言符号是物的完全确实并且透明的符号。但是文化让符号有可能超越与具体物的对应，而指向自身。词语—物关系的逆转，是现代社会知识型上的根本断裂。最终，符号作为传播媒介，就像货币作为流通媒介一样，只关心自身的增值潜能，而将其与物的关系通道全部切断。福柯的这个看法非常尖锐正确：当代文化中符号泛滥，是因为能指优势几乎吞没了全部文化。

本章第三节将详细讨论中西古今许多学者的"意义三分法"，在这背景上，能指/所指二分式的确阻碍了符号意义分析的展开，所以笔者建议放弃这一对术语，哪怕许多人已经惯用。

2. 双重分节

分节（articulation）概念更能揭示，所指只是"能指所指出的东西"。索绪尔已经谈及分节的双重性，他说："应用到言语上，分节既表明说出来的语词链分为音节，也表明意义链分为有意义的单元。"

[①] Alfred J. Ayer, *Language, Truth and Logic*, Harmondsworth: Penguin Books, 1974, p. 12.

他心里想到的依然是语言：语词分成音节，对应意义分割成词汇。他没有说何者为因何者为果。

此后语言学家马丁奈（André Martinet）对双重分节做出更清晰的讲述，他把第一个层次的最小有意义分节称为 moneme（即"词素"morpheme 与"书素"grapheme），与此对应出现的是发音的最小分节"音位"（phoneme）。① 马丁奈的讨论，方向与索绪尔相反：意义单元对应语音单元。

哥本哈根学派的叶尔姆斯列夫认为语言最基本的双重分节，不是在词素与音素之间，而是在"表达"与"内容"这两个层面之间。② 这样一来，双重分节就从语言扩大到所有的符号。叶尔姆斯列夫认为表达层的单元是纯粹形式，是空洞的，他称为空符（cereme）；相对应的内容层面是具体的意义，是实符（plereme）。两者对应，却不一定重合。③ 他看出一个能指的所指，可以是多重系列。

此后双重分节概念成为符号学的基本命题，巴尔特甚至建议符号学可以称作"分节学"（arthrologie），符号本身可以改称"节"（articuli）。④ 艾柯也认为分节问题至关重要："任何符号学课题……都是对世界进行切分的历史和社会的结果。"⑤

可以说绝大部分符号系统，都是能指分节造成所指分节才形成的。学生分成年级和学历，教师分成助教、讲师、副教授、教授，军官分成尉级、校级、将级、帅级，机关职员分成科级、处级、局级、部级，清代文官体系分成九个品级，各有顶戴、蟒袍、礼服，这是以有序的能指，将所指系列秩序化的方式。对物种进行详细命名分类，才能掌握庞大浩杂的生物界全貌。没有排行榜，没有各种 PK 分等，

---

① André Martinet, *Elements of General Linguistics*, Chicago: University of Chicago Press, 1967, p. 45.

② Louis Hjelmslev, *Résumé of a Theory of Language*, Madison: University of Wisconsin Press, 1975, p. 56.

③ Louis Hjelmslev, *Résumé of a Theory of Language*, Madison: University of Wisconsin Press, 1975, p. 71.

④ 巴尔特：《符号学原理》，见赵毅衡编选：《符号学文学论文集》，天津：百花文艺出版社，2004年，第297—298页。

⑤ Umberto Eco, *A Theory of Semiotics*, Bloomington: Indiana University Press, 1976, p. 315.

各种竞争将是一片混沌。

因此，只有能指分节清晰，相互不重叠，合起来覆盖全域，表意才会清晰。写论文章节不清，范围重叠，论述就会陷于混乱；商品和商店分成等级，才形成商品市场的分流，重叠往往被称为"搅乱市场"。公孙龙《名实论》讨论分节的"非重叠"要求，非常精彩："谓彼而彼不唯乎彼，而彼谓不行；谓此而此不唯乎此，则此谓不行。""唯乎彼此"，就是能指互相清晰地分开。

能指分节，不仅分割所指，而且经常指出所指分解的方向，当能指成为"矢符"（vector），所指出现正负（例如南北半球）、上下（例如经纬度方向）、向度（例如昼夜）、分区（例如时钟，例如经纬度，例如戏票分区）、源流方向（例如声音气味）、展开方向（例如叙述的故事头尾）、动势方向（例如舞蹈）、对比方向（例如股票涨落图表），等等，此时能指的分节本身是带着方向意味的指示符号，形成意义域的方向秩序。

可以看到，这种能指分节以分开所指好像有根有据，甚至自然而然，顺应自然本有的秩序（例如生物分类）。实际上分节是符号使用者的人为区分，改动一种区分方法，哪怕表达的全域依然，所指也起了变化。

汉语中的亲戚关系特别复杂，表哥表弟堂哥堂弟表姐表妹堂姐堂妹，父系母系长幼次序各有不同，不能混淆，充分表现了中国文化的家族中心特征。中文用各不相同的八个词，也就是分成八节；英语平辈只有一个词 cousin。照理说英语会出现不可思议的混乱，其实没有太多不便。只是用那样分节的社会，男女长幼叙伦讲究也就没有中国那么强烈。爱斯基摩语言有四十种称呼雪的方式，阿拉伯语中的骆驼有上百个词，也是根据表意需要，用不同分节把对象世界切割开来。

双重分节，对于人际关系至关重要。政治本来就是人际关系的操作，必须对人众进行分类，才能知道如何采取一个社会行动。"谁是我们的敌人，谁是我们的朋友，这个问题是革命的首要问题。"能指分节实际上是任何政治行为的首要问题。例如土地改革的先决条件是

"划分成分",不然不知道"依靠谁打击谁";例如经适房适用范围必须区隔清楚,不然这个政策会弊病丛生;五四后,有中医/西医,国乐/西乐,国画/西洋画,旧体诗/新诗,等等,并列命名,实为争夺生存空间的手段。

所指原本是模糊的"内容星云",可能有一定展开方向,但是连续如光谱,是不同的能指分节,把所指隔成一个个意义单元。叶尔姆斯列夫测定了英语、威尔士语关于各种色彩的命名与对应,发现各民族语言中虽然都有"绿",但绿色的范围不一样,英语的 green 与威尔士语的 gwyrdhd,意思都是"绿色",在光谱上划出的段落却很不一致。一旦两个语言没有相应的词,感觉就更难言传,汉语把色彩分成"赤橙黄绿青蓝紫",西语中没有"青"一词,这种色彩对西方人就不存在。不是说西方人看不到这种颜色,而是他们不清楚"青"指的范围。

没有符号加以分节的世界,不成其为世界。张爱玲有一段描写很有意思:

> 夜晚投宿到荒村,如果忽然听见钟摆的滴答,那一定又惊又喜——文明的节拍!文明的日子是一分一秒划分清楚的…… 蛮荒的日夜,没有钟,只是悠悠地日以继夜,夜以继日,日子过得像钧窑的淡青底子上的紫晕,那倒也好。[①]

张爱玲敏锐地觉察到,文明需要对时间进行切割分节。作为敏感的艺术家,她不喜欢文明世界,但她也明白不分节的蛮荒虽然有诗意,却是一片模糊。

双重分节清晰地证明,上文说的"所指就是能指所指出的"这样一个似乎同义反复的定义,实际上是人类理解世界的基本方式。

同一连续体不仅在不同文化中分节不同,在同一文化中也可以用不同方式分节,因此同一所指,可以被不同分节的能指做不同划分。

---

① 张爱玲:《我看苏青》,见《余韵》,广州:花城出版社,1997年,第83页。

例如巴尔特说的十八世纪的医学，与当代医学很不相同，因为对症状的分节不同；再例如，阴历阳历一年之始时间不同，都可以当作新年郑重地过节；又例如，艾柯引用的卡尔纳普举过的例子：同样一组动物，可以分成水生、飞翔、陆栖，也可以分为虫类、鱼类、鸟类、兽类。[①] 按前一种，鲸鱼是水生，按后一种，鲸鱼是兽类。

其实任何符号都落到文化的"多分节"的局面之中，例如我们每个人，在不同境况下处于不同的分节系统中，因此可以是教师、家长、男人、黄种人、南方人、音乐爱好者，等等。此种身份分节，将成为第十五章讨论符号自我问题的关键。

艾柯不同意巴尔特说的符号普遍分节论，认为分节并不是符号表意必需的条件。他指出有六种情况：无分节系统（如盲人的白手杖）；只有第一分节或第二分节（即是分节不对应）的系统；具有双重分节的系统；分节变动不居的系统（如扑克、音乐）；三层分节系统（如摄影）。[②] 他认为一张脸的图像，不像词语，无法分解，脸固然可以继续分解出嘴唇、眼睛等，但每个单元另有意义；如果置于一个系列之中，就组成镜头；而电影的镜头组（sequence）才是比较清楚的意义解读单位，这样就出现至少三层分节：图像、镜头、镜头组。

艾柯的"双重分节非普遍"之说，观察敏锐。几乎所有的图像都没有明显的分节，是整体呈现的。有人认为马赛克壁画是分节的，拼镶彩窗是分节的，波洛克的抽象表现主义滴沥画是分节的，但是这种能指的"可分节性"，没有造成对象明显的分节，所指没有被能指的节分开，因此也不是双重分节。但是艾柯有一点没有弄清楚，分节是符号使用者意义操作的结果，不是客观存在。只要有必要，盲人手杖也能分节。

---

① Rudolf Carnap, *Meaning and Necessity*, Chicago: Chicago University Press, 1947, p. 29, Quoted in Umberto Eco, *A Theory of Semiotics*, Bloomington: Indiana University Press, 1976, p. 93.

② Umberto Eco, *A Theory of Semiotics*, Bloomington: Indiana University Press, 1976, p. 233.

3. 符号意指三分式

上文说过，皮尔斯没有听说过索绪尔及其理论，他的符号学不是针对索绪尔而提出的。但是几乎索绪尔所有的原理，在皮尔斯那里都有另一套不同说法，当代符号学由此得到宝贵的模式比较机会。与索绪尔的能指/所指两分法不同，皮尔斯提出符号三元素方案，得到了当代符号学界的广泛支持，本书也尽可能不用能指/所指这一对概念。

皮尔斯把符号的可感知部分，称为"再现体"（representamen），这相当于索绪尔所说的能指；但是索绪尔的所指在皮尔斯那里分成了两个部分："符号所代替的，是对象（object）"，而"符号引发的思想"称为符号的"解释项（interpretant）"。①

皮尔斯的三分方式，不仅比索绪尔理论多了一元，更主要的是强调了符号表意展开延续的潜力。"对象"比较固定，在符号的文本表意过程中就确定了，不太容易随解释而变动，而解释项完全依靠接收者的解释努力才能产生。这样分解，就把符号过程的重点放到了接收这一端，为符号学的许多难题提供了钥匙。

皮尔斯是个非常奇特的思想家，也许是因为几乎没有在大学任教，也没有写专著（他生前唯一的一本小册子，讨论的是天文观察如何使用光谱仪），他完全跟着兴趣走，研究领域过于广泛。他自称主要研究逻辑，但他也是数学家、哲学家、化学家，他的主要工作范围是认识论与形而上学。但是今日回顾，他的历史地位主要是为现代符号学打下了基础。他关于符号学的研究前后经历许多年，散见于许多笔记与书信，用语不免有点混乱，也有不一致之处。例如他的符号分类法过于复杂，有的分类也不见得很有用；他对符号学的任何方面都做三分，范畴过于整齐难免削足适履。本书避免逐一讨论皮尔斯所有的符号学观念，甚至这个起头的符号表意三分式，也不能照搬。"再

---

① Charles Sanders Peirce, "The idea to which the sign gives rise", *Collected Papers*, Cambridge, MA: Harvard University Press, 1931—1958, Vol. 2, p. 228.

现体"这个术语很准确，但是拉丁词 representamen 西文太累赘，不方便。皮尔斯自己有时直接用"符号"这个词代替。本书为了行文简便，也经常用"符号"或"符号载体"代替"再现体"。

但是皮尔斯的另外两个术语非常重要。把符号直接所指的称为 object，这个词本身有语义困惑。中文把 object 翻译成"客体"，因为西文本身就不清楚。权威的《简明牛津词典》上对 object 给出三条定义，object 可以是：

（1）"一件可见到或可触摸的物体"（a material thing that can be seen or touched）。
（2）"行为或感情针对的人或事物"（a person or thing to which action or feeling is directed）。
（3）"独立于思考心智即主体的东西"（a thing external to the thinking mind，subject）。

三个不同定义，汉语中竟然都恰当、正好地译为"客体"，应当说把事情弄得更糊涂了。第一条，可感知之物是客观存在，所以中文叫"客体"；第三条，与主体相对之物是主体外之客，所以中文也叫"客体"。而中文的"客体"，词典解释是"在人类意识之外独立存在的"①。正好综合了上面第一和第三两个定义，这样中文就混淆了物理客体与心智客体，似乎所有的心外之物都不言而喻是物的存在。究竟这个"客体"是否"独立存在"，我们不需要在符号学范围内解决这个问题。而符号的表意指向，恰恰是上面说的第二种 object，即"行为或感情针对的人或事物"。因此，本书采用赵元任 1926 年所作中国第一篇符号学论文《符号学大纲》②的说法，把符号学中的 object 一词译为"对象"，而不译为"客体"，避免与西语第一或第三种意义纠缠，也避开与中文词典纠缠。

---

① 《古今汉语词典》，北京：商务印书馆，2001 年。
② 《赵元任语言学论文集》，吴宗济、赵新那编，北京：商务印书馆，2002 年，第 186 页。

应当说明，object 第一义"物"，仍然在文化符号学中广泛使用，例如波德利亚的《物体系》（"The System of Objects"）。^① 只是"客体"一词务必慎用。本书第十五章讨论符号"主体"时，会详细讨论。

这个译名问题，不仅是解决中文的混淆，也是理解皮尔斯的符号学的关键。皮尔斯在指明符号成分下定义时说：

> 符号替代（stand for）某事物，即它的 object。不是在每个方面都替代那个 object，而是指称其理念，有时我称为"再现体的理由"。理念（idea）在此应当大致上理解为柏拉图的意思，也是我们平时习用的意思。^②

他的意思是，与符号关联的 object 并不是实在之物，而是符号的理念式意指对象。

服膺实在论的莫里斯不同意这样的看法，他认为不仅符号载体是个"物理事件"，其"指称"（referent，有时他作 denotatum），也是"物质上存在的刺激物客体"（physically existing stimulus object）。在莫里斯看来，符号载体与其直接对象都是物质的，因此是物理上的个别物对应客观存在的个别物。

关于符号世界与物世界如何对应，皮尔斯与莫里斯提出两种完全不同的看法。笔者认为，符号载体必须能被感知，才能触发符号表意过程，莫里斯说它必须是个"物理事件"（也就是说不一定是物质的，但必须是个物理过程），应当说是对的。但莫里斯说"符号的直接指称"必须是物，直接与皮尔斯的看法冲突。此处先把"对象"究竟是什么搁一搁，放到本章后面讨论。

---

① Jean Baudrillard, *Le Système des Objets* (Paris: Gallimard, 1968), trans as "The System of Objects" by Jacques Mourrain, in Mark Poster (ed.), *Jean Baudrillard: Selected Writings*, Stanford, 1988, pp. 10—29.

② Charles Sanders Peirce, *Collected Papers*, Cambridge, MA: Harvard University Press, 1931—1958, Vol. 2, p. 230.

符号的第三元素，即"解释项"的提出，是皮尔斯的妙笔。皮尔斯再三强调，正因为符号有解释项，所以任何符号必须有接收者。笔者在第二章"潜在符号"一节讨论过：没有被接收的符号，只是不完整符号。没有一种分类能够穷极符号的变化，皮尔斯的各种分类，也不见得穷尽了符号意义解释的各种层次。解释项与"对象"分开，对当代符号学的成形是至关重要的一步。

皮尔斯并不是第一个明白意指过程三分的人，他只是第一个对此提出斩钉截铁的明确定义的人。钱锺书是最早注意到皮尔斯理论，并加以发展的中国学者，《管锥编》用相当长的篇幅讨论了皮尔斯的这个见解。[①] 钱锺书直接引皮尔斯的符号学以及瑞恰慈的语义学，来解释这个三项关系。他指出现代符号学这个"表达意旨"（semiosis）过程，实际上墨子（《小取》《经说》）、刘勰（《文心雕龙》）、陆机（《文赋》）、陆贽（《翰苑集》）等都已经论及，只是用词稍有不同。可以把各位学家的看法以下列图示表示：

钱锺书：符号－事物－思想或提示
皮尔斯：sign－object－interpretant
瑞恰慈：symbol－referent－thought of reference
墨子：名－实－举
刘勰：辞－事－情
陆机：文－物－意
陆贽：言－事－心

上述图示中，关键是对第三项的理解。陆贽的"心"、刘勰的"情"，与瑞恰慈类似，有心理主义（psychologism）倾向。[②] 墨子与

[①] 钱锺书：《管锥编》第三卷，北京：生活·读书·新知三联书店，2007年，第1863—1864页。

[②] 瑞恰慈说："艺术与科学的不同……在于其陈述的目的是用它所指称的东西产生一种感情或态度"。I. A. Richards, *Principles of Literary Criticism*, London: Kegan Paul, Trench, Trubner, 1924, p. 267.

陆机的用词比较符合现代符号学的观念。墨子的"举"是皮尔斯描述的符号过程特点，"以名举实"就是引发，指向"符号的效果"(effect)。① 至于第二项 object，钱锺书称为"事物"，这比现在符号学界的通用译法"客体"准确多了。"事物"，则可事可物，也就是墨子所说之"实"。

在此我们顺便提一下佛教的因明学（Hetuvidya）中的三分式。玄奘在中国传"唯识宗"，介绍因明为佛教"五明之学"之一："求因明者，为破邪论，安立正道。"大乘时代的古因明学，集中讨论"义"，惜都失佚不传。

公元 5—6 世纪出现小乘佛教的新因明，陈那（Dignāga）为其奠基大师，陈那作《集量论》，集中讨论"量"，开创"量论因明学"。量即感知、认识。陈那原作失佚。现有陈那论著大部分来自藏传本。1928 年吕澂作《因明入正理论讲解》，使因明论重新传入中国。熊十力作《新唯识论》，使玄奘唯识论与现代哲学接轨。令人惊奇的是，陈那也提出认识的三分式，即所量、能量、量果。所量，谓被量度者；能量，谓量度者；量果，谓知其结果。心识的作用作分别：相分即所量，见分即能量，自证分即量果。② "所量"为认识对象，"能量"为认识能力，"量果"是认识的结果。陈那的"能量－所量－量果"的三分式，成为索绪尔术语汉译"能指""所指"的来源，但陈那的第三项"量果"，接近皮尔斯的"解释项"，因此，因明学是"皮尔斯式的"。

这个三联式，实际上成为二十世纪论辩意义问题的各种符号学、语言学、语言哲学学派最后都同意的一个基础。对意义的分解，各家使用的术语不同，方式却都有点相近，大致可以列出如下图式：

对象（object）/解释项（interpretant）——皮尔斯
指称（referent）/指称的思想（thought of reference）

---

① Charles Sanders Peirce, *Collected Papers*, Cambridge, MA: Harvard University Press, 1931—1958, Vol. 5, p. 484.

② 释智德编辑：《因明入正理论》，教案之六。

——瑞恰慈
　　字面的（literal）/语境的（contextual）——瑞恰慈
　　外延（denotation）/内涵（connotation）——叶尔姆斯列夫
　　指向（denotatum）/意味（significatum）——莫里斯
　　外包（extension）/内包（intension）——卡尔纳普
　　指称（referent）/意味（significance）——雅柯布森
　　意义（meaning）/神话（myth）——巴尔特
　　词典式解码（dictionary）/百科式解码（encyclopedia）——艾柯
　　含义（Sinn）/意义（Bedeutung）——赫施

　　以上各家之论，并不完全对应，但大致上各论者都看到意义必须分成两个部分：直接义与延伸义。艾柯的"词典式解码/百科式解码"，班维尼斯特"字面的/语境的"两种说法比较清楚，也比较贴近外延与内涵的区分。其中引起最多争议的恐怕是赫施的"含义/意义"两分方式，赫施是为过于散乱无标准的释义找一个"有效解释"的立足点，在他看来："含义"是文本固有内在的，与作者意图有关的，不随时代、文化、解释者变化；而"意义"则是外在的，是解释行为的产物，是随语境变化的开放的产物。① 他的这个分割遇到严峻挑战，许多论者提出"含义"也难以封闭固定，更难作为解释"有效性"的标准。② 应当说，赫施的观念不容易站住脚。

　　艾柯指出，外延是"所指物在文化上得到承认的潜在属性"，而内涵"未必对应所指物在文化上得到承认的潜在属性"。他这个观察很犀利。符号意义随着文化的具体安排而变化，这点本书在第十章讨论元语言时，将进一步分析。

---

① E. D. 赫施：《解释的有效性》，王才勇译，北京：生活·读书·新知三联书店，1991年，第34—39页。
② E. D. Hirsch, "The Politics of Theories of Interpretation", in W. J. T. Mitchell (ed.), *The Politics of Interpretation*, Chicago: University of Chicago Press, 1983, pp. 321—334.

但艾柯又说:"内涵必然取决于先行的外延。"① 大师如艾柯恐怕也有失察之处了。有不少符号,对象并不预先存在,例如仪式符号(凤凰、麒麟等图腾符号)、艺术符号(例如夏加尔在空中飞的人物,达利融化的表)、政治符号(例如"托派取消派""右派分子""走资派"),很多符号并没有对象,而是直接引向解释项(如右派是反动派),从这个解释项重新出发的符号过程,才创造相应的对象(例如画廊礼品店出售达利式的橡胶手表)。皮尔斯符号学之所以比索绪尔适用于文化分析,原因正在于此。

外延是符号的直接指称,也就是皮尔斯说的"对象"。内涵则是对象各种属性的总和,包括暗示意义。内涵实际上是没有边界的,可以无限延伸的。符号学关注的重点内涵,正如巴尔特所说,符号学家是"内涵科学家"(scientist of connotations)。

这一系列术语指出符号意义的复杂性,研究意义的学者不可能躲避这种最基本的分化。巴尔特认为:"物体(object)永远是一个记号,这个记号由两个坐标加以规定,其中一个是深度象征坐标,另一个是扩大的分类坐标。"② 可以说,对象落在"分类坐标"上,解释项落在"深度象征坐标"上。

皮尔斯认为理据性不同的符号,其对象与解释项的重要性有别。他说:"指示符号是这样一种符号,如果其对象被移走,符号会一下子失去使它成为符号的那种特性。但如果没有解释项,它却不会失去那种特性。"③ 他的意思是,指示符号的目的,是把接收者的注意引向对象,对象如果消失,注意就落空。的确,比起其他符号,指示符号的对象更为明确。例如用书包抢座位,座位这对象重要。此符号也可以引向"不公平"或"客满"的解释,但是符号距离远一些。而跳过对象直趋解释项,是多种符号的特点。

---

① Umberto Eco, *Semiotics and the Philosophy of Language*, Bloomington: Indiana University Press, 1984, p.125.
② 罗兰·巴尔特:《符号学历险》,李幼蒸译,北京:中国人民大学出版社,2008年,第192页。
③ Charles Sanders Peirce, *Collected Papers*, Cambridge, MA: Harvard University Press, 1931—1958, Vol.2, p.304.

4. 无限衍义，分岔衍义

皮尔斯对解释项有更进一步的解释。符号"面对另一个人，也就是说，在这个人心中创造一个相应的，或进一步发展的符号"。他的意思是，符号必须有接收者（是否必须是"另一个人"，本书第二章第七节"自我符号"已有讨论），在接收者心里，每个解释项都可以变成一个新的再现体，构成无尽头的一系列相继的解释项。"一个符号，或称一个表现体，对于某人来说在某个方面或某个品格上代替某事物。该符号在此人心中唤起一个等同的或更发展的符号，由该符号创造的此符号，我们称为解释项。"[1] 这个理解非常出色：解释项是意义，但它必然是一个新的符号，因为任何意义必须用符号才能再现。

由此，皮尔斯给符号一个绝妙的悖论式定义："解释项变成一个新的符号，以至无穷，符号就是我们为了了解别的东西才了解的东西。"[2] 这段话似乎拗口，却非常值得细细思考。要说明一个解释项，必须开始另一个符号过程，符号的意义必然是"可解释的"（见第二章第三节），但是要解释意义，就必须另用一个符号。

这样一来，**符号过程，定义上不可能终结，因为解释符号的符号依然需要另一个符号来解释**。皮尔斯理论比索绪尔的开阔，正是由于从解释项推出的这个"无限衍义"（infinite semiosis，艾柯称为 unlimited semiosis）概念令人惊奇地预示了后结构主义的开放姿态：符号表意，必然是无限衍义。

笔者试用平易的语言来解释一遍皮尔斯这个重要概念：

1. 符号指向两个不同的东西，一个是对象，另一个是解释项。

---

[1] Charles Sanders Peirce, *Collected Papers*, Cambridge, MA: Harvard University Press, 1931—1958, Vol. 2, p. 228.

[2] Charles Sanders Peirce, *Collected Papers*, Cambridge, MA: Harvard University Press, 1931—1958, Vol. 2, p. 303.

2. 解释项是"指涉同一对象的另一个表现形式"。也就是说,解释项要用另一个符号才能表达。

3. 而这个新的符号表意又会产生另一个解释项,如此绵延以至无穷,因此我们永远无法穷尽一个符号的意义。

对象是符号文本直接指明的部分,而解释项是需要再次解释,从而不断延展的部分。解释项不仅是能够延伸到另一个符号过程,还必须用另一个符号才能表现自己。这也就是说,符号的意义本身就是无限衍义的过程,不用衍义就无法讨论意义,意义本身就是衍义,因此,符号学本质上是动力性的。

皮尔斯自己明白解释项/无限衍义这个理解方式的重大意义。他认为无限衍义是人的思想方式的本质特征,"每个思想必须与其他思想说话"。"思想永远用对话的形式进展——自我的不同阶段之间的对话——这样,对话性(dialogical)本质上就是由符号组成。"[①] 不管是与他人思想对话,还是与自己的思想对话,符号意义只有在对抗与衍生中才真正成为意义。

皮尔斯并不知道索绪尔与他同时在创建另一种符号学模式,但似乎处处有意用他的符号三元原则来对抗索绪尔的二元原则,而且似乎明白这种对抗可能导致的巨大分歧:一个有三条分叉的路可以有任何数量的终点,而一端接一端的直线的路只能产生两个终点,因此,任何数字,无论多大,都可以在三种事物的组合基础上产生。[②] 三元组成,保证了皮尔斯符号学的发展开放,也让我们想起了老子的名言"三生万物"。

索绪尔式的符号学走向系统观,主要原因是索绪尔的符号意义"任意性"。二元式本身并不必然会导向封闭,例如叶尔姆斯列夫与巴

---

① Charles Sanders Peirce, *Collected Papers*, Cambridge, MA: Harvard University Press, 1931–1958, Vol. 5, p. 253.

② 科尼利斯·瓦尔:《皮尔士》,赫长埌译,北京:中华书局,2003年,第19页。

尔特都在能指/所指二元式基础上提出过进一步衍义的梯级方式。①但皮尔斯符号学的开放性，不仅在于用"理据性"代替任意性，不仅在于一系列三元式，更在于皮尔斯强调坚持无限衍义原则。符号表意过程在理论上是无结束的，在实践中，表意"能被打断，却不可能被终结"②。

这个讨论可能抽象，却很容易理解。例如索绪尔提出的符号表意例子"树的称呼树"，而一旦置入皮尔斯的无限衍义，就会演变开来：

树的符号表现体 → 树 → 自然界的肺
　　　（自然界的肺）→ 呼出氧气 → 良好环境
　　　　　　（良好环境）→ ……

哪怕"树"这样一个简单的词，我们的解释也永远不会终止。虽然在具体的符号表意中，意义解释因为各种实际原因，会暂时终止于某一点，但衍生的可能性依然存在，衍生的必要性也一直存在。

任何符号都可以引向无限衍义，包括最原始文化中的符号表意过程中。人类学家列维－布吕艾尔（Lucien Lévy-Brühl）举过一个例子："一片树叶上有个脚印指示了有个人踩在上面，脚印的方向影响踩着树叶的人，这个人又象征了他所属的部落。"这就开始了一个无限衍义过程。③

皮尔斯为无限衍义提出一段更诗意的说明：

> 人指向（denote）此刻他注意力所在的对象；人却意味（connote）他对此对象的知识和感觉，他本人正是这种形式或知识类别的肉体化身（incarnation）；他的解释项即此认知的未来

---

① 罗兰·巴尔特：《符号学原理》，见赵毅衡编选：《符号学文学论文集》，天津：百花文艺出版社，2004年，第323—325页。

② Charles Sanders Peirce, *Collected Papers*, Cambridge, MA: Harvard University Press, 1931-1958, Vol. 5, p. 253, p. 284.

③ 转引自茨维坦·托多罗夫：《象征理论》，王国卿译，北京：商务印书馆，2004年，第310页。

记忆,他本人的未来,他表达意义的另一个人,或是他写下的句子,或是他生下的孩子。①

解释项是符号生命延续,就像某些东西是人的生命延续。

人的符号表现体 →人→关于人的知识和感觉
(关于人的知识和感觉)→他本人→未来,他人,写作,孩子
(未来,他人,写作,孩子)→……

人的生命,人的存在,人类的繁衍,就是符号的无限衍义。这真是一个绝妙的理解。我们想起皮尔斯主张"人本身是符号",这个惊人的看法,一旦无限衍义,就演化成"人的世世代代"是符号过程。我们的写作,我们的孩子,都可以是"符号自我"的延伸。

细心的读者想必已经发现,我们能从皮尔斯的无限衍义思想中,找到通向巴赫金的对话理论、德里达的解构主义等后结构主义思想的门径。符号学家科尔比指出,皮尔斯的符号学理论还预言了二十世纪八十年代后结构主义的一系列观念:博尔赫斯的"迷宫"、艾柯的"百科全书"、德勒兹的"块茎传播"、互联网之"万维",等等。②

艾柯在无限衍义基础上提出"封闭漂流"(Hermetic Drift)概念。他认为符号衍义是不必追溯的。假定衍义已经从 A 到 E,"最终能是 A 与 E 连接的只有一点:它们都从属于一个家族像似网络……但是在这个链条中,一旦我们认识 E 时,关于 A 的想法已经消失。内涵扩散就像癌症,每进一步,前一个符号就忘记了、消除了,漂流的快乐在于从符号漂流到符号,除了在符号与物的迷宫中游荡,没有其他目的"③。艾柯的意思是无限衍义并不是同一个符号的累加解释,

---

① Charles Sanders Peirce, *Collected Papers*, Cambridge, MA: Harvard University Press, 1931—1958, Vol. 7, p. 591.

② Paul Cobley, *The Routledge Companion to Semiotics and Linguistics*, London: Routledge, p. 281.

③ Umberto Eco, "'Unlimited Semiosis' and Drift", *The Limits of Interpretation*, Bloomington: Indiana University Press, 1994, p. 31.

而是不断更换成新的符号。至少，这是无限衍义的变体之一：已经过去的衍义过程，有可能已经没有痕迹。

可以用波德利亚对当代媒体的批评来说明"封闭漂流"理论。一旦事件进入传媒，传媒就按"拟像"的四个阶段延伸。第一阶段，媒体介入零度事件；第二阶段，将其变成媒体事件，同时将其抽象化为信息；第三阶段，若干媒体对同一事件的报道形成若干媒体事件，在角度、方法、内容等不同技术手段的作用下，逐渐形成事件，越来越多信息的出现，只是为了掩盖事件退出这一个事实；第四阶段：媒体与事件已经不再有联系，它只是自身的拟像。媒体信息互相指涉，而不指涉事件。① 试说明如下：

(1)"零度事件"就是"表现体"，尚无意义可言，此谓"零度"。
(2)"媒体事件"就是符号文本。
(3) 媒体大量加入，解释其意义，意义使"事件退出"。
(4) 媒体的报道衍生出报道，无限衍义以至无穷，与衍义起因的联系就不很明显。

所以，波德利亚声称"作为事件的海湾战争从未发生过"，这场战争是一个媒体上的战争，是一个巨大的拟像。②

这是可能，但不一定是必然。我们都是祖先无限衍义的后果，可能已经难以追寻这个过程，E 点已经不了解 A 点，但是我们的文化是前辈留下的，我们无法摆脱文化传承，因此衍义过程不一定毫无痕迹。

无限衍义一直发展下去，最后会达到怎样一种境地呢？皮尔斯认为："正由于解释会成为一种符号，所以可能需要一种补充性解释，

---

① Jean Baudrillard, *Simulacra and Simulation*, Ann Arbor: University of Michigan Press, 1994, p. 30.
② Jean Baudrillard, *Fragments:Cool Memories* Ⅲ, 1990-1995, New York: Verso, 1997, p. 71.

它和已经扩充过的符号一起，构成更大的符号；按照这个方式进行下去，我们将会，或者说应当会最终触及符号本身。"① 这种最后的"符号本身"究竟是什么？艾柯解释说这个"最终符号实际上不是符号，而是结构那样的把混合性衔接并联系起来的整体语意场"②。所谓"整体语意场"就是文化。一个符号的无限衍义，最后可能延及整个文化。

在实际符号活动中，这是不可能的，不然每个符号的意义解释最终会殊途同归。符号表意与无限衍义，两者同义，因为理论上没有"有限表意"；两者又不同义，因为任何符号表意活动都会中止在某处，潜在符号甚至从来没有开始。大部分符号出于解释过程中的实际原因——接收者的能力、解释意愿，或者简单地因为时间不够——总会停止于某些意义的积累点上，暂时不再延伸下去。任何解释活动，由解释意图推动。当这个意图消失，解释者已经满足于一种取得的意义，意义推演就暂时停止，此时无限衍义就变成一种潜在可能。

而且，显然存在"分岔衍义"：不仅是解释项产生另一个符号，同一个符号可以产生不同的解释项。例如皮尔斯说的"人生意义"的解释项，就可以是"未来、他人、写作、孩子"四种。此种平行式的意义衍生，更加剧了符号意义的流散。分岔衍义，是接收者给出完全不同的解释。鲁迅那段各种人读《红楼梦》的名言，很多人引用。每一个解释都可以衍生发展，成为一种独立的"红学"。

即使同一个解释者，也会在不同时间、不同场合、不同心态下，在同一符号中读出不同意义，也会朝着不同方向延伸。例如近几年的高考作文题目，大多数倾向于模糊，允许学生分岔衍义，考生发展自己的论述余地较大。2009年北京考场用了女歌手张韶涵的歌《隐形的翅膀》，虽然题解给了一段歌词，但有人指出这是"小女生的歌"，男生不太熟，不得不让衍义朝不同的分岔方向走。

---

① Charles Sanders Peirce, *Collected Papers*, Cambridge, MA: Harvard University Press, 1931—1958, Vol.2, p.230.
② Charles Sanders Peirce, *Collected Papers*, Cambridge, MA: Harvard University Press, 1931—1958, Vol.11, p.79.

分岔衍义也给误读提供了机会,只要第一环节似乎有根据,以下的衍义就都似乎有道理。例如费诺罗萨学习中国诗的笔记中,记下了一些关于汉字的说法,被美国诗人庞德抓住了,以此为根据构筑了一套"表意文字法"(Ideogrammic Method)体系,给美国现代诗提供了"整整一套价值观"。①

5. 试推法

回过头来看本章第一节提出的两种符号:能指优势符号,"对象"难以确定,"解释项"更因解释者的具体理解而异,所以"诗无达诂",哪怕千家注《诗》,也只是注出"对象";所指优势符号,至少"对象"确定,解释项依然难以确定。例如一道命令,内容清楚,解释依然可以不同。意图、逻辑、习俗,可以严重限制解释歧出的可能,但不可能完全限定。

大部分文化符号的解释,不能完全靠逻辑。为此,皮尔斯提出符号意义解释的普遍性方法是"试推法"(abduction)。他认为,形式逻辑的归纳法(induction)与推理法(deduction)很难解决符号的释义问题。"试推"(abduction)这个西文词有"劫持"之意,有论者认为皮尔斯有意用了一个幽默双关语。②

归纳法从各种符号文本出发,以取得一个整体的解释,归纳的结果是"实际"(actually be)如何如何;推理法从一般规律或整体理解出发,用此说明具体问题,推理的结果是"应当"(must be)如何如何。皮尔斯认为这两种都是"单向科学思维",符号的解释无法使用这样的思维方式,而是针对一个假定的试验,试推法的结果是"或许"(might be)如何如何。

皮尔斯认为试推与归纳、演绎不同,是一种"双向"思考方式,目的是增加我们"猜对"(即给出一个"有效"意义解读)的可能性,

---

① Ernest Fenollosa and Ezra Pound, *The Chinese Written Character as a Medium for Poetry*, Haun Saussy (ed.), New York: Fordham University Press, 2008.
② Vincent M. Colapietro, *Glossary of Semiotics*, New York: Paragon House, 1993, p. 1.

而无法做到肯定猜对。试推法实际上是解释项与无限衍义定义中所要求的解释方法,所以试推法是一种后验性的归纳法,一种"逆推法"(retroduction)。

皮尔斯解释说,假定就在这时刻起了重大作用:"在围绕一个题目的复杂论断的纠葛中,假定代表了一个概念……在假定推断中,一个单独的强度较高的感觉,代替了这种线索无穷的感觉,只有对这个假定的结论进行思考才有这个感觉。"用试推法进行解释,最后产生的是"思维的感性成分"[1]。也就是说,试推法不是一个纯粹理性的方法,因为符号的本质是文化的。

西方的侦探小说,被认为是实证主义意识形态的艺术体现[2],而福尔摩斯的所谓"推理",不是严格的推理,而是猜测和(解释的)试验,其结果是否达到真相,要看具体效果。西比奥克和艾柯都认为,皮尔斯符号学与福尔摩斯侦探小说精神相通,方法互相印证,甚至皮尔斯本人也曾手痒做业余侦探。[3]

艾柯指出,试推法与现代诠释学开拓者狄尔泰同一时期指出的"诠释循环"概念有应和之处。试推法与诠释循环的共同前提是无法最后确定真相,只能渐渐靠拢真相。因此试推,也就是解释学处理解释循环的主要方法。诠释循环在二十世纪诠释学诸家中发展出五种之多(施莱尔马赫提出部分与整体、体裁与作品两种循环;伽达默尔提出历史语境与当下语境;海德格尔提出前理解与理解;利科提出信仰与理解)。[4] 解释循环不是"恶性循环",伽达默尔认为:"理解既非纯主观,又非纯客观,而是传统的运动与解释者的运动之间的互动。对意指的预期决定了对文本的理解,这不是主体性的行为,而是由把

---

[1] Charles Sanders Peirce, "The Sensuous Elements of Thought", in *Collected Papers*, Cambridge MA: Harvard University Press, 1931—1958, Vol. 2, p. 643.

[2] 凯瑟琳·贝尔西:《解构文本》,见赵毅衡编选:《符号学文学论文集》,天津:百花文艺出版社,2004年,第578页。

[3] Umberto Eco and Thomas A. Sebeok (eds.), *The Sign of Three: Dupin, Holmes, Peirce*, Bloomington and Indianapolis: University of Indiana Press, 1983, p. 19.

[4] Don Ihde, *Hermeneutic Phenomenology: The Philosophy of Paul Ricoeur*, Evanston: Northwestern University Press, 1971, p. 22.

我们与传统连接起来的社群决定的。"① 也就是说，在诠释循环中取得理解，是一种社会文化行为。皮尔斯也强调，试推法是一种文化行为，是一种非严格逻辑的认知方式。

在二十世纪后半期思想史发展中，试推法成为主要的研究方法。许多二十世纪的思想者都主张类似方法，例如乔姆斯基主张的"纠正行为"（corrective action）② 接近试推法。皮尔斯的贡献在于他第一个明确提出，在归纳和演绎之外，符号解释需要另一种思维方式。皮尔斯甚至认为应当从逻辑学中取消归纳法，因为归纳法"对取得知识作用极有限……归纳无独创性，归纳只是测试已提出的看法"③。今天我们至少可以同意，试推法应当与演绎法、归纳法并列而三。

试推法对符号解释特别适用，是因为符号意指经常是一个极端变动不居的过程，意义本身是多元的，解释的有效性也没有一个绝对标准。试推法不先定一个结论，也不规定一个结果，适合倾向无限衍义的文化符号活动。

皮尔斯是一位开拓了许多思潮的大学者，其中最突出的是实用主义（pragmatism）。有些学者提出，不可能讨论皮尔斯的符号学思想而不涉及实用主义。这话当然有道理，的确皮尔斯的思想有其整体关联性。但是今日符号学界并不一定要进入关于实用主义的哲学探讨，依然能应用皮尔斯的许多思想。毕竟当代符号学，并不是"皮尔斯学"，很多思想家的贡献被综合进来。

本节谈试推法，只是在符号学的意义上进行讨论。有论者认为皮尔斯是"证伪主义"（fallibilism）的创始人。皮尔斯的确提到证伪主义，但是他并没有把它教条化，他说得最明确的是试推法。而证伪主义最主要的发展者，是科学哲学家波普尔（Karl Popper），他把证伪主义视为人类认知的准则。非科学（例如信仰）无法证伪，而所有的

---

① Robert J. Dostal (ed.), *The Cambridge Companion to Gadamer*, Cambridge: Cambridge University Press, 2002, p. 67.
② Noam Chomsky, *Language and Mind*, New York: Harcourt Brace Jovanovich, 1968.
③ Charles Sanders Peirce, *Collected Papers*, Cambridge, MA: Harvard University Press, 1931–1958, Vol. 6, p. 458.

科学论述（除了个别数学与逻辑"公理"）都是可以证伪的（falsifiable），也就是说，总会在某种条件下发现是错的。而正因为这种可证伪性，才说明它们在某种条件下是真理。这种说法把"科学"与"非科学"截然分开，实际上是认为"非科学"不可能包含真理，两个领域在认识论原则上互不相容。①

皮尔斯只是说"证伪主义理论是说我们的知识从不是绝对的，而是永远处于不明确、非决定性的连续带中"②。相比之下，皮尔斯的立场并不绝对，只是说人的认知能力必定有限，人类在智力上必须谦卑。③ 海德格尔认为上帝的概念只能是一个"质疑的过程"。④ 试推法要处理的，恰恰是覆盖整个人类世界的质疑过程。

6. 艾柯七条与类型问题

符号学有一个根本性的大难题，至今没有结论：符号表意的"对象"究竟是个别物，还是概念或类型？索绪尔认为"所指"必然是个概念，不是具体的个别物。皮尔斯则把符号与对象的关系分成三种：质符（qualisign）、单符（sinsign）、型符（legisign）。质符大致相当于我们说的"符号载体"，是符号感知，后两者是符号表意的不同相位：单符是符号的每次出现，后来改称为"个别符"（token）；型符是指向概念的符号，后来改称"类型符"（type）。例如，在本书中，"符号"这个词用了好多遍，每一次出现都是一个单符或个别符，但它们都是同一个型符或类型符（即"符号"此词的对象）。如果同属一个型符的单符完全一样，例如"符号"这个词每次的写法相同，就

---

① Karl R. Popper, "Science as Falsification", in Theodore Schick (ed.), *Readings in the Philosophy of Science*, Mountain View, CA: Mayfield Publishing Company, 2000, pp. 9—13.

② Charles Sanders Peirce, *Collected Papers*, Cambridge, MA: Harvard University Press, 1931—1958, Vol. 1, p. 171.

③ 参见 Nathan Houser, "Peirce's Contrite Fallibilism", in Rossella Fabbrichesi Leo & Susanna Marietti (eds.), *Semiotics and Philosophy in Charles Sanders Peirce*, Newcastle: Cambridge Scholars Press, 2006, pp. 1—14.

④ George Kovacs, *The Question of God in Heidegger's Phenomenology*, Evanston: Northwestern University Press, 1990, p. 15.

成为一个"副本"（replica）。"副本"与本书前面说到过的"重复"（double）不同。副本是指向同一个对象的不同符号，作为"质符"可以外形不同，作为"单符"却相同。例如 THE，The，the；① 而"重复"是从外表到意指完全相同。副本外形不一定重复，而重复是感知上完全一样，例如一幅画制成的上万张印刷品，都是"重复"。② 本书第三章第五节说过，重复之间，除非特殊安排，并非符号关系。

皮尔斯一再说："所有的规约符号都是型符。"他的意思是，符号的意义必然指向一个类型，一个集合："它不是一个单独的对象，而是一个普遍的类型。"他又说，"作为一个符号，型符也必须在一个存在的东西里具体出现。但是，具体化的过程不影响符号的特征"③。

这是不是说所有的"单符"（sinsign）都只是型符（legisign）的特例？④ 是否所有的个别符（token）都只是假象，一旦被认识被理解，就只可能是类型符（type）？甚至反过来，先有类型，然后才有符号？皮尔斯其实没有说得如此干脆。

但艾柯在讨论符号定义时，就把这个问题说得非常绝对。在《符号学与语言哲学》一书中，艾柯专章辩论镜像是否为符号，为此提出关于符号的七条定义，他认为自我镜像不符合其中任何一条，因此镜像不是符号。⑤ 艾柯的讨论相当详细，而且一步步推演到哈哈镜、彩虹、照相、电影、现场电视转播等镜像的延伸变形。他的论辩是：镜像不能算符号有七个原因，而在上述延伸变形中，这些非符号的条件

---

① Charles Sanders Peirce, "The Replica is a Sinsign", in *Collected Papers*, Cambridge, MA: Harvard University Press, 1931−1958, Vol. 2, p. 246.

② 有的论家认为印刷造成的重复，因为意指的是同一个"底片"，因此是"副本"（replica）。此说有点勉强，印刷品的对象并不是底片。见 Winfried Nöth, *Handbook of Semiotics*, Bloomington: Indiana University Press, 1990, p. 461.

③ 科尼利斯·瓦尔：《皮尔士》，郝长墀译，北京：中华书局，2003 年，第 103 页。

④ Winfried Nöth, *Handbook of Semiotics*, Bloomington: Indiana University Press, 1995, p. 44.

⑤ Umberto Eco, *Semiotics and the Philosophy of Language*, Bloomington: Indiana University Press, 1984, pp. 214−217. 注意艾柯的这个讨论，仅出现于他为此书英文版特别加写的两章，中文版《符号学与语言哲学》（百花文艺出版社，2006 年）是从意大利文本直译，丢落了这重要的两章，非常可惜。

一步步消失,成为符号。对艾柯七点,李幼蒸做了详细反驳。① 这个讨论不仅局限于镜像,而且涉及符号的基本品质,符号学家们分歧如此之大,很令人惊奇,值得详细引述并细辨。下面笔者逐条辨析"艾柯七条定义"与李幼蒸的反驳意见,附上笔者的理解。

艾柯第一条:"前件有在场并可感知的潜力,后件通常不在场。"艾柯用"前件/后件"来代替"能指/所指"这对术语:前件必须可感知,后件(必须)不在场,不然符号过程就失去动力。本书第二章已经讨论"不在场"问题的复杂性:火是烟的成因,两者并不是符号关系;火没有被见到,烟指向了火,这才是符号关系。艾柯的术语"前后件",容易引起误会,前文已经讨论过,因此连他自己也没有坚持使用这对术语。

艾柯认为镜像不同,镜像的"指称物"不可能不在场,镜像是"两个在场之间的关系",因此镜像不是符号。参考上面关于烟与火关系的说明,笔者认为镜像的物理成因,与镜像的意指对象,虽然是同一个"我",在意义上是不同的。只是镜像的符指时空距离接近到几乎消失,让人觉得符号与其对象同时在场。其实不然,镜像的解释项依然不在场,不然一个人无需照镜子。

艾柯第二条:"因此,前件可以(may be)无后件单独产生。"艾柯的例子是演习中用化学品冒烟,实际上没有火。而镜像不可能没有后件,因此镜像不是符号。笔者要争论的是,"可以无后件"不是符号的必然条件,只是某些符号有此潜力而已。本书第二章第六节讨论的"潜在符号",都没有后件。

艾柯第三条:"符号可以用来撒谎:前件无需后件作为其必要或有效的原因,只是假定由后件造成",而镜像不然。他说:"我们可以制造假镜像,但是无法'使用与通过'(with and through)镜像撒谎。"艾柯这种说法,是坚持他对符号学的"撒谎学"定义。魔术中常用镜子,明显是在用镜像撒谎。艾柯的辩解是镜子没有撒谎,只是被用来制造"假镜像",这个分辨难以成立。

---

① 李幼蒸:《理论符号学导论》,北京:中国人民大学出版社,2007年,第541—543页。

李幼蒸拒绝讨论这一条，他说："说谎功能问题，可以不在符号学理论中讨论。"① 符号学既然是"意义学"，就无法回避"谎言""真相"这些有关意义的重大问题。关于艾柯的"符号撒谎原理"，本书第十二章将细细讨论。至于艾柯说镜像不撒谎，他可能过于恭维镜像了。镜像完全可能有意误导，上过服装店穿衣镜之当的朋友，请站出来作证。艾柯在此章后文中讨论到"扭曲镜像""遮蔽镜像"等，认为这些镜像已经是开始有"符号过程的"（semiosic）。艾柯自己也认为摄影是"凝冻"的镜像，摄影只是时空距离延伸的镜像。在前后件的关系上，两者相同。

　　巴尔特就曾经指出："摄影的研究不能深化，原因在于它就明明白白地摆在那里……这种确定性是至高无上的……除非你能向我证明，这张图象'不是'照片。"② 巴尔特的摄影"确定"说与艾柯的镜像不撒谎论相似，都把影像呈现不视为媒介再现，而视为物的呈现，都是错的。

　　艾柯第七条："一表达的内容可以被解释。"这是符号的基本定义，艾柯这种说法是绝对正确的。解释是符号的关键，没有解释不成其为符号。但是艾柯接着说"镜像不能被解释……至多是它的对象可以解释"，却叫人很纳闷，因为艾柯第一条就说"镜像与对象同时在场"。笔者认为解释项并不解释符号文本，解释项解释的是符号与对象的关系。用艾柯自己的例子可说明：符号是烟，对象是火，解释项是火灾。正因为解释项针对的是符号与对象的关系，而不是艾柯说的"对象可以解释"，所以接收者可能上当（把消防演习放的烟当作真的火灾）。

　　回过来看，镜像具有可解释性（interpretability），这是看镜子的目的。例如，我很可能对着镜像中的自己惊叹："我怎么成了这个模样！"因为我由镜像了解了一些先前不了解的自己。我在照镜子之前虽然在场，但是"对象我"及其解释项并不在场。既然我的照片，我

---

① 李幼蒸：《理论符号学导论》，北京：中国人民大学出版社，2007年，第543页。
② 罗兰·巴特：《明室：摄影纵横谈》，赵克非译，北京：文化艺术出版社，2003年，第168页。

的日记，我的重量，我的血压脉搏，我的胆固醇值，对于我都具有"可解释性"，那么，我的镜像对我也具有"可解释性"。《红楼梦》黛玉照镜，"自羡压倒桃花……却不知病由此萌"；贾瑞照镜，想找出他的相思病的原因，结果他了解到的自己实在太多，以致一命呜呼。林黛玉看到的是"真镜像"，贾瑞看到的是幻象，都引出特殊解释。看来，曹雪芹对镜像意义之复杂，了解得比艾柯多。

"艾柯七条"的核心问题是第四条、第五条、第六条，都是谈的符号意义的"类型性"问题，即符号的解释究竟可以是个别的，还是必然是类型的？是可以具体的，还是必然是概念的？这是符号学不得不辩清楚的一个问题。

艾柯第四条："前件主要不是与一事态相连，而与多少一般性的内容相连。在每个意指系统中，前件所传达的后件仅为一个可能诸多后件的类群（a class）。"镜像不是符号，因为镜像的指称是个别的。

艾柯第五条："符号本身是非物质的，是两个命题之间的蕴涵关系，也就是一前件类型与一后件类型相连的法则。符号关系存在于类型（type）之间，而不存在于个别（token）之间。"而镜像"只在两个个别物之间建立关系"，因此不是符号。

艾柯第六条："符号是两个类型之间的关系，从而使符号独立于生成或传达符号的实际的渠道或媒介。"例如烟到底是如何生成，如何方便觉察，与"烟指向火"无关。艾柯对"渠道""媒介"二词的混用，本书第五章第一节将仔细讨论。艾柯说镜像不能独立于其唯一媒介即镜子，因此不是符号。

艾柯这三条说的是同一个问题，即本节讨论的关键点：符号意指对象的"类型性"。艾柯关于"符号必然是类型"的讨论，的确可以在皮尔斯和索绪尔那里找到起源，这是符号学两位奠基者不多的意见相合处之一，他们的看法影响深远，直到今天，讨论符号的学者依然持此标准。有论者坚持说："视像与语象，都必须能描写事物的基型（prototype）或'原型'（archetype）；正因为与基型有这样的联系，它们才能够互相替代。"① 但是我的身份证上的照片与我的名字可以互相替代，却无关于类型，因为我本人不是类型。

艾柯说"类型"超出符号的个别性，镜子照见的是个别物，不是类型。固然，镜像可以是类型，例如我从后视镜看到一辆警车追上来，我就知道超速被警察抓住了，完全不需要知道是哪一位警察在追我；如果仅谈自我镜像：我揽镜自照（或者看到我自己的照片）看到的是我自己，也可以看到"人"这个类型。李幼蒸反驳艾柯说："一时一地的个体亦为该个体（原型）身份的型例。"② 就是说某个特定时空中的存在，是该存在物的特例。"亦为"这个词是关键，此地此刻的我是"个体"，也是"原型"身份（即"一种人"，或"人"，或更大规模的原型）的一个型例。符号本身不可能决定对象是个别符或类型符，符号只可能被解释出"个别性"或"类型性"，取决于接收者个人以及语境。

例如我送一位来访的朋友，一辆汽车驶过小区花园的窄道，我看到的是我的邻居买了一辆跑车，全身"璀璨金"。我心里想的是，这位邻居要出行，我没有必要也没有能力把这件事视作一个原型；而我旁边这位朋友，是汽车发烧友，他马上注意到这是一辆进口兰博基尼。他看到的不是一辆车，而是一种车。我们两个解释不同，但都是有效解释。

例如著名肖像画《红衣主教黎塞留》（*Portrait of Cardinal Richelieu*，1637）对熟悉法国史的人是指一个特定的人物，对其他人此画可能指类型"一位主教"；家里放一盆花可能表示"喜欢这棵花"，也可能表示"喜欢这种花"，或表示"热爱大自然"；敬一个礼可能表示尊敬对方，也可能表达"尊重权威"。

大多数人的名字，就像身份证号码，只能代表自己，对于任何接收者都是一个个别符。但是名字本身不会永远处在个别符状态中。首先，某些名字的成分很可能是类型：姓氏可以被了解这种语言或文化

---

① Valerii Lepakhin, "Basic Types of Correlation Between Text and Icon, Between Verbal and Visual Icons", *Literature and Theology*, March 2006, p. 28.

② 李幼蒸：《理论符号学导论》，北京：中国人民大学出版社，2007年，第542页。

的接收者看成一个类型符,某些姓氏有特殊色彩。名字的类型化更有可能。西方人的名字对于西方人往往是个类型符(大多数人取名于圣徒),虽然圣徒名对于个人是空的,例如生个男孩叫"保罗",与其他叫保罗的人没有共同点[①],但是我们从中可以知道他们父母,或这个社会的宗教倾向,此时就不再是个别符;中国人的名字,取得随大流则为时代类型,符合八字则是民族传统类型,取得非常出格,就可能是个别符。

艾柯说,镜像与人名,在符号学上非常类似,都是指向个人。名字与镜像一样,未必是类型,也未必非类型。绰号是最典型的个别符/类型符转换。绰号经常类型化,如"芦柴棒""卷毛""犟牛"。英文中也有类似的绰号,如 Matchstick, Curl, Bulldog,都只是类型词。一旦在群体(例如一个班级)中反复使用,就获得了特指意义。很多人用的网名过于奇怪,达到完全隐身的目的,因为非常个别。但是网名"不饶恕者",就把个体类型化。可见究竟名字或绰号是类型符还是个别符,取决于解释语境与接收者能力元语言(参见本书第十章第四节关于"元语言组成"的讨论)[②],无法一概而论。

在手抄本时代,每本书都是个别符,因为很可能是异文;刻板印刷术发明后,每本印刷的书,从定义上说就是一个类型符的副本(replica)。文学史专家看到手抄本如获至宝,至少可以用作版本校雠对照。"每一个抄本和版本,都是一场独一无二的具有历史性和时间性的表演,参加表演的有抄写者、编辑者、评点者、刻版者和藏书家,他们一个个在文本上留下了他们的痕迹,从而改变了文本。"[③]现代书籍出版,使每个单符都成为类型符。收藏家对"双名人题签本"视若珍宝,就因为是绝对的个别符。

[①] Thomas Sebeok, *Sign: An Introduction to Semiotics*, Bloomington: Indiana University Press, 2001, p. 60.

[②] Giovanni Magdalena, "Peirce, Proper Names, and Nicknames", Rossella Fabbrichesi Leo and Susanna Marietti (eds.), *Semiotics and Philosophy in Charles Sanders Peirce*, Newcastle: Cambridge Scholars Press, 2006, pp. 22—34.

[③] 田晓菲:《尘几录》,北京:中华书局,2007年,第21页。这段引文借用2009届符号学班学生彭佳在"符号学论坛"上的帖子。

因此，一个符号是类型符还是个别符，取决于解释者如何解释它们与其他符号之间的关系，这是个"符号间性"（intersemiosity）问题。① 在商品社会，可以断定绝大部分商品是类型符号的严格意义重复，这就是为什么富商会用大价钱买一个特殊车牌号码：他不甘心与大众共享一个类型符。商品限量版的经营策略，就是朝个别符演化。"名牌"或者"普通名牌"这个类型符，不足以满足高端消费者的心理期待，要用限量版、签字版、编号版。此种"个别化"在当代常见：电影演出班子的明星，有单独的化妆师伺候；足球队的大牌球星穿 7 号或 10 号球衣；名人观众坐包厢，或坐前排。

当代社会，符号的个别性大幅度降低，女性的"深度类型化"让女性主义者深恶痛绝。她们更愤怒的是女性自己对类型化过于热衷，费尽心机往类型上靠②，但是这些"时尚女"的确认为自己是超出芸芸众生的人物。因此，对类型符还是个别符的理解，也可以说意识方式类型化与个别化的程度，取决于解释者对社会的理解。

西方论者大多持"符号必为类型符"说，是由于西方哲学关于"理念"的强大传统。他们认为意义必须归为范畴，才能得到理解。但是范畴化只是符号化的方式之一（例如本书上一章说到的"石头作为田界"的符号化），本节所举的许多例子证明，范畴化不是必然，个别化不仅是可能的，还是经常可见的。

坚持"符号必类型"的艾柯，自己举出了反证。据他说，五岁前的孩子，只能认出"一个女人的照片"，把照片形象解释为一个"类型符女人"（type-woman），然后他渐渐能认出是"个别符女人"（token-woman），最后他认出是自己的母亲。③

《荀子》把这两者分别称为"共名"与"别名"：

---

① Claus Emmeche, "A Semiotical Reflection on Biology, Living Signs and Artificial Life", *Biology and Philosophy*, July 1991, pp. 325—340.

② Jane Van Buren, "The Semiotics of Gender", *Journal of the American Academy of Psychoanalysis*, 1992, Vol. 20, pp. 215—232.

③ Umberto Eco, *Semiotics and the Philosophy of Language*, Bloomington: Indiana University Press, 1984, p. 223.

> 物也者，大共名也。推而共之，共则有共，至于无共而后止。有时欲偏举之，故谓之鸟兽。鸟兽也者，大别名也，推而别之，别则有别，至于无别而后止。

两种推进过程，从共到别，从别到共，都是正常的。

艾柯长篇讨论镜像，结论是："（镜像的）折光世界（catoptric universe）是实在（reality），给人的印象却是虚拟（virtuality）；符号世界是虚拟，给人的印象却是实在。"[1] 这话说得有趣，他的意思是镜像在符号的门槛之外，是"实在"，不是以虚（感知）代实的符号。只有镜像的各种变体（从拉开空间距离的多次折射镜，拉开时间距离的照相开始）跨过了门槛，成为符号。本节讨论不是有意跟大师较真，艾柯的讨论相当有意义，涉及符号的许多基本性质，所以笔者跟艾柯见招拆招全部过一遍。笔者认为任何镜像都已经进了符号的门槛，原因是表意距离已经出现。

除了东西方思维传统的不同，这场争论也说明笔者对符号的理解，比艾柯，比皮尔斯，都更宽一些。本书一以贯之地坚持第一章提出的定义：凡是被认为携带着意义的感知，都是符号。而镜像，包括自我镜像，恰恰就是这样一种"被认为携带着意义的感知"。

7. 皮尔斯的普遍三分论

皮尔斯认为符号表意可以产生的解释项分成三种，表现为三个阶段，他用了一套比较难懂的术语，称之为呈符（rheme）、述符（dicent）、议符（argument）。呈符解释项只是一种可能的解释，述符解释项是描述语句，议符解释项则是本身具有合理性。这三个名词不太好懂，也很少有论者使用。在另一处，他称这三阶段为即刻

---

[1] Umberto Eco, *Semiotics and the Philosophy of Language*, Bloomington: Indiana University Press, 1984, p. 226.

(immediate）解释项、动态（dynamical）解释项、终结（final）解释项。① 这大致上接近本书第一章第二节说的符号解释的感知、接收、理解三步。有论者认为这三步相当于一般说的"概念—声言—论辩"（concept-statement-argument）。② 符号意义的实现，实际上逐步深入，不一定有如此清楚的分级，各种三个阶段说可供参考。

三者步步深入，究竟在哪里终结，是解释者个人的决定。但是他在达到他的终结解释项之前，必定经过头上两个阶段，立即反应的解释、中间尝试的解释，在达到终结解释之后，头上两者就被放弃。

这样我们或许就可以找出艾柯式"类型论"的理由所在。符号的"即刻解释项"，完全可能是个别的，但是深入下去，就必须与记忆中的经验沉积对比，从而不得不与已有概念相遇，就渐渐成为"类型"理解。例如虎符，第一步的拼合，是一对一、个别对个别；第二步则是认同传令人言辞代表的权威，就是辨认类型。用于镜像，第一步是辨认，林黛玉看出自己是个别者；然后林黛玉看出自己是类型，一个病人，甚至是一个"病美人"。问题是，即使不进行到"终结解释项"，林黛玉的镜像也没有被取消符号的资格。本书第二章第三节就声明过："任何解释都是解释。"

这三类解释项，与皮尔斯对符号的三分（质符、单符、型符）是相应的，所有的符号最后都成为型符。皮尔斯认为三阶段中的前两者不可能单独存在，只可能是符号解释的起始与中间阶段，而符号解释的本质，必然是从感知的个别性推进到意义的规律性。符号的"第一性"（Firstness）即"显现性"，质符与任何其他事物没有联系，是"首先的，短暂的"，例如汽笛的尖叫；当它形成一个要求接收者解释的刺激，就获得了"第二性"（Secondness），成为"坚实的，外在的"单符，能够表达意义；然后出现的是第三性（Thirdness）："我们就会对于我们所看到的事物形成一个判断，那个判断断言知觉的对

---

① Charles Sanders Peirce, *Collected Papers*, Cambridge, MA: Harvard University Press, 1931-1958, Vol. 8, p. 184.

② Vincent M. Colapietro, *Glossary of Semiotics*, New York: Paragon House, 1993, p. 172.

象具有某些一般的特征。"① 皮尔斯所谓"一般的特征",就是范畴化。符号解释的三个阶段,一旦到了解释阶段,就必然归为类型。

上面已经说过皮尔斯对"三分"的迷恋。符号本身三分为"再现体－对象－解释项"。其中再现体三分为"质符－单符－型符",对象三分为"像似－指示－规约",解释项三分为"呈符－申符－论符",一律都是三位推进。皮尔斯还说了一系列其他三位推进,把他的"三分"理论普遍化为符号学的根本规律。这个三性理论很直观,列出来相当整齐:

层次	表意		
	再现体 representamen	对象 object	解释项 interpretant
第一性 firstness	质符 qualisign	像似符 icon	呈符 rheme
第二性 secondness	单符 sinsign	指示符 index	申符 dicent
第三性 thirdness	型符 legisign	规约符 symbol	论符 argument

这三列可以任意组合,但只能构成十种不同的符号,例如:一个图表,是"呈位像似单符";一个自发的叫喊,是"呈符指示单符";交通信号灯,是"申符指示型符";三段论是"论符规约型符"。这中间若要做严格区分,恐怕有点烦琐,至少呈符－申符－论符,只是层层递进,逐步抽象,难以做严格区分。

但是,可以看到这表格的总趋势很有意义:从第一性,到第二性,到第三性,是个理解深化的过程,从表象感知,到经验理解,到抽象理解。这种渐进方式,类似于认识论哲学与心理学上说的统觉(apperception),即"用个人过去经验的积淀把新的经验吸收进来,加以改造,形成一个新的整体"。佛教哲学称为"行"(sanskara),即"通过过去印象形成的形式看事物"。《波罗蜜经》中说"不行色,不生色行",我理解此言说的是:不把经验形式化,就不可能产生形

---

① 科尼利斯·瓦尔:《皮尔士》,郝长墀译,北京:中华书局,2003年,第25—27页。

式的经验。①

对意义的这种渐进理解，就是符号学与现象学哲学的结合部。符号学在论说范围上，应当与现象学有相当多重叠之处：它们都关心经验与表述之间的关系。两个学科的奠基人，以及很多后继者，都在这个结合部下过功夫，做出了重要贡献。

很多论者认为符号学是一种"描述性理论"，"当它谈论存在的时候，在语法上就是指一个状态谓语，而不带任何本体论考虑"。② 他们的看法是，符号学不考虑谈到的某个事物是不是真的存在，或者说关于此事物的感知在多大意义上是"真实的"，符号学只关心这个事物卷入的意指过程，以及意义传达的有效性。在符号学的视野中，表意主体与解释主体，与被表意的"对象"和意义之间，无法确定何者优先，符号学只关心它们之间的诸种意义关系。笔者认为这看法太绝对。皮尔斯的三性之说，说明他对从现象到底蕴的进展非常关注，他的条分缕析，至少证明了符号学应当考虑所有与意义有关的问题，包括真相问题。这题目我们留到第十二章讨论"述真"时再详论。

皮尔斯从1905年开始讨论他心目中的现象学，他称作"显现学"（phaneroscopy），他只是有意不用黑格尔在他之前创用的"现象学"（phenomenology）一词。他说：

> 我用"显现"phaneron一词（而不用"现象"phenomenon）来称呼以任何方式以任何意义存在于头脑的东西，不管它们是否与现实事物相应。如果你问是什么时候，存在于何人的头脑，我的回答是这个问题不必回答，因为我从来不怀疑我的头脑发现的显现的特点，任何时候都存在于任何人的头脑中。③

---

① 关于皮尔斯这种"符号十分类"中的渐进意义，请参见笔者《符号美学与艺术产业》一书之"结语"，成都：四川大学出版社，2023年。
② 安娜·埃诺：《符号学简史》，怀宇译，天津：百花文艺出版社，2005年，"译序"第3页。
③ Charles Sanders Peirce, *Collected Papers*, Cambridge, MA: Harvard University Press, 1931—1958, Vol. 1, p. 284.

这话的意思是，不必怀疑经验中的现象是否是真相，因为经验现象是人类共有的能力：我与他人共享一个经验的世界。所以皮尔斯的"显现论"讨论的对象，并非"什么东西出现了"（what appears），而是"看来显示是什么"（what seems）。① 显现的第一性经验是所有的人共享的，不同的在于此后符号解释的路线。

皮尔斯认为描述一物的符号表意方式，就是描述它的经验范畴，最后触及它的本质特征。解释者的任务就是把个别性的品质，与经验中的前例结合起来。虽然我们看到很多解释停留在个别性上，皮尔斯认为原因只是解释者暂时无能力将意义范畴化，暂时的理解，他无法挡住解释最后被归结为范畴。而笔者认为，许多解释停止在个别性上，并非暂时的权宜。许多符号行为，例如艺术，就是期盼留在个别性上，即皮尔斯说的"第一性"上，拒绝范畴化。

---

① 转引自科尼利斯·瓦尔：《皮尔士》，郝长墀译，北京：中华书局，2003年，第24页。

第五章 媒介与渠道

1. 媒介，传媒，渠道，体裁

这几个术语，非常重要，而且随着电子传媒时代的来临，变得越来越重要。偏偏这些术语在各家的讨论中经常混用，定义不清；在一些符号学或传播学专业书籍甚至教科书中，使用也很随意，弄出许多歧义。笔者认为符号学学者在术语使用上应当有敬业精神，所以不惮繁复，先做辨析。

符号的可感知部分，索绪尔称为能指，皮尔斯称作再现体，本书称之为"符号载体"，经常也被大家直接称为符号。符号依托于一定的物质载体才能被人感知，但是感知本身需要传送，传送的物质称为媒介（medium，又译"中介"），媒介即是储存与传送符号的工具。叶尔姆斯列夫认为媒介即符号系统的"表达形式"[1]，但他又把符号的能指称为表达层（plane of expression），因此媒介往往与能指形式（符号载体）混淆不清。

媒介与符号载体的区别在于：载体承载符号感知，而媒介让这个感知得到传送。传播学中往往把媒介称为"传送器"（transmitter）。例如电视，符号载体是图像与言语，传送器是电磁波，或者整个电视技术。

艾柯认为符号表意必然是"异物质的"（heteromaterial）[2]，这话

---

[1] Louis Hjelmslev, *Résumé of a Theory of Language*, Francis J. Whitfield (ed. and trans.), Madison: University of Wisconsin Press, 1975, p. 3.

[2] Umberto Eco, *A Theory of Semiotics*, Bloomington: Indiana University Press, 1976, p. 217.

不一定对。只有在出现表意时空距离时，符号才需要与载体不同的另外介质，即媒介，来给予传送。也就是说，载体与媒介这两者的区分，要在有时空距离时才会出现。海啸可以是"天谴"的符号载体，如果目击，它的载体是海啸；如果电视转播，它的媒介才是传送的画面。一旦符号时空距离消失，媒介也就消失。而且，在近距传达中，区分"异物质媒介"没有什么大必要。我手握茶杯，感觉到烫（热感），载体（杯子）直接把感知传送给我，无须媒介；做梦时，符号由心像承载，但是找不出媒介；当我直接听到对面的人说话，看到对面的人面孔时，说声源是载体空气是媒介，说表情是载体光波是媒介，未免多此一举。本书第一章第一节就讨论过，符号（准确地说是能指，或再现体）是个抽象的意义项，载体与媒介是包裹并传送符号感知的物质。

由此可以总结出以下几条：

1. 任何符号都有载体。
2. 当符号表意有时空距离时，需要异物质媒介。
3. 当代媒介学，研究的对象事实上是载体以及/或者媒介。

例如文字是载体，印刷是媒介。图像研究中，图像是载体，电视等是媒介，但是媒介学的图像研究，既研究图像，也研究图像的传送工具，如电视网络等。人类文化发展至今，远距表意越来越重要。媒介学这才成了一门重要学科，但是在具体研究中，媒介与载体经常不再细分。

"媒介"一词的西文 medium 为拉丁文中性单数，其复数形式为 media，意思即"各种媒介"。在当代文化中，media 指专司传达的文化体制，中文译为"媒体"，媒体是文化体制。中文的"传媒学"意义极为复杂，可以理解为"传播与媒体研究"（communication and media studies）。

但是 media 又是 medium 的复数，因此 multimedia text 应为"多媒介文本"。学界常用"多媒体文本"，是误译导致误用。上一章所引波德利亚关于所谓"媒体事件"(media event)的讨论,有论者称为"媒介事件"①就不合适,因为明显是在讨论媒体这种文化体制,而不是媒介这种物质中介。

"渠道"(channel)这个词意思简单显豁,但是在传播理论中的讨论很复杂,各家说法不同。有时被认为即"接触方式"(contact)②,这定义不能说明电话的渠道究竟是电流还是电线(电话设备);艾柯认为"空气是声波传送的渠道"③,恐怕应当说空气是媒介;此外,渠道往往被定义为"模式化的媒介"或"技术与社会经济体制",如此定义,则与"媒体"相混。④

笔者认为,渠道不同于媒介或媒体:渠道是符号信息到达接收者感官的途径,是媒介被接收的方式。渠道应当用接收者感知的器官来分,因此有视觉、听觉、味觉、触觉、嗅觉等五类。人类文化使用最重要的渠道是视觉与听觉,而视觉比听觉重要得多:人类收到的符号信息80%来自视觉。西比奥克把渠道分成两大群:物质的(液体的、固体的),能量的(化学的、物理的)。而物理的又分成视觉(日光、生物光),听觉(气体传达的、液体传达的、固体传达的),电力,热力。⑤这样就有九类细分的渠道。过分技术化的分类容易纠缠。例如味觉符号的物源究竟是固体还是液体的?是物理还是化学的?这些不是符号学的课题,符号学只能满足于说"味觉是一种渠道"。

而符号文本的文化类别称为体裁(genre,又可译成"文类"),每一种体裁的边界并不清楚,我们往往把细分的体裁称为"分体裁"(subgenre)。例如歌词与诗歌究竟是两个体裁,还是两个分体裁,可以看法不同。同一体裁往往可以通过不同媒介传送,例如一首诗可以

---

① 丹尼尔·戴扬、伊莱休·卡茨:《媒介事件:历史的现场直播》,麻争旗译,北京:北京广播学院出版社,2000年。

② Vincent M. Colapietro, *Glossary of Semiotics*, New York: Paragon House, 1993, p. 61.

③ Umberto Eco, *Semiotics and the Philosophy of Language*, Bloomington: Indiana University Press, 1984, p. 209.

④ 参见 Winfried Nöth, *Handbook of Semiotics*, Bloomington: Indiana University Press, 1990, p. 175.

⑤ Thomas A. Sebeok (ed.), *Animal Communication*, Bloomington: Indiana University Press, 1968, p. 56.

读出来，录音放出来，写出来，印出来，渠道不同，媒介也不同，其体裁依然不变。不同体裁可以用同一媒介（例如小说与诗歌），也可以用不同媒介（例如小说与电影）；可以是形式的区别（例如小说与连环画），也可以是内容的区别（例如武侠小说与言情小说）。体裁是文本的文化分类程式，与媒介或媒体并不捆绑在一起。

以上这些区分有时候细微，不容易弄清楚，一般研究者也无暇细分，这些术语经常被混用。本书细论符号学，不得不尽可能说清楚。渠道是作用于特定感官的传送方式；媒介是符号得以传送的物质，媒介可以社会化类型化为媒体；而符号文本的样式分类为体裁。如此说明，我们大致上可以区分这个术语群。试以画报照片为简单的例子：

一张照片是符号文本。
照片的物质存在，是符号载体。
照相术是媒介。
照片传送用的是视觉渠道。
印照片的画报是一种媒体。
摄影是媒介的体裁。

在收音机里听一首歌，歌是符号文本，歌声是载体，乐音是媒介，听觉是渠道，广播是媒体。读一本书，视觉是其渠道，文字是其媒介，书籍出版业是其媒体，而小说或传记等是其体裁。

这里最容易混淆的是渠道与媒介。渠道是感觉方式，媒介能延伸而不可能改变渠道，例如录像延伸储存戏剧演出，但是最后依然要通过视觉渠道让人看见；而媒介是指示符号传达的物质方式，电子技术是文化变迁中的重大动力。

渠道的具体界限一直有争议。有人认为在人类文化中，图像、言语、影视技术、电子技术、身体、表情，每个媒介都已经发展到如此规模，远比嗅觉等渠道储存传送的信息量大得多，因此不能再称为媒介，应当称为渠道。有不少人认为语言太重要，应当算一种渠道。例如艾柯就抱怨以感官决定渠道没有道理:"把交通路牌和马奈《草地上的午餐》都说成是视觉符号,把贝多芬第九交响乐,与但丁《神曲》都看作听觉符号,实在不能说明任何问题。"① 他的愤怒当然有理,但是媒介类别的重要性,不是判断它们是否应该被称为一个渠道的原因。语言是重要的媒体,言语和文字是不同的媒介,通过视觉与听觉两种不同的渠道传送给接收者。从本章下面的讨论可以看到,在具体研究中,分清渠道与媒介,有助于符号学的讨论。

西比奥克认为,从动物符号活动来看,应当加上热力、电磁、化学、超声波、红外线等渠道。② 西比奥克说的额外渠道,依然是通过五官,而"热觉"与"电觉"也是触觉。动物与人的渠道范围不同,渠道范围之外的信息,人则需要通过工具(例如红外线眼镜,例如 X 光摄像)转换到可感觉渠道。只有电磁波比较神秘,我们至今不是很清楚一般人(不包括个别"电磁人")是否能用此渠道接收"感知"。另外,据说亲近者之间常会有神秘的"遥感"(telepathy),我们至今不能证实是否确实有这种传达方式,也不知道是通过什么渠道。

在符号表意过程中,媒介不是中立的,媒介不是符号过程的传送环节,而是直接影响符号文本的意义解读。符号表意要达到效果,应当与适当的媒介配合。情书最好手写,不用电脑打印;情歌最好曲调柔软婉转,不用重金属摇滚。甚至,笔者愚见,情诗最好不用嘹亮的江阳韵。

媒介有时候本身成为符号,例如刺绣的针法,可能比所绣的内容更有意义;一幅书法或泼墨山水,首先强调其笔法画艺,写的是什么字,画的是什么景色,倒是其次的事。因此,媒介是符号表意的成分之一,有时甚至是最重要的部分。对艺术意义的解释,往往集中到媒介的运用。艺术理论家克莱门特·格林伯格甚至认为现代艺术的特点是"节节向工具让步"③,也就是说:媒介成为艺术的主导成分。

---

① Umberto Eco, *A Theory of Semiotics*, Bloomington: Indiana University Press, 1976, p. 202.
② Thomas Sebeok, *How Animals Communicate*, Bloomington: Indiana University Press, 1977, pp. 189−194.
③ Clement Greenberg, *Modernist Painting*, Washington DC: Voice of America, 1961, p. 102.

由于媒介出现于"符号距离"中，因此就其距离不同，可以分成三种：

> 心灵媒介，是思想、梦境、白日梦等的呈现中介，它们往往被认为是符号表意的草稿，符号发出者大量的表意意图最后并没有形成表意，成为自我符号。心灵媒介形成的往往是"文本草稿"，但是人表现出来的只是这大量草稿的冰山一角。
>
> 呈现性媒介，往往用于表演，如身体姿势、言语、音乐、电子技术等；呈现性媒介造成文本的表演性、现在性；呈现性媒介是一次性的，现在进行时的，如果用于表意（例如台上演出一个故事），接收者有干预冲动，一如在对话中听者与说话者可以互动，互相质问，互相打断。
>
> 记录性媒介，能保存符号文本，远古是岩画等图像，古代是文字书写与印刷，现代则有电子技术。记录性媒介造成文本的过去性；这种媒介造成的文本是成品，读者已经无法改变小说的结局。

这三类媒介造成的符号表意的重大区别，笔者在另一本书《广义叙述学》中有详细讨论。

媒介与技术有重要关联，现代媒介广泛延长了符号距离。电气技术与电子技术对媒介的改造，形成人类文化的巨变。动物以及原始人类的符号行为，绝大部分只能是超短距的，人类的五个渠道中，触觉、嗅觉、味觉至今相当短；听觉视觉相比以前只是稍微长，当代的电子技术使呈现性媒介可以轻易地转化为记录性媒介，使通向人类五官的渠道得以延长。符号信息的发出、传送、接收，现在可以克服时空限制，越过巨大跨度的间距相隔，这是人类文化成为符号文化的一个重要条件。被媒介技术改进了的渠道，保证了文化的表意行为能够被记录，被检验，保留给后世。

可以简单地说，渠道属于生理感觉，媒介属于物质文明，而媒体与体裁属于文化程式。因此，媒介似乎与意识形态不直接紧扣，容易被另一个文化接过去；而媒体与体裁则是高度文化的，跨文化流传时会发生一定的阻隔。例如摄影术作为媒介，普及推广并不难，实际上任何文化很难抵制技术上的进步；而"婚纱照"体裁的传播，就会产生文化阻隔，不会跟着摄影术走向全世界。再例如手机短信作为媒介技术，迅速普及全球，但是微博作为一种体裁，其推广必须克服文化障碍，因此要慢得多。

2. "媒介即信息"

符号学研究在二十世纪下半期成为显学，一个重要原因是当代文化由于电子技术突变成"传媒文化"。电子技术的发展，使媒介变成当代文化的最重要部分。加拿大著名传播学家麦克卢汉在《古登堡星汉璀璨：印刷文明的诞生》一书中认为，德国人约翰奈斯·古登堡于1453年创办印刷厂，欧洲文化由此进入印刷时代，文艺复兴时代的巨星才得以涌现，形成群星灿烂的"银河"。[1] 一种重要的新媒介出现，会引起文化模式重组。媒介不仅仅是知识内容的载体，它不是消极的、静态的，而是积极的、能动的，对社会发展会产生重大影响。

1964年，麦克卢汉在《理解媒介：论人的延伸》一书中提出名言"媒介即信息"[2]。这句话的意思是：对一种文化而言，媒介形式的改变，不是信息传递方式的变化，而是整个文化模式的变化，媒介才是文化的"内容"，当然，这隐含着对狭义的"内容"（例如故事主人公的悲欢离合）实行"悬置"，暂且不论。麦克卢汉在六十年代发表此说时，引起极大争议，他的崇拜者大多是想抓住商机的企业界人士和热衷于拥抱新奇思想的大学生。当时传播学尚未充分发展，也未能在学院站稳脚跟，主流学术界觉得他那些说法过于怪异。但是当代文化的发展证明了麦克卢汉的预言，麦克卢汉被誉为二十世纪重要的思想家。

---

[1] Marshall McLuhan, *The Gutenberg Galaxy: The Making of Typographic Man*, Toronto: University of Toronto Press, 1962.

[2] "The medium is the message." Marshall McLuhan, *Understanding Media: The Extension of Man*, Cambridge, MA: MIT Press, 1994, p.7.

麦克卢汉此后又在一系列著作中发展了这个观点，他强调传播科技本身的形式的发明或进步便是改革的动力。他认为人类历史上有三次基本的技术革新：首先是文字的发明，打破了原始社会五官的平衡，突出了视觉的作用；然后是十五世纪机械印刷的推广，进一步加快了感观失衡的进程，印刷形态本身对人类至今有催眠作用；而十九世纪中期发明电报，预告了电子时代的到来。在电子时代人的感官（主要是视觉与听觉）可能趋向平衡，人类重新"部落化"。电子媒介使感知整合，回归整体思维的前印刷时代。

麦克卢汉的另一个观念是：媒介有冷热之分，热媒介传递的信息量比较多，清晰明确，无需更多感官和联想就能理解；冷媒介相反，信息含量少，需多种感官联想配合理解，增强解释。麦克卢汉说电影、广播、照片、书籍、报刊是热媒介，而电视、电话、漫画、谈话等是冷媒介，有时不好理解。例如麦克卢汉认为摇滚是冷的，而华尔兹是热的，显然是相对某种特殊信息（男女亲密关系的信息）传递而言的。

媒介冷热是指传达信息量的密集度。现代媒介的主要趋势是越来越热，例如电影从黑白，到彩色，到宽银幕，到立体声，到环屏，到3D，符号信息的密度越来越高。而电影一旦描写"大劫后"的未来世界，色调就用暗调，几乎是黑白，此时媒介本身就是信息内容。

符号文本的"热度"，效果却是相对的。《牡丹亭》中杜丽娘的画像让柳梦梅看得神魂颠倒，"近睹分明似俨然，远观自在若飞仙"。一幅单线平涂的画像，比起现在的照片，应当说是绝对过"冷"，今日放到各类交友网站上，会因为信息量太少，无法吸引任何注意。因此，信息的冷热，即信息量的多寡，是文本的品质。接收者的反应却更受制于文化程式。对于一位十六世纪中国的多情才子来说，线勾的画像，"热度"就足够了。

"媒介即信息"这名言对文学艺术研究者而言不难理解。二十世纪上半期文学理论家，尤其是形式论－符号学学者对文学就有类似观念，例如本书第八章第四节将谈到的雅柯布森关于"诗性即符号自指"的观念。麦克卢汉的看法之所以震惊世人，是因为媒介与传播研究，一直是被视为社会学领域的实证科目。用艺术符号的方式进行探索，就意味着放弃逻辑推理式的话语。麦克卢汉以诗人的想象力来观察传媒在现代社会的作用，他认为在传播技术飞速发展的新时代，我们必须采取艺术家的态度。在《理解媒介：论人的延伸》这本开拓性著作里，麦克卢汉再三强调面对社会问题，采取"艺术和诗歌式观点"很重要："严肃的艺术家是仅有的能够在遭遇新技术时不会受到伤害的人，因为这样的人是认识感觉变化方面的专家。"这种具有想象力的研究姿态，符合符号学的精神。

传统的观念是媒介为内容服务，仔细研究当代电子媒介的作用，我们就明白：有某种媒介才能讲某种故事。电影理论家贝拉有一句俏皮话"先有勺子后有汤，艺术工具先于灵感而存在"[①]。的确，有某种技术，然后才有某种内容表现的可能，例如先要有电脑技术，然后才能拍出《泰坦尼克号》的沉船场面；先要有3D技术，然后才能拍《阿凡达》的异星大战；先有互联网，然后才可能有网络"接龙小说"。

而麦克卢汉再超前一步，从符号媒介的发展预言未来。早在六十年代，他就提出"地球村"概念[②]，认为电子媒介将催速全球化的进程。在个人电脑、互联网、手机、卫星通信等技术远未出现的时候，做出这样的预言，是很了不起的。

3. 多媒介文本的联合解码

许多体裁可以由多种媒介构成。例如连环画是一种体裁，由图画与文字两种媒介组合而成；多媒介体裁（multimedia genre）看起来是现代技术的产物，实际上自古以来一直有。歌曲是一种从人类文明开始时就有的体裁，其中的媒介有语言、音乐以及演唱者的身姿；中国画经常有文字（印章、题款），可以说是图文结合的最早例子；至

---

① 巴拉兹·贝拉：《可见的人 电影精神》，安利译，北京：中国电影出版社，2003年，第257页。转引自2010届四川大学博士徐文松的论文，特此致谢。
② M. McLuhan and Q. Fiore, *War and Peace in the Global Village*, New York: Bantam, 1968.

于小说配插图,是自然而然的做法。戏剧据说有十种媒介,形成复杂媒介体裁。电影中有由连续的图画造成的动态影像、声音、音乐、文字、语言等多种媒介,有的研究者在电影中找出十三种媒介。

在当代电子传媒中,更容易做到多种媒介混合,例如电影的表演、特技、音乐、声音等,可以分别录制,然后剪辑拼合,这就让电影进入工业生产流程,也造就了电影这个现代"奇观"体裁。

一般说来,多媒介配合能够使表意更加明确,更加丰富,合起来作用于解释。贝多芬的《第九交响乐》最后乐章与席勒的《欢乐颂》配合之完美,已经让人不可能想象没有合唱,乐曲如何终结。二十世纪三十年代初有声电影出现,曾经使不少电影从业者认为,对话与音乐将使电影过于接近当时的强势体裁戏剧,从而走向穷途末路。雅柯布森当时从符号学角度研究这一问题,写出《电影在衰落吗?》,他认为多媒介将使电影艺术焕然一新。[1] 看来符号学家观察文化发展,常能先人一步。

也有人认为一个体裁中媒介越多,艺术感染力越强。瓦格纳坚持认为歌剧是一种"集合艺术",是最理想的艺术门类。他是说感染力的强度,与同时在观众感官上起作用的媒介数目成正比。媒介多的确能增加表现力,却不能保证艺术的优质。当今某些演出,舞台炫丽,声光电气一拥而上,花样百出,作为艺术却让人不敢恭维。

多媒介符号文本,在信息接收者头脑中要做最后的拼合。此时各种媒介表意不一定对应,接收者不得不对各媒介传送的意义分别进行解释,然后综合起来。例如戏剧说话与表情不一致,歌曲的词与曲调不一致,音乐的曲调与标题不一致,电影的画面与语言不一致,这时候根据哪个媒介的信息决定解释,就成了需要斟酌的事。

在多媒介文本中,经常有一个媒介在意义上定调,否则当几种媒介传达的信息之间发生冲突,解释者就会失去解读的凭据。何者为意义"定调媒介",并不取决于此媒介的"重要性",而是取决于此媒介

---

[1] Roman Jakobson, "Is the Cinema in Decline?" in Ladislav Matejka and Irwin R. Titunik (eds.), *Semiotics of Art: Prague School Contributions*, Cambridge, MA: MIT Press, 1976, pp. 145-152.

传达文本的清晰程度，用麦克卢汉的术语，取决于媒介的"热度"。在具体操作中，定调媒介是由体裁的文化程式决定的。

在电影的多媒介竞争中，"定调媒介"一般是镜头画面，因为画面连绵不断，而语言、音乐、声响等时常中断。由于电影艺术的超熟发展，电影观众的充分成熟，各媒介之间的反讽张力更为复杂有趣。根据道克多洛（E. L. Doctorow）小说改编的电影《爵士时代》（*Ragtime*）中有个镜头：女主人公已经不爱她那个伪君子丈夫，丈夫对她说："我得离开了。"女主人公回答说："别把我一个人撇下。"她说这话时，面部特写镜头却显示了她的冷淡表情，可以体会到女主角的实际意思是"走你的吧"。人物说的语言与人物表情画面意义正好相反，而画面传达的信息应当是"定调"的。如此安排，人物的心理和文化处境之间的复杂关系，很细腻地表现了出来。

台湾导演杨德昌的《一一》中，电影声音是中年男子和女友在街头的谈话声，画面则是他们的女儿和男友街头约会的场面，音与画各讲一个故事，可以看到镜头画面是主线，叙述重点在下一代身上，上一代的对话已成对照的遗迹。① 一个世代又过去了，历史沧桑感借媒介冲突体现出来。

在歌曲中，"定调媒介"是歌词，歌词决定歌的意义解释。《社会主义好》无论怎么唱，哪怕用摇滚风格来演唱，都是颂歌，但是电影《盲井》中几个矿工把词改了，就变成讽刺歌曲。2007年风靡一时的歌《香水有毒》，曲调优美，歌手胡杨林阐释动人，进了春晚大名单，在三审时还是被拿下，因为歌词有"爱情不专一"的暧昧倾向，音乐改变不了歌词的"定调媒介"地位。②

歌词决定意义走向，是由于语言文字作为媒介的"热度"。音乐经常不得不靠区区一个标题。哪怕有的乐曲模仿"自然声"惟妙惟肖，例如德彪西的交响诗《大海》，霍尔斯特的交响诗组曲《行星》；哪怕有大量意义明确的音乐素材，例如斯美塔那的《我的祖国》有大

---

① 这是2007届博士生吴迎君在符号学课程作业中举的例子，特此致谢。
② 陆正兰：《歌词学》，北京：中国社会科学出版社，2007年，第6页。

量捷克民歌，柴可夫斯基的《1812序曲》直接用《马赛曲》，这些音乐依然必须靠标题才能让人听懂。贝多芬因为拿破仑称帝，愤而把《英雄交响曲》献给拿破仑的题献去掉，果然这首乐曲与拿破仑不再有任何关系。

4. 通感

表意被束缚于某种载体，并不是符号本质的要求，因为意义本身并不是物质的。摆脱载体的束缚，成为人类使用符号时很难摆脱的一种冲动。科学/实用的符号表意，追求效率和准确性，这种冲动往往不明显；艺术符号着眼于过程，在艺术中就会出现各种逃脱载体限制的努力，符号学把这种情况称为"跨符号系统表意"（trans-semiosis）。常见的有两种局面，"通感"是跨越渠道的符号表意，而"出位之思"是跳出媒介体裁的冲动，两者完全不同，不可不辨。

钱锺书于1962年在《文学评论》发表《通感》一文，他的广征博引使此文具有强大说服力。在"文革"前万马齐喑的文化局面中，此文公然讨论艺术形式，暮鼓晨钟，令人兴奋。此后，通感也成为国内学生尽知的文学手法。由于钱锺书引用大量中国诗例，通感似乎变成中国文化本有的诗学范畴，不再是一种西方传来的观念。实际上，符号学的基本概念，无关乎中西，是文化的人类共享的表意方式。

"通感"（synaesthesia）是跨越渠道的表意与接收。符号感知的发送与接收，落到两个不同感官渠道中，例如光造成听觉反应，嗅觉造成视觉反应等，莫里斯称为"感觉间（intersensory）现象"。文学作品利用这个原理，用不同渠道的信息互相比较形成比喻，也称为通感。

通感往往是遗传所得的精神异常，医学家发现有自闭症（autism）的儿童比较经常表现出此种能力；也有一定比例的成人，能以一种以上的感觉感知某个刺激，大脑中出现"跨区域激活"（cross-activated）。有人认为这种异常能力是才能，例如纳博科夫的小说《天赋》（*The Gift*）把通感者描写成超越世俗经验的天才。①但是女作家格拉斯（Julia Glass）的小说 *The Whole World Over* 把主人公的通感能力看成病态。但是我们这些没有特异禀赋的人，也能读懂写通感的词句，可见每个人多多少少有一点"通感能力"。②

问题在于各种渠道之间，哪怕能造成交叉感应，也无法再现出来。文学中的通感，不是跨越两个渠道的符号反应，而是用语言写出两个渠道之间感觉的比较。因此，文学中的通感实际上是一种特殊比喻，一种修辞格。③例如，可以说某种声音（类似视觉上的）"明亮"，某种声音（类似触觉上的）"粗钝"，某种笑声"尖利"，某种衬衫图案"喧闹"。这些都是把描写一种渠道感觉的词语，用于描写另一种渠道的感觉。

讨论任何符号活动，必然要用语言，因此通感只能用语言做二级表现，语言描写感觉只是一种间接的模拟，本书在第十一章讨论"理据性"，会讲到语言模拟的特殊方式。但是语言灵活，能同时描述几种感知，形成"跨渠道比喻"。这就是为什么在艺术家中，诗人最得益于通感。

其他艺术家通感能力再强，也只能用语言来表达。画家称红黄为"暖色"，蓝白为"冷色"，是视觉与触觉的相通。音乐家普遍认为音调有色彩，例如贝多芬认为 b 小调是"黑色的"；里姆斯基－科萨科夫与斯克里亚宾关于音乐色调曾有争论，但都同意 D 大调是黄色，F 大调是青色，降 A 大调是紫色，这是将乐音比拟为色彩。

但是只有诗人能把通感直接用到自己的作品中。兰波的诗《元音字母》说语音有颜色："黑 A、白 E、红 I、绿 U、蓝 O，字母啊，总有一天，我要道出你们隐秘的身世：A 是阴翳的港湾，是件黑绒绒的紧身……"；宋祁"红杏枝头春意闹"、苏轼"小星闹若沸"是用听觉修饰视觉；杜甫"晨钟云外湿"，是用触觉修饰视觉。

---

① 类似题材的小说有 Jane Yardley, *Painting Ruby Tuesday*；Wendy Mass, *A Mango-Shaped Space* 等。
② 具有"通感能力"的人所占比例，至今没有研究清楚。
③ Gérard Genette, *Mimologics*, Lincoln：University of Nebraska Press, 1994, p.146.

通感有个特殊规律，就是感官有个大致上的比拟次序。钱锺书指出："最早引起注意的也许是视觉和触觉向听觉的挪移。"① 他举的听觉靠向触觉的例子是"尖""重"的声音；他又举了《乐记·师乙篇》中描写音乐"如歌者，上如抗，下如坠，曲如折，止如槁木，倨中矩，句中钩，累累乎端，如贯珠"，这是用类似触觉的身体动作与肌肉感觉（类似钱锺书在此文中引用的《乐记》说音有肥瘦）来形容音乐。

与钱锺书差不多同时，乌尔曼发现通感比喻中，感官渠道大致有一个从低级推向高级，简单推向复杂，可及性较强推向可及性较弱的修饰关系。他排出的次序是触觉、温觉、味觉、嗅觉、听觉、视觉六个渠道。单列"温觉"，因为这是一种比较特殊的触觉。乌尔曼指出，绝大部分通感，都是用比较低级、简单、可及性强的感觉，来形容比较复杂的感知。② "甜蜜的微笑"，用味觉形容视觉；"柔和的嗓音"，用触觉形容听觉；"清凉的蓝色"，用温觉形容视觉。

通感可以不限于五感。当某些没有感官作用的事物与感官相比，就出现了"概念通感"。这在佛教哲学中称为"六根互用"。"六根"是五种感官加上"意"，"意"的对象是"法"（"事物"）。如此一来，通感不只是"感觉通用"，还可以发展到非感觉。某些成语如"秀色可餐""大饱眼福"，用的是味觉，描写的却是某种"美"；《史记·乐书》描写音乐"广则容奸，狭则思欲"③；艾略特赞美玄学派的名文中说诗歌能"像嗅到玫瑰一样嗅到思想"，应当也是从五官到"意"的通感。④

"意"永远列于通感被形容的一端，可以看到，通感往往是用低序列的感觉来形容概念。视觉位置较高，相比之下离"意"不远，因此用视觉比拟概念（例如说"红男绿女""内外有别"）往往张力不足，让我们不觉得是通感。

---

① 钱锺书：《七缀集》，北京：生活·读书·新知三联书店，2006年，第71页。
② Stephen Ullmann, *Language and Style*, Oxford: Basil Blackwell, 1964, p.86.
③ 王肃：《史记集解》。"其音广大，则容奸伪；其狭者，则使人思利欲也。"
④ T. S. 艾略特：《玄学派诗人》，见赵毅衡编选：《"新批评"文集》，天津：百花文艺出版社，2001年，第47页。这是2010届研究生董明来提出的看法，特此致谢。

5. 出位之思

通感是跨越渠道的符号认识，也是文学中的一种语言修辞手法，而出位之思是任何艺术体裁中都可能有的对另一种体裁的仰慕，是在一种体裁内模仿另一种体裁效果的努力，是一种风格追求。两者似乎都是试图摆脱媒介或渠道的限制，但是要冲破的茧壳不一样。

追求其他体裁的效果是艺术符号表意的一种自然趋势。体裁是载体、渠道、媒介这些符号文本的物质形式的文化程式。符号表意必须依靠体裁，但艺术本性是追求新奇，摆脱束缚，试图达到别的体裁能达到的境界。陆游诗云："情知言语难传恨，不似琵琶道得真。"这是文学家常见的冲动，音乐家可能有恰好相反的愿望。

"出位之思"是钱锺书的翻译，原先是德国艺术学术语 Anders Streben。英国艺术哲学家佩特（Walter Pater）在 1877 年出版的文集《文艺复兴》一书中，首先把它当作普遍规律来讨论。佩特把出位之思定义为艺术"部分摆脱自身局限"的倾向。佩特说："建筑尽管自有规则……却似乎追求达到图画的效果，而雕塑企图跳出自身的行事的条件而追求色彩。"但是他说："所有的艺术都追求音乐的效果，因为所有的艺术都有可能区分形式与内容，但是艺术都想消除这种区分。"而音乐正是最不容易区分形式与内容的体裁。反过来，"大部分美妙的音乐似乎都在靠拢某种形体，某种图画品质"。佩特警告说，不要认为出位之思"仅仅是比喻"（mere figure of speech）。[①]

出位之思不太可能出现于非艺术的体裁中。非艺术的符号表意要求效率与准确性，必须在体裁范围内充分利用程式的优势。如果要追求超越体裁的效果，就干脆换一种体裁。例如发电子信者，如果要传送文件图像，与其在电子信中发挥"出位之思"，还不如去发明扫描仪和图像传送技术，另用一种体裁。

---

① Walter Pater, "The School of Giorgione", *The Renaissance: Studies in Art and Poetry*, Berkeley and Los Angeles: University of California Press, 1980，pp. 104—105.

而艺术家的跨体裁"仰慕",只是为了创造出一种新的表意方式,并不是真正进入另一个体裁。佩特说的"部分摆脱",用词极为准确。如果真正跳出体裁,例如诗真的做成绘画,即所谓具体诗(concrete poems),反而受双重限制,大多勉强,鲜有成功,论者讥称把先锋主义变成了"后卫主义"(Arriere-Garde)。[①] 电影追求绘画效果,器乐追求非乐音(自然音)效果,建筑追求舞蹈效果,等等,只能偶一为之,做的人多了,反无新意。

也有同一时期的各种艺术体裁共同追求某种效果,例如十七、十八世纪的巴洛克风盛行,建筑、音乐、美术都来追求装饰画的效果。在建筑设计上加过多的雕饰,结构浮夸;音乐追求豪华、夸张动势,讲究低音复调,上旋律和低音旋律之间相互制约;而诗歌也追求富丽典雅,遣词造句繁复,音韵格律复杂。

象征主义诗歌对音乐有异常的兴趣,超现实主义诗歌则刻意追求绘画效果。法国十九世纪的印象主义音乐,深受象征主义文学和印象主义绘画影响,总是试图取得"描绘"效果。法国作曲家德彪西创作的管弦乐序曲《牧神午后》,就是试图模拟象征主义诗人马拉美的同名诗歌,它的音色与风格,渲染出在炎热的太阳下昏昏欲睡所出现的种种幻觉。马拉美在欣赏《牧神午后》演出后,却来了个三种艺术对比:"这首乐曲发挥了我的诗的感情,它记录的景象比色彩所能做到的还要生动得多。"

马拉美是在用恭维回敬恭维,他也可能出于真心,因为诗人一向钦慕音乐的境界。但是大部分此类模仿有点表面化,是佩特劝告最好不为的"比喻做法"。有的作家做得比较细腻。米兰·昆德拉的《笑忘书》被很多评论家称为"音乐思维的小说",是用音乐的变奏曲和复调手法写出来的。他说此手法来自捷克音乐家雅那切科的启迪,全书用音乐中的对位方法将"笑"与"忘"两个主题在各部分变奏

[①] Charles Altieri, "Avant-Garde or Arriere-Garde in Recent American Poetry", *Poetics Today*, Winter 1999, pp. 629—653.

发展。①

应当说,"出位之思"常常只是艺术家的意图,文本中很少能充分体现这些一厢情愿。熟悉音乐的罗曼·罗兰,借他的主人公约翰·克里斯朵夫的口说:"他们(法国音乐家)不用文学做拐杖,就寸步难行!他们勉为其难地描写的主题,简直幼稚可笑,不是果园,就是菜园,或是鸡窝……他们满怀信心地在乐谱上写些有韵或无韵的诗句,就像小学生或没落的小报记者一样。"②

但是同一本书中罗曼·罗兰用文字描述音乐,也不甚高明:"他生命的音乐已经融成了一片光明。空气、海洋、土地,都成了交响乐。意大利多么善于用天生的艺术才能来指挥这支乐队啊!……这是五光十色的音乐,一切都是音乐,一切都在歌唱。"③

艺术家也都明白符号文本的体裁规定性,是难以跨越的障碍,出位之思只能偶然一试,着迷于此只能自揭其短。但是文学史和艺术史中,依然充满了类似的努力。在当今文化中,小说与电影模仿电子游戏的"多选择",已经成为一种重要的形式手段。著名的德国电影《罗拉快跑》明显是模仿电子游戏,一次不成功,可以重新起头再来一次,直到达成满意的结果为止,这是难得见到的出位之思的成功妙例。而在《黑客帝国》《香草天空》等影片中,电脑的控制与被控制问题,成为主人公想弄清的主要困惑,这可以看成电影对电脑游戏的出位之思,而《盗梦空间》是电影对梦的出位之思,虽然至今尚没有"造梦"这种艺术。

6. 体裁与期待

体裁的最大作用,是指示接收者应当如何解释眼前的符号文本,

---

① 米兰·昆德拉:《小说的艺术》,孟湄译,北京:生活·读书·新知三联书店,1992年,第68—69页。

② 罗曼·罗兰:《约翰·克里斯托夫》,许渊冲译,北京:北京燕山出版社,2005年,第245页。

③ 罗曼·罗兰:《约翰·克里斯托夫》,许渊冲译,北京:北京燕山出版社,2005年,第748页。

体裁的形式特征，本身是个指示符号，指引读者采用某种相应的"注意类型"或"阅读态度"。

体裁看起来像是符号文本的分类，却更是一套文化规定的控制文本接收方式的规则。渠道与媒介这些元素，影响文本的品质和意义，但是决定一个文本应当如何解释，最重要的因素，却是该文本所属的体裁。体裁是文本与文化之间的"写法与读法契约"。

体裁首先体现于文本的形式特征。同样一段故事，如果是历史书，至少不能有太多的对话或场景描写，也不能有太多的小人物命运，那是小说的形式特征。但是体裁有强大的力量，同样的语句，在不同的体裁中，可以产生完全不同的意义，因为我们的阅读必定有体裁程式的支持与限制。诗句的节奏韵律，并不完全是诗句本身的品格。一首诗分行写，与其说是因为写的是诗而分行，不如说分行表示这是一首诗。中国传统诗虽然不分行，依然有其他体裁定位标志，例如标题、押韵、印在诗集中等。

接收者的头脑不是白纸一张，阅读不是绝对自由的，不是任凭符号文本往上加意义，接收者首先意识到与文本体裁相应的形式，然后按这个体裁的一般要求，给予某种方式的"关注"。文化的训练使接收者在解释一个文本时，带着一些特殊的"期待"。很早就有人指出，对同一文本有"散文读法"与"诗歌读法"的区别。[①]

一个文本被生产出来，就必须按它所属的体裁规定的方式得到解释，这就是所谓"期待"。卡勒说的话一针见血："各种文学体裁不是不同的语言类型，而是不同的期待类型……戏剧之所以存在，正是因为把某些作品当作戏剧来阅读的期待。"[②] 期待"读法"是体裁的最重要效果。

这样就出现了一个几乎是悖论的循环定义：一首诗之所以为一首诗，主要原因就是它属于诗的体裁，它强迫读者按照诗的读法来读

[①] Paull Franklin Baum, *Principles of English Versification*, Cambridge, MA: Harvard University Press, 1922, p. 6.

[②] Jonathan Culler, *Structuralist Poetics: Structuralism, Linguistics and the Study of Literature*, Ithaca: Cornell University Press, 1975, p. 129.

它。也就是说，如果我们非不按诗的方式来读，哪怕这个文本号称是诗，它也不成其为诗，成了散文。卡勒引用过热奈特的一个实验。一段报上常见的新闻："昨天在七号公路上一辆汽车以时速一百公里行驶撞上一棵梧桐树。车内四人全部丧生。"热奈特把它分行写：

> 昨天在七号公路上
> 一辆汽车以时速一百公里行驶撞上
> 一棵梧桐树。
> 车内四人全部
> 丧生。

完全相同的语句，这里的"昨天"，已经不仅是某个特定的日子；这里的"死亡"，象征"疯狂的终结"或"永恒的寂静"。

卡勒认为读诗有四种特殊的期待：节律期待，非指称化期待，整体化期待，意义期待。① 此处换用广告举例。广告是与诗完全不同的体裁，因此（或者说，因为）广告的"期待"完全不同。广告之所以为广告，就是因为我们按广告的这些期待来看广告。这样的循环论证，实际上是体裁的题中应有之义，无论是广告制作人或广告观众，都与文化签了约：不违反这些程式。

广告，无论是电视上的镜头，还是招贴上的图像，还是报上的文字，或是雇人在街上大声叫卖，都是为了劝人购买某种商品或服务。因此，"诚信"是广告的第一期待，"诚信"就是让潜在的顾客觉得，广告虽然花哨，说的是实话，没有故意的欺骗意图。当然广告有大量欺骗因素，为了让接收者感到符号信息发出者有诚信，广告的符号文本做各种修辞装饰，让文本裹上可信性，让文本接收者觉得发出者"据实而言"。这个"实"不一定是事实（facts），却是"事实性"

---

① 参见笔者《文学符号学》中的详细举例说明，北京：中国文联出版公司，1990年，第131—139页。

（factuality），而广告发出者会郑重地对"事实性"负责。^① 如果广告明目张胆说自己是在骗人，或者表现手法之夸张低于意图瞄准的顾客智力水平，这个文本就无法满足接收者的首要期待。

广告的第二期待是区分。广告劝人购买的商品或服务，必须让顾客看到这家的货与别家有别，不是价廉，就是物美，或是两者兼有，或者有其他值得购买的好处。无区分即无广告可言，区分越大则越有说服力。广告出的各种奇招，目的都是要让接收者一眼就可看出这个区分。如果与其他商品说不出什么区别，至少广告做得多，出现次数多，使得商标品牌让人记住。

广告的第三个期待是相关性：是否与接收者的生活方式有关，与他们的经验积累和生活欲望有连接的可能。因此出售的货品哪怕全球相同，广告却很难从一种文化移用到另一种文化，而必须根据生活于每种文化中的人不同的经验另外设计，正如"代言人"所选用的明星，大多在各个国家不一样。这种"合适"很大部分是促进所谓"炫耀消费"，而"炫耀"必须与接收者生活世界相关，这是广告这种体裁起作用的基本方式。

可以用美国军方招募参军的一则广告做例子：

> 当了兵有两个可能：一个是留在后方，一个是送到前线。留在后方没有什么可担心的。送到前线又有两种可能：一个是受伤，一个是没有受伤。没有受伤自然不用担心，受伤的话也有两种可能：一个是轻伤，一个是重伤。轻伤不用担心，重伤的话也有两种可能：一个是能治好，一个是不能治好。能治不用担心，治不好也有两种可能：一个是不死，一个是死。不死的话不用担心，死了嘛……也好，既然他已经死了，还有什么好担心的呢？[②]

---

① Ron Beasley and Marcel Danesi, *Persuasive Signs: The Semiotics of Advertising*, Berlin and New York: Mouton de Gruyter, 2002, p. 18.
② 转引自李思屈等：《广告符号学》，成都：四川大学出版社，2004 年，第 204 页。

这个广告满足了广告的"诚意性""区别性""适合性"三个期待：当兵就有死亡危险，广告没有撒谎，因此"可信"；表面幽默调侃的词语，说当兵生活丰富多彩，有各种机遇和可能；而对没有远大前程的美国中学毕业生，机遇问题非常相关，既然死亡"可能性不大"，这种生活就有吸引力。

　　此则征兵广告，拿到中国就完全不适用，虽然中国的广告中也有这三个期待，但与生活世界的联系却完全不一样，与文化习惯的关联更不相同，期待的方式就必须不同。

　　广告这种体裁，在当今文化中已成为一个重大产业，既推动经济，又救活文化，是应用符号学的研究重点。广告自成体裁，就必然有不同于其他体裁的特点。从符号学角度研究，第一要找的特点，就是这种体裁借以立足的"接受期待"。

第六章 伴随文本

1. 伴随文本的定义

据上一章讨论，符号文本的解释，依靠文本与文化的关系，依靠体裁强迫接收者与文化签下契约。但是接收者怎么会知道他已经签下这个，而不是那个契约？接收者如何发现这种决定关系呢？因为他在接收时看到某些记号，这些记号有时候在文本内（例如上一章说的体裁），有时候却在文本外（例如标题）。这些伴随着符号文本一道发送给接收者的附加因素，笔者称作伴随文本。

任何一个符号文本，都携带了大量社会约定和联系，这些约定和联系往往不显现于文本之中，而只是被文本"顺便"携带着。在解释中，不仅文本本身有意义，文本所携带的大量附加因素也有意义，甚至可能比文本有更多的意义。应当说，所有的符号文本，都是文本与伴随文本的结合体。这种结合，使文本不仅是符号组合，而是一个浸透了社会文化因素的复杂构造。

在相当程度上，伴随文本决定了文本的解释方式。这些成分伴随着符号文本，隐藏于文本之后、文本之外，或文本边缘，却积极参与文本意义的构成，严重地影响意义解释。要理解符号的意义机制，必须明白伴随文本的作用。

伴随文本问题一直是符号学、解释学、传达学没有研究透彻的环节，学界至今没有给这现象一个合适的术语，也没有一套切合实际的分类。大部分论者在克里斯蒂娃的"文本间性"架构中讨论这个问题。国内论者讨论所谓"潜文本"①，基本上也是延伸演绎"文本间性"概念。而"文本间性"这个重要理论，经常过分笼统，需要进一步细化。

法国叙述学家热奈特首先注意到他称为"跨文本关系"的课题。1979年他的著作《型文本导论》②、1982年的《羊皮纸稿本：次度文献》③、1987年的《门槛》④，三书合成了一组论著。热奈特说的"羊皮纸稿本"（palimpsest），指的是中世纪所用的羊皮纸，由于极为贵重，僧侣经常把原先的文字刮掉，在上面再写一层，原先的墨迹就隐约留在下面。

费斯克认为互文本可以在水平和垂直两个层面上运作。水平面是指类型、角色和内容等文本内因素，垂直面指与其他文本的相互指涉关系，例如一部新剧上映前的各种宣传广告会对这个剧有影响。⑤ 贝内特指出受众会对某些批评和解释有"偏好"，从而影响解读。⑥ 玛丽·麦克林则把文本分成第一序列与第二序列，第一序列是文本本身，第二序列是附加文本。⑦

可以看到，讨论此问题的论者，各有一套分类与术语，热奈特的

---

① 徐翔、邝明艳：《接受与效果研究中的"潜文本"：文学理论与传播研究的交叉视角》，《文学理论研究》2010年第1期，第121—124页。申丹的《叙事、文体与潜文本：重读英美经典短篇小说》（北京大学出版社，2009年，第1页）一书认为"作品的潜文本，subtext，即字面下的深层意义"。

② Gérard Genette, *The Architext: An Introduction*, Berkeley: University of California Press, 1992.

③ Gérard Genette, *Palimpsests: Literature in the Second Degree*, Lincoln, NB: University of Nebraska Press, 1997. 此书有史忠义节译本，收于《热奈特论文集》，天津：百花文艺出版社，2001年。

④ Gérard Genette, *Paratexts: Thresholds of Interpretation*, Cambridge: Cambridge University Press, 1997.

⑤ John Fiske, *Television Culture: Popular Pleasures and Politics*, London: Methuen, 1987.

⑥ Tony Benett, "The Bond Phenomenon: Theorizing a Popular Hero", *Southern Review*, 16, 1983, pp. 195—225.

⑦ Marie Maclean, "Pretexts and Paratexts: The Art of the Peripheral", *New Literary History*, 1991, No. 2, pp. 273—279.

分类比较详备，但是与笔者的理解有较大出入。① 下文笔者结合各家理论，加上个人的一些体会，对整个伴随文本现象重新加以分类和命名。笔者设法与已有的分类尽可能对接，看看能否把问题说得更清楚一些。

2. 显性伴随文本：副文本，型文本

伴随文本因素并不一定是"潜在"的、"隐藏"的，所以不宜称为"潜文本"（subtext）或"隐文本"（implicit text）。伴随文本的第一类**副文本**（paratext），就是完全"显露"在文本表现层上的伴随因素，它们甚至比文本更加醒目。

可以把副文本称作文本的"框架因素"，如书籍的标题、题词、序言、插图、出版信息，美术的裱装、印鉴，装置的容器，电影的片头片尾，唱片的装潢，商品的价格标签，等等。副文本往往落在文本边缘上，某些符号文本类型，例如歌曲、交响乐、作者身份与标题等框架因素，甚至不显现于文本边缘，需要另外的媒介（例如戏单、CD封套等）来提供。

不管副文本用何种方式显现，都可能对符号文本的接收起到重大作用。例如唱片封套说明是小泽征尔指挥的录音，接收者听的时候，想起曾经看过的小泽征尔录像，就会觉得听到的音乐格外生动；某影片写明"成本过亿大片"，就会让我们想去影院看一次；商品标出的价格便宜，就会被看作"质次"。

但是在分析中，副文本因素往往被忘却在一边。主张"文本中心论"的新批评派，在"细读"中排除所有的伴随文本，首先排除的就是副文本因素。二十世纪二十年代瑞恰慈执教于剑桥大学文学系，做了一个著名的实验，他把一些诗略去作者署名，打印出来分发给学生，请他们交上读这些"纯文本"的理解与批评，结果令人大吃一惊。这些受过良好文学训练且悟性不错的学生，竟然会大捧三流诗人

---

① 热拉尔·热奈特：《热奈特论文集》，史忠义译，天津：百花文艺出版社，2001年，第69—74页。

的劣作，而否定大诗人的杰作。瑞恰慈说这证明传统文学教学过于依靠作者生平与文学史，学生在阅读文本之前，习惯性地带上先入之见，失去独立判断作品价值的能力。瑞恰慈逐一评点学生出现错误的原因，写出了著名的《实用批评：文学判断研究》[①]一书，新批评的文本中心理论以及细读方法，就是从这个实验中发展出来的。

然而，今天我们回顾瑞恰慈这个实验，可以说它反过来证明了副文本因素的重要性。读诗不可能跳过作者名字，看电影不可能跳过海报、片头、导演名字，看画不可能忽视画家名字、标价，小说读者不可能不受作者名字、时代背景、出版公司、推荐人语等因素的影响。瑞恰慈的书本身，证明了他靠副文本（他本人知道略掉的作者名字）才能判断出学生的错误：他垄断了副文本。

诚然，过于热衷副文本因素，可能让人放弃独立的个人解读评判，例如看到牌子就觉得一件衣服优质，看到某公司品牌就认为产品是精品。瑞恰慈这个实验的确说明细读文本是一种重要的训练，但是这实验也说明了副文本之重要。一个简单的作者名字，可以带来大量的关于此文本未经宣布的消息，这些成分不能代替文本，但是我们的解读本来就不可能局限于文本本身。一首诗是莎士比亚之作，必然不同于任何其他诗人的作品，不仅因为是"大师之作"，读者还会把它与伊丽莎白时代的英国文化联系起来读。

型文本（architext）也是文本显性框架因素的一部分，它指明文本所从属的集群，即文化背景规定的文本"归类"方式，例如与其他一批文本同一个创作者，同一个演出者，同一个时代，同一个派别，同一个题材，同一风格类别，用同一种媒介，同一次得奖，前后得同一个奖，等等。

最明显的、最大规模的型文本范畴是体裁，本书上一章已经详加讨论。现代传媒在不断创造新的型文本集群，例如由同一个公司发行，由同一个频道播出等。型文本的归属，常常以副文本方式指明，

[①] I. A. Richards, *Practical Criticism: A Study of Literary Judgment*, London: Harvest Books, 1956.

例如诗歌的分行,例如摇滚乐演唱的舞台布置,或街舞方式伴舞;但是型文本也可能由文本形式标明,例如接收者从形式就能断定是交响乐还是歌剧,是小说还是历史,一个人是丞相、侍卫还是平头百姓。华裔作家汤婷婷(Maxim Hong Kingston)的名著《女斗士》(*The Woman Warrior*),书店里放在传记柜,因为读者对真人真事的传记更感兴趣;在学院却被列为小说,因为小说更值得文学系学生分析。

型文本是伴随文本中最重要的,因为它是文本与文化的主要连接方式。一般认为文学艺术才有体裁,其实所有的符号文本都落在一定体裁之内。体裁是文化程式化的媒介,体裁不仅把媒介进一步固定到模式之中(例如把文字固定为诗歌这种分行书写的艺术类型),而且是表意与解释的最基本程式。采用某个体裁,就决定了最基本的表意和接收方式。接收者得到一个符号感知,例如看到一盏红灯,他必须马上明白这个红灯的体裁类别——交通灯、车尾灯、店铺招牌灯、住宅装饰灯、舞台上人物举起的道具灯,然后才能解读出这是停车信号、转弯信号、喜宴标识、《红灯记》中的革命传统象征。发出者与接收者的社会约定,规定了体裁程式。如果没有各种型文本,文本本身(一盏红灯)无法独立表达任何意义。

还有一个非常重要的型文本关系,就是发出者-接收者的相对社会地位,同样一句话、一个表情、一个姿势,在不同的社会地位对立中,意义会很不相同。同样一个皱眉头表示不满,或是同样给一件礼物,皇帝对臣子,将军对士兵,胜者对俘虏,老板对雇员,师父对徒弟,母亲对孩子,妻子对丈夫,同学对同学,分量会很不一样。实际上,一种相对关系就是一种型文本。要理解这个简单的文本,依然无法脱离社会关系类型,本书在第十四章第七节讨论"文本身份"时会细说。

3. 生成性伴随文本:互文本,同时文本

在文本生成过程中,各种因素留下的痕迹称作生成伴随文本。**互文本**(pre-text)是一个文化中先前的文本对此文本生成产生的影响。

这个概念与一般理解的"文本间性"相近，称之为互文本，是因为此种影响必然在这个符号文本产生之前。狭义的互文本比较明显，包括文本中的各种引文、典故、戏仿、剽窃、暗示等；广义的互文本，包括这个文本产生之前的全部文化史。因此，互文本是文本生成时受到的全部文化语境的压力，是文本生成之前的所有文化文本组成的网络。例如，一部电影的生成，受到这部电影产生之前的整部电影史、整部文化史的意义压力。

新历史主义创始者之一斯蒂芬·格林布拉特（Stephen Greenblatt）把这种互文本称为"联合文本"（con-text）。格林布拉特提倡所谓"全方位阅读"（whole reading），提倡"对文学文本中的社会存在和文学文本周围的社会存在实行双向调查"[①]。把文本与文本诞生时代的文化氛围，如逸闻、趣事、绘画、风俗、文书、风景、墓碑等"边缘文本"，共同组成"社会大文本"一道阅读。他尤其重视逸事奇闻小故事，认为这种细节往往形成"管窥"（a hole in the whole）。用"联合文本"方式重读名著，可以发现旷世奇才也是历史的产物。格林布拉特的名著《俗人威尔：莎士比亚是如何成为莎士比亚的》[②] 用这种方式重读莎士比亚，让人耳目一新。

文本生产需要时间，例如《红楼梦》"披阅十载"；《大波》在发表前做重大修改；《追忆逝水年华》《诗章》都写了几乎一辈子。因此相当多影响因素是在文本产生的同时出现的，可以称作"**同时文本**"。提出"文本间性"的克里斯蒂娃，意识到影响文本生成的文本有时间差，她分为"历时性"与"同时性"两种文本间性："文本是一种重新分布语言等级的跨语言装置，它是一种传达言语，导向各种先前的和同时的讲述，因此，文本是一种生成性。"[③] 不过，哪怕"同时文本"，依然发生在相关的文本部分产生之前。为了分类简便，我们可

---

① Stephen Greenblatt, *Renaissance Self-Fashioning: From More to Shakespeare*, Chicago: University of Chicago Press, 1980, p. 5.

② Stephen Greenblatt, *Will in the World: How Shakespeare Became Shakespeare*, New York and London: W. W. North, 2004.

③ 转引自 Winfried Nöth, *Handbook of Semiotics*, Bloomington: Indiana University Press, 1995, p. 322.

以让术语"互文本"包括"同时文本"。

红学界发现,脂砚斋的评语对《红楼梦》的影响非同一般。脂砚斋评说:"能解者方有辛酸之泪,哭成此书……书未成,芹为泪尽而逝。"周汝昌认为曹雪芹与脂砚斋是"夫妻",我们能肯定的只是《红楼梦》成书过程中,"脂评"是其"同时文本",因为是在《红楼梦》成书过程中起影响的。

4. 解释性伴随文本:评论文本,链文本,先/后文本

以上是文本出现前就已经发生的伴随文本。在文本生成后,还可以带上新的伴随文本,下面三者就是文本产生后才出现的,因此只能在文本解释时起作用。如果我们认为"脂评"写作在《红楼梦》八十回写出之后,就不是同时文本,不会对《红楼梦》的写作起影响,却影响我们的解释,此时"脂评"就是评论文本。

评论文本(meta-text)是"关于文本的评论",是此文本生成后被接收之前所出现的评价,包括有关此作品及其作者的新闻、评论、传闻、指责、道德或政治标签,等等。在接收符号文本时,很多人有意排除评论文本的压力,例如法官努力不理会关于某案的舆论,例如自视甚高且有意与主流意见唱反调的批评家。这种排拒态度似乎是"反评论文本",却有可能是对评论文本压力的反弹。

评论文本在文本出现之后才生成。因此出现一个悖论:我们可以讨论《红楼梦》对《金瓶梅》的"影响"。一旦被当作评论文本,十八世纪末的小说的确能"影响"对十七世纪初的小说的解读。《红楼梦》的成就,使我们看清了《金瓶梅》在中国小说史上的重大意义,成为后世人读《金瓶梅》时无法忽视的评论文本,而文学史关于《红楼梦》及其他"世情小说"的评价,也成为读《金瓶梅》的间接评论文本。

这种"逆时间"影响说起来有点悖谬,实际上是任何符号解读的普遍现象。英语现代诗使我们对十六世纪英国玄学派另眼相看,后现代建筑使我们对古代金字塔另眼相看,当代电影使我们对古代仪式另

眼相看，生态主义使我们对道家哲学另眼相看。我们解读先出文本时，必然参考后出的评价性评论文本。

链文本（link-text）是接收者解释某文本时，主动或被动地与某些文本"链接"起来一同接收的其他文本，例如延伸文本、参考文本、注解说明、网络链接等①；某些论者称之为超文本（hypertext），此为网络术语，与我们在此讨论的无关，例如经常出现于网络的多媒介（例如音/画/诗）文本②。术语混淆，因此并不合适。链文本在网络上体现最为具体。许多人的网上阅读就是从一篇"链接"到另一篇，网页文本，不管是文字还是图片，在"界面"（interface）上提供各种被称为"微文本"（microtext）的关键词链接、友情链接、评论栏、跟帖等，都是链文本元素。

实际上链文本先前时代一直有，例如图书馆的分类，书店或图书馆的上架，画展的同时展出，词典上给出每个词条的同义词、反义词、词组搭配，乐曲演出的序列，这些不仅能使读者"顺便浏览"，而且提供了一个"参照背景"。

有研究者在酒品专卖店播放音乐。半数顾客听到古典音乐，还有半数听到的是流行音乐。研究者发现，播放的音乐类型并不会影响人们在酒店里停留的时间，不会影响人们买酒的数量，但会影响顾客愿意付的价格。播放古典音乐时，人们所选酒品的价格，平均要比播放流行音乐时高出三倍。听到古典音乐会让人们下意识地感觉自己"高贵"起来，会选购较为昂贵的酒品。③

链文本与型文本的最大不同是，型文本是在生产或解读时意识到的文本集群类型，而链文本是在文本被接收同时接收的文本，某个符号文本的接收变成一批文本的集团接收，但一道接收的不一定是同型

---

① 钱德勒认为热奈特说的"超文本"（hypertext）与"承文本"（hypo-text）两个术语中，"超文本"一词在网络中已经通用，钱德勒只赞同使用后者。见 Daniel Chandler, *Semiotics: The Basics*, London: Routledge, 2004, p.134.

② 陆正兰：《超文本诗歌联合解码中的张力》，《诗探索》（理论卷）2007 年第 3 期，第 168—172 页。

③ 理查德·怀斯曼：《怪诞心理学：揭秘不可思议的日常现象》，路本福译，天津：天津教育出版社，2009 年，第 67—68 页。

文本。例如考察某个楼盘，必定看看邻近建筑，甚至注意附近的垃圾焚烧厂，最后接收者解读的是整个社区。这是链文本，不是型文本。

网络"多选择"（multiple choice）文本，几乎是本节讨论的链文本的反向使用，即甩脱已经被文本链接在一道的选择。由于电子游戏叙述的流行，很多电影和小说都仿效网络链接，把情节安排成多选择。比较为人所知的电影有休伊特（Peter Howitt）的《滑动门》（*Sliding Door*），琼斯（Spike Jones）的《改编剧本》（*Adaptation*），斯蒂文斯（Fisher Stevens）的《不过是一个吻》（*Just a Kiss*）。而小说家用此技巧已经很久，远在网络文学出现之前。罗布－格里耶（Alain Robbe-Grillet）的《嫉妒》（*La Jalousie*）写一组相同的事件，用了九种不同的描述。阿特伍德（Margaret Atwood）的《圆满结局》（*Happy Ending*）用的是"反链文本"。小说中有十个可供选择的叙述，但是无论哪条路径，结局却相同：主人公难逃一死，"圆满结局"怎样做也达不到。安娜·卡斯提罗（Ana Castillo）的《密西夸华拉信件》（*The Mixquiahuala Letters*）提供三种链接方式：给墨守成规者，给愤世嫉俗者，给堂吉诃德式的读者。卡罗尔·希尔德（Carol Hilde）的《巧合》（*Coincidence*）书页分成两半，两半用不同视角说同一故事。

库切的《凶年纪事》（*Diary of a Bad Year*）写一个叫JC的作家（暗指库切自己）口授小说，年轻的女打字员安雅不断"更正"老板的说法，她的男友又不断插进来干扰，三个文本线索并列进展。这时，多种链接就变成了作品的自我批评。让读者在矛盾的发展中做一选择，但这个选择不可能不受被"选下"的链文本的影响。

先文本/后文本（preceding/ensuing text），两个文本之间有特殊关系，例如仿作、续集、后传。电影经常改编自小说，小说为其先文本，每部电影都有电影剧本作为其先文本。史忠义把热奈特的"hypotext"一词译成"承文本"，意思是后出的文本承接某个先出的文本。这个翻译很传神，比热奈特的原术语清楚。但是承文本只是后文本，没有包括先文本。先文本/后文本实际上既是生产性伴随文本（如果作者有意在编续集，或留续集余地），也可以是解释性伴随文本（当读者意识到此文本演化自另一文本）。

在符号表意中，一个文本不仅受制于先出文本，也不得不受制于后出文本，例如初审判决不得不考虑会不会被二审推翻；例如下属的献策，不得不考虑上司是否能把它变成他自己的决策。因此本书把先文本/后文本作为一对概念。

前面说的五种伴随文本，任何符号文本必定具有，而这最后一种"先/后文本"，似乎部分符号文本才具有。独立创作的文本，既无先文本也无后文本，这是因为文学艺术作品往往以独创性立足。一旦走出文学艺术的范围考察符号文本，就可以看到，先后文本几乎无所不在。唱歌大多唱的是别人已经唱过的歌；购衣是买看到时装模特儿穿过的式样；买的房是已成传统的样式；做的菜是饭店里吃过或外婆做过的品种；制定课堂规则，制定任何游戏或比赛，大都是前例的模仿延伸；制定国家法律，往往要延续传统或"与国际接轨"。各种竞技打破纪录，就是后文本相对于纪录数字的差异；法学中的"判例法"，即律师或法官引用先前定案的一个相似案子，在许多法系中是庭辩的一个合理程序；而交通信号中的黄灯，完全靠前后文本顺序决定意义。① 所以先/后文本几乎是普遍的，是所有的符号文本共有的。

先文本看起来似乎应当归属于互文本，实际上这两种伴随文本有很大差别。互文本是文本出乎其中的文化网络，例如《施公案》等公案小说，源出《史记》中的"侠以武犯禁"的侠文化，但这是一个若即若离、比较松散的文化联系。公差为官做事，毕竟与侠客不同，《施公案》并不以《史记》为先文本。而先/后文本，则关系非常明确。后文本的情节，从一个特定先文本化出，《三国演义》的先文本是陈寿的史书《三国志》，而互文本则是所有的历史演义，甚至所有的历史。要理解《三国演义》"三分历史七分虚构"的特点，不能不知道《三国志》；法官判案时受法制史、道德史的影响，与直接引用一个判例，分量大不一样。一个文本对先文本的依赖，远远超出一个

---

① 热拉尔·热奈特：《热奈特论文集》，史忠义译，天津：百花文艺出版社，2001年，第69—74页。

文本产生时依赖互文本的明显程度。

所谓"山寨""恶搞""戏仿",最重要的特点就是有明确的、大众都能认出的"先文本"。山寨明星必须与某当红大明星非常相像,一旦放进相同的类文本(例如衣装)、链文本(例如公众场合、会议之前),就具有足够的效果。恶搞则是利用先文本某些特点(例如《无极》中的馒头)加以发挥,重写先文本。这些符号表意,是充分利用先文本,辅之以其他伴随文本,达到其表意效果,例如颠覆先文本的"崇高意义"。①

而且,先/后文本变化无穷,某些文本夹在中间有先有后。例如肯宁哈姆(Michael Cunningham)的小说《时时刻刻》(*The Hours*)脱胎于伍尔夫的《达洛维夫人》(*Mrs. Dalloway*),又导向了同名电影;董说《西游补》从吴承恩《西游记》化出;《金瓶梅》从《水浒传》"武十回"化出。其情节的时间顺序相当复杂。先文本指的是"来自某文本",不一定是续作,《金瓶梅》的先文本是《水浒传》,但它的情节时间夹在先文本的情节时间中间,不是《打渔杀家》那样的"水浒后传"。

最有名的"后文本"翻成"前传"(prequel)的是简·里斯(Jean Rhys)写的《简·爱》前故事《藻海无边》(*Wide Sargasso Sea*)。一般的后文本是"往下说""另样说",《藻海无边》却是往前说,实际上把《简·爱》这个生成先文本,变成了情节上的后文本,并对之提出了强烈的元文本式批评。《藻海无边》的爱情故事读起来可怕,是因为我们已经知道这个女主人公"将会"在《简·爱》里发疯,被关在阁楼上,在一场大火中被烧死。

后文本经常是不请自来,无法控制,而且明说是"续集",就难以确认是违法袭用。瑞典作家弗瑞德里克·科尔汀(Fredrik Colting)写了一本《60年后:走过麦田》(*60 Years Later: Coming Through the Rye*)。

《麦田守望者》(*The Catcher in the Rye*)作者塞林格非常不满,

---

① 此处关于"山寨文化"的讨论,从2009届符号学班陈功同学作业中得益颇多,特此致谢。

将作家和出版商一起告上法庭。科尔汀的律师则坚持并未构成侵权，因为《60年后：走过麦田》一书只是写了"一个老人的故事"，是典型的后文本。欧洲法庭判决不支持塞林格的诉状，但是此书在美国不能公开发行，可见法律拿伴随文本没办法。

5. 普遍伴随文本与文本间性

任何符号表意文本必然携带以上各种伴随文本，反过来，每一个符号文本都靠一批伴随文本支撑才成为文本。没有这六类伴随文本的支持，文本就落在真空中，看起来实实在在的文本，会变成幻影，无法成立，也无法理解。以宁浩的电影《疯狂的石头》为例：

副文本：《疯狂的石头》的出品公司、演员表、职员表，都名不见经传，让人好奇。

型文本：《疯狂的石头》明显是惊险警匪片类型，但是又处处拿这个类型开玩笑。

互文本：《疯狂的石头》"引用"很多"大片"电影，如《天下无贼》《功夫》《寻枪》《十二罗汉》(*Ocean's Twelve*)，尤其戏仿《碟中谍》(*Mission Impossible*)的悬空盗宝场面，让观众无法不笑。

评论文本：在进入院线之前，电影已经受到民间影评热捧。《中国新闻周刊》称之为："媒体和影评人总算对中国电影票房发挥了一次正面引导的功效。"网络上自发的热情赞美让许多人知道这是好片，然后才去看。

链文本：此后中国的低成本电影井喷，出现了刘德华的赞助计划，此电影与大把花钱的《无极》恰成对比。

先/后文本：作为一个创新的电影，《疯狂的石头》拒绝先文本，却有后文本紧随。此片之后，宁浩延伸拍摄电影《疯狂的赛车》、话剧《疯狂的疯狂》。后出文本对《疯狂的石头》造成"逆影响"，这部电影的历史意义就大不一样。

任何符号文本都会有这些伴随文本类型，一场体育比赛也有着六种伴随文本。例如一场足球赛，必然有场地馆所、观众气氛等副文本，有这项运动发展历史的型文本，有两支球队先前多年的交锋史等互文本，有传媒评论预测等元文本，有正在同时进行的其他赛事影响，目前排名、出线希望等链文本，有"联赛"中客场主场积分累加的先后文本。没有这些伴随文本，球赛只是22人踢着玩而已。

即使杜尚的"小便池"那样惊世骇俗之作，也是靠各种伴随文本支持，才成为艺术品。如果没有链文本（放在一个美术展览会上），如果没有副文本（杜尚签的"艺名"，《泉》这个传统美术标题），它一开始就不会被当作艺术品。它高度创新，似乎隔绝了与文化的型文本联系，但是杜尚是从法国迁到纽约的，法国艺术家以大胆出名。如果没有整个超现实主义的潮流，以及半个多世纪欧美先锋主义的浪潮，没有这个"型文本"为背景，杜尚这个横空出世的创新就可能被扔掉。这件符号文本一旦生成，伴随文本支持就越来越明显。它掀起的大争论，提供了有效的评论文本，帮助它确立为艺术品，以至于现在很少有艺术批评家敢否认这个"小便池"是艺术。曾任美国美学家协会主席的蒙罗·比尔兹利为了把他的艺术理论贯彻到底，否认杜尚的"小便池"是艺术品。[①] 他被认为是个"大胆"的美学家，敢于抵挡评论文本的压力，不怕艺术界嘲笑他"落伍"。的确，说的人多了，不是艺术也是艺术，最后杜尚开创了"现成物"型文本，这个"小便池"的后继者使它的"艺术性"更不容置疑。

同样，我们可以发现，任何一次演奏，一门课程，一次选举，一场婚礼，甚至一次交通事故，都在六种伴随文本支撑中才能成为符号表意活动。我们甚至可以对任何一次四六级大学英语考试列出六种伴随文本。副文本：考场纪律，出题人（否则难以解释为什么命题组组长的考试辅导书卖得如此之火），题型的各种组合（每次考试都是从几种题型中选出一部分进行组合）；型文本：四六级考试的发展，题型变化规律；互文本：每一年的考试范围和大纲；评论文本：对四六级考试的各种批评、建议、评论，考前的各种考点预测；链文本：考

---

① Monroe Beardsley, *The Aesthetic Point of View*, Ithaca, NY: Cornell University Press, 1982.

后的试题分析评论等，以及庞大的四六级考试产业（辅导书、培训班、"枪手"集团等）；先文本：之前的所有四六级考试试题（所以真题集是每个考生考前必做的）；后文本：明后年的考生"吸取教训"改变备考策略，对整个中国教育事业的影响；等等。① 我们不仅生活在符号的包围之中，而且被伴随文本的洪水所淹没。

伴随文本是符号表意过程造成的特殊的语境，是任何符号文本不可能摆脱的各种文化制约。伴随文本的主要功能，是把文本与广阔的文化背景联系起来。从这个观点说，任何文本都是在文化提供的各种伴随文本之上的"二次书写"。

克里斯蒂娃在向西方学界介绍巴赫金理论时提出"文本间性"概念，此后这个概念越来越扩大，概念覆盖面过大，常常变成笼而统之的"文本的文化联系"。笔者建议，按伴随文本的类型，分门别类地解析文本间性，或许比大而统之的讨论更容易理解。

克里斯蒂娃提出的"文本间性"概念，基本上只涉及"生产伴随文本"，因此完全有必要尝试用"解释性伴随文本"概念扩展我们对"文本间性"的理解。文本携带的各种文化因素，至少应当按符号表意的阶段分成两大类。第一类是文本产生之前已经加入的"生产伴随文本"，包括互文本，以及与文本同时产生的"显性伴随文本"，即副文本和型文本；第二类是文本被接收解释时加入的"解释伴随文本"（评论文本、链文本）。只有先/后文本可以是"生产性"的，也可以是"解释性"的。

伴随文本是一个跨越共时/历时分界的存在，它们能对符号表意起作用，是因为它们提供文本解读的广阔文化背景。笔者一直坚持，文化是一个社会各种相关表意行为的总集合。我们对符号文本的解读，不得不从文化中借用各种文本联系，伴随文本就是文本与文化的联系方式。

伴随文本控制着符号生产与理解。不管我们是否自觉到这一点，我们不可能不靠伴随文本来理解文本。一旦洗尽文本携带的所有伴随

---

① 这个例子是 2009 年彭佳在符号学课程作业中提出的，特此感谢。

文本，就切断了文本与文化的联系，文本就会解体成一堆不可解的感知集合，而不能叫符号文本。以摆脱文化束缚的纯粹心灵观照文本，是不可能的事，既没有这样的纯粹文本，也没有这样的纯粹解释。

6. 伴随文本执着

理解任何一个文本，必须与文化的符号场连接。这不等于符号接收者必须把所有的伴随文本因素都采用到解释里，任何解释不可能内化所有的伴随文本。符号的伴随文本群界域过于辽阔，从定义上就不可能"全部"进入解释，绝大部分只是潜在的可能影响解释的因素，在每一次解释中，不可能全部感知，更谈不上全部内化这些因素。本书第一章第六节已经讨论过，符号接收本来就是把文本片面化，对于伴随文本，也只是挑选一部分。解释之所以千差万别，不只是对文本"各有所见"，更是对伴随文本"各有所选"。

因此，就出现相对集中于符号正文的"窄解释"，与大规模吸取伴随文本的"宽解释"。主张前者的典型是新批评的"细读"（close reading），主张后者的典型是新历史主义的"全读"（whole reading）。两者实际上代表解释的两个极端：不可能有纯粹的文本细读，也不可能有漫无边际的全方位阅读。我们的每次解释努力，实际上都是在这两个极端之间取位，是有选择地采纳一部分伴随文本融入解释。

取细读还是取全读，实际上并不是完全由接收者决定的，文本本身有区别。"弱符号"意义依靠语境才能明白，就必须依靠语境的"全读"才能解释。处于一个结构中的符号（例如词语）是弱符号，因为意义被结构决定。有的符号看起来是反结构的，例如社会的"边缘群体"的语言、穿着、行为、音乐，处处与主流文化对着干，看起来很张扬，实际上完全依靠反对的对象。一旦解释时不紧扣伴随文本，它们就失去意义，因此也是弱符号。

而"强符号"往往不那么依靠语境，能比较独立地表意。反过来，"强符号"较少靠体系，较少靠结构，解释或许可以比较多地靠拢"细读"。独创的艺术文本，很多是强符号，塔拉斯蒂举的"强符号"例子是一个人独自做梦，或是作者个性强而有力，例如瓦格纳的歌剧，尼采的哲学。①

但是，"强符号"真的独立到不依赖伴随文本吗？塔拉斯蒂认为尼采哲学孤标一格，无所依傍，他举的例子是《快乐科学》。这本书的结尾，讨论文本的音乐性，语言节奏逐渐加快，其互文本很清楚，即贝多芬第九交响曲的结尾。尼采自己也引用了席勒的《欢乐颂》，更加可以佐证。尼采这篇哲学论文之所以迷人，正是因为巧妙地"引用"贝多芬和席勒的互文本。因此应当说，创造性地运用伴随文本（而不是徒劳地摆脱伴随文本），是符号文本强有力个性的标记。② 所以上面关于"弱符号"宜于"全读"，"强符号"宜于"细读"的讨论，只是相对而言的。

现代先锋艺术家经常把伴随文本加入文本之中，造成奇特的"自我戳穿谎言"效果。马原的《虚构》第一句话就是"我就是那个叫马原的汉人，我写小说"，这是"反瑞恰慈"实验，有意把副文本（作者名、文本性质）拉入文本，让读者哪怕有意忽视都做不到。

这种手法用得过多，会形成"伴随文本狂热"。美国当代女诗人琳·海基尼安（Lyn Hejinian）有一本诗体自传，37 岁时写，共 37 首诗，每首 37 行，每首献给生命中的一年。她 45 岁时出了第二版，加了 8 首，成 45 首，但是在先前的每一首上又加了 8 行，表示年岁渐高，对自己的一生体悟加深了。在这里我们看到"先文本"：第二版是第一版的生成物；看到"互文本"：每一首引用一年的生活经验；看到"型文本"：这是自传，但是类型可以如此剧烈地变体；看到"先文本"：后一版实际上是对前一版自传之批评；也看到链文本：作者年龄这个本来不相干的文本外因素，现在必须顾及。

英国作家约翰·福尔斯（John Fowles）的《法国中尉的女人》，作者自己出现在小说里，小说描写说自己修了胡子，"法国化了，像

---

① Eero Tarasti, *Existential Semiotics*, Bloomington and Indianapolis：University of Indiana Press，2000，pp.7—8.

② Eero Tarasti, *Existential Semiotics*, Bloomington and Indianapolis：University of Indiana Press，2000，pp.65—66.

个纨绔子弟"，他心血来潮把自己的表拨慢了一刻钟，于是小说有了另一个可供读者选择的结局。这一个情节就有多重伴随文本在起作用：往文本中拉入了副文本（作者现身），给自己怪异的描写（评论文本），用多种时间选择链接另一种情节链文本。福尔斯用这些方式颠覆了维多利亚时代浪漫言情小说的型文本。

在接收这一端，伴随文本更有可能喧宾夺主，甚至接管了符号接收者的解释努力，这种情况可以称为"伴随文本执着"。解释过于依靠伴随文本，让我们往往忘了文本本身，瑞恰慈《实用批评》一书指责的应当是这种过执。拿看电视剧来举例：如果热衷于副文本，我们就会过分注意版本；过分热衷于型文本，我们就会凡是言情剧武侠剧必看；过分热衷互文本，就会对戏仿与戏说特别感兴趣；过分热衷于评论文本，就会被各种评论所左右，就会用关于演员的传闻代替作品解读；过于注意链文本，就会从喜爱一部作品爱上各种链接文本（例如某个导演、某个演员的其他作品）；过分热衷于先文本，就会凡是号称改编自琼瑶小说的必看；过分热衷于后文本，就会每天焦急地等着看下一集，全剧结束后则盼望续集。

可以说这些做法没有错，实际上整个当代文化产业，就是按大众的这些伴随文本执着来编制的，只是影视公司的策划者不喜欢笔者在这里点穿他们用伴随文本让人上瘾的秘诀。

摄影批评家藏策举了一个很有趣的例子。有一次他与几个影友在山区看到一个老大娘抱着一筐柿子对着他们在笑。一个影友拍下来以后，马上起了个题目，叫《丰收的喜悦》。藏策走上前去问老大娘："你们丰收了吗？"老大娘说："没有。一家人一年的吃喝就靠这些柿子了。"藏策又问："那你刚才笑什么呢？"她说："我长这么大还没人给我照过相呢。见这么多人给我照相，于是就乐了。"[①] 注意，这不同于所谓"摆拍"或PS，那是在文本上作假。这里是文本并无作伪，短短一个副文本因素（标题），就把文本的整个意义改变了。

藏策的例子有趣，是因为这个标题伴随文本几乎是个反讽，它强

[①] 藏策：《超隐喻与话语流变》，天津：天津人民出版社，2006年。

加了文本原先没有的意义。但是反过来，如果照片没有任何标题副文本，如果上面的人物没有民族、身份、年龄、性别等互文本特征，如果我们没有中国农村的互文本知识，我们就什么也看不到，这张照片对于我们等于零。如果我们对中国农村毫无理解，那么就不明白藏策在讨论什么。一句话，没有对伴随文本作用的理解，符号表意就只剩下感官刺激，任何理解都不可能出现。

我们忍受不了某一种伴随文本过分明显地控制解释，我们也摆脱不了伴随文本的普遍控制。我们的思想意识本来就是一部合起来的伴随文本词典，等着解读时来翻开，来激发。我们关于各种伴随文本的知识，等着一个符号文本来召唤。

从这个意义上说，我们在读到一个文本之前，已经理解这个文本；也只有理解了的文本，才能被我们理解。

7. 深层伴随文本

上面讨论的六种表层伴随文本，能影响对文本的解释，但是在各种伴随文本群背后，有更深一层的伴随文本，即一种文化对文本与伴随文本的"背书"。阅读时注视伴随文本，给了我们由文本通向文化的通途；而深层阅读的目标，则是更隐蔽的文化机制。

阿尔都塞提出的"症候式阅读"（symptomatic reading），目的是发掘深层文本。阿尔都塞认为文本的清晰话语背后，隐藏着意识形态的沉默话语。阅读可以顺着文本的意图意义，在文本层面上阅读，但更应该注意文本的空白、沉默、失误、歪曲，看出这些裂隙背后的意识形态真相，找出文本无法达到的意义层次。阿尔都塞的弟子马歇雷更注重文学文本的分析，他认为症候式阅读是在作品文本的"字缝"中，找出"作品与意识形态与历时之间"的错位运动造成的痕迹，目的是看出受意识形态控制的文本掩盖的历史运动。[1]

---

[1] Pierre Macherey, *A Theory of Literary Production*, London: Routledge & Kegan Paul, 1978, p. 67.

萨义德则提出"对位阅读"（contrapuntal reading）。他认为："必须把文本内容与作者排除在外的内容统一起来"，作者没有写的东西，文本中被剔除的东西，并没有消失。因为"这种回避，恰恰就是帝国主义的文化政治对作者意识形态的潜移默化，从而对文学文本造成的压力"①。作者与一般读者（例如写《暴风雨》的莎士比亚与几个世纪来热爱此剧的西方读者）对其中的帝国主义意识缺乏敏感，恰恰因为他们身处意识形态伴随文本的掌控中而浑然不知，以为自己面对的是一个童话般纯洁的文本。"对位阅读"的自觉批判姿态，促使读者和批评家用阅读介入对文化帝国主义的抵抗，而抵抗的方法就是发现这种意识形态深层伴随文本。

克里斯蒂娃则认为文本可以分作两层，即"现象文本"（pheno-text）与"生成文本"（geno-text）。现象文本是一种构造物，服从传达的规则，从发送主体（subject of enunciation）到接收者（addressee）完成传达；而生成文本则是"一个过程，不断穿过边界相对变动的区域，构成一个不局限于两个充分主体之间的传达通路"②。显性的现象文本难以确定意义，因为每一次显现的文本，是深层的生成文本又一次转换的结果。克里斯蒂娃认为这两者的区分，有点类似乔姆斯基的"转换生成语法"中的"能力"（competence）与"表现"（performance）。

她更举了一个有趣的例子，她认为"生成文本与现象文本之间的区别，可以在汉语中，尤其是古典汉语中看到：写作把表意过程'再现—说出'（represent-articulate）变换成特殊的网络或空间；而话语言说（与写作对应）恢复了两个主体之间的意义交换所必需的辩证批评（diacritical）因素"③。她的意思是说，中文的书写不像西方的拼音书写那样复制口语，而是（口头）符号表意的生成文本，口语的说

---

① Edward Said, *Culture and Imperialism*, New York: Knopf, 1993, p. 69.
② Julia Kristeva, *Revolution in Poetic Language*, New York: Columbia University Press, 1984, pp. 86—87.
③ Julia Kristeva, *Revolution in Poetic Language*, New York: Columbia University Press, 1984, p. 87.

话，只是书写的一次表现，文言的书写是深层的。克里斯蒂娃对中国书写的崇拜是从德里达得来的启发。她把书写与口语的关系，看成现象文本底下隐藏的深层文本，倒是很杰出的见解。

深层伴随文本，需要接收者对文本进行批评式的阅读。伴随文本是我们的文化习惯的一部分，体裁、框架之类，已经成为我们接收符号的习惯。哪怕接收者注意力集中于文本，伴随文本也在不知不觉中起作用。而深层伴随文本则需要批判性的操作，需要揭开文本表面的整体圆润，需要有元语言层次（本书第十章会讨论元语言问题）的批评洞察力。

第七章 双轴关系

1. 双轴互相依靠

任何符号文本必有两个展开向度,即组合轴与聚合轴;任何符号表意活动,小至一个梦,大至整个文化,必然在这个双轴关系中展开。这个双轴观念是索绪尔首先提出来的,索绪尔理论的四个核心二元对立(能指/所指,言语/语言,共时/历时,组合/聚合),只有这一对在今日符号学运动中仍然具有强大的发展潜力,必须仔细讨论。

组合关系比较好懂,就是一些符号组合成一个有意义的"文本"的方式,本书第一章已经讨论了文本组合的若干原则。聚合轴观念比较复杂,索绪尔把这个轴称为"联想关系"(associative relations),他对符号文本的这个关系向度的解释是"凭记忆而组合的潜藏的系列"。他的这个理解过于心理主义,术语也不适用。"凭记忆",不是符号文本的品质。

以后的符号学家把索绪尔的"联想关系"改成聚合轴(paradigmatic),与组合轴(syntagmatic)对列。这两个源自希腊文的术语,意义相当晦涩,尤其是 paradigm(聚合段)一词,后来被库恩(Thomas Kuhn)发展成"模式"观念,与符号学的联系非常模糊,甚至有西方学者总结出 paradigm 的二十二种定义,符号学究竟弃用了何义,不容易说清。[1]

雅柯布森在二十世纪五十年代提出,聚合轴可称为"选择轴"

---

[1] Paul Bouissac, "Paradigm", in *Encyclopedia of Semiotics*, New York: Oxford University Press, 1999, p. 461.

(axis of selection），功能是比较与选择；组合轴可称为"结合轴"（axis of combination），功能是邻接黏合。雅柯布森认为比较与连接，是人的思考方式与行为方式的最基本的两个维度，也是任何文化得以维持并延续的二元。① 雅柯布森的术语非常清晰明白，可惜未能在符号学界通用。

聚合轴的组成是符号文本的每个成分背后所有可比较，从而有可能被选择，即有可能代替被选中的成分的各种成分。聚合轴上的成分，不仅是可能进入符号发出者的选择的成分，也是符号解释者体会到的本来有可能出现于文本的成分。可见，聚合轴上每个可供选择的因素，是作为文本的隐藏成分存在的，它们作为一种可能性存在。因此，聚合虽然不显露于文本，却并不是发出者或接收者的记忆或联想，而是文本组成的方式。

索绪尔为双轴关系举的例子是宫殿前廊柱子："建筑物的组分在空间展示的关系是组合关系；另一方面，如果这柱子是陶立克式的，就会引起其他风格的联想性比较（例如爱奥尼亚式、柯林斯式等）。"②

符号文本的双轴操作，在任何表意活动中必然出现。无论是橱窗的布置，还是招聘人才、会议安排、电影镜头的挑选与组接、舞台场面的调度与连接、论文章节安排、故事起承转合，凡是符号表意，绝对不可能没有这双轴关系。

拿最简单的穿衣做分析。裙子、帽子、上衣、鞋子的搭配，是着装的组合要求，而是选择裙子、裤子，还是连衣裙，选择何种料子的裙子，何种花色的裙子，则是裙子这个环节上展开的几种可能的聚合段，文本组合的每个成分都有若干系列的"可替代物"。最后选中某一种裙子，是基于某几种标准的选择。一个因素进入聚合段的基本条件，不是"意义上可以取代"，而是"结构上可以取代"（structurally

---

① Roman Jakobson, "The Metaphoric and Metonymic Poles", in Roman Jakobson and Morris Halle, *Fundamentals of Language*, The Hague: Mouton Press, 1956, pp. 76—82.

② Ferdinand de Saussure, *Course in General Linguistics*, New York: McGraw-Hill, 1969, p. 67.

replaceable）组合中的这个成分，即可以在文本系统中占据相同位置。①

解释符号文本时，同样需要双轴操作：接收者感知到的，只是文本和一部分伴随文本，但是他的解释如果要比较深入，就必须明白已经隐藏（选下不同）的聚合系列是什么。例如明白诗句中为什么不用别的词，选用了这个词；明白对方球队为什么在这个位置上不用别的球员，选用这个队员出场；汽车为什么不用别的零件，选用如此的配置；要真正理解春晚，就必须明白为什么上了这个节目，没上那个节目。深入理解，就是朝文本背后隐藏的聚合系探察，就是探索文本的构成原因。

中文中，一般把这个双轴名称译成"纵聚合轴"与"横组合轴"，似乎两者之间真有平面坐标那样的一横一纵的关系。上面举的这些简单例子，证明如此把术语空间图像化，很可能导致误会。聚合完全谈不上方向，而组合也不是横向的，只有语言这种线性展开的符号文本才有纵横（即索绪尔说的"序列关系"），也只有西方语言是从左到右"横"向展开。在楼房建筑、飞机驾驶、衣装搭配等符号组合中，符号文本的组合是立体的、多维的。本书依然把两者称为"轴"，只是尊重符号学传统。

聚合是文本建构的方式，一旦文本形成，就退入幕后，因此是隐藏的；组合就是文本构成方式，因此组合是显示的。可以说，聚合是组合的背景，组合是聚合的投影。就一次运作过程而言，文本一旦组成（例如一桌菜点完），就只剩下组合搬上桌来。希尔弗曼指出："聚合关系中的符号，选择某一个，就是排除了其他。"② 聚合轴的定义，决定了除了被选中的成分，其他成分不可能在文本组合形成后出现。

一个符号表意，逻辑上必须首先在聚合轴进行选择，然后产生组合。文本完成后，只有组合段是显现的，属于表层结构；聚合是隐藏的，属于深层结构。这两者没有时间先后，只有逻辑前后。双轴是同

---

① Varda Langholz Leymore, *Hidden Myth: Structure and Symbolism in Advertising*, New York: Basic Books, 1975, p. 8.

② David Silverman and Brian Torode, *The Material Word: Some Theories of Language and Its Limits*, London: Routledge, 1980, p. 225.

时产生的，组合不可能比聚合先行。不可能不考虑组合轴的需要进行聚合轴的选择，也只有在组合段成形时，才能明白聚合段如何选择。两个轴上的操作是同时发生的，虽然只有组合操作显现出一个结果。

双轴同时进行，这道理容易理解。写诗时要选字，但是选字时要明白诗句这个位置需要一个什么字，字选了之后要放进去看看是否合适；一场春节晚会，要决定某个节目选用何人的表演，但同时要明白晚会节目单如何布局，选择是否改变全局。这是一个来回试推的操作，没有先后次序之分。

有论者认为，某些情况下双轴可以都显现出来。巴尔特举例说，餐馆的菜单，有汤、主菜、酒、饭后甜点等各项，每项选一，就组成了想点的晚餐。因此菜单既提供了聚合轴的挑选可能，又提供了组合轴的连接可能。① 巴尔特这个看法，恐怕不完全正确，笔者提供另外一种理解，或许更为合理。我们的整个文化是多层次的双轴运作，菜单与一桌饭菜是两个不同的组合文本。菜单是饭店经理的作品，菜单产生时已经做了选择，饭店可以提供的，比菜单上列出的多得多；然后，一桌菜则是另外一层组合，是从另一套（菜单上列出的）聚合选择出来的；然后，每个菜又是另一层。只要可以看作一个文本，就必然是一套聚合与组合的双轴交叉操作的结果。

可以把这种局面称为多层次选择组合。例如全运会之前的各省初选，进入全运会的运动员名单已经是省级选拔的结果，全运会最后的优胜者名单，是在这个名单里选择更高层次的组合名单。再例如童蒙课学写诗，课本上说明诗词格律规定，这是组合训练；课本上也说明某字可选的平仄，某句可以押的韵，某字对偶的可选择范围，这是聚合训练。的确，几乎任何教科书都同时展现聚合与组合。但是课本本身的写作，是另一个双轴操作的结果。任何显现的文本，只能是另一个聚合与组合操作而成。

回到巴尔特的"菜单是双轴同时显现"之说，可以看到符号文本的双轴操作，不一定隐藏于文本形成过程中，可以出现在文本面上。

---

① Roland Barthes, *Elements of Semiology*, London: Cape, 1967, p. 89.

菜单或教科书等，是在文本中讨论双轴操作方式的文本；而做成的一席菜肴，设计好的一栋房子，写好的一首诗，只显示组合文本。文本的单轴主导，下一节将谈到，本书第十七章"符号危机"则会更深入一步讨论文化的单轴偏重。

双轴关系有另一个容易让人迷惑的地方。任何实际活动，都有挑选与组合的配合，为什么这是个符号学问题？索绪尔的廊柱例子，似乎可以是建筑师的实用设计问题，不一定是表意问题。科学家配备一个工作室，新领导上任后组织一个办事班子，都有选择与配备两方面的关系。双轴关系似乎是个实践问题，至少并非每个场合都是意义问题。

但是仔细考察一下，可以看到，哪怕是"实际的"选择和组合，都必须满足意义标准。一旦有所挑选组合，就是按某种意义在操作。组织一个办事班子，挑选某人任某职，是根据此人的经验、名声、历练、气质，每一项都是意义问题。这些场合挑选并组合的标准，是它们的意义价值。例如，我要装修房子，就铺地一项，必须在各色地板地毯之中选择其一；就墙面一项，必须在各色涂料、墙纸、瓷砖等中选择其一；就窗帘、沙发、门户，都必须择一，而这些选择的标准是意义。没有意义不可能形成文本组合，没有组合也就不必做聚合选择。双轴操作必定是追求意义的符号活动。

动物在求偶、繁殖、寻食活动中，一样有选择组合，这些是它们"几乎"在使用符号的地方。人与动物的区别，是人对选择组合标准有一定的操控，这是动物做不到的。因此，动物的选择行为（例如求偶），很少有审时度势的意义考虑（例如门当户对、延续家产之类）。因此，本书在第二章第四节中说过，动物的意义标准是进化累积的本能，缺少解释环节，基本上是"信号"行为。

2. 宽幅与窄幅

可以看到，不同文本背后的聚合段宽窄不一，甚至同一文本的每个成分背后的聚合段也是宽窄不一，也就是选择范围有大有小。既然符号成为文本之后，只有组合能显现，对于符号的接收者来说，如何能觉察到聚合究竟是宽还是窄呢？观察宽窄实际上是很自然的，其中之一是对文本风格的认知。如果风格与接收者经验中的"正常情况"相比，变异比较大（例如诗歌"用险韵"，房子设计"怪异"，绘画风格"峻奇"，故事叙述"不可靠"，领导用人"不拘一格"），他就可能体会到这是宽幅选择的结果。

一旦文本组合形成，聚合轴就退出操作隐藏起来，但并不是说没有留下痕迹。哪怕已被"推入幕后"，也可能在解释中被唤出。聚合轴始终影响着文本的各种品质，任何显现的符号文本，每个成分都是聚合选择的投影。如果某个单元背后的聚合异常大，便会给这个单元浓重的投影。

虽然只有组合可感知，"宽幅"聚合形成的组合，与"窄幅"聚合形成的组合，风格很不一样。哪怕摆出来的一桌菜数量是相同的，依然让人觉得某些"菜系"丰富，某些相对较单调；一套传统服装，与一套现代青年的服装，背后隐藏的聚合宽度非常不同；一首现代先锋诗比一首传统诗"宽幅"得多，也就是可供选择的词语多得多。某些画，某些舞蹈，某些装饰，某些节庆，某些演出，接收者能够感到背后的选择幅度，这是选择可能性留下的投影，实际上是与这个文化中其他文本的风格相比较的结果。宽幅导致风格多样化，使组合有更多的意外安排。

不同的文化，也有宽幅窄幅之别，宽幅文化允许更多的选择。与传统文化相比，现代文化是宽幅的。电影《手机》中严守一等人少年时期的生活是严重窄幅：二八大杠自行车，手摇电话，蓝棉袄；电影的悲喜剧故事，发生在这些人进入宽幅时代时，选择过多造成秩序混乱。电影中的人物费墨大彻大悟："手机不是手机，是手雷！还是农业社会好。"

窄幅文化是束缚过紧的文化，个人面对生活中许多重要意义场合，没有多少选择；适当宽幅的文化，人们往往寻找某种权威意见，某种"意义领袖"的榜样，尤其是被社会传统赋予话语权的人士的看法；而过于宽幅的当代文化，意义领袖已经失语，人们跟着广告走，跟着娱乐名家走。当代文化的这种"选择悖论",本书将在第十五章讨论。

另一种表面宽幅实际窄幅,出现"假性选择",即似乎有很多选择,实际上可选的属于副本(replica)符号,没有足够宽的聚合操作。例如导演选演员,主要角色的演员选择,慎之又慎,用各种标准衡量选人。而群众演员,跑龙套角色,几乎是拉上任何人都可以。可以充任此因素的人很多,并不说明这个点上的选择是宽幅的,相反,因为可选的是看不出区别的副本,文本组合的这些点,实际是窄幅的。

"假性选择"出现在许多符号文本中。装修房屋,对填地平的混凝土所用的沙子,可选的供应源很多,却并不宽幅;足球赛用三裁判或五裁判制,边裁可选者较多,却并不比主裁判"宽幅";公司里秘书可选者很多,却并不比经理位置宽幅。据文本组合要求,这些点是窄幅的。[①]

3. 双轴偏重与文本风格

1956年,雅柯布森发表了一篇著名论文《语言的两个方面,与失语症的两种类型》。[②] 他指出组合各组分之间的关系是邻接(contiguity),而聚合各组分的关系是相似(similarity)。这是一个简洁明了却非常出色的见解,从中可以推论出重要的符号学原理。首先,邻接是一种安排,而相似背后的聚合,却依靠符号元素原本存在的品格;邻接只有一种关系,即显现的组合关系,而相似可以在不同方面相似,因此同一组分背后可以有多个聚合段。

雅柯布森在这个基础上又往前推论一步,他提出依靠相似性形成关系的正是组成比喻(metaphor)的方式,因此聚合轴上各组分互相之间的关系类似比喻。而邻接的组分之间,形成转喻(metonymy,

---

① 以上观点,是2009年符号学班集体讨论得出的,特此致谢。
② Roman Jakobson, "Two Aspects of Language and Two Types of Aphasic Disturbance", *Selected Writings* II, The Hague: Mouton, 1971, pp. 239—259.

雅柯布森说的转喻包括提喻）。

接着，雅柯布森对此提出了"科学"论证。医学上的失语症（aphasia，头脑受损伤造成的语言障碍）基本上可以分成两大类：一类病人看来失去了组合功能，语句没有正常的句法组合，词序混乱，连接元素（连接词、介词、副词等）丢失。但是他们保持了聚合能力，即寻找可替代词的能力，例如会用"小望远镜"来代替"显微镜"，能用"绿"代替"蓝"。

另一类病人似乎失去了聚合能力，原来能说多种方言或多国语言的人，依然有说这些方言或语言的能力，但是难以转换、难以翻译。他们甚至看不出来一行手写的语句，与一行印刷的语句是相同的。他们用的词汇极其贫乏，无法使用隐喻，但是他们似乎保持了组合能力，句子的语法很正确，各种连接要素很完整。想不出一个词时，会用邻接词汇来代替，例如用"削苹果的东西"来代替"刀"。

雅柯布森的结论是：人类大脑的语言工作区本来就分成两个部分，分别处理组合与聚合；正常的语言能力和符号能力，是人类的基本思维方式中两种功能互相配合的结果。由此，可以进一步推论：一旦进行符号表意，必须同时使用双轴关系。只有同时进行选择与组合，人的思维和表达才有可能。但是不同的人，不同的文本，可以有不同的偏向。偏向聚合的表意方式，与偏向组合的表意方式，可以形成文本风格上、体裁上、倾向上的巨大差异。

雅柯布森讨论了一个令人惊奇的文学风格例子。他说俄国作家赫列布·伊万诺维奇·乌斯宾斯基（Gleb Ivanovich Uspensky）晚年患精神病，出现语言障碍。研究乌斯宾斯基的文风，发现此作家"在有限的篇幅中堆砌大量细节，以至于读者抓不到整体，失去了人物的面貌"。雅柯布森认为，乌斯宾斯基服膺现实主义，他的文风偏重组合。①

雅柯布森把本来属于符号系统的双轴关系，转化成两种文本风格

---

① Roman Jakobson, "The Metaphoric and Metonymic Poles", in Hazard Adams and Leroy Searle (eds.), *Critical Theory since Plato*, Beijing: University of Peking Press, p.1134.

分析。双轴关系可以在文本中同时起作用，但是当不同的轴成为主导时，就形成不同的文本方式。按照雅柯布森的看法，浪漫主义是隐喻（聚合）性的，现实主义是转喻（组合）性的。"现实主义作家用转喻方式，从情节旁枝出去处理氛围，从人物旁枝出去处理时空……"例如托尔斯泰写安娜·卡列尼娜自杀的场面，特别仔细地写女主人公落在一边的手袋，这是转喻写法；在《战争与和平》中则细写女性人物"唇上的汗毛""裸露的肩膀"，是提喻写法。两种都是组合型的，适合现实主义的写法。此种双轴共现于一个文本的现象，成为当代文化中的重要现象。双轴共存但有主有偏，是重大文化变迁的征象。①

雅柯布森在早期电影中也找到不同风格的双轴源头。他认为格里费斯（D. W. Griffith）喜欢用特写镜头，其电影风格是提喻性的，角度镜头（set-ups）是转喻性的，两者都偏重组合；而卓别林（Charlie Chaplin）的蒙太奇（montage）和叠化（lap dissolve）是比喻性的，即偏重聚合。②

雅柯布森还认为弗洛伊德描写的"梦修辞"手法，"认同"与"象征"是比喻性的，"置换"是转喻，"浓缩"是提喻；雅柯布森甚至认为人类学家弗雷泽在《金枝》中描述的两种巫术，一种是"移情式的"（empathetic），基于隐喻，另一种是"交感式的"（sympathetic），基于转喻。这样来理解，双轴关系就是人类思维普遍的方式。

近年来，在符号双轴问题上，有很多人做出新的发现或发挥。例如心理学家图尔文研究人的两种记忆，一种是"情节型记忆"（episodic memory），是组合型的，记住的是个人的、个别的，与具体时间地点有关的事件；另一种是"语义型记忆"（semantic memory），是聚合型的，储存的是组织过的、抽象的、脱离具体时间地点的范畴。③

甚至广告研究学者也发现，设计者为了让广告文本获得潜在顾客的"记忆值"，就必须在双轴的搭配上下功夫。一个人的记忆虽然是

---

① 参见笔者《符号美学与艺术产业》第三部分第二章，成都：四川大学出版社，2023年。
② Roman Jakobson, "The Metaphoric and Metonymic Poles", in Hazard Adams and Leroy Searle (eds.), *Critical Theory since Plato*, Beijing: University of Peking Press, p. 1135.
③ Endel Tulving, *Elements of Episodic Memory*, Oxford: Clarendon Press, 1983.

双轴同时进行，但是组合型的比较不容易忘记。因此广告文本最好组成一个说得出情节的故事，因为有一个"组合结构"（syntagmatic structure），才容易记得住。①

笔者认为，俗文化与雅文化，实际上是两种文本构造方式，它们分别以两个轴为展开主导，而对于两种文本构成方式的偏好，则基于两种不同的价值构成。本书将在第十五章讨论双轴关系如何进入文化符号学领域。

4. 展面与刺点

巴尔特生命中最后一本著作《明室：摄影札记》（*La Chambre Claire*，1980）讨论的是摄影，巴尔特一生迷恋摄影，影响到苏珊·桑塔格也来讨论摄影。巴尔特认为摄影并不"复制现实"，而是照亮生活的某些点。摄影成像靠的不是"暗箱"，而是"明室"。

在这本书里巴尔特提出了一对很有意义的观念，巴尔特用了两个拉丁词 Studium/Punctum，这两个词不是很好理解。《明室》中译本中，译者保留这两个词的原文，没有翻译。这对概念意义界定不太分明，这与后期巴尔特的文风有关。笔者建议译为展面/刺点，同一幅照片上的各因素，有展面也有刺点；在各幅照片之间比较，某些照片是展面的，某些照片是刺点的。

巴尔特解释说，展面的照片，"使我感觉到'中间'的感情，不好不坏，属于那种差不多是严格地教育出来的情感"；"宽泛，具有漫不经心的欲望……喜欢，而不是爱"，"从属于文化，乃是创作者和消费者之间的一种契约"。"很有表现力，有责任感，有家庭的亲和，对习俗的遵从，节日的打扮——这是一种在社会上往上爬的努力"；其寓意最终总可以破解。②

---

① Val Larsen, "The Timely and the Timeless: Syntagmatic and Paradigmatic Sign Relations in Advertisement Montage", *Advances in Consumer Research*, Vol. 32, 2005, pp. 162-163.

② 罗兰·巴特：《明室：摄影纵横谈》，赵克非译，北京：文化艺术出版社，2003年，第40、43、69、82页。该书后译作《明室：摄影札记》。

而刺点经常是个细节，是一个独特的局部，或一篇独特的文本。刺点是"把展面搅乱的要素……是一种偶然的东西，正是这种东西刺疼了我（也伤害了我，使我痛苦）"。而刺点"不在道德或优雅情趣方面承诺什么……可能缺乏教养……像一种天赋，赐予我一种新的观察角度"；"简短，活跃，动作敏捷得像猛兽"；"我能够说出名字的东西不可能真正刺激得了我，不能说出名字，才是一个十分明显的慌乱的征兆"。①

巴尔特认为"出乎意料"的各种摄影技巧不是刺点，技巧上"稀有""瞬间""出其不意""叠影变形""新颖"，这些都是为了追求惊奇的正常工作。巴尔特认为新闻照片，经常是"单向"的，没有刺点的，而刺点则在某些场合才出现。

巴尔特在他的前一本书《文本的愉悦》中认为：

> 语篇愉悦的结果不仅来自于从一个舒适的文本发现狂喜（迷失、断裂）的时刻，而且在于把一部后现代主义作品变得可读时，让其传达出某种断裂感。因此，不论是文化还是它的毁灭并不具有诱惑力，但他们之间的断裂却令人激动。②

在这里，他已经点明"断裂感"与他在《S/Z》一书中指出的"读者性"有关，也与"狂喜"有关。

因此，刺点就是文化"正常性"的断裂，就是日常状态的破坏，刺点就是艺术文本刺激"读者式"解读，要求读者介入以求得狂喜的段落。

米切尔曾经对这对概念加以阐发，他说："展面的修辞是道德或政治文化的理性调节，它让照片允许被读解出来，或者允许关于照片的科学理论出现。"刺点，则相反，是犯规的，是阻断的。一些元素

---

① 罗兰·巴特：《明室：摄影纵横谈》，赵克非译，北京：文化艺术出版社，2003年，第41、71、78、96页。
② 转引自埃尔基·佩基莱、戴维·诺伊迈耶、理查德·利特菲尔德：《音乐·媒介·符号：音乐符号学文集》，陆正兰等译，成都：四川教育出版社，2012年，第8页。

"突出",迫使注意直接体验,放弃秩序,以得到经验。米切尔认为:"巴尔特强调迷乱的、尖锐的细节总是刺痛或者伤害他。这些细节……具有偶然的、未编码的、无名的特征,它们将照片转喻式地打开到一个与记忆和主观邻接的领域。"①

这就像在沉思中突然敏悟,沉思是背景,敏悟是非常规的突破。艺术是否优秀,就看刺点安排得是否巧妙。这是任何艺术体裁都必须遵循的规律,因为任何作品的媒介都可能被社会平均化、匀质化、自动化,失去感染能力。

巴尔特刺点理论的意义在于,它强调了匀一艺术媒介很容易被视为文化正规,而正规的媒介让人无法给予更多的意义解读。在艺术中,任何体裁、任何媒介的"正常化",都足以使接收者感到厌倦而无法激动,成为"匀质化汤料"(Homogenizing Soup)。此时,突破媒介常规的努力,可能带来意外的收获。艺术是否优秀,就看刺点的安排。

巴尔特从静止的摄影中寻找冲破框架的"动点",电影很可能反过来,可以在连续的动态中制造静止的片刻。电视剧《潜伏》情节一直很紧张,翠平这个好动人物更是动作不断。但是全片最后,她隐姓埋名于小镇,抱着孩子静静地瞭望群山,无望地等待男人归来,这就成了意义丰富的刺点。因此,刺点是对文本常规的破坏。电影《戴珍珠耳环的少女》中,镜头常是女主角戴耳环的侧脸。最后特写镜头越来越近,突然脸上出现油画颜料细碎的裂纹,变成十七世纪维米尔的名画。这个风格突跳,造成有历史纵深的刺点。

刺点能造成文本之间的风格差别,也可以造成同一个文本中的跌宕起伏。戴维·纽迈厄与劳拉·纽迈厄仔细分析了电影音乐,发现音乐与电影镜头的"不配合",很可能破坏习惯的秩序,创造新的刺点。戈达尔的著名电影《芳名卡门》(*Prénom Carmen*)中整个电影中没有海的镜头,却突然出现海鸥的叫声。再例如希区柯克的电影中,有

---

① W. J. T. Mitchell, "The Ethics of Form in the Photographic Essay", *Afterimage*, 1989, Vol. 16, No. 6, pp. 8—13.

时候在背景中看到希区柯克本人牵了一条狗悠然走过,让观众突然被拉出电影的世界。

所以刺点就是在文本的一个组分上,聚合操作突然拓宽,使这个组分得到浓重投影。例如诗的"炼字",相声中的包袱,戏剧出乎意料的亮点,晚会演出中别出心裁出乎意料的部分,都是展面上的聚合脉冲投影成为刺点。王安石的《泊船瓜洲》"春风又绿江南岸,明月何时照我还",这七个字的组合中,"绿"字背后的选择轴,远远宽于诗句其他成分,据说作者先后选换了"到""过""入""满"等十多个字,最后决定用"绿"。这个字上有极宽的聚合段,投下浓影,构成刺点。

刺点有点类似穆卡洛夫斯基论说的"前推"(foregrounding)。造成前推的原因,在组合上说,是风格破坏常规,是结构出现反常,但是不协与反常的原因,是在整体的正常背景上,聚合段突然变得纵深宽阔。所以刺点的形成,离不开展面。钱锺书引《潜溪诗眼》:"老杜诗凡一篇皆工拙相半,古人文章类如此。皆拙固无取,使其皆工,则峭急而无古气,如李贺之流是也。"① "工"必须依靠"拙"为背景,全篇皆工,工就不显,无展面,就无刺点,任何诗篇都是如此。②

一个文本各组分的聚合轴不一样宽,大部分组分成为背景,衬托窄聚合突然变宽的组分,成就文本的刺点;同样,一个文化的文本之间也是不平等的。如果把一种文化的多数文本视为展面,那么就有一部分文本很突出,它们的聚合轴比较宽,形成"刺点文本"。如果这些文本得到这个文化比较长期的尊崇,就成为所谓经典。经典现象,与整个文化的双轴互动有关,这一点将在本书第十五章讨论。

---

① 钱锺书:《管锥编·全上古三代秦汉三国六朝文》,北京:生活·读书·新知三联书店,2007年,第1891页。
② 参见陆正兰:《用符号学推进诗歌研究:从钱钟书理论出发》,《四川大学学报》2010年第5期。

第八章　符号的解释

1. 符号学三分科，符形学

符号过程极为复杂，研究时必须有所侧重，这就必须对符号学研究本身进行分科。美国符号学家莫里斯出版于 1938 年的书《符号理论基础》，被认为是皮尔斯符号学体系的进一步展开。符号学当时远未成为显学，莫里斯孤独的努力，为符号学发展成一门学科做出了重要贡献。

莫里斯认为人的活动涉及三个基本方面，即符号体系（S—Signs）、使用者集群（U—Users）和世界（W—World）。这三者的关联（R）引出了六门学科：

R（S，S）＝符形学（syntactics）
R（S，W）＝符义学（semantics）
R（U，S）＝符用学（pragmatics）
R（U，W）＝实践学（praxeology）
R（U，U）＝社会学（sociology）
R（W，W）＝物理学（physics）

莫里斯说，这六门学科组成了"文化的静力学与动力学"。莫里斯的体系很周全，他的《符号理论基础》是巨编《综合科学基础：建立一种综合科学的国际百科全书》的第一、二卷。① 作为这种"百科丛书"的编者,不得不包打天下。此表列出的后面三门科目与符号无关,合理与否我们不必评论,应当说前面三门说得非常清楚,而且至今被符号学界沿用。

这三门学科研究对象的区别,从符号文本组成形态,到意义,到使用,应当说并不难理解,但是真正讨论起来却非常复杂。这三个西文词原是语言学术语,莫里斯借来用于整个符号领域,中国符号学界译成"句法学"(或"语形学")、"语义学"和"语用学"。但是西文至少没有"语"字,中文译名如果与语言学相同,让这些学科从属于语言学,很容易引起误会。②

例如,符形学研究的应当是符号组合的形成方式,莫里斯解释说:"符形学问题(syntactical problems)包括感知符号、艺术符号、符号的实际使用以及一般语言学。"③ 如果中文称之为"句法学",就违背莫里斯的意愿。可以看到,符号的组成千差万别,一幅图画、一曲音乐、一首诗的符号形态之间,几无明显可比的地方。符形学要总结出各种符号文本的共同形态规律,比语言学困难得多,符形学至今没有如"词法-句法"那样清晰的形态论。西语原词没有锁定在语言上,本书决定不用语言学学科译名,以避免误解。

实际上本书章节的安排,基本上也是沿着这个分科展开的,从符号的形态,到释义,到使用。本章之前的各章——第五章"媒介与渠道",第六章"伴随文本",第七章"双轴关系",都偏重符形问题。

---

① Charles W. Morris, *Foundations of the Theory of Signs*, in Otto Neurath, Rudolf Carnap & Charles W. Morris (eds.), *Foundations of the Unity of Science: Towards an International Encyclopedia of Unified Science*, Chicago: University of Chicago Press, 1938—1970.

② 杨成凯在《句法、语义、语用三平面说的方法论分析》(《语文研究》1993 年第 1 期,第 35 页)一文中说:"60 年代我国学者周礼全先生在翻译此书时把它们分别译为语形学、语义学和语用学。"又见池上嘉彦《符号学入门》(张晓云译,北京:国际文化出版公司,1985 年,第 30 页):"符号学的发展分成三个科目:一是句法学(syntactics),研究符号与符号的结合;二是语用学(pragmatics),研究符号与使用者之间的关系;三是语义学(semantics),研究符号与指示物之间的关系。"

③ Charles W. Morris, *Foundations of the Theory of Signs*, Chicago: University of Chicago Press, 1938—1970, p. 16.

从本章开始，讨论偏向符义学与符用学。

2. 符义学

比起符形学来，符义学更贴近符号学的核心问题，即意义的传达与解释。而符义学的任何问题，都是符号学的核心问题。

符义学首先要回答，如何才能产生意义。本书第四章第七节已经讨论过，意义的理解是个程度不断深入的过程，从感知（perceived），到注意（noted），到识别（recognized），到解释（interpreted），到理解（understood），到再述（translated），其中还可以加上很多环节，实际上是一个"无级"的深入过程。为讨论方便，本书建议把解释，即符号意义的实现分成三步：感知、接收、解释。这也接近第四章第七节所说的皮尔斯的看法，可以说这三步分别实现了符号意义第一性的呈符，第二性的述符，第三性的议符。

符号意义"被感知"为第一步，感知却不一定导向认知。解释者生活在各种各样刺激的海洋中，这些刺激都能被感知，也有相当多已经被感知，但是没有多少被识别，而被解释的更少。例如驾车者一上大街，满街是可感知物，只有一部分涌入眼睛耳朵，成为被感知物。作为开车者，他必须马上从被感知物中筛选出一部分，需要判断其意义的感知，予以接收；本书第三章第四节讨论过，被排除出意义接收的感知，是"噪音"。因此，接收是接收者有意向性的处理。接收过滤感知，这样接收者才能进入理解。

此种"选择性接收"，在任何符号解释过程中都会遇到。读一本书，看一场戏，参加一个聚会，上一堂课，任何解释，都是选择接收的结果。接收过程很可能是规约性的，从而是自动化的。例如一个交通标志，说明前面道路弯道较多应减速，驾车者最好不去辨别路牌上弯曲的线是否"像似"弯道，而是用自己对交通规则的熟悉，提高理解效率。程式化地理解符号，就可以跳过中间环节，从感知直接跳入理解。

缩短识别，对于艺术符号来说却是最不合适的接收方式。读了开头就知道结果,这样的小说"公式化"。诗的文本与意义之间缺乏距离,是浅薄的诗。艺术是理解的缓刑,是从感知中艰难地寻找识别,从识别中寻找理解,这个过程越费力越让人满意,哪怕最后找不到理解,这个寻找过程本身,而不是理解的结果,让人乐在其中。甚至可以说,理解艺术作品只是一个必要的借口闪避理解,尽量长时间地停留在感知和识别上。

而实用的符号接收过程正好相反。一位驾驶者没有选择性接收的能力,就几乎无法开车,因为涌向他的感知太多。要解释的东西太多,就无法找到必须立即弄清楚的意义。例如我从斑马线穿过马路,我的存在必须被特定接收者(司机)感知。但仅仅被识别为一个行人,远远不够。我的走向、速度,我不想给霸道车让路的决心,等等,必须被正确解释,不然我依然会被汽车撞飞。如果驾车者没有注意到重要信息的能力(例如他醉酒),没有理解我对斑马线行人优先法定权利的坚持(例如他习惯了在某地斑马线上有时汽车"可以优先"),结果可能很不妙。

符义学的第三步是理解,真正的理解是一种"内化",即把关于世界的经验,变成关于自己的经验。用自己过去的理解积累,来解释这个符号的意义,也即用一个新的符号"再现"自己的理解:给出一个想法,从而开始一个新的表意过程。

因此出现下面这句悖论:"学习理解,就是学习不理解。"此悖论可以有两个意思:在驾车者的例子中,就是对符号以最快速度"不假思索"地解释,就是对符号自动化地反应;在艺术欣赏的例子中,不理解就是努力推迟理解,过程本身就是对文本形式的欣赏,解释意义反而是第二位的。

3. 符用学

符用学落到了符号学的边界上,因为涉及人的社会行为或心理条件。按照莫里斯的定义,符用学研究符号与接收者之间的关系,研究接收者在什么样的条件下,会得到何种意义,如何使用这个意义。符号学家里奇指出，凡是应对了以下四条中的任何一条，就进入了符用学的范围：

1. 是否考虑发送者与接收者？
2. 是否考虑发送者的意图，与接收者的解释？
3. 是否考虑符号的语境？
4. 是否考虑使用符号而施行行为？①

这实际上就是说，一旦牵涉符号使用者，就成了符用学问题。由于具体的语境不同，符号的意义会变得无穷复杂。人类活动的各个领域，包括社会、文化、个人生活，都进入了考虑范围。要理解一部电影，几乎会卷入整个人文学科、社会学科的知识。夸张一点说，如果这部小说或电影意义比较丰富的话，它创造的世界，可以让任何理论言之成理，因为它不仅牵涉解释者个人，而且卷入符号的总体社会表意潜能。

布龙菲尔德曾经提出，意义问题不是语言学能处理的，应当排除在语言学之外。② 符号学界原先也认为，符用学地位是成问题的，因为领域太宽广。有人甚至觉得符用学是符号学的"垃圾箱"：什么问题解决不了都可以往里扔，也就是不再理睬。有些论者至今认为符号学的核心应当是符义学，毕竟 semantics（符义学）一词，与 semiotics（符号学）同根，都来自希腊词 sema（神迹）。这种排拒符用学的态度现在完全变了，符用学成了今日符号学的重要领域，"使用中的意义"的确最为复杂，但也拓展了符号学的天地。

有论者认为，法国学派依然偏重符形学与符义学，而英美符号学的核心是符用学，这种看法可能有一点道理。发生在叙述学中的情况与此类似：法俄叙述学派重点研究"情节语法"，而英美学派重点在"隐含作者""不可靠叙述"等意义解释中的问题。

---

① Geoffrey N. Leech, *Semantics*, Harmondsworth: Penguin, 1974, p. 2.
② Leonard Bloomfield, *Language*, New York: Allen & Unwin, 1933, p. 7.

虽然现在符号学界努力把皮尔斯的符号学与实用主义哲学分解开来，避免因为需要皮尔斯的符号学观念，而不得不为实用主义辩护，尽管他的某些论点，例如试推法，有实用主义色彩，但是符号学或其分支符用学，与实用主义完全没有必要联系在一起。正如本书上面所说，符号学与关心经验、意义的其他哲学派别，如现象学、解释学、日常语言哲学，关系更紧密一些，而符号学的批判精神，也容易与马克思主义、精神分析互相靠拢。

瑞恰慈早在二十世纪二十年代就以《意义的意义》一书证明了意义问题的复杂，该书梳理出意义的十六种定义。① 此后这问题越说越复杂，列维-斯特劳斯感慨道："在整个语言中，要找出意义这个词的意义，恐怕是最难的了。"②

这个问题最可能的解决途径，还是必须到语用学中找。维特根斯坦说："一个词的意义就是它在语言中的使用。"③ 这是很精辟的观点。到符号的用法中寻找意义固然复杂，但是符号的真正意义也就是使用意义，而符号学作为意义学，无法躲开意义的定义，不然无以立足。

英美学界受维特根斯坦的分析哲学影响很深，因而奥斯丁（John L. Austin）的"言语行为"（Speech Act）语用理论影响极大。④ 奥斯丁1955年在哈佛大学做的系列演讲，在他去世后，1962年集成《如何以言行事》（*How to do Things with Words*）一书出版，该书为言语行为理论（Speech Act Theory）的奠基之作。这个学派实际上是从维特根斯坦《哲学研究》一书中得到启发。维特根斯坦主张

---

① 奥格登与瑞恰慈的十六种定义，一一列出有点过长。感兴趣的读者可以参看俞建章、叶舒宪：《符号：语言与艺术》，上海：上海人民出版社，1988年，第213—214页。

② Claude Lévi-Strauss, *Myth and Meaning*, Toronto：Toronto University Press, 1988, p. 2.

③ "The meaning of a word is its use in the language." Ludwig Wittgenstein, *Philosophical Investigations*, New York：Blackwell, 1997, p. 29; Garth Hallett, *Wittgenstein's Definition of Meaning as Use*, New York：Fordham University Press, 1967.

④ 参见 M. H. 艾布拉姆斯《关于维特根斯坦与文学批评的一点说明》《如何以文行事》二文，见《以文行事》，赵毅衡、周劲松、宗争、李贤娟译，南京：译林出版社，2010年，第76—96页、第251—274页。

"言也是行"（Words are also deeds）①，言语是一种行动，词语是行动的结果。奥斯丁的贡献是用具体的言语行为分析，来补充维特根斯坦过于松散难以应用的"语言游戏"（Sprachspiel）理论。

文学理论家艾布拉姆斯赞同维特根斯坦与奥斯丁，认为这个理论与他关于文学"卷入人的世界"立场相符。在德里达与奥斯丁的争论中，艾布拉姆斯站在奥斯丁一边。他非常欣赏维特根斯坦的语言游戏论，他认为"这个游戏的名字就是人性"。

的确，符号意义离不开使用。同一符号（例如拥抱），文本形态相似，在不同场合（situations）——外交礼仪、接待客人、家庭内部、恋爱关系、父子关系——意义却会非常不一样。看起来相似的见面拥抱，放在这些情景中，需要完全不同的解释方式。社交的拥抱（友好），权力的拥抱（妥协），信仰的拥抱（认同），情色的拥抱（求爱），更不用说在没有拥抱习惯的时代或文化中意义各不相同，而且在不同接收者看起来，会认为属于不同情境。如果是一个道德场合，就绝对不能误会为艺术场合，否则一个拥抱的意义会截然相反。在某种语境下使用，是符用学的关键。

符号意义就是符号的使用，因为符号除了表达意义别无他用。雅柯布森曾经举例说，莫斯科斯坦尼斯拉夫斯基剧院某演员能把"今天晚上"一语说出五十种不同的意思。② 笔者猜测他是暗示了使用这句话的五十种不同语境场合（雅柯布森文中说是"情感状态"），例如"今天晚上（可以一醉方休了）"，"今天晚上（她究竟来不来）？"没有哪怕虚拟的使用情景支持，不太容易想象同一符号文本如何携带五十种"信息"。

4. 符号六因素与六性质

符号本身对意义并不是完全被动，听凭接收者解释。符号携带着

---

① Ludwig Wittgenstein, *Philosophical Investigations*, New York: Blackwell, 1997, p. 546.
② 罗曼·雅各布森：《语言学与诗学》，见赵毅衡编选：《符号学文学论文集》，天津：百花文艺出版社，2004年，第180页。

各种标记,推动接收者往某个方向解释。皮尔斯指出解释项可以有三种:情绪解释项(emotional),例如听到音乐而感动;能量解释项(energetic),例如听到命令而行动;逻辑解释项(logical),例如听到一个问题而思索其答案。① 但是皮尔斯没有指出符号文本与这些解释的关联方式,他只是指出符号的不同品质推动多种解释的可能。

1958年,雅柯布森在印第安纳大学(美国符号学几十年的根据地)一次重要的符号学会议上做了个总结发言,提出了著名的符指过程六因素分析法。他说他的模式是从卡尔·毕勒(Karl Bühler)的"工具论模式"(Organon-Model)发展出来的。② 现代符号学多线发展,往往造成所用术语不统一,雅柯布森用的某些术语,与符号学后来发展出来的一套术语很不同,容易引起误会,笔者在此改成本书坚持使用的术语,为了让读者辨误,也对雅柯布森本人公平,括弧里是雅柯布森原先用的英文词:③

$$
\text{发送者(addresser)} \xrightarrow{\begin{array}{c}\text{对象(context)}\\ \text{文本(message)}\\ \text{媒介(contact)}\\ \text{符码(code)}\end{array}} \text{接收者(addressee)}
$$

雅柯布森指出,一个符号文本同时包含这六个因素;符号文本不是中性的、平衡的,当文本让其中的一个因素成为主导时,就会导向某种相应的特殊意义解释。

当表意过程侧重于发送者时,符号文本出现了较强烈的"情绪性"(emotive)。最明显的例子是感叹语,或"以表现性姿态展示其愤怒或讥讽态度"。雅柯布森指出,表现功能不一定靠文本中的感叹,

---

① Charles Sanders Peirce, *Collected Papers*, Cambridge Mass: Harvard University Press, 1931—1958, Vol. 8, p. 184.
② 毕勒的模式讨论,见 R. E. Innis, *Karl Bühler: Semiotic Foundations of Language Theory*, New York & London: Plenum Press, 1982。
③ 罗曼·雅各布森:《语言学与诗学》,见赵毅衡编选:《符号学文学论文集》,天津:百花文艺出版社,2004年,第169—184页。

实际上在文本的各个层次上，语言、语法、词汇都会表现出情绪功能。而本书强调，伴随文本（例如语气、姿势、表情、发出者－接收者关系等）也会推进某种解释。

当符号表意侧重于接收者时，符号出现了较强的意动性（conative），即促使接收者做出某种反应。其最极端的例子是命令、呼唤句、祈使句。意动性是无法检验，无法用正确与错误加以判断的。意动性似乎很特殊，实际上却是许多符号过程都带有的性质。托尔斯泰在小说《克莱采奏鸣曲》中诅咒音乐的情绪力量，借人物之口评论说：

> 我听完乐曲（指贝多芬的同名音乐作品）之后感觉到不能控制的兴奋，无法使心情平静下来。就像士兵一听到进行曲就立刻踩步子威武地前进，就像我们一听到舞曲就会心情舒畅地跳舞，一听到弥撒曲就知道去领圣餐。在这些事例中，音乐的作曲都达到了某种目的……

许多符号表意，例如广告、宣传，都着眼于影响接收者的行动，因此从定义上说就是意动性的。

当符号表意侧重于媒介时，符号出现了较强的"交际性"（phatic），这种话语似乎是纯粹为了保持交流畅通，或者说保持接触。最短的例子是打电话时说的"喂喂，你听得见吗？"最典型的例子可以是英国议会中所谓 filibuster，即在议会中用冗长无关的发言拖时间，以推迟某个法案通过。此时说的内容无关紧要，符号文本的用途是占领渠道。

反复，是一种保持接触的方式，幼儿首先学会使用的就是符号的这种功能。恋爱中的人往往不断地说重复的话，家人之间常谈些闲言碎语，对他们来说，最重要的是保持接触，是交流渠道畅通本身带来的快乐，信息内容倒在其次。比如说明星追求上镜率，使用的方法多种多样：自曝情史、揭家丑、慈善活动、奇装异服等。这些符号文本传达不同的意义，如我是一个有魅力/爱心/走在时尚前沿的人之类。

但它们最重要的目的是曝光率。① 没有人气，明星很快就被人遗忘，被新人替代。每个符号文本单独有意义，共同品格是与大众"保持接触"。本书第九章第五、六节讨论象征，第十五章讨论"群选经典"时，会回到这个问题上。

当符号表意侧重于对象时，符号出现了较强的"指称性"（referential），或称"外延性"（denotative）。此时符号过程明显以传达某种明确意义为目的。本书上文讨论过，实用/科学符号表意，大多是"所指优先"，这一类符号表意最为常见，也容易理解。此时符号的"对象"就是意义所在，意义明确地指向外延。

当符号侧重于符码时，符号出现了较强烈的"元语言倾向"（metalingual），即符号信息提供线索应当如何解释自身。自携的元语言往往来自文本的体裁、风格、副文本等元素，如果文本讨论如何解释自己，往往用"你明白我的意思吗？""你好好听着"这样的指示符号来提醒。元语言不一定外在，符号文本往往点明了对自己的解释方法，这一点，应当说是雅柯布森对符号学做出的一个重要贡献，本书第十章将重点讨论"自携元语言"问题。

雅柯布森的六因素理论造成的最大影响，是此文关于"诗性"的解释。雅柯布森认为，当符号侧重于信息本身时，就出现了"诗性"（poeticalness）。这是对艺术符号根本性质问题的一个非常简洁明了的说明。诗性，即符号把解释者的注意力引向符号文本本身，文本本身的品质成为主导。

雅柯布森指出，诗性并非只出现于诗歌中或文学艺术中，诗性出现于许多表意场合。雅柯布森举出的例子极为广泛，有顺口溜、广告、诗体的中世纪律法、梵语中用韵文写的科学论文、竞选口号、儿童给人起的绰号，等等。这些符号并非没有其他功能，并非不表达意义，只不过符号自身的品质占了主导地位，符号文本的形式成为意义所在。

在当代，我们可以看到大量的广告或招牌，利用符号"诗性"让人记住。雅柯布森引诗人霍普金斯的话，诗是"全部或部分地重复声

---

① 这是 2009 年 10 月彭佳发表在"符号学论坛"上的内容，特此致谢。

音形象的语言"。因此诗性的一个重要标记是重复某些要素，让这些重复之间出现有趣的形式对比。例如，饭店名为"面对面拉面""王子饺子王"。再如饭店进门挂了匾"好吃再来"，出门时另有一匾"再来好吃"。看来今日的诗人，优秀的大都在开饭店。

从以上例子可以看到，"诗性"是一种风格特征，在很多文体中派上用场，诗性能让一个符号文本带上某种"艺术性"，但不一定能使这个文本变成艺术。雅柯布森认为两者之间的关键性区别是：有"诗性"的非诗，"利用了诗的功能，但没有使这种功能像它们在真正的诗中那样，起一种强制性的或决定性的作用"①。雅柯布森的这个说法并没有解决根本性问题。用任何"强制性或决定性作用"，也不能使广告变成艺术，体裁的本质是个语用学问题。广告写得再有诗意，不可能变成诗，哪怕诗人来写也一样。马雅可夫斯基在苏联1923—1925年的"新经济政策"时期，为苏联的公司写过三百首"广告诗"，有几首进入《马雅可夫斯基选集》②，俄文原文可能有点俏皮，翻译过来后，不成其为诗。美国女诗人伊丽莎白·毕晓普曾应邀为福特公司新款汽车取名，有诗性，但不是诗。符号文本的用法，决定了解释方式，广告意义依然必须落到商品上。李白为"兰陵酒"写的"广告"，"兰陵美酒郁金香，玉碗盛来琥珀光。但使主人能醉客，不知何处是他乡"，因为"对象"已经消失，可以读成诗；现在又冒出一种当代"兰陵酒"，重新把李白诗又变成广告。

雅柯布森在此文中还做了一个有趣的观察，他认为："'诗性'与'元语言性'恰好相反，元语言性是运用组合建立一种相当关系，而在诗中，则使用相当关系来建立一种组合。"③ 这个说法颇费猜详，我的理解是：元语言性帮助文本指向意义，重点是解释；而诗性让文本回向自身，重点停留在文本上，不求解释。李白的诗，一旦读成不为某种特定酒而写，就成了诗。

---

① 罗曼·雅各布森：《语言学与诗学》，见赵毅衡编选，《符号学文学论文集》，天津：百花文艺出版社，2004年，第182页。
② 马雅可夫斯基：《马雅可夫斯基选集》，北京：人民文学出版社，1957年。
③ 马雅可夫斯基：《马雅可夫斯基选集》，北京：人民文学出版社，1957年，第183页。

5. 语境论

关于决定符号意义的各种因素，语境可能是最重要的。语境，就是符号的使用环境，有的符号学家称为"情景"。最早是由人类学家马里诺斯基在《原始语言中的意义问题》一文中提出的，瑞恰慈用此文作《意义的意义》一书的补遗①，使这个理论从人类学扩展到文艺理论中来，语言学家约翰·菲尔斯在二十世纪三十年代详尽地讨论语境论。② 此后语境问题的研究者众多，对语境开始做细分，分类的人多了，类别就越分越细。

有的符号学家称语境为"脚本"（script）。人都是社会的人，人对符号的解释结构，总是以可以预测的语境构筑起来的，在符号表意出现的时候，就会"不言而喻"（by default）地放在这个语境序列中进行解释，哪怕符号文本并不完整，接收者也会在已定的语境中重构意图意义。

文本不完整但是靠语境完全可以得到理解，这种例子随时可以遇到。例如，待客吃饭时，你妻子对着你摸了一下下巴，你马上明白她是指你自己的下巴上有饭粒。再例如"我想打电话，能否借给我一块钱？"这"一块钱"必然是指一块钱硬币。文化的交际传达，交流的不只是文本的信息，同时进行着表意-解释行为的协调，影响表意解释的语境条件也就会形成。

大致上可以看出，语境实际上分成两个大类。一种是符号内的（符号文本自带的）"内部"语境，也就是伴随文本。它们与符号形态有很大关系，但是又不是符号本身，而是符号传达的方式。③ 例如商品包装之豪华，书籍装帧之精美，歌曲演出的舞台设置灯光布局，广

---

① Bronislaw Malinowski, "The Problem of Meaning in Primitive Language", supplement to C. K. Ogden and I. A. Richards, *The Meaning of Meaning*, 1946, New York: Harcourt, pp. 296—336.

② John R. Firth, *The Tongues of Men and Speech*, London: Oxford University Press, 1966.

③ 参见笔者《论伴随文本》，《文艺理论研究》2010年第2期，第2—8页。

告播出的频率和时间段等。这些"语境成分"对意义会有重要影响。有时候，例如巴尔特在《符号帝国》中说到的日本人层层包礼物，包裹的符号意义比礼物重要。

希拉里2009年2月2日在美国国务院宣誓就职，她致辞时刻意消遣自己和丈夫克林顿说："我要好好感谢他，这辈子带给我各式各样的经验。"而说到"各式各样"时加重语气，引来哄堂大笑。这种语气副文本，意图自嘲幽默，给接收者提示她期待的解释意义：她不是一个怨妇，过去已经过去，现在可以合作无间。

而符号接收的语境，是符号外部的语境。这些外部语境因素的汇合，经常被称为"语义场"。它们直接影响到解释，许多论者（尤其是语言学家）做过分类，但是没有一个学界基本上能同意的权威分类。此处只是大概说一下，不能说覆盖了所有的语境种类。

首先有"场合语境"（situational context），解释者处于何种场合，何种社会范畴。在酒吧朋友中传送的，与在外交场合传送的，使用同样的符号，意义可以完全不同。有的时候，场合语境变动，"传达集团"的变化，可以对解释起决定性影响。军队，中学生社群，江湖帮派，各有一套独特的表意方式。例如OrZ，取伏地之状，意为"我服了你"，在中学生社群之外，大多数人不明白。

例如，能够放在歌词里唱的，很可能不能放在话里说。不可能口头上说"我愿做一只小羊，守在你身旁"，不仅滑稽可笑，而且轻薄无礼，但是唱卡拉OK时就不同。《水浒传》中的杀人作"投名状"，在社会其他部分完全不能用。军官的命令，必须在军营内或战场上，才有其权威性。哈姆雷特要在半夜里被引到古堡接受复仇的指令，鬼魂命令的有效性也要求一定的场合。

另一种重要语境，就是第六章讨论的"伴随文本语境"（co-textual context），世界充满了符号行为，没有一种符号行为可以独立表意，都不得不受先存的或共存的其他符号行为的影响。例如，军官的命令，是有军规等作背景才成为非执行不可的命令；不了解中世纪晚期欧洲复仇对人格定位的重要性，也就不会明白哈姆雷特为什么那么苦恼。这点本书第六章已经详谈。

不同的情景需要用完全不同的符码与元语言。塔拉斯蒂曾经列出九种"情景"：社交礼貌、历史情景、存在情景、传达情景、权力情景、宗教情景、食品（象征）情景、情色情景、道德情景。但是他马上指出实际情景远远不止这九种，而且这九种也随时混杂。[①] 语境的拓展是没有穷尽的。一旦符号文本发出，"文本内语境"就很难自由延伸，而每一次解释行为可能落入新的语境。语境随着解释而无穷变化，使无限衍义枝蔓分叉，意义播散更加复杂。

6. 意图定点

按照皮尔斯的无限衍义理论，任何解释项都可以成为一个新的符号，新的符号又产生新的意义，以至无穷。但符号意义潜力上无限开放，实际上不会永远延续下去。这个暂时停止，就是意义的成形。符号发出者尽管无法控制所有人的解释，却可以设法让大部分接收者的解释落在这一点上，也就是说，让接收社群大致上接受发出者的意图意义。这就牵涉发送者如何利用语境的预设安排。对于社论作者、记者、宣传家、球队教练、电影制片人、广告设计家，对于任何想要在目标接收者中取得特定意义效果的人，这种预设安排都至关重要，本书把发出者意图中期盼解释的理想暂止点，称为"意图定点"。大致按照意图定点理解符号文本的接收者，常被称为"体裁读者"（generic reader）[②]，也就是多少按文化契约规定的方式理解文本的读者。

"意图定点"并不是"意图意义"。所有的符号发出者，都给予文本一定的意图意义，但是意图意义并不能代替可实现的意义。而意图定点则是符号发出者认为可以用各种手段达到的一个效果。广告人的意图可以是垄断整个市场，实际上他做不到这一点，他只能衡量局

[①] Eero Tarasti, *Existential Semiotics*, Bloomington and Indianapolis: Indiana University Press, 2000, pp. 8-9.

[②] Barbara Dancygier, *The Language of Stories: A Cognitive Approach*, London: Cambridge University Press, 2011, p.76.

面，因势利导，以取得一定的效果为满足，过高期盼，只能落得过于高调，华而不实，效果不佳。

任何具体的解释行为，都要暂时停止在某一点。这一点的出现往往是出于实际原因：因为解释者自己已经满意（例如赢了一盘棋），因为已经达到了预定目的（例如破译了密码），因为时间不够（例如考试已结束），因为"思考疲劳"（例如看不懂的电影不再去想），或因为能力不够（例如调查一桩案件进行不下去），甚至"反感"或"抵抗"（例如对某种元语言反感而做出"对抗解释"[①]）。对于个别接收者的任何具体解释行为，我们只能说停止是必然的，但是停止点落在哪里情况各异，这不在发送者的控制范围内。

意图定点无法针对全部接收者，每个人的具体解释过于多变，而是针对这个文本期待的，在一个文化中规定的接收者社群，接近费什所谓"解释社群"（interpretive community）观念[②]，也接近上述"体裁读者"观点。因此，意图定点是个社会符号学问题。

一则成功的广告，能让大多数观众达到广告公司所希望的意义。例如"农夫山泉"的广告：李英爱扮演的御医，是懂行的高手。那正是韩剧《大长今》风靡中国的年代，大长今的典雅、温柔、善良极受人喜爱，观众心理就被抓住。对于笔者这样没有看过《大长今》的少数中国人，衍义的"暂止点"，远远落在意图定点之前。我只看到广告中的图景：在青竹流水之间，有一位韩国女郎一袭白衣缓缓舀山泉之水，虔诚地煮水、泡茶，并且徐徐道来"农夫茶，好水，好茶，好人喝"。对于笔者，这则广告与别的饮用水公司广告差不多，我的理解就未能达到广告设计者的意图定点，因为笔者缺少了广告设计者想利用的语境知识，《大长今》这个互文本未起作用。

符号发出者的意图定点定在某一点，如果意图成功的话，大部分接收者也会把解释中止在那一点。例如 DVD 发行商把电影《安娜·

[①] Robert Hodge & Gunther Kress, *Social Semiotics*, Ithaca, NY: Cornell University Press, 1995, p. 11.

[②] Stanley Fish, "Interpreting the Variorum", *Is There A Text in This Class*, Cambridge, MA: Harvard University Press, 1980, pp. 147—174.

卡列尼娜》翻译成《爱比恋更冷》，发行商的意图定点落在不熟悉俄国文学的目标受众身上，效果不错；他完全不用管像我这种人如何气得发疯，他知道我属于"落伍"的少数。

因此，符号的意图定点往往是瞄准特定接收群体。雕塑群《收租院》的意图定点几十年来一直在变化。创作于1965年的大型泥塑群像，当时是为了中国的阶级斗争教育需要；2009年重新制作的作品获得威尼斯双年展大奖，却是瞄准了"国际社群"。

也有符号发出者的意图是尽早终止衍义。柯达摄影器材公司十九世纪八十年代年创办，Kodak此词"不是源于任何现成词，而是创办人伊门斯任意组合的，这样，即使不完全有文化的人也不会将它误拼，不至于破坏它的特性"。[①] 其实这词是按快门的拟声词，只是求容易记住。埃克森石油公司Exxon也是因为名称敏感，怕人们认为它有利益集团背景，就创造了一个无法让人有联想的拼法独特的词。

施乐公司（Xerox）阻止衍义一事，是坚持意图定点的一个例子。该公司在二十世纪五十年代晚期开始生产复印机，公司的名字有意取得很怪。但是很快这个商标就成了英语中一个动词，因为这种新技术对知识界特别有用，也因为Xerox像希腊词，有一种博学味道。老师们和经理们是复印机的潜在客户，是这个商标意图中的解释群体。很快所有的教授都对助教说："请xerox一下这篇文章。"施乐公司对此大为恼火，因为这个词一旦变成"复印"之义，那么这个品牌就成了类型符，别的复印机厂商就在合法地抢效益。[②] 于是该公司发起一个运动，在英语中坚持用"photocopy"（复印）这个"正式"的动词，这个运动居然成功了。这是意图定点"往里收缩"的一个奇特案例。

施乐公司何其有幸，在中国市场上他们完全没有遇到这个问题，中国教授不会对助教说："把这篇文章施乐一下。"这与市场开拓方式关系不大，而是关系到汉语创造品牌词汇的方式。中文译名"施乐"

---

① John Carey, *The Intellectuals and Masses*, London: Toby Eady Associates, 1992, p.35.
② Richard Stim, *Patent, Copyright & Trademark*, Berkeley: Nolo, 2006, p.388.

自以为取了个吉祥好词,不过中文品牌全都是吉祥词,过于雷同,行之不远。

而诗人和艺术家,则尽最大努力破坏意图定点,力图解放读者的经验语境,把意义带到无穷远的地方。诗越是不控制意义衍生,就越是有效。某些艺术作品(例如"农业合作化小说")意图定点清楚,让人一眼就看明白这只是文词比较顺的宣传而已:愿意接收这意义的人很容易看懂,不能接收的干脆看不下去。但是这些小说意图定点明确:面对其解释群体(二十世纪五十年代的中国读者),起到了必要的效果。

艺术家有意不暴露意图,有意"不按常理出牌",给接收者一个有趣的谜。越是"小众性"的体裁,在这一点上越是自由。越是出色的现代诗,越像个没有谜底的谜语,甚至诗人自己都无从索解。这个时候,一首诗可以让敏感而耐心的读诗者把衍义延伸得很远,最后几乎企及意义的极限。例如,皮尔斯的"符号本身",艾柯的"终极语义场",或是海德格尔在里尔克的诗中读出的"存在物的存在被形而上学地规定为世界性现身"。[①]

[①] M. 海德格尔:《诗·语言·思》,彭富春译,北京:文化艺术出版社,1991年,第121页。

第九章 符号修辞

1. 符号修辞的特点

修辞学（Rhetoric）这门学科本身的弹性很大，一般理解的修辞学，是"加强言辞或文句说服能力或艺术效果的手法"。无论在东方或是西方，修辞学都是最古老的学问。在古典时期和中世纪欧洲，不少学者倾全力于此，以至于现代有些学者认为这门学问已经到头了。韦恩·布斯指出：修辞艺术一直繁荣，修辞学却停滞不前。[①] 修辞学一直在语言学中占有一个地位，主要工作集中于古籍整理研究。但是二十世纪的"语言学转向"直接导致了修辞学的复兴；尤其是二十世纪符号学运动，推动了修辞学从语言学转向符号学。

西方大学的修辞学系科，是符号学与叙述学成为独立学科以前长期的驻扎地。许多学者原先都在修辞学内工作。符号学公认的源头之一是修辞学。[②] 皮尔斯符号学思想得益于修辞学甚多；[③] 巴尔特的符号修辞名篇《图像修辞》影响了很多后继者；[④] 叙述学家恰特曼（Seymour Chatman）一生都执教于伯克利加州大学修辞学系；韦恩·布斯的叙述学名著《小说修辞》（*The Rhetoric of Fiction*）开创了叙述学的"修辞学派"。布斯一生致力修辞学复兴，他认为修辞学

[①] 韦恩·C.布斯：《修辞的复兴》，穆雷等译，南京：译林出版社，2009年，第51页。
[②] Tzvetan Todorov, *Theories of the Symbol*, Ithaca, NY: Cornell University Press, 1982, p. 15.
[③] 参见 John R. Lyne, "Rhetoric and Semiotics in C. S. Peirce", *Quarterly Journal of Speech*, April 1980, pp. 155–168.
[④] Roland Barthes, "Rhetoric of the Image", in Stephen Heath (ed. and tr.), *Image, Music, Text*, New York: Hill and Wang, 1977, pp. 32–51.

不是"劝导"人们相信在别处发现的真理,而是思想的根本形式。①

二十世纪出现了一系列方向不同的"新修辞学",但是越来越多的人同意,"新修辞学"的主要发展方向,是符号修辞学。符号修辞学有两个方向,一是在符号学基础上重建修辞语用学,另一则集中研究传统修辞格在各种符号中的变异。② 本书主要在后一方向上做一些探索。

符号学给修辞学带来了新气象。符号修辞学把修辞推进到各种媒介中。广告、游戏、旅游、影视、设计、艺术等当代文化重要领域,向符号修辞学提出了新要求。"说服"这个修辞学的古老目标,忽然有了新的迫切性。劝人购买货品,购买服务,成为消费社会的第一要务。但是,非语言符号修辞研究面临几个困难:

第一,语言表现力过于强大,具有其他符号体系不具有的清晰度。修辞学从来就是语言修辞,符号修辞的任何问题,往往都被认为只是语言修辞格的变形或借用。

第二,关于非语言符号的讨论只能用语言写成,甚至绝大多数非语言符号的例子,也不得不用语言来描述,其论述很容易与语言修辞混淆。巴尔特写《流行体系:符号学与服饰符码》,干脆分析时装杂志的言语描述,而不直接分析时装符号。

第三,符号表意不可能有"是""像""如"之类系词、连接词、前置词,要对符号文本进行分析,比语言修辞困难。修辞的关联意义,必须靠解释才能落实。

第四,符号修辞格,容易与符号本身的性质(像似性、指示性、规约性)相混淆,这里的级差问题相当细腻。虽然符号修辞是超语言修辞,但完全区分语言与非语言符号,是很困难的事。

符号修辞学要成为一个独立的学科,必须避开语言陷阱,以免回到语言修辞,同时又必须使用语言。本书能做到的只是尽量在两者之间维持平衡。

---

① 韦恩·布斯:《修辞的复兴》,穆雷等译,南京:译林出版社,2009年,第31页。
② Winfried Nöth, *Handbook of Semiotics*, Bloomington: Indiana University Press, 1990, p. 339.

举个例子，电影《独奏者》（*The Soloist*）中，一位街头流浪音乐家得到一把大提琴，他提起弓想涂点私香，随口说了一句绝妙台词："琴弦需要私香，就像警车需要囚徒。"比喻语言本可以任意措辞，这个比喻取自他老是与警察打交道的生活，古怪而幽默，是语言修辞妙笔。然后，他拉到一段华美乐章时，警笛声融合了进来，此时镜头抬起，此时果然警车开来，警察从前来抓捕流浪汉的警车中跳下。这镜头组合，是听觉与视觉跨渠道符号比喻，却把语言修辞坐实（形象化）为符号修辞。

语言修辞往往只能让比喻越出文本之外，上面这个例子说明符号修辞的优点：它可以让比喻进入文本的组合之中。《周易·系辞下》所谓"近取诸身，远取诸物"是说比喻可以出入文本。上面引用的台词中的语言修辞，与镜头修辞对比，可以看到，符号修辞往往就近（就情景）取譬，它可以把"远物"拉到"近身"。

2. 概念比喻

比喻不仅是最常见的修辞格，很多人认为所有的修辞格都是比喻的各种变体，因此修辞学就是广义的比喻学（metaphorology）。比喻研究在中国也是一门古老的学问，西方中世纪经院哲学中，对比喻的讨论几乎到了烦琐的程度，艾柯的《修辞学与符号哲学》一书，详细讨论了中世纪以来的比喻研究，指出自亚里士多德在《诗学》中讨论比喻之后，有无数论家研究比喻，以至于修辞学被文献重负压得无法推进。

Metaphor 这个词在西文中有双义，中文翻译有时不知所从。为了区分，本书把广义的 metaphor 称为"比喻"（也就是把所有的修辞格都看成一种比喻），而把修辞格之一的 metaphor 称为"隐喻"。

任何新词都是一个旧比喻上累加出来的新比喻，例如"互联网""板块""博客""菜鸟""金融海啸"；同样，新符号也是旧符号元素累加出来的新比喻，例如奥运"足迹"礼花，例如"海宝"吉祥物。

比喻往往被认为是语言的最本质特征，整个语言都是比喻累积而成。任何符号体系也一样,是符号比喻累积而成。任何符号都从理据性(广义的比喻)进入无理据的规约性,再用符号文本做新的有理据的描写。符号体系正是靠了比喻而延伸,由此扩大我们认识的世界。

当比喻发生在两个概念域之间,此时出现一种超越媒介的映现(mapping)关系。"映现"这个术语起源于地图制图法,近年在符号学中用得越来越多。同一个地理对象,可以"映现"为各种不同的图式,因此这意义接近"共型"(analogy),转用到生物(例如细胞间的DNA复制)、数学、逻辑、电脑技术等学科,在符号学中指不同模式、不同媒介之间的转换,因此是"文化拓扑学"(本书第三章讨论过这个概念)的重要一环。在符号修辞学讨论概念比喻时,这个术语很有用。

莱柯夫与约翰逊在二十世纪八十年代初提出"概念比喻"(conceptual metaphor),这个课题已经得到了语言学界广泛的研究。而在符号修辞中,概念比喻的重要性比语言学更甚,因为比喻要在多种符号系统中通用,必定是概念比喻。某些概念比喻几乎是全世界跨文化共有,更不局限于某种语言。例如"狂热""心碎",例如蛇为恶魔,鸟为自由,这些概念比喻可以用不同的媒介表现。哲学和宗教比喻本质上是超语言的,例如陆九渊说:"吾心即宇宙,宇宙即吾心。"虽然这个思想不用语言无法表达,但其意义域不受语言限制。

莱柯夫与约翰逊举的例子之一是"怒火",他们指出这个比喻可以说出很多变体,并不像一般的比喻锁定于一个语言表现之中,可以说"我火冒三丈","这可把我惹火了","他的道歉无疑是火上浇油","吵完后他几天怒火未息"。[①] 莱柯夫与约翰逊的例子用的是英文,我用中文表达也很自然,一点不像翻译。最重要的是,概念比喻超越语言。我们可以用表情、图像、舞蹈、音乐等非语言媒介来表现"怒火"。

上下左右的位置,是重要的概念比喻,而且在各种文化中意义都

---

① Mark Johnson and "Conceptual Metaphor in Everyday Language", in Mark Johnson (ed.), *Philosophical Perspectives on Metaphor*, London: Baker & Taylor, 1981.

相近。上下是社会地位（"能上能下"），左右以前是正邪（"旁门左道"），以此说政治立场（"忽左忽右"）发源于欧洲的议会政治，现在意义全世界通用。上下比较容易用图像表现，几乎无处不用，"上"是在演化"本乎天者亲上"这个概念，就是《易》乾卦所说"飞龙在天，利见大人"。藏策认为，在中国，"乾/坤，阳/阴，天/地，君/臣，父/子，夫/妇，长/幼，是具有中心/边缘关系的'超隐喻'"[①]。其中心是将自身、家族、乡国等扭结起来的，正是被神圣化了的血缘宗族关系，因此超出了语言，成为等级的概念比喻。

概念比喻以文化为边界。例如绝大部分宗教都认为人生最好的归宿是升天，天堂在上。但是佛教却认为乐土在西，西天有极乐世界。《观无量寿佛经》中十六种观，第一观就是"日观"，以观悬鼓落日为"方便"。对于追寻人生根本意义者来说，看到日落西山，会有如鱼得水之感。落日之处为轮回的交接之处，有限与无限之间的跳跃。方位概念，比喻了最根本的人生理解。但是这个比喻局限于佛教国家。

波德利亚在《消费社会》一书结尾，曾用"橱窗映像"推进拉康的镜像概念；而贾平凹《废都》的开头，也有一个关于影子消失的情节。镜像是拉康意义上主体生成的工具，主体通过镜像来确认自身。而波德利亚说："在当代秩序中，不再存在使人可以遭遇自己或好或坏影像的镜子或镜面，存在的只是玻璃橱窗——消费的几何场所，在那里个体不再反思自己，而是沉浸到对不断增多的物品/符号的凝视中去，沉浸到社会地位能指秩序中去等等。"[②]

我们在玻璃橱窗中看到的不是自己完整的影像，而是商品和叠加在商品上、被切割得支离破碎的模模糊糊的自己。这是一个被"物化"的人。前商品社会的个人，对自己的看法类似镜子，基本上看到一个完整的自我，而商品社会的个人，是玻璃橱窗中碎片状的个体。"再也没有存在之矛盾，也没有存在和表象的或然判断。只有符号的发送和接受，而个体的存在在符号的这种组合和计算之中被取消

---

① 藏策：《超隐喻与话语流变》，天津：天津人民出版社，2007年，第4页。
② 波德里亚：《消费社会》，刘成富、全志纲译，南京：南京大学出版社，2000年，第225页。

了……消费者从未面对过他自身的需要。"①

所以，概念比喻不是一种添加文采的技巧、一种想象能力，而是根本性的思想范畴的研究。拿本书讨论的符号学来说吧，皮尔斯说普遍三性，艾柯说封闭漂流，雅柯布森分析选择与组合轴，实际上都是在使用概念比喻。

3. 符号明喻、隐喻、转喻、提喻及各种变体

首先应当说明，像似符号与对象之间的关系类似隐喻关系，正如指示符号与对象之间类似转喻或提喻关系。符号修辞格，与符号本身的分类，两者的区别在于在场性。符号修辞格的两造，一般都出现在符号文本现场，修辞格是这两造之间的关系；而像似符号与指示符号的对象必须不在场。

这个在场性问题不难理解，在具体分析中还是会有困惑，因为符号的对象只是在符号出场时不在场，如果隔一段距离出场，符号品类与符号修辞格就会混淆，此时全看我们如何划定在场的符号文本之边界。例如某人穿着阿玛尼名牌西装，在街上我见到他，看出这是他的财富之指示符号（他的财富不在场）；在他的府邸见到他，我很可能认为这是他的财富之提喻（他的财富看起来在场）。这两者的分野的确比较细腻，符号文本本身没有不同，区别在解释上。作为符号，引向一个不在场的解释意义；作为符号修辞格，则引向与另一个在场符号的关系。在实际的符号分析中，两者有时候不容易区分。

明喻的特点是直接的强迫性连接，不容解释者忽视其中的比喻关系。修辞学说比喻的两造之间有"像""如"等字称为明喻，在符号修辞中，无法出现"像""如"这类连接词或系词，但是符号文本可以有其他强制连接喻体与喻旨的手段。

电影《本杰明·巴顿奇事》整部讲的是一个人从老年开始倒着

---

① 波德里亚：《消费社会》，刘成富、全志纲译，南京：南京大学出版社，2000年，第224页。

长，越活年龄越小。开始有个强制的比喻：火车站一个倒走的时钟。这个钟安排得太明显，不得不说是个符号"明"喻。明喻就是文本中两个组分在表达层上有强迫性比喻关系，不允许另外的解读方式。许多影片公司的片头，实为符号明喻，如米高梅公司的狮吼，二十一世纪福克斯的探照灯，等等。

一旦非语言符号与语言相连接，明喻关系就可能更加清楚。举个例子，为春节元宵喜庆，本市的广场上挂了三种彩灯：树上沿着树枝挂的是红色灯泡和黄色灯泡，草坪上铺的是绿色灯泡。晚上广场上三种色彩辉映，市民们明白，红的黄的是两种颜色的蜡梅，绿的是草坪，这是明显的类比。但是策划喜庆活动的市政府在撰写计划书或汇报时，肯定会用到类似这些话语："本市春节满街火树银花，华灯初上，佳节良宵，普天同庆。"这是因为语言能把符号的比喻连接性说得更清楚一些。在这个例子中，市民和市政府报告都把灯饰看成是明喻。

在广告中，比喻关系必须明确而固定，必然是明喻。广告中一定会出现商品的图像与名称，而且必然是喻旨之所在。广告中某著名球星的精彩射门，最后必然拍出他穿的球靴是什么牌子；名演员打扮出场演一位女皇，她下诏所有侍女不准用某种香水，这香水总会出现在她的御用梳妆台上，瓶子上的牌子必定用特写映出；世博会的一个广告，身着西装的上海白领，身体的另一半是秦俑武士；大众车的一个广告，一架飞机姿态潇洒地掠出隧道，同时汽车也从隧道驰出。广告比喻双方的强制性连接，如系词"像"一样强制。

而符号隐喻，就是解读有一定的开放性的比喻，喻体与喻旨之间的连接比较模糊，而且这连接往往只是在发出者的意图之中。比喻关系实际上是意图定点。如果解释群体能找到这个比喻点，符号的意义效果就比较好，但是不能保证这个关系。一篇讨论营销技巧的文章说："去年在北大门口，我看到一个老太太在卖项链，也不知道是玻璃的还是水晶的……我问她这个东西叫什么？她说，小伙子你就不懂了，上面缀一个玻璃坠子，这叫情人的眼泪。大学生谈恋爱谈崩了，买一个东西纪念一下。"① 这个小商品，至少在意图意义中，是一个明喻符号。但是购买的学生是否真能想到这是眼泪？如果不加以说明（用标签标明商品名称，成为明喻），就无法保证如此理解。

李安导演的《喜宴》，主人公最后出美国海关通过安检口，举起双手，这是"投降"姿势，他对"香蕉化"的子女毫无办法，对文化的变迁毫无办法，他的生活中有太多的无奈。② 但是"投降"这个比喻，要把一部电影看下来才能看出，而且要有点领悟能力的观众才明白，因此只能是一个隐喻。

在符号修辞中，明喻的数量比隐喻多，但是符号明喻与符号隐喻之间，没有语言修辞那样清晰而绝对的分界。谈青少年成长的影视，片头的景色是开花的原野，桥头巨型雕塑英雄的手臂直指前行方向，图书馆前广场有罗丹的"思想者"雕塑；某本谈宋代商业的书，封面上是《清明上河图》。如果接收者看清了比喻的联系，这些可以是明喻。但是文本没有提供明喻式的"直接强迫性连接"，因此，符号明喻与隐喻的辨别，不在发出者意图中，也不在文本形式中，而在符号表意的第三个环节，即接收者的理解方式上。③ 符号明喻之所以可能失落，是因为符号修辞关系不像语言那样强制。

在所谓"神话式思维"中，出现"似生似"（Like produces like）的治疗隐喻：蛇胆明目，红枣补血，核桃补脑，藕粉美白，桂圆滋阴，鱼子补阳，鱼鳔收子宫，牛鞭壮阳。符号与对象的外形像似性关系，被认为是施加直接疗效的途径。这个连接点，在不信者看来只是个"神话式思维"隐喻，在信者看来是明确而强制的明喻，实际上必须做明喻的强制理解才有疗效。而一旦如此理解，果然有疗效，符号学家与心理学家都称这种心理暗示效果为"符号生理（semiosomatic）反应"。④

---

① 王希民：《营销活动三高招》，《真情·家具 TIME》，2009 年第 7 期，第 51—52 页。
② 这个例子是 2008 届符号学班学生王立新在课程作业中提供的，特此致谢。
③ 关于"期盼"与理解方式，请参见本书第五章第六节的讨论。
④ Trigant Burrow, *The Neurosis of Man*, London: Routledge, 1999, p.150. 此书认为"符号生理反应"是一种条件反射（reflex conditioning）。

转喻在非语言符号中大量使用，甚至可以说转喻在本质上是"非语言"的。电影《莫扎特传》中，暗怀鬼胎、预谋已久的宫廷乐师巧妙地利用莫扎特父亲生前用过的面具来到莫扎特的家门前，要求莫扎特为他作一曲《安魂曲》。此时此刻在莫扎特的眼中，面具就是死亡的提喻，而《安魂曲》这个乐曲的体裁成为一个序列的指示符号。乐曲完成之日就是莫扎特离世之日。

几乎所有的图像都是提喻，因为任何图像都只能给出对象的一部分。戏剧或电影用街头一角表示整个城市，却经常被认为是现实主义的表现手法。新闻图片，电影图景，实际上都无法给我们对象的全景，都只是显示给我们对象的一部分，让观众从经验构筑全幅图景。所以所谓"纪实"摄影或纪录影片，提供的只是"真实感"而不是"真实性"。关于世界的符号，只不过是世界的符号表现，而不是世界。

提喻使图像简洁优美，幽默隽永，言简意赅。钱锺书用绘画为例，说明提喻的妙用。《孟尝君宴客图》有人画两列长行。"陈章侯只作右边筵席，而走使行觞，意思尽趋于左；觉隔树长廊，有无数食客在。省文取意之妙，安得不下拜此公！"钱锺书评说，"省文取意，已知绘画之境"①，也就是说，绘画本质上就是提喻。

转喻与提喻在符号表意中经常混合。电影中的"特长镜头"，例如根据麦克尤恩同名小说改编的电影《赎罪》（*Atonement*），有敦刻尔克海滩足足四分半钟的长镜头：开阔的海滩上火光冲天，枪炮声震耳，到处弥漫着血腥与死亡。这段拍摄有意用完全无切断的特长镜头，为这个原本精致有余而丰厚不足的故事加重了砝码。但是无论怎样的全景长镜头，持续看到的只是无间断的局部，依然只是战场局势的提喻。这个长镜头最后连接到海滩附近一所小棚子内，男主人公受伤而死。在几十万人生死悬于一线的战场，一个人的死亡微不足道。这个邻接性转喻，就是电影的主题形象，人在战争中都只是一个可忽略的统计点，一个与大场面不相称的提喻。

---

① 钱锺书：《管锥编·太平广记》，北京：生活·读书·新知三联书店，2007年，第1136页。

某些女子出门挎的名牌提包，是财富的提喻，提包的形式与财富也没有多少瓜葛，"高贵"提包的表意作用，在于它在成功地花大血本做了广告后，故意售价很贵。提包再贵也只是她的零花钱中的一部分，于是牌子提喻提包，提包提喻财富。如果这位女士挎此提包，是因为她崇拜的一位大明星做了这个提包牌子的代言人，她挎的这个提包就是转喻，指向她的"时髦新潮"。

弗洛伊德在心理分析奠基名著《释梦》中指出，梦有两个重要组成方法，即凝缩（condensation）和移位（displacement）。拉康认为弗洛伊德说的这两种梦的方式，就是隐喻和转喻。凝缩即隐喻，不同事物某一方面的类似性，使它们之间可以联系起来；而移位即转喻，转喻是成分之间的空间邻接性。在拉康看来，欲望是转喻，欲望指向无法满足的东西，其喻旨与所有的符号意义一样，必须不在场。欲望的转喻本质，是它永远得不到满足的原因。符号转喻永远不可能代替喻旨意义，一旦意义在场，就不再需要符号。同样，一旦欲望达到了目的，欲望就不能再叫作欲望，欲望就消失了。这是欲望的符号修辞本质所决定的。

拉康与弗洛伊德用语言修辞来解释心理现象，但实际上梦是形象符号文本，而不是语言文本，弗洛伊德和拉康讨论的都是符号修辞。

4. 符号比喻的各种复杂变体

在语言修辞学中，比喻有各种延伸变化的分类，但是术语不太统一。下文不得不先把语言修辞中的比喻变体略加整理说明，然后扩展到符号修辞。这些变体的基础，可以是隐喻、明喻、提喻、转喻中的任何一种。

倒喻（reversed metaphor）把喻旨放在喻体前面，B 如 A。例如《长恨歌》中"芙蓉如面柳如眉"。一般说来，喻旨与喻体颠倒不会影响理解，因为喻旨往往是符号文本的组成部分，而喻体离符号的表达组合比较远。电影中一条凶恶的狼狗垂着舌头先出来，后面跟着坏人出场；先有残叶萧索，然后流浪汉孤苦伶仃；先出现春日垂柳燕子呢喃，然后出现恋人成双。电影观众绝对不会搞错，这是以狼狗比恶人，以冬景比心情，而不是相反。

实际上，符号比喻，倒喻比"正常顺序"的隐喻更多，因为喻体可以提供背景，烘托气氛，而喻旨后出，强调意义所在，并延续文本的组成。所以电影中"芙蓉＋面"，远多于"面＋芙蓉"。在没有线性顺序的符号文本中，例如展览会的建筑与展品之间，室内装修的挂图与整体风格之间，喻体与喻旨无法说出一个前后。但是喻体总比喻旨更引人注目（例如车展上的车模与汽车），接收者一般先注意喻体，然后注意喻旨。上一节分析广告的明喻结构时，也已经说明广告喻旨后出。

潜喻（submerged metaphor）A（如B，因此）有B1，其中B1是B的一个延展的品质或行为。例如被侮辱的女人叫起来："拿开你的爪子！"没有说的是"你如狼"。钱锺书《围城》中说某女士穿得太暴露："又有人叫她'真理'，因为据说'真理是赤裸裸的'。"全句应当是"真理（像她的穿着一样）赤裸"。《管锥编》中引卡西尔的《象征形式哲学》说比喻的两造"引喻取分而不可充类至全"，钱锺书引"南北徽池雅调"为例："蜂针儿尖尖的做不得绣，萤火儿亮亮的点不得油。"① 这是否定式地使用潜喻：A（不如B，因此）不能完成B1功能。

在符号修辞中，潜喻使用得相当广泛，电影符号学家认为蒙太奇是符号隐喻，但这种隐喻很可能跳过喻旨环节，成为符号潜喻。电影中某人暴怒，炉子上的咖啡壶煮沸溢出溅脏了桌布：咖啡壶（也像人一样暴怒地）沸腾了。电影里描写恋爱中的青年女子，喜欢在家里穿男人的大号衬衫，这是关于她享受爱情的潜喻，略去的环节是她晨起时随手抓到的是男人留下的衣服。据说宋徽宗廷考画家，出题《踏花归去马蹄香》，某画家画了几只追逐马蹄的蝴蝶，得到嘉奖：花香无法画出，其延展行为却可以描绘。

---

① 钱锺书：《管锥编·毛诗正义，大东》，北京：生活·读书·新知三联书店，2007年，第254—255页。

曲喻（conceit）是潜喻的进一步展开，A（如 B，因此）引向 B1－B2－B3："他（如狼）永无满足，每天寻找新的牺牲品，得意时就狂啸。"很多广告实为曲喻，例如伊利牛奶的一则广告，某明星女孩喝了牛奶，神清气爽地伸展四肢，跳了起来，跳出舞步，而舞步落在一架巨大的钢琴上，白键黑键中流出动听的音乐。

很多传说和史诗的情节，是概念比喻的曲喻式展开。例如说圣杯是耶稣与门徒"最后的晚餐"用的杯子，只有最勇敢最纯洁的骑士才能找到它，找到圣杯者就是骑士中的翘楚，因此情节的主要部分就成为对骑士勇敢和纯洁的考验；再如孙悟空因闹天宫而被罚囚禁，因囚禁而必须感谢救助者，因而必须护送唐僧去西天，而唐僧是肉骨凡胎，不能腾云驾雾，必须一步步走去，从而必须经历九九八十一难。

类推（analogy），A 对 C 就相当于 B 对 D，可以紧缩为 A 是 C 的 B。"他对于这个小镇，就像狼对于羊群"，化成类推就是"他是这个小镇里的一头狼"。类推实际上是所有比喻的预设语境，所有的比喻都是类推的缩写而已。某经理"像狮子一般怒吼"，说全了就是"他（对办公室人员）就像狮子（对森林里的野兽）一般怒吼"。电影中可以是镜头组与蒙太奇的配合：艳红的大丽花，大丽花背后的阳光刺目，遮盖了大丽花的红色，让它变得边缘模糊；一群皮靴踩过，把农田踩烂——这里的类推是："田野被兵灾踩躏，就像花朵在夏日枯萎。"

反喻（antimetaphor）或称"类逻辑比喻"（paralogical metaphor），即反逻辑的比喻，或很难找到比喻像似点的比喻。反喻往往形式上是个明喻，因为有比喻词强迫解释者不得不接收这个比喻。从符号学角度来看，明喻的连接并不在喻旨与喻体有没有像似点，而在于修辞结构本身对文本的制约。

由于符号明喻没有语言明喻的"谓词"，只有体裁规定必然的捆绑修饰，因此反喻更为简便多样。语言的反喻，只出现于现代先锋诗歌等反常文体中，而符号反喻也不能出现于广告等需要解释明白的地方，只能出现于以反常为立足点的艺术中，尤其在现代先锋艺术中。例如波洛克（Jackson Pollock）著名的滴沥画《秋天的节奏》

(*Autumn Rhythm*),用刀、杖、毛巾等把颜料泼洒在画布上,此画与标题的像似点完全不存在;同样,黑塞(Eva Hesse)的布挂条装置,称为《意外》(*Contingent*);菲尤(Robert Filliou)用金属丝和板材搭建的装置《通灵音乐第五号》(*Telepathic Music* ♯5),都是标题强加像似点的反喻。

由于现代形式论的发展,二十世纪对修辞学的兴趣复兴,但是真正把修辞学变成一门崭新学科的是符号学。对修辞学来说,扩展到全部符号,是宝贵的再生机会。一方面,某些符号学的基本规律,例如关于像似性与指示性的讨论,关于组合与聚合的讨论,最终与修辞问题相联系。反过来,符号学也拓宽了修辞学。例如图像修辞、多渠道媒体修辞,都比语言修辞复杂得多。还有些重大问题,例如象征问题、反讽问题,在语言范围内一直无法讲清楚,只有到符号学范围内才能明白一个究竟。由此,符号学成为修辞学复兴的前沿阵地。

5. 象征:与"符号"的混用

各种符号修辞格中,最难说清的是象征。这个概念使用得最多,意义却最混乱,讨论如何区分象征与符号的论著,在中文中很多,越讨论越糊涂。在西语中,symbol 与 sign 这两个词更加混用,不少符号学家用了整本书试图澄清之,例如托多罗夫的《象征理论》[①],只是把问题说得更乱。本来这个问题应当可以用符号学来澄清,实际上也只有符号学才能澄清。但恰恰是在西语的符号学著作中,这个问题弄得比其他学科更乱。在西语中,象征 symbol 一词经常当作"符号"意义来使用,这是西方符号学自身成为混乱的原因。

古希腊语 symbolum 语源意义是"扔在一起",表示合同或约定的形成过程。在当代西方语言中,symbol 有两个非常不同的意义。《简明牛津词典》对 symbol 一词的定义是:①一物习俗上体现了、再现了、提醒了另一物,尤其是一种思想或品质(例如白色是纯洁的

---

① 茨维坦·托多罗夫:《象征理论》,王国卿译,北京:商务印书馆,2004年。

symbol）；②一个标志或字，习惯上作为某个对象、思想、功能、过程的符号，例如字母代替化学元素、乐谱标记。①

前一定义，对应汉语"象征"；后一定义，对应汉语"符号"。而西语中 symbol 兼为"符号"与"象征"，乱从此出。索绪尔对此很清醒，在他的定义中，符号必须是任意武断的，而 symbol 是象征，并不任意武断，因此他说："曾有人用 symbol 一词来指语言符号，我们不便接受这个词……symbol 的特点是：它不是空洞的，它在能指与所指之间有一种自然联系的根基。"② 他说的是 symbol 作为"象征"并非任意武断，不符合他的"符号"定义。他拒绝用以免混淆，是有道理的，但是他无法纠正每个西方学者。皮尔斯笔下的 symbol 恰恰就是任意武断的"规约符号"。至少在这一点上，索绪尔比皮尔斯清楚。

应当说，在汉语中，"象征"与"符号"这两个术语本来不会混淆，混乱是从翻译中开始的。西方人混用，翻译也只能在"象征"与"符号"中摇摆。影响所及，中国学界也不得不被这种混乱吞噬。中国学者自己的书，也弄混了本来清楚的汉语词汇。我们让西语之乱乱及汉语，真是令人遗憾的"中西交流"。

例如有一本国内新出的学术书，说是 symbol 此词，"用于逻辑、语言及符号学心理学范畴时，多译作'符号'；而用于艺术、宗教等范畴时，则译为'象征'"③。这话实际上是说汉语中"象征"与"符号"也是同义。两者都是 symbol 的译文，只是"象征"只出现于艺术学和宗教学之中。这种"按学科"处理译名的方式，显然行不通。

影响所及，当代汉语的日常用语中，也出现了"符号"与"象征"的混乱，例如说："超女是当代文化的符号。"正确的表达应当用"象征"。任何一个电视节目，本来就是符号文本。说这话的人，是想

---

① *The Concise Oxford Dictionary*, Ninth Edition, Oxford: Oxford University Press, p. 1411.

② 费尔迪南·德·索绪尔：《普通语言学教程》，高名凯译，北京：商务印书馆，1980 年，第 103—104 页。

③ 贺昌盛：《象征：符号与隐喻》，南京：南京大学出版社，2007 年，第 5 页。该书同一页上又说："西语语境中的'象征'偏重于以形象指涉理性思辨的对象，但当这一'形象'日渐脱离其具体的形态状貌而被单一的'语言符号'所替代时，'象征'就成了一种纯粹的语言现象。"

说"超女"节目已经变成一种"特殊的符号,即象征"。

钱锺书对这个纠葛一目了然。《管锥编》第三卷中说,符号即 sign,symbol。① 钱锺书的处理原则是:西语 symbol 意义对应汉语 "符号"时,译成"符号";对应汉语"象征"时,译成"象征"。一旦弄清原文究竟是符号还是象征,就以我为主地处理,不必凡是 symbol 都译成"象征",这样汉语能反过来帮助西语厘清这个纠结。因此,本章下面几节的目的,是把汉语的术语"象征"与"符号"区分清楚。在可能情况下,帮助西人整理一下他们弄出的混乱。

首先,西方学者由于两词意义接近,所以每个人一套自己的理解,经常互不对应。有些学者认为符号是浅层次的,象征是深层次的;甚至有西方论者认为符号是"直接"的,而象征是其"背后的潜在意义"。② 持这种看法的主要是某些人类学家,他们思想中的"符号",看来只是某种图像、文字或类似文字的记号(notation)。弗罗姆说:"符号是人的内心世界,即灵魂与精神的一种象征。"③ 这句话的意思似乎是符号范围比象征小,只是一种象征。本书认为,"符号"的外延应当比"象征"宽得多,"象征"是一种特殊的符号。

弗洛伊德认为梦的冲突－压制－替代机制使梦中出现显义与隐义,显义(manifest)是"图像的－字面的"(pictorial-literal),隐义(implicit)即"象征意义"(symbolic)④,拉康给 Symbolic Order 下的定义却说:"Symbolic Order 即符号的世界,它是支配着个体生命活动规律的一种秩序。"按他自己说的意思,Symbolic Order 即"符号",即"秩序"考虑,应当译成"符号界"才正确。艾柯就一针见

---

① 钱锺书:《管锥编·陆机〈文赋〉论卷》,北京:生活·读书·新知三联书店,2007 年,第 1864 页。

② Miranda Bruce-Mitford and Philip Wilksinson,《符号与象征:图解世界的秘密》(*Signs & Symbols, An Illustrated Guide to Their Origins and Meanings*),台北:时报文化出版社,2008 年,第 2 页。

③ 埃里希·弗罗姆:《被遗忘的语言》,郭乙瑶、宋晓萍译,北京:国际文化出版公司,2001 年,第 31 页。

④ Sigmund Freud, *The Interpretation of Dreams*, quoted in Agnes Petocz, *Freud, Psychoanalysis, and Symbolism*, Cambridge and New York: Cambridge University Press, 1999, p. 64.

血地说："拉康称作'Symbolic Order',而且说是与语言联系在一起,实际上说的是'符号界'(Semiotic)。"①

卡西尔名著《人论》一书中的名句"人是 animal symbolicum",现在一般译成"人是使用符号的动物",但是也有人译成"使用象征的动物",也有重要著作用此说。② 不过卡西尔原书在这两个术语上有特殊用法。他把 sign 解释为动物都会有的"信号",而把使用 symbol 看成人的特点。

那样的话,symbol 必须是"符号"。谢冬冰考察了卡西尔著作的历年中译处理方式,并且讨论了卡西尔自己的解说,结论是"从其整体的认识论来看,他的哲学是符号哲学,而不是象征哲学……但是全面地看,在讨论艺术和语言与神话的发生时,很多地方,symbol 一词应理解为象征"③。这个总结,实际上是承认卡西尔的著作不可翻译,除非把 symbol 分别译成"符号"与"象征",但要把卡西尔每一处的意思都弄清楚,很难做到。

同样的作者错乱祸及译者多得很。巴尔特的《符号帝国》说日本文化是个 symbolic system④;哲学家桑塔延纳说,"猿猴的声音变成 symbolic 时,就变得崇高了"⑤;弗赖说,symbol 是"文学作品中可以孤立出来研究的任何单位"⑥。这些人说的都应当是"符号",但是中译一律译为"象征"。

---

① Umberto Eco, *Semiotics and the Philosophy of Language*, Bloomington: Indiana University Press, 1984, p. 203. 百花文艺出版社 2006 年版中文译本《符号学与语言哲学》中无此节。

② 例如王一川:《语言的胜境:外国文学与语言学》,海口:海南出版社,1993 年。王一川说此语引自甘阳所译卡西尔《人论》,上海:上海译文出版社,1985 年,第 87 页。《人论》各版都译成"人是使用符号的动物"。

③ 谢冬冰:《"符号"还是"象征"?》,见《表现性的符号形式——"卡西尔—朗格美学"的一种解读》,上海:学林出版社,2008 年,第 47—54 页。

④ Roland Barthes, *Empire of Signs*, New York: Hill & Wang, 1982, p. 5.

⑤ George Santayana, *The Life of Reason: The Phases of Human Progress*, New York: Dover, 1905, p. 67.

⑥ Northrop Frye, *Anatomy of Criticism: Four Essays*, Princeton: Princeton University Press, 1957, p. 34.

布迪厄著名的术语 symbolic capital，不少学者译成"象征资本"①，也有一些译者翻译成"符号资本"②，中文论者也两者混用。按布迪厄的本意，恐怕最好译成"符号资本"。首先因为这个概念是与"社会资本""文化资本""经济资本"对列。布迪厄指出："symbolic capital 是其他各种资本在被认为合法后才取得的形态。"③ symbolic capital 既然是各种资本经过一番转换变成，当以"符号资本"为宜。

克里斯蒂娃与波德利亚的用法又有不同，他们持续地围绕着"符号"与"象征"的对立展开自己的理论。克里斯蒂娃的论辩围绕着"符号的"（semiotic）与"象征的"（symbolic）两个层次展开，"符号的"是"前俄狄浦斯的"（pre-Oedipal），焦点集中在"子宫间"（chora）；当一个孩子获得了语言，就不得不臣服于"象征的"后俄狄浦斯的符号系统（sign system）。在克里斯蒂娃的术语中，"符号的"大致相当于拉康的"想象界"。④

波德利亚早期认为现代性的发展是从象征秩序到符号秩序，中期认为现代性是从符号秩序发展到象征秩序。⑤ 但是在他的思想中，"符号"不同于"象征"。波德利亚 1972 年的著作《符号政治经济学批判》被认为是转向的路标性著作，在此书中他举了一个简易的例子：结婚戒指是"一个特殊的物，象征着夫妻关系"；而一般的戒指并不象征着某种关系，因此一般的戒指是"一种他者眼中的符号"，是"时尚的一种，消费的物"。而消费物必须摆脱"象征的心理学界

---

① 例如皮埃尔·布尔迪厄：《言语意味着什么：语言交换的经济》，褚思真、刘晖译，北京：商务印书馆，2005 年。
② 例如李猛、李康译，邓正来校的很重要的布迪厄社会学著作《实践与反思：反思社会学导引》，中央编译出版社，1998 年；又如陶东风译戴维·斯沃茨的《文化与权力：布尔迪厄的社会学》，上海译文出版社，2006 年，第 9 页。
③ Pierre Bourdieu, "The Forms of Capital", in J. Richardson (ed.), *Handbook of Theory and Research for the Sociology of Education*, New York: Greenwood, 1986, pp. 241–258.
④ Julia Kristeva, *Revolution in Poetic Language*, New York: Columbia University Press, 1984, pp. 19–24.
⑤ 高亚春：《符号与象征——波德里亚消费社会批判理论研究》，北京：人民出版社，2007 年，第 6—9 页。

定","最终被解放为一种符号,从而落入到时尚模式的逻辑中"。①这段话的意思是,象征有心理意义,而符号则有时尚意义。这是波德利亚个人化的理解,我们只能说戒指与结婚戒指是两种不同的"象征"。但是,既然波德利亚有自己明确的独特定义,我们只能按他的用法处理他文中的"象征"与"符号"。

的确,sign 与 symbol 这两个词,在西语中是从根子上混乱了,每一个论者自己设立一套定义,更加剧了混乱。符号学奠基者皮尔斯也把这两个关键性的关键词说得更乱。他使用 symbol 一词,指示符号三分类之一的规约符号,即与像似符号(icon)、指示符号(index)不同的,靠社会规约性形成与对象关联的符号,他这是在 symbol 的"符号""象征"复杂意义上再添一义。但是他又花了很长篇幅,把他的这个特殊用法解释成"与其说这是赋予 symbol 一种新意义,不如说返回到原初的意义"。

> 亚里士多德认为名词是一个 symbol,是约定俗成的符号。在古希腊,营火是 symbol,一个大家都统一的信号;军旗或旗子是 symbol;暗号(或口令)是 symbol;证章是 symbol;教堂的经文被称为 symbol,因为它代表证章或基督教原理考验用语;戏票或支票被称为 symbol,它使人有资格去接受某事物;而且情感的任何表达都被称为 symbol。这就是这个词在原始语言中的主要含义。诸位可以判定它们是否能证实我的声明,即我并没有严重歪曲这个词的含义,并没有按我自己的意思使用它。②

实际上皮尔斯的确是"按自己的意思使用它"。他举的例子中,"教堂经文代表基督教原理",明显是象征;营火、军旗或旗帜,都是典型的(邻接性)指示符号;至于"情感的任何表达",则是以像似

---

① 让·波德利亚:《符号政治经济学批判》,夏莹译,南京:南京大学出版社,2009 年,第 47—49 页。

② J. Buchler (ed.), *Philosophical Writings Peirce*, 1955, 转引自皮尔斯:《皮尔斯文选》,涂纪亮、周兆平译,北京:社会科学文献出版社,2006 年,第 292 页。

符号居多（例如表情、手势、身体动作）。他说的"回到希腊原意"，在西方学界可能是一种为创立符号学辩护的好策略。但是这种自辩，无法说明他的 symbol 的特殊用法"规约符号"。皮尔斯很能造词，他完全没有必要用此旧词。本书第三章第七节讨论规约符号时，不跟随他的解释，就是想把这个麻烦的辨义推迟到本节再谈。

事到如今，最好的办法是西文取消 symbol 的第二义，即不让这个词再作为"符号"的意义，全部改用 sign。这当然不可能。语言问题无法由学界下命令解决，况且这是学界自己造成的严重混乱。中西语本来就不对等，意义混淆的地方也不一样，翻译时必须仔细甄别在谈的是哪一种定义的 symbol。西方人可以交替使用 symbol 与 sign，虽然引起误会，至少行文灵动。西人的用法，不是我们把"符号"译成"象征"的理由，因为在汉语中，象征与符号不能互相替代。象征只是一种特殊的符号。

本书并不企图代西方符号学界澄清西语 symbol 的混乱，只讨论汉语中的符号或象征。中国符号学可以幸免于乱，只要我们拿出钱锺书的定力，不跟着盲目的翻译乱跑。

6. 生成象征的方法

在语言修辞学中，象征是个很不容易定义的修辞格。索绪尔在讨论德国史诗《尼伯龙根的指环》时说："史诗作者，或甚至历史作者在叙述两军交锋时也介绍两位首领间的战斗……这样，首领 A 与首领 B 的决斗就（不可避免地）成了象征。"[①] 这种"以将代军"的手法，是一种以部分代全体的提喻。我们说过索绪尔对使用 symbol 一词小心翼翼。在这里他说是"象征"，是对的，符合象征的形成方式，可以出自提喻。

显然，《尼伯龙根的指环》"以将代军"，不是一个语言问题，在

---

① 转引自茨维坦·托多罗夫：《象征理论》，王国卿译，北京：商务印书馆，2004 年，第 367 页。

舞台演出中更明显,在中国小说、戏曲、电影(例如电影《赤壁》)中用得更普遍,因为象征概念本身就具有超语言的符号修辞性质。实际上象征在符号修辞学中看得更清楚。

我们先从象征最基本的情况说起,尽量说得简单明确。首先,无论哪一种象征,起先都是一个比喻修辞格。这就是为什么许多作者在使用中经常混用比喻与象征。一本写建筑的书,说罗马帝国的凯旋门等公共建筑,是"通天之门……的隐喻",紧接着又说凯旋门是"皇权神权的象征"。① 这两句话都没有错,但是为什么凯旋门不是"通天之门的象征"?不是"皇权神权的隐喻"?这位学者换着用以增加文采,但是接得如此之紧,而我们读起来依然不觉得有错,说明这两个术语(无论在中文和西文中)有很大部分意义重叠。

笔者认为,象征不是一种独立的修辞格,**象征是一种二度修辞格,是比喻理据性上升到一定程度的结果**(关于理据性滑动,请参看本书第十一章),象征的基础可以是任何一种比喻(明喻、隐喻、提喻、转喻、潜喻)。象征与被象征事物之间的联系,可以取其像似性的隐喻,也可以取其邻接性的提喻转喻。但是在修辞机制上,象征与其他比喻无法区别。"易中天是新国学热潮的象征",出发点是转喻;"黑色是闻一多晚期作品忧郁情调的象征",出发点是提喻;"O象征太阳金色的阳光",出发点是通感比喻。

钱锺书讨论过"同喻异边",象征因为原来就是比喻,也可以多边。龟在中国古代象征长寿,为中国寿文化的主要符号,成为重要礼仪元素。元代之后,俗文化兴起,龟与蛇等都是爬行动物(邻接),而被喻为通奸男子,从而延伸出"龟儿子""王八蛋"等侮辱用语。这两种象征根据不同,意义相反,在同一文化中似乎也并不冲突,因为使用语境有文化等级差。叶芝说:"当隐喻还不是象征时,就不具备足以动人的深刻性,而当它们成为象征时,它们就是最完美的了。"② 叶芝明白象征是比喻的发展。

---

① 戴志中、杨震、熊伟:《建筑创作构思解析:生态·仿生》,北京:中国计划出版社,2006年,第20—21页。

② W. B. Yeats, *Essays and Introductions*, New York: Macmillan, 1961, p.45.

上文已经说过，概念比喻跨语言跨媒介。象征也总是跨媒介的，因此象征的出发比喻往往是概念比喻。例如十字架、新月、万字之于基督教、伊斯兰教、佛教，这些象征无论用什么媒介表现，无论是图像、雕塑还是语言、手势，依然是同一个象征。

经过如此的变异与积累之后，象征的意义所指总是比较抽象，经常是难以用语言解释的精神境界（état d'âme，例如佛教中用莲花象征纯洁），或是不太容易用别的方式表达（例如经轮象征佛法），甚至难以形诸语言的事物（例如品牌象征趣味品位、社会地位）。这就是为什么本书强调象征必须在符号学中才能讨论清楚。哲学家谢林说象征是"以有限方法表现的无限"。"无限"可能要求太高。荣格说得比较清楚："象征意味着某种对我们来说是模糊的、未知的、遮蔽的东西。"①

卡西尔一方面把 symbol 最普遍化，等同于一般的符号；另一方面又给 symbol 最"精神性"的定义，他说："'symbolic form'应理解为一种精神能量，借其之助，使一种精神内容和一种具体的感性 symbol 相联系，并内在地属于这 symbol。"② 卡西尔这两种对 symbol 的理解是矛盾的。如果推演他的说法，把人这种"使用符号的动物"定义为"使用精神能量的动物"，就可笑了。

刘熙载《艺概·词曲概》名言："山之精神写不出，以烟霞写之；春之精神写不出，以草木写之。故诗无气象，则精神无所寓矣。"写不出的"精神"，宜以形象表现。只不过刘熙载说的是"词"这种文学体裁，是指描写这些形象的语言。此时我们就看到了象征的符号载体的多媒介性。"烟霞""草木"这些形象，可以是景色（物象），可以是美术、照片、电影等再现（图像），可以是描写场景的词语（语像），也可以是集合的"文本形象"。例如电影《黄土地》、小说《边城》整个文本构成形象象征。

在某些特定情况下，象征也可以不涉及如此大规模的或过于抽象

---

① Carl Jung, *Man and His Symbols*, New York: Dell, 1964, p. 3.
② Ernst Cassirer, *The Philosophy of Symbolic Form*, London: Routledge, 2019.

的"精神意义",而使用非常具体的效果。给人贺喜画上红蝙蝠,象征"洪福齐天";往新娘床下放红枣、花生、桂圆、瓜子,喻"早生贵子"。这些只是利用"语音像似"(phonetic iconicity)祈福,钱锺书先生称之为"声音象征"(sound symbolism)。字形字音犯忌,也属于此类象征。翰林官徐骏在奏章里,把"陛下"的"陛"字错写成"狴"字,雍正见了大怒,在徐骏的诗集里找出了两句诗:"清风不识字,何事乱翻书?"于是徐骏死罪。符号发送者被认为使用象征,有意不直言颠覆性思想。

因此象征可以有一系列规模迥异的表现方式,从单元符号,进入大规模文本符号;从物像,到图像,到语象,到文本形象。有论者提出,象征就是"被赋予文化意义的符号"①,这个定义过于宽松了。大部分符号都与文化有关,没有"文化意义",任何人际交流都不可能。笔者认为,**象征是在文化社群反复使用,意义累积而发生符用学变异的比喻。**

象征正因为不停留于比喻,才靠反复使用,积累起超越一般比喻水平的富厚意义。因此象征必有一个意义形成的历史过程。文化集体地重复使用某个比喻,或是使用符号的个人有意重复,都可以积累意义使一个符号"象征化"。

经常看到一组比喻,集团地进入社会性反复使用,共同转换为象征集合。中国的风水术就是复杂的象征集合。建筑选址负阴抱阳,前面有案山,有池为朱雀,有小折河应"金带环抱";背面有座山,为玄武,东边引水成渠以喻青龙,西边有路谓之白虎。风水的象征集合,起始是为官宦人家社会欲望比喻。

《诗人玉屑》卷九"托物取况",开出一个比喻组:"诗之取况,日月比君后,龙比君位,雨露比德泽,雷霆比刑威,山河比邦国,阴阳比君臣,金玉比忠烈,松竹比节义,鸾凤比君子,燕雀比小人。"如此一一对应,可能过于机械,但是作诗的人把它当作教科书一一遵循,文化意义累积就产生了。上文引叶芝,说象征是"完美的比喻",

---

① 陈华文:《文化学概论》,上海:上海文艺出版社,2004年,第148页。

其实是诗人一厢情愿的说法。象征与任何符号修辞一样，可以非常俗气。

许多象征靠历史久远积累意义。华表原是一种路标，尧舜时代为供百姓告状的"谤木"。晋代崔豹说："今华表木也，以横木交柱头，状若花也，形似桔槔，大路交衢悉施焉。或谓之表木，以表工者纳谏也，亦以表识衢路也。"后世华表的路标与"谤木"功能早已消失，上面不再刻以谏言，而为象征皇权天授的云龙纹所代替，是皇家建筑的一种特殊标志。在当代，华表则成了中华民族的象征。因此，华表的象征意义是历史性的累积与变易所得。国家旗徽，城市地标建筑，王室贵族纹章，机构标识，直到品牌图像，都是靠一再复现积累象征意义。这就是为什么各种宣传或广告绝对不会轻易放过突出象征标志的机会。

数字也靠复用象征化。在所有数字中，十二是最受欢迎的：星座有黄道十二宫，希腊有十二主神，中国有十二生肖，伊斯兰教有十二伊玛目。当然这是因为一年十二个月。耶稣有十二门徒，这个数字的意义可能来自《旧约》。在以色列旷野里有十二股活泉解渴，此后成为犹太的十二支派。耶稣如果真选了十二个信徒，或是耶稣门徒自称有十二人，可能就是想到十二这个犹太民族的象征数字，让他们代表整个民族；如果十二是基督教建立后声称的，更是有意追溯犹太教渊源。

荣格认为组成集体无意识的主要是原型象征（archetypal symbol）。原型是人心理经验中先在的决定因素，促使个体按照祖先所遗传的方式去行动。人们的行为，在很大程度上是由原型所决定的。神话象征影响着我们的行为，在梦、幻想、宗教、神话、传说中，这些原型超越个体控制。

艾略特的《荒原》中依靠的是繁殖神话，因为引用过多，表现过于晦涩，诗人不得不在再版时加了许多注。其实繁殖神话是人类经验中植根很深的原型象征。例如太阳象征真理或阳刚，月亮象征美丽或阴柔，春天象征希望，四季象征生命，等等。原型使用历史非常长久，历史积累深厚。考虑到在有记录的艺术文学出现之前很久，人类已经有上万年的符号文化，原型必然是意义强大的象征。

荣格与集体无意识和原型有关的另外一个概念，是从印度教和佛教借来的曼陀罗（Mandala），指的是一种回旋整合象征，人类力求整体统一的精神努力，在不同文化中出现。① 弗洛伊德的学说是悲观的，他看到的是阴暗的力比多力量无可阻挡，人只能略做些徒劳无益的对抗；荣格的原型象征说却是乐观的，他把原型象征看成人类触及神圣的努力。

与原型的久远相反，艺术作品中往往用特殊安排进行象征化。艺术家有意让一个形象多次出现，重复表达，借此获得意义更深远的象征。英国莎士比亚专家卡洛琳·斯博琼（Caroline Spurgeon）1935年首先分析莎士比亚戏剧中的"复现形象"（recurrent image），如《哈姆雷特》剧中的疾病形象，《麦克白斯》中的"赤裸婴孩"形象。布鲁克斯在《精致的瓮：诗歌结构研究》一书中进一步研究了复现语象累积意义的方式，以至于弗赖评价说："对复现语象的研究是新批评的主要方法之一。"②

如果复现时，这些比喻形象指向一个主题，就产生"主题形象"（thematic image），象征化过程更为集中。孔尚任的《桃花扇》中反复用扇子（提扇、溅扇、寄扇、撕扇），使它成为女子的爱情气节与民族气节的象征；俄国导演祖亚金瑟夫的电影《归来》，反复出现的"爬高"形象，成为孩子长大的象征。

要缩短象征化所需要的篇幅。艺术家经常点明自己的"私设象征"，即直接讲说某比喻指向某主题，此时的艺术形象，往往因为尚未充分象征化，而被称为"象征性比喻"。③ 布鲁克斯与沃伦称之为"带比喻陪音的象征"④，但终究还是比喻。毕加索的名画《格尔尼

---

① C. G. Jung, *Memories, Dreams, Reflections*, New York: Vintage Books, 1961. 其中说："我知道，发现曼陀罗作为自我的表现形式，是我取得的最终成就。"

② Northrop Frye, *Anatomy of Criticism*, 1957, p. 58.

③ Joseph H. Wicksteed, *Blake's Innocence and Experience*, Norwood, PA: Norwood Editions, 1978, p. 23.

④ Cleanth Brooks & Robert Penn Warren, *Understanding Poetry*, New York: Henry Holt, 1950, p. 581.

卡》中，"黑白灰三色是压抑，公牛象征兽性与黑暗，受惊的马代表人民"。这是他自己设置的，用的方式是映现，即形象的配合显示与对象（格尔尼卡轰炸惨案）的"共型"。上面引用的是他事后的说明，但是当时观众靠标题作意义主导，也能大致看懂此种象征配置。惠特曼纪念林肯的名诗《当紫丁香最近在庭院开放》开头两行：

每年开放的紫丁香，那颗在西方陨落的星
和我对我所爱的人的怀念

此处紫丁香象征意义被直接点明，这个象征只能在这首诗的范围内起作用，只能是一个象征性比喻。叶绍翁诗"满园春色关不住，一枝红杏出墙来"，红杏只是春色的隐喻。真正的象征，即"红杏出墙"，则是使用社群共同的文化积累，不是诗人原先设立的。

因此，要形成一个携带着精神意义的象征，有三种方式：文化原型，集体复用，个人创建。如果把这三种方式结合起来，象征化往往效率极高。希特勒创用的 Swastika（反向万字）象征，利用了雅利安原始神话中的原有符号，加以个人设置，信徒们坚持重复，在暴力实践中填充"雅利安种族主义神话"内容，结果成了纳粹法西斯主义令人恐怖的象征。

品牌也是象征，建立方式雷同。大公司的商标图像（如耐克的钩，麦当劳的 M，BMW 车的蓝白图标，等等），原本是有理据性的符号（例如 M 字母是招牌的缩写，像似指示符号），随着资本主义的全球化，象征性增加，远远超出原先"意图定点"的意义，消费者只认图标，而不管"真实品质"。大量的 Logo 品牌产品，其实都是在第三世界的工厂里生产。当全球化向纵深发展，西方出现了"反 Logo 霸权"运动。①

当代大众传媒则缩短象征化所需的复用时间。大量网络语，如

---

① Naomi Klein, *No Logo, Taking Aim at the Brand Bullies*, London: Harper Collins, 2001.

"打酱油""俯卧撑""躲猫猫",因为在网上大量重复,最后成为具有特殊意义的表现方式。当代可谓爆红的名人,也是这样一种网络与大众之间接力的人物象征。

这是所谓后现代社会在象征化上的一个特点。当代文化中,象征化速度越来越快,例如芙蓉姐姐、犀利哥之类的人,忽然代表了一种概念,一种值得追求的"平民神话"的象征。起先可能是"围观"的恶习,目的可能是嘲弄;最后恐怕是这些人在笑话我们,笑话我们参与重复使用,为他们成功地象征化添柴加薪。毕竟要让那么多人来使用,才能造就象征,不是一桩容易事。

7. 语言反讽与符号反讽

反讽(irony)是另一种超越修辞格的修辞方式。其他修辞格基本上都是比喻的各种变体或延伸(如象征),立足于符号表达对象的异同涵接关系;反讽却是符号对象的排斥冲突;其余修辞格是让双方靠近,然后一者可以代替另一者,象征也只是加强了这种趋势,而反讽是取双方相反,两个完全不相容的意义被放在一个表达方式中;其余的修辞格是用各种方式接近一个意义,反讽却是欲擒故纵,欲迎先拒。其他修辞格"立其诚"以疏导传达,使传达变得简易,反讽以非诚意求取超越传达的效果,使传达过程变得困难。因此反讽充满了表达与解释之间的张力,最常见于哲学和艺术。

无论中西,哲人早已发现反讽是一种强有力的修辞手段:道家、墨家、名家,他们的著作中充满了反讽;柏拉图笔下的苏格拉底成就了西方思想的强大反讽源头。经过思想家们几千年的努力,反讽已经扩展为人性与社会的根本方式,成为文化符号学的核心课题。

至今,大部分关于反讽的讨论,也只局限于语言反讽,语言机制已经相当复杂。本书从语言反讽说起,进而处理符号反讽,最后讨论作为一种文化情景的反讽。

反讽表达的非但不是直接指义,还是正好相反的意思。这样的文本就有两层相反的意思:字面义/实际义;表达面/意图面;外延义/

内涵义。两者对立而并存，其中一项为显现义，另一项为归结义。

反讽不是讽嘲（sarcasm），不是滑稽（travesty），不是讽刺（satire），不是幽默，虽然这些概念有部分重叠。《史记·樗里子传》"滑稽多智"，注曰："滑，乱也。稽，同也。辩捷之人，言非若是，言是若非，能乱同异也。"看来汉代的"滑稽"，机制接近反讽。现代概念的反讽，大部分并不滑稽，滑稽并非都是反讽，只有某些类型的反讽可能带着嘲讽幽默意味，两者并不同义。男女洗手间，有的宾馆称为"观雨轩"与"听雨轩"[①]，这只是幽默，不能算反讽。母亲对贪玩的孩子说："奇怪了，你怎么还认识回家的路？"这里有一点嘲讽，更多是恼怒的反讽，方式比责骂更为有力。

可以在电影中找到大量符号反讽例子。电影这种多媒介符号体裁，经常可以用不同媒介传达不同意义，尤其是音画不合时。日本电影《人证》，女主人公在台上慷慨陈词，画面却进入她战时与一个美国黑人士兵同居，杀死儿子的过程；中国电影《都市里的村庄》，主人公孤零零在房间里徘徊，声音却是邻居阿芳婚宴上的吵闹喧哗；《小街》主人公在动物园被残暴殴打，音乐却是动听的《妈妈留给我一支歌》；苏联电影《战争与和平》中，皮埃尔目睹法军镇压反抗者，枪毙第一个人有枪声，第二、第三个人倒下时，却没有枪声。

苏联电影《斯大林格勒战役》结尾，两个德军俘虏在西伯利亚大风雪中举步维艰，一个说："冬天的唯一好处是让人没有感觉。"另一个说："你会讨厌沙漠，在那里你会像牛油一样烤化。"[②] 这最后一个例子的反讽，力量之强，远远胜过直接宣称"侵略者绝没有好下场"。一部战争电影，宣传任务迫切，却能以如此巧妙的反讽结束，的确很杰出。

反讽的定义可窄可宽，最宽的反讽定义是新批评派提出的，他们认为文学艺术的语言永远是反讽语言，反讽是任何"非直接表达"。布鲁克斯说："诗人必须考虑的不仅是经验的复杂性，而且还有语言

[①] 这些是2008届博士魏伟在符号学课程作业中举的例子，特此致谢。
[②] 这个例子是2006届符号学班学生邓艮在课程作业中提供的，特此感谢。

之难以控制,它必须永远依靠言外之意和旁敲侧击(implication and indirectness)。"① 弗赖也认为在语境的压力下,文学语言多多少少是"所言非所指",诗中的文词意义多多少少被语境的压力扭曲。

广义的反讽在艺术中处处可见,哪怕在最简单的以浅白取胜的民歌中都无处不在。《茉莉花》词"就怕看花的人儿骂""就怕来年不发芽",都是调情挑逗语。一旦语义曲折反讽,就成了艺术,甚至堂而皇之成为中国音乐之代表。

明知无解故问,是一种常见的反讽。钱锺书说《诗经·行露》(谁谓雀无角? 何以穿我屋! 谁谓鼠无牙? 何以穿我墉!)是"明知事之不然,而反词质诘,以证其然"②。明知故问的一个变体,是把比喻翻过来放在后面。《五灯会元》卷一六有"芭蕉闻雷开,还有耳么? 葵花随日转,还有眼么?"

那么《天问》是否是反讽之问? 钱锺书引蒋骥《楚辞余论》:"《天问》有塞语,有谩语,有隐语,有浅语;塞语则不能对,谩语则不必对,隐语则无可对,浅语则无俟对。"又引克尔凯郭尔指出:"思辨之问,知事理之有,而穷究竟委,故问。"而另一种"谲讽之问",是"知事理之无,而发覆破迷",问题是"屈子未必尽知所问之'无可对'而故问也"③。钱锺书认为《天问》并非反讽之问,在屈原时代,可能真认为这些是"天"有能力回答的问题。

8. 反讽与悖论

讨论反讽,最纠缠的是一个看来很浅的问题:反讽与悖论(paradox)的区别。反讽是"口是心非",冲突的意义发生于不同层次。文本说是,实际意义说非;而悖论是"似是而非",文本中就列出两个互相冲突的意思。反讽与悖论,两者都必须在一个适当的解释

---

① William K. Wimsatt and Cleanth Brooks, *Literary Criticism: A Short History*, New York: Knopf, 1957, p.674.
② 钱锺书:《管锥编·毛诗正义》,北京:生活·读书·新知三联书店,2007年,第129页。
③ 钱锺书:《管锥编·毛诗正义》,北京:生活·读书·新知三联书店,2007年,第953页。

意义中统一起来，只是反讽的归结义藏在文本背后，表面义肯定是伪装；悖论的双义都现于文本，哪一项是归结义，依解释而变化。

哲理惯用悖论。"道可道，非常道"，"沉默比真理响亮"（No truth is louder than silence）；日常语也惯用悖论，例如说"我越想他，我越不想他"，意思是"他能让我想到的只有坏处"。

悖论在文本层次上无法解决，只有在超越文本的解释中，在元语言层次上才能合一。例如上一节说的电影音画意义冲突形成反讽，也可以看成悖论（当我们把两个媒介都看成是文本）。其意义（德国俘虏在大风雪中庆幸没有去非洲，到底是不是真话）在表面上并没有定论，实际上观众根据元语言能力，知道俄国严寒的威力，不会弄错意思。

反讽与悖论两者容易混淆，因为都是矛盾表达，都是旁敲侧击，在许多思想家眼光中，两者也不必细分。反讽现代研究的开山之作，克尔凯郭尔的名著《论反讽概念：以苏格拉底为主线》，就不区分两者。此书一开始就列出十五条论点讨论反讽，第一条是"苏格拉底与基督的像似之处恰恰在于其不像似之处"[1]。这是悖论，不是反讽。在此书正文第一节中对此条有个注文："基督说：'我就是道路，真理，生命。'因为门徒们知道：'论到从起初原有的生命之道，就是我们所听见，所看见，亲眼见过，亲手摸过的。'而苏格拉底的真理是隐蔽的。"[2] 同是宣扬真理，基督是直截了当的，苏格拉底则用欲擒故纵的反讽。而克尔凯郭尔说此两人"像似之处恰恰在于其不像似之处"，却是一个悖论：苏格拉底与基督都试图传播真理，方法不同但殊途同归。

克尔凯郭尔全书最后又归结于一条悖论："credo quia absurdum（我相信，因为这是荒诞的）。"[3] 为什么一本专门讨论反讽的书，用

---

[1] 克尔凯郭尔：《论反讽概念：以苏格拉底为主线》，汤晨溪译，北京：中国社科出版社，2005年，第1页。

[2] 克尔凯郭尔：《论反讽概念：以苏格拉底为主线》，汤晨溪译，北京：中国社科出版社，2005年，第8页。

[3] 克尔凯郭尔：《论反讽概念：以苏格拉底为主线》，汤晨溪译，北京：中国社科出版社，2005年，第286页。

悖论开场，用悖论结束？克尔凯郭尔并没有解释，似乎至今也没有人注意到这部名著混用反讽与悖论。

新批评派的布鲁克斯在名著《精致的瓮：诗歌结构研究》中说诗歌语言的特点就是悖论，但他把悖论分成"惊奇"与"反讽"两类，悖论包括了反讽，反讽服从"悖论原则"。[①] 但是布鲁克斯另一篇著名论文《反讽——一种结构原则》[②]，说反讽是诗歌语言的普遍特点，是"语境对一个陈述语的明显的歪曲"。这也就是说诗歌（广而言之，一切文学艺术）符号表意，总是所言非所指。如此理解，反讽就包括了悖论。那么，到底何者包括何者？窄义地说，两者应当互相分开；宽义地说，两者混合可能是必要的。布鲁克斯把反讽与悖论都用于最宽泛的意义，即艺术语言区别于科学语言的最根本特点。用于这个目的，混用倒是可以理解。无论是悖论的表现面双义矛盾，还是反讽的表面义与意指义矛盾，都是矛盾意义合一。

语言是单媒介的，而符号表意经常是多媒介的，因此反讽在符号表意中出现得更多。反讽与悖论最大的共同点，是都需要解释者的"矫正解释"，矫正的主要工具是情景语境和伴随文本语境。一旦让伴随文本加入文本表意，符号表意究竟是反讽还是悖论就更难以判断，因为文本边界不清。岑参的《白雪歌送武判官归京》"忽如一夜春风来，千树万树梨花开"，这是"夸大陈述"（overstatement）类型的反讽，口是心非，归结义"大雪"不显，需要读者解释出来。**但如果把作为副文本的标题考虑进来，就成为双层意义都显示的悖论。**

因此，一旦修辞学从语言扩大到符号，一旦多媒介表意成了常态，各种媒介的信息很可能互相冲突，互相修正。此时原先在单层文本上的反讽，就会变成复合层次的悖论。所以，一旦进入符号修辞学，恐怕很难再区分反讽与悖论。例如，一个人说"今天天气太好了！"但是他手里拿了一把雨伞，或是脸上有诡异的微笑，或是当时正响雷。如

[①] 克利安思·布鲁克斯：《悖论语言》，见赵毅衡编选：《"新批评"文集》，天津：百花文艺出版社，2001年，第353—375页。

[②] 克利安思·布鲁克斯：《反讽——一种结构原则》，见赵毅衡编选：《"新批评"文集》，天津：百花文艺出版社，第376—395页。

果我们把雨伞、微笑、响雷看作伴随文本,他的话就是反讽;但如果把这些看作"全文本"的一部分,那他给出的就是一个符号悖论。

无论是悖论或反讽,都是一种曲折表达,有歧解的危险,因此不能用于要求表义准确的科学/实用场合。还用天气作例子。如果电视台气象报告天气很好,打出的图像却是乌云暴雨,电视观众只能认为电视台出错。在科学/实用传达中出现自我矛盾,接收者只能拒绝接收,等待澄清。

双关语反讽,也依靠发出者与接收者的文化背景相通,产生效果,在当代文化中,双关语大量用于广告。广告与招牌明显有两个渠道。商品展示是主渠道,是不变的意义归结。广告反说,而商品正读,因此广告与招牌是跨越媒介的符号修辞。正由于归结义固定,文本可以充分拉开距离,商品的展示必然把意义"矫正"到广告制作者意图中的"正确位置"。由于这个意义保证,广告的名与实距离拉开越远,矫正距离越大,广告就越是令人印象深刻,此谓"相关不恰当"(relevant inappropriateness)广告。反讽式表意冲突加强了广告的"注意价值"(attention value)与"记忆价值"(memory value)[1],可以称之为广告与招牌的"远距原则"。

远距原则的第一种方法,是"写错"成语或现成语。理发店名为"一剪美""一剪风流""最高发院""发新社";衣服店"一件钟情""棉面俱到";化妆品店"眉绯色五";饭店"吃之以恒";鞋店"心存鞋念";咳嗽药"咳不容缓";自行车"骑乐无穷"。这种做法,类似于写诗时活用成语,在中国常称为"搞笑广告",在西方称为"双读"广告(double interpretations)。有语言社会学家做过测试,发觉双读广告宣传效果好得多。[2]

第二种方法是貌似说反话、丑话、不雅话,接收者乍一看以为弄错了,就会特别注意,广告招牌就产生了欲擒故纵的效果。随手举

---

[1] Luuk Lagerwerf, "Irony and Sarcasm in Advertisements: Effects of Relevant Inappropriateness", *Journal of Pragmatics*, October 2007, pp. 1702−1721.

[2] Margot van Mulken et al, "Puns, Relevance and Appreciation in Advertisements", *Journal of Pragmatics*, 37/5, May 2005, pp. 707−712.

例:"天天精彩,要你好看"是电视广告;"阿里妈妈"拥有阿里巴巴的核心商业数据;打字机广告"不打不相识";理财产品广告"你不理财,财不理你"。

更进一步的策略是自贱,如此招牌大有勇气。它们为了使自己从众多竞争者中凸显,冒了被顾客误读误解甚至犯忌的危险。传统的招牌很少如此,"狗不理包子"是传统招牌中的特例。当代社会竞争过分激烈,自贱招牌到处可见:"蜗牛网吧""狗剩拉面""骂厨子家常菜""真难吃面馆""无味饭店""孙子烤肉""是非岛"。有的"自贱",语义双关相当巧妙,如"微软大饼""妈的酸梅汤";广州一家粥店名"依旧饭特稀"(影射周杰伦的专辑《范特西》,即英文fantastic,同时也是影射网语"稀饭",即喜欢)。有的只能让人佩服店主大胆,如"强盗之家""摸错门",甚至"克林炖莱温斯鸡"。

以退为进的"自谦"广告有时候可以起到很好的"记忆效应"。反讽语言中的"低调陈述"(understatement),不是真正的自我贬低,而是退一步加强效果。辛弃疾名句"如今识得愁滋味,欲说还休,欲说还休,却道天凉好个秋";陆游《临江仙》"只道真情易写,哪知怨句难工。水流云散各西东。半廊花院月,一帽柳桥风",把低调陈述的符号学机制解说得非常生动。用在广告中,"记忆值"效果奇佳。一家卖女孩饰品的店,取名"小资格",就是巧妙地拼合了习语所提供的预设:资格不必老,因为我店为小资服务。1959 年大卫·奥格威策划的劳斯莱斯广告称"在时速 60 英里时,新型劳斯莱斯轿车最大的噪音来自车上的电子钟"[①]。但是最有力的反讽广告,往往与自谦结合,此时需要定力和胆量,不怕误会。邦迪广告,形象是克林顿与希拉里执手起舞,闪电裂痕出现在两人之间,此时出现广告语"有时,邦迪也爱莫能助"。

广告是一种实用符号,其释义开放程度总是有限的,它必须保证接收者不弄错意思。但从符号修辞机制来看,任何偏解都被商品本身纠正。这就是为什么广告与招牌反讽比其他体裁更大胆。中国当代的

---

① 这是 2009 届博士饶广祥在"符号学论坛"上举的例子,特此致谢。

广告与招牌大量使用反讽,是这个社会急剧演变的征兆。竞争激烈急需增加消费,才会千方百计用反讽来吸引注意。笔者近年每到一地,总是注意招牌奇特的小店。到中国民间,反讽智慧处处可见;一登庙堂豪店,政府建的街道,大学改名,往往端架子充斯文,取名一个比一个无趣。本节的例子大多来自我本人多年逛街做的笔记。

9. 大局面反讽

本书第一章讨论"文本"概念,已经提到过"大局面文本"。大局面的符号文本中,更可以看到反讽的各种变体。但是大局面反讽多具有悲剧色彩,不再有幽默嘲弄意味,因为反讽也超出日常的表意,是对人生、历史的理解。

情景反讽(situational irony)是意图与结果之间出现反差,而且这种反差恰恰是意图的反面。你给朋友带去一条好烟,他却正在戒烟,为此条好烟,朋友破了烟戒,结果嫂子动怒,你成了不受欢迎的人;城管在街口立个标记"此处无人看管自行车,被窃者自行负责",目的原是推脱责任,结果成了给小偷的暗示:"放心下手"[①]。更严重的例子是,商鞅以刑法治秦,最后自己死于车裂;周兴喜用酷刑,最后被另一酷吏来俊臣"请君入瓮"。

文学作品经常使用情景反讽。屡考不中的范进,最后已经不想考,敷衍交卷却中了举;欧·亨利的短篇小说《麦琪的礼物》,妻子卖掉了一头秀发,为了给丈夫买一条白金表链作为礼物,而丈夫正好卖掉了祖传金表,给妻子买了一套发梳。一般把这种场景称作"命运的捉弄",双重的捉弄就成了加倍的反讽。钱锺书指出,"(希腊悲剧中)鬼神事先之诏告,聊以捉弄凡夫",在希腊悲剧中称为 irony。《史记·始皇本纪》方士奏录图书曰:"'亡秦者胡也',始皇因大发兵北击胡,不知其指宫中膝下之胡亥。"[②]

[①] 这是2008届博士生王立新在作业中举出的例子,来自校园生活,很生动,特此致谢。
[②] 钱锺书:《管锥编》第一卷,北京:生活·读书·新知三联书店,2007年,第442—443页。

"历史反讽"（historical irony）与情景反讽相似，只是规模更为巨大，只有在历史规模上才能理解。第一次世界大战时英美的动员宣传口号是"这是一场结束所有战争的战争"（The War That Ends All Wars），结果这场战争直接导致更惨重的第二次世界大战；例如工业化为人类谋利，结果引发大规模污染；抗生素提高了人类对抗病菌的能力，结果变异出"超级病菌"。如此大范围的历史反讽，有时被称为"世界性反讽"（cosmic irony）。此类大规模的人类行为，看起来不是符号意义活动，而是实践。一旦形成反讽，就暴露出其意义本质。人类自以为聪明，做的事从长远看多半是事与愿违，危害自身，反讽几乎必然。

戏剧反讽（dramatic irony）是台上人物与观众之间的理解错位。经典的例子是被一再引用的《俄狄浦斯王》。其他例子也有很多。《罗密欧与朱丽叶》中罗密欧误以为朱丽叶已死，就自杀了；饮了迷药的朱丽叶醒来，发现罗密欧已死，只能真的自杀。这些致命的误会，人物不知底细而观众却知道，戏剧力量就在让观众为台上的人物焦急。这种反讽只出现于"演示性"（performing）符号文本的接收中，结果未定，才能引发接收者的干预冲动。本书第十六章讨论符号叙述时，会仔细谈"结果未定文本"。

反讽是思想复杂性的标志，是对任何把人的符号本性简单化的嘲弄。施莱格尔重视反讽，认为"哲学是反讽的真正故乡"。克尔凯郭尔《论反讽概念：以苏格拉底为主线》出现后，反讽地位更高。他的书开头就列出十五条反讽，最后一条是："恰如哲学起始于疑问，一种真正的、名副其实的生活起始于反讽。"[①] 他在一个多世纪前揭示了反讽的"人性本质"。

前文已经提到过二十世纪上半期新批评派对反讽的重视，当代后结构主义思想家更加推崇反讽。林达·哈钦明白宣称："在后现代主

---

① 克尔凯郭尔：《论反讽概念：以苏格拉底为主线》，汤晨溪译，北京：中国社会科学出版社，2005年，第2页。

义这里,反讽处于支配地位。"①

韦恩·布斯在成名作《小说修辞学》中,就提出不可靠叙述的极品是"反讽叙述"。在《反讽帝国》一文中,他又提出在当今文化中,只有反讽具有人际"凝聚力",因为在反讽中,"我们比任何时候都更加接近两个心灵的认同"。他的意思是他人之心本不可测,反讽却让人心在冲突中交流。布斯进一步把反讽视为世界的本质,世界运行的规律,"反讽本身就在事物当中,而不只在我们的看法当中"。他声称"世界反讽"的大历史问题,是"我最终的研究重点"②。甚至,布斯宣称哪怕是"9·11"这样善恶非常分明的事件,也是浸透反讽的历史进程。

德·曼高度重视反讽,他认为反讽可以有三种:"文学手法"、"自我辩证"(dialectic of self)、"历史辩证法"(dialectics of history)。③ 反讽能破解"文本品格",是解构主义的核心概念。这样,反讽从传统的语言修辞进入符号修辞,最后成为文化的基本形态。反讽是成熟文化的表意形式。

10. 四体演进

任何符号文本体裁的四个修辞格主型之间,都有个否定的递进关系。詹姆逊用他喜欢的"符号方阵"提出这四者之间的关系:每一个修辞格都是对方的否定,而反讽实际上是各种修辞格的总否定;格雷马斯也早就发现反讽是"负提喻",提喻是部分融入整体,而反讽是部分互相排除。④ 我们可以说反讽与转喻也相反:转喻是邻接而合

---

① Linda Hutcheon, *Irony's Edge: The Theory and Politics of Irony*, London: Routledge, 1995, p.67.

② 韦恩·C. 布斯:《修辞的复兴:韦恩·布斯精粹》,穆雷等译,南京:译林出版社,2009年,第80页。

③ Paul de Man, "The Concept of Irony", in *Aesthetic Ideology*, Minneapolis: University of Minnesota Press, 1996, p.170.

④ 转引自 A. J. Greimas, *On Meaning*, Minneapolis: University of Minnesota Press, 1987, p. xix.

作,反讽是合作而分歧。最后,反讽彻底瓦解了以隐喻为基础的传统修辞学:隐喻以合为目的,而反讽以分为目的。所以反讽否定一切修辞格,是一种逆向修辞。

这样就形成了从隐喻开始,文本体裁两层意义关系逐步分解的过程,四个修辞格互相都是否定关系:隐喻(异之同)→转喻(同之异)→提喻(分之合)→反讽(合之分)。

意义的这四步否定关联,在某些思想家手中发展成规模巨大的历史演进模式。卡勒在《追寻符号》中提出这四元演进不仅是"人类掌握世界的方式之一",且是"唯一体系"(the system)。[①] 詹姆逊和卡勒认为修辞四格推进是"历史规律",是人类文化大规模的"概念基型"。

最早提出四体演进关系的是十八世纪初启蒙时代意大利思想家维柯,他把世界历史分成四个阶段的退化过程。"神祇时期",比喻为主,给自然界的每个方面以意图或精神,是神权时期;"英雄时期",转喻为主,某些特殊人物具有这种精神,是贵族时期;"人的时期",提喻为主,上层与下层共享某种人性,特殊向一般、部分向整体升华,是理性时期;"颓废时期",反讽为主,意识走向谎言,人已经意识到真实与伪装的差别。

维柯的想法一直被认为是奇思怪想,不符合主导启蒙时代的理性主义和人性进步观念。直到二十世纪中叶,加拿大批评家弗赖首先复活了维柯这个模式。弗赖1957年的《批评的解剖》提出"欧洲1500年的虚构作品重点一直在下移"。他认为西方叙述艺术的起点是神话,主人公是神,从那以后就每况愈下。

第一阶段是罗曼史:隐喻性,浪漫主义式再现性,强调事物的同一性;神落到大地上,行动出类拔萃,是英雄。例如《悲惨世界》中的冉阿让。

第二阶段是悲剧:转喻性,现实主义式还原性高模仿,强调事物的外在性,主人公具有权威和激情,但是其所作所为必须服从社会评

---

① Jonathan Culler, *The Pursuit of Signs*, Ithaca: Cornell University Press, 1981, p. 65.

判。例如《复活》中的聂赫留朵夫,《战争与和平》中的鲍尔康斯基,《罪与罚》中的索尼娅,他们是小人物但是道德高尚。

第三阶段是喜剧:提喻性,自然主义式的综合性低模仿,强调事物的内在性;主人公有普遍人性因而不比读者优越,读者会与之产生共鸣。例如《俊友》中的杜洛阿,《高老头》中的拉斯提涅。

最后,第四阶段是反讽,是现代主义式的否定,落在肯定表达层面上的正是实际上被否定的东西,因此反讽是其本质,主人公比读者在能力和智力上低劣,读者对他们的处境有轻蔑的感觉。

弗赖的文学分期推进说影响很大。在弗赖之前,卡尔·曼海姆1929年在《意识形态与乌托邦》一书中,就提出四种世界观的演进:无政府主义是隐喻式社会观,把过去理想化,在历史叙述上用的是浪漫主义移情;保守主义是转喻式社会观,对有计划地改造社会表示怀疑,坚持"自然节奏",在历史叙述上坚持有机论;激进主义是提喻式社会观,认为乌托邦可以用革命方式立即实现,声称发现了历史进程的规律;自由主义是反讽式社会观,主张调谐社会节奏,把乌托邦推入遥远的未来,其历史叙述方式是讽刺。这四者都承认社会改造的必要性,但是代表对时间的四种不同取向:过去,现在,未来,虚化未来。

曼海姆与弗赖不同,他没有把这四体格局看作一种历史性的演化进程。二十世纪八十年代新历史主义兴起,海登·怀特对曼海姆此看法大为激赏,认为曼海姆认出了"历史的每一种叙述方式,都有一种不可简约的意识形态因素"[①]。

修辞四格向反讽演进的模式,被许多人应用到不同领域,皮亚杰用到儿童心理发展,汤普逊用到英国工人阶级的历史,海登·怀特用到历史写作的方式。四体演进,几乎成了人类表意各种体裁的共同规律。用怀特的话来说,"历史叙述不仅是所报道的事件的再生成,而且是象征的综合"(complex of symbols),他把历史朝反讽演进的路

---

① 海登·怀特:《后现代历史叙事学》,陈永国、张万娟译,北京:中国社会科学出版社,2003年,第430页。

子看成符号行为的必然。这个解释非常到位。可以认为四体演进是历史退化论,因为崇高感消失了,让位给怀疑论;也可以认为这是进步,是任何一种表意方式必然出现的成熟化过程。文化多元了,人的认识复杂化了。弗赖指出,前三阶段是幼稚的,作者和读者相信可以用比喻抓住事物的本质,最后一种反讽的主导精神是自我批评。

关键问题是四体演进是否是人类文化演进的一般规律?要在中国文化中找出此规律,还真是不难。例如,在中国传统小说中立即可以看出这种四元进展——浪漫英雄型。《三国演义》刘、关、张;神话型《三国演义》诸葛亮;高模仿型《水浒传》;低模仿型《金瓶梅》;反讽型《红楼梦》《儒林外史》。

在二十世纪中国文学中我们也可以看到这种四体演进:晚清小说是浪漫英雄型,如《新中国未来记》《老残游记》;五四小说是悲剧型,如《狂人日记》;五十年代小说是喜剧型,如《山乡巨变》;反讽型出现于"新时期",如《废都》。

中国传统文学可以看成是隐喻型文学,因为各单元之间是情节片段式的(episodic),是同一隐喻项(阴阳之道)的反复;而五四的西化的文学,可以看成是转喻性的,是寻找外在于人的某种世界结构的原点,以此安顿人在这个世界序列中的存身之点;三十年代"现实主义"是提喻的文学,现实是一个构筑完成的先存框架,等待人物的经历来提示;而"先锋主义"是自我被抛离出世界中心,世界失去秩序感后,自我被迫与他者建立关系的结果。类似的四体演进,可以在任何符号表意方式的发展史上看到,例如中国当代电影,中国人的恋爱方式,中国流行的情歌方式,中国的社会伦理方式,等等。可以归纳说,四体演进的确是普遍规律。

四体演进的原因何在?任何一种表意方式,不可避免走向自身的否定。形式演化就是文化史,随着程式的过熟,必然走向自我怀疑、自我解构。任何教条,任何概念,甚至任何事业,本质上都是一种符号表意模式,只要是一种表意方式,就很难逃脱这个演变规律。

宋代学者邵雍(1011—1077)的《皇极经世》,推演古说,把中国史的分期(皇、帝、王、霸)与更广泛的宇宙观联系了起来:"三皇之世如春，五帝之世如夏，三王之世如秋，五伯之世如冬……春、夏、秋、冬者，昊天之时也。《易》《书》《诗》《春秋》者，圣人之经也。"① 遗憾的是，为应四季之说，邵雍把《五经》砍去一经《礼》，断为四经。其实四体演进只是说明表意方式演化的大趋势，不一定必须整齐地分为四步。不过邵雍的"皇、帝、王、伯（霸）"四分期历史退化论，比维柯早了七百年；而以四季配四体演进，比弗赖早了九百年。我们不得不钦佩中国先哲敏锐的洞察力。

但是四体演进说本身没有回答：反讽之后，下一步是什么？上述论者中似乎只有弗赖清楚要求"回归初始"。他认为西方当代作家，在反讽时代正在重新创造"神话"，例如艾略特的《荒原》、庞德的《诗章》、乔伊斯的《尤利西斯》。弗赖信心十足，认为现代文学会"回向贵族情趣"②。他未免太乐观了。重建神话，也就是浴火重生，重新开始一轮文化循环。无论是《荒原》《诗章》，还是《尤利西斯》，都是现代文学最反讽的作品。庞德《诗章》的盛世神话，本自儒家的"前三皇"之说，已经说明了乐园已永远堕毁，不可追寻。

其余论者，没有一个人如弗赖那样明确提出重新开始循环的前景。实际上大部分人是悲观地看到反讽的破坏力。德·曼死后发表的论反讽的文章，警告说："绝对的反讽是疯狂的意识，本身就是意识的终结。"③ 这话当然是对的；"绝对反讽"引发普遍歧解，就会使文化表意无法进行下去。

但是，如何逆转反讽把自身推到毁灭的进程？难道任何历史过程，都万劫不复地终结于反讽的火焰之中？笔者的看法是，某种文本方式（例如中国章回小说和旧体诗，西人的十四行诗）一旦走到头，此后的怀旧仿作，都是增加反讽苦味式的余波，不可能复活这种表意方式。重新开头的是另一种表意方式，文化必须靠一种新的表意方式

---

① 邵雍：《皇极经世》卷十一。
② Northrop Frye, *Anatomy of Criticism*, Princeton: University of Princeton Press, 1957, p. 213.
③ Paul de Man, "The Concept of Irony", in *Aesthetic Ideology*, Minneapolis: University of Minnesota Press, 1996, pp. 163-184.

重新开始，构成一个从隐喻到反讽的漫长演变。

从中国叙述艺术的演变，就可以看出"重新出发"的条件是更换形式。古典小说在反讽的晚清后，让位给现代小说；现代小说在反讽的九十年代后，让位给影视。新的表意方式是没有穷尽的，因此人类文化的历史也没有穷尽。必定用反讽结束自身的，是每一种表意形式，而不是人类的符号生存。

另外一种思路，是把反讽看作"人类文明的前景出路"。一旦进入反讽时代，就应当庆贺进入了一种比较理想的文化状态，并且尽可能延长这个阶段。只要理解了、掌握了反讽的根本品质，就可以让文化在适当的形式中维持很久。这样，反讽反而是宁馨儿的十月怀胎。

坚持这种看法的，是哲学家罗蒂（Richard Rorty），他提出"反讽主义"（ironism），来替代传统的"形而上学世界观"。"反讽主义"承认欲望和信仰不可能超越时代，是被历史捆束住的。语言无法穿透表象看到本质，因此社会性交流不可能达成"共识"。① 罗蒂认为反讽才是现代社会最合适的文化状态，但是要达到这个状态很困难。"反讽和谐"只有在纳博科夫、普鲁斯特、亨利·詹姆斯的小说艺术中才能取得。也就是说，一个积极的"反讽主义"社会，只能建立在艺术模式上。

当代文化正在经历一个前所未有的转向，进入反讽社会。社会中个人、集团、社会之间的意见冲突不可避免，而且随着人的利益自觉，只会越来越加重。表意的冲突只能用联合解释的方式处置，联合解释本身即是反讽式理解。矛盾不可能消失，也不可能调和，只能用相互矫正的解读来取得妥协。妥协也只能是暂时的，意见冲突又会在新的地方出现，但是一旦反讽矫正成为文化惯例，文化就取得了动态平衡。

因此，当代文化本质上是一种反讽文化。这种文化的特点是，人与人之间的联系不再基于部族—氏族的身份相似性（比喻），不再基

---

① Richard Rorty, *Contingency, Irony and Solidarity*, Cambridge: Cambridge University Press, 1989.

于宗法社会部分与整体的相容（提喻），不再基于近代社会以生产关系形成的阶级认同保持接触（转喻）。当代文化中，人与人之间不再有生产方式的合作联系。这一点在当代的网络文化中看得相当清楚。各种网络社区群，人与人没有真正的见面接触，网聊的好友没有兴趣知道对方就在隔壁还是千里之外。表意距离，使他们不必顾及面子，也让他们畅所欲言。冲突立现，反而易见结果。

如此团聚社群，主要方式就是争论。不是为了取得一致意见，冲突就是协调，最后以局部妥协取代了一切问题上的合一。只有明白我们无可挑选地进入了一个反讽时代，才能使这种文化走上新的方向。本书第十章与第十六章讨论元语言冲突造成的"解释旋涡"与"评价旋涡"，将进一步说明表意冲突的符号学机制。

第十章 符码与元语言

1. 符码

符号文本的载体，只是一堆可感知的刺激，文本的意义只是一个"可变成物"。本书前文已经指出过，意义有待于植入符号文本，以及解释符号文本。在符号表意中，控制文本的意义植入规则，控制解释的意义重建规则，都称为符码。这个术语 code，用于各个科目译法不同。通信工程译为"电码"，军事与生物学作"密码"，信息论用"信码"，电脑工程用"编码"。译法太多，让人无所适从。语言学界常用"语码"或"代码"，后者似乎可以通用，但是 code 并不"替代"某种意义，符号才替代意义。既然没有一个适用于符号学，因此本书用"符码"。巴尔特对 code 有一种特殊用法。他在《S/Z》一书中称呼叙述分析单元为 code，有"代码"与"符码"两种不同的中译，"每个阅读单位，都可以在五种符码中找到自己的位置"①。实际上他讨论的是叙述学对情节单元（所谓 motif）的分类，有很多论者纠缠于巴尔特"符码"的确切意义，其实这与符号学中关于符码的观念不相关。

符号传达的理想过程是：符号信息的发出者，依照符码对符号信息进行"编码"（encoding），意义被编织入符号文本；符号信息的接收者对符号信息进行"解码"（decoding），信息就转换回意义。在实用/科技的符号系统中，符码是强制性的，解释几乎是固定的，解码必须忠实地还原复制编码。例如数学教师出题，编码过程就是把意义

---

① 罗兰·巴特：《S/Z》，屠友祥译，上海：上海人民出版社，2000年，第82页。

变成问卷，把答案隐藏起来，学生答题则是把问卷还原，说出教师编制问题的原意。对这样的考试，表意与解释都是强编码。

强编码的文本，符码可以像词典或电报密码本那样清楚，也可以像运动比赛规则那么条理分明。但是在文化/艺术中，绝大部分符码没有那样清晰整齐，甚至不能肯定符码如密码本那样先于文本存在。文化/艺术符号文本属于弱编码，发送者的编码就不可能强制，而接收者对符号信息的解释，一方面享受很大的机动余地，另一方面也苦于没有证据说明他的解释肯定正确。对文本的理解，就是开始一次新的表意，解释者只是对弱编码符号提出一种暂时的解释。

弱编码的符号给解码相当大的机动权，这时候解码可能落在两个不同方向上。一是不足解码，当解释者不拥有关于文本既定符码的足够了解时，例如面对异文化文本，对文本的语言不熟悉，对特定时期特定流派的文本不熟悉，他就只能从经验过的类似解释活动中，抽取若干片段，组成粗糙的、临时的、假定性的符码集合，对文本进行试探性解码。在实用/科学性强编码符号活动中，可以从不足解码开始，渐渐迫近适量解码，发送者作为编码者，有资格评判解释是否为"不足解释"或"过度解释"；而在文化/艺术性符号活动中，无法强加"适当解码"，因为没有判断标准。

另一个方向是在既定的符码之外尝试加上另外一些符码，做附加解码，形成原规则的特例。附加解码可以是修辞性的，例如对文本中的"欲言又止"，解码就不得不添上未说的内容；对文本中的"欲盖弥彰"，解码解释其"真实"的内容；对某些文本形式，解码者体会出"史诗般宏伟"，或"宛转蕴藉"等附加的风格性解码。

文化/艺术作品有大量未充分编码的部分，几乎每个解释都是附加解码的尝试。因此，这些文本既受符码支配，又不受符码支配；附加解码既遵守规则，又改变规则，这是文化/艺术符号解释的本色。

符码是符号学中最复杂纠缠、最难说清的问题之一，对此问题的讨论汗牛充栋，却无法总结成清晰的理论。从信息论的角度，可以做技术型的讨论，而从美学文化学的角度，编码与解码的情况就过于复杂，要整理出一条规律来，几乎每次入手就会被自己驳回。

哪怕符码现成，如何使用依然有个文化问题。纪律严明的文化类型中，实用符号活动的编码与解码，都不允许过分自由。塔拉斯蒂举了一个有趣的例子。在意大利，如果一个路标说一个小时不超过50公里，限速行驶，司机却仍然会超速。然而又有路标出现了"危险！请减速到每小时10公里"。那么司机会稍微开慢一点点。"意大利作风"让所有符号都成为弱编码：发出可以任意，解释可打折扣。① 这里可能有北欧人对南欧人的偏见，但特定文化的确有个"符码态度"问题。在某些文化中，严肃的秩序指示，被看成似有若无的符号（as-if-sign）。当一切都成为弱编码，我们往往称这种文化"生活方式很艺术"。

符码往往是"成套"出现的，一批符码构成了一个覆盖整个符号文本领域的整套意义解释。但是文本的形式有单独的意义。菲斯克开列过一个电影镜头"形式符码"清单：

特写（脸部）＝亲密关系；
中景（大半身）＝个人关系；
远景（背景与演员）＝环境、范围、距离；
全局（整个人物）＝社会关系。

镜头角度也与意义有关联：

仰拍＝权力、威严；
俯拍＝渺小、微弱；
推进＝注意、集中；
淡入＝开始；
淡出＝结束；
切＝同时、兴奋。②

---

① Eero Tarasti, *Existential Semiotics*, Bloomington and Indianapolis: University of Indiana Press, 2000, p. 44.

② John Fiske & John Hartley, *Reading Television*, New York: Routledge, 2003, p. 48.

这当然不完整，恐怕开一个完整的符码清单也不可能，因为电影艺术家在创造新的镜头意义。但是菲斯克的清单证明，哪怕在艺术中，形式还是可以有一定的规律。可以看出，镜头符码实际上模仿了人的眼睛和心理。菲斯克以西方人感知中的人际安全距离为出发点，拉出一套镜头符码清单。镜头的运用模仿了人在空间距离中捕捉意义的方式，因此是文化人类学家爱德华·霍尔所谓"距离符号学"（proxemics）的艺术应用。① 现实世界的"上下左右"之类的概念象征，自然就会被镜头模仿。我们可以看到，符码把镜头文本"翻译"成意义。这种隐含意义不在画面的内容中，而在观看角度的形式上。

每种文本形式因素分类有重大意义。音乐中，小调和慢节奏象征忧郁，独奏象征孤单；摄影中，柔焦意味着浪漫等。其他如书籍开本，办公桌大小，手机厚薄，房子高低，诗体或散文的情书，每一种文本都有形式符码。

符码能解释文本的意义，因为符号本来应当有意义，符码并不创造意义，它们只是解释符号的规则。但是，如果能创造性地运用符码，新的意义也就出现了。这就涉及符码作为解释规则的形成方式，即元语言问题。

2. 元语言与意义

符号的集合往往被比诸语言，**符码的集合，一般称为元语言**。词的解释是符码，解释的集合如词典和语法，就可以称为元语言。符码是个别的，元语言是集合的。但是这两者有时候难以分清界限。列维-斯特劳斯就认为符码是符号人类学的"社会文化行为的底层规则"②，他在此可能用"元语言"为宜。本书第八章讨论了雅柯布森

---

① Edward Hall, *Handbook for Proxemic Research*, Washington DC: Society for the Anthropology of Visual Communication, 1974.

② Claude Lévi-Strauss, *The Savage Mind*, Chicago: University of Chicago Press, 1966.

的六因素论，他认为符码成为信息主导，符号文本就出现元语言倾向[①]，他把这两者的关系说得比较清楚。

从上面的分辨，可以看到，符码着眼于符号单元的解释，例如上一节说到"电影镜头的符码"。符号学界常把研究解释规律的问题，称为元语言问题，而不称为"符码问题"。符码必须形成体系才能起作用，元语言是符码的集合，两者界限有时候不分明，符号学讨论解释的规则，往往用元语言这个术语。

元语言是理解任何符号文本必不可少的，仪礼、宗教、民俗、舞蹈、手势、绘画、体育、男女关系，只要被当作意义传播，就都必须有相应的元语言来提供解释的符码。前文已经说过，意义的存在条件，就是可以用另一种符号体系（例如另一种语言）解释。元语言是文本完成意义表达的关键。元语言的存在，就意味着整个文本与文本系列的"可翻译性"。只是针对个别符号的符码，必须组成覆盖全域的元语言。

例如，要把中文翻译成英文，要把甲骨文翻译成现代汉语，就要一部完整的词典、语法，以及对对象符号文本后面的各种伴随信息的了解。词典加语法，哪怕不以一本书的方式出现，只是留在解释者心中，或是留在文化的知识储藏中，起的作用也是一样的。

这不是说每一次的解释元语言必须是完整的。符号解释的"试推法"，意味着适当的符码可以在解释过程中渐渐被发现。接收者在每次解释中都使用一个临时性的元语言集合，例如一部电影里带着外语、音乐、歌曲、历史、民俗。要解读这样的文本，必须有几套元语言，以控制几个"全域"，这对观众甚至批评家来说，都是过分的要求。因此，文本的接收者，只能就他的知识、感情、经验、教育背景等，组成一套个人的、临时的"元语言集合"，从文本中解释出一个意义。

这才能解释为什么同一人前后几次看一部电影、一本书，每次理

[①] 罗曼·雅各布森：《语言学与诗学》，见赵毅衡编选：《符号学文学论文集》，天津：百花文艺出版社，2004年，第179页。

解会不同。文化符号活动的特点是**元语言集合变动不居**，对同一个符号文本（例如一部电影）不存在一套固定的"元语言"，对同一个人元语言也不固定。每次解释，解释者调动不同的元语言因素，组合成他这次解释的元语言集合。不同的接收者完全可以采用不同的元语言集合，从而使同一文本能产生无穷的歧出意义。上文第四章第四节讨论的分岔衍义，就是这样出现的。

3. "断无不可解之理"

元语言不仅是意义实现的先决条件，也是意义存在的先决条件。面对一个文本，任何解释努力背后必须有元语言集合，这样文本才必定有意义可供解释。文本并不具有独立的本体存在，文本面对解释才存在。

那么，解释者怎么知道某个文本必定有意义？怎么知道他的解释努力必定能取得一个意义？本书第二章第二节已经讨论过这些问题，符号必须有意义，这是符号的定义所决定的。但是具体到解释机制上，符号必有意义，是因为解释者总有一个元语言集合可用，哪怕这个元语言集合只能提供一个不足之解，甚至误解，它也是一个可用的元语言集合。元语言的目的，是从文本中推压出一个意义解释。

只有在解释中，文本才有意义，此言听来似乎是因果循环，实际上却是人类符号表意中的一个根本性悖论：**不是符号文本要求相应的元语言来解释它，而是元语言强迫符号文本产生可解的意义**。例如，《诗经》中有大量表达心情的词：

> 我心惨惨（《大雅·抑》）；忧心悄悄（《小雅·頍》）；忧心奕奕（《小雅·頍弁》）；忧心殷殷（《小雅·正月》）；忧心钦钦（《秦风·晨风》）；劳心博博兮（《桧风·素冠》）；忧心惙惙（《召南·草虫》）；忧心忡忡（《召南·草虫》）。

《尔雅·释训》认为这些叠字，惨惨、殷殷、博博、钦钦、忡忡、惙惙、怲怲、奕奕，都是一个意思："忧也。"如此解释当然不错，因为有"忧心"二字在前面。恐怕这些字原本都没有忧愁之意，大部分只是对"忧心"的一种"拟音"。如果要问无忧愁意义的词如何能表现"忧心"，忧心又如何能用声音形容，原因很简单，上下文的压力，迫使它们不可能有别的意义。这点本书将在第十一章讨论"理据性"时详解。

同样，"香稻啄余鹦鹉粒"为什么必须是通顺的诗句？因为诗歌解释的元语言迫使其混乱的词序重构到可理解的程度。钱锺书讨论《诗经》，"不通欠顺……在诗词中熟见习闻，安焉若素，此无他，笔、舌、韵、散之'语法程度'（degree of grammaticalness），各自不同"。钱锺书注明此语引用的是符号学家西比奥克。[1]

乔姆斯基在1957年造出一句"不可能有意义"的句子"无色的绿思狂暴地沉睡"（Colorless green ideas sleep furiously）[2]，用来挑战语法概率论模式，但赵元任在他的名文《从胡说中寻找意义》（"Making Sense out of Nonsense"）中证明了：在释义压力下它必须有意义。[3]

里法泰尔在《诗歌符号学》中详细讨论了诗句的"不通"（ungramaticalities）问题。他指出，不通往往是第一遍阅读时发现的。重读后，就会发现可以根据结构模板（structural matrix）变异，解释这个不通："诗歌文本往往是一个主题的、象征的、任何结构的变体或改造，而这种与结构的持续关系构成表意。"[4] 笔者认为这最后一句话是关键：结构必须表意，而"不通"的句子既然也出于这个"模板"之中（就是说，出现于这首诗有意义的背景上），就必然有意义。

---

[1] T. A. Sebeok, ed. *Style in Language*, p. 84, 见钱锺书：《管锥编·毛诗正义》，北京：生活·读书·新知三联书店，2007年，第249页。

[2] Noam Chomsky, *Syntactic Structures*, The Hague & Paris: Mouton, 1957, p. 15.

[3] Yuen Ren Chao, "Making Sense out of Nonsense", *The Sesquipedalian*, Vol. VII, No. 32 June 12, 1997.

[4] Michael Riffaterre, *Semiotics of Poetry*, Bloomington & London: Indiana University Press, 1978, pp. 5-6.

徐冰的《天书》，4000多个字中，没有一个能认出的中文字，是绝对的无意义。为什么有大量论文讨论其意义？因为解释元语言集合，对这个无意义的文本施加了强制性压力，迫使它们不得不产生意义。徐冰自己有一段话，证明了意义的确是解释压力的产物：当你认真地假戏真做到了一定程度时……当那书做得很漂亮，就像圣书那样，这么漂亮，这么郑重其事的书，怎么可能读不出内容？……刚一进展厅，他（参观者）会以为这些字都是错的，但时间长了，当他发现到处都是错字的时候，这时他就会有一种倒错感，他会对自己有所怀疑。①

当解释面对一个"无法理解"的文本，解释者会从各个方向收集元语言元素，"这么郑重其事的书，怎么可能读不出内容？"生动地描写了寻找元语言的压力，直到由此生成的元语言集合，迫使无意义文本产生意义。谢榛的《四溟诗话》说："诗有可解，不可解，不必解，若水月镜花，勿泥其迹可也。"何文焕在《历代诗话考索》一文中对此针锋相对地批评说："解诗不可泥……而断无不可解之理。"② "泥"就是纠缠于不可解的、表面上不通的文字，实际上各种元语言因素的集合，完全能摆脱字面意义的困难。元语言因素积累达到足够的压力，就不存在"不可解"的文本。

绝大多数禅宗公案就是利用了这一点。答非所问，措辞荒诞，之所以能回答不可能答复的问题，就是因为只要愿意寻找意义，表面无意义也会引向意义。禅宗要求不立文字，禅师不愿意引用佛经给僧徒答复，就只有有意与问题不发生关系，绕路说禅，又不能说破，答案就是"不解之解"。

法国电影符号学家让·米特里（Jean Mitry）指出，逻辑学家卡尔纳普、语言学家乔姆斯基，在"胡说"（nonsense）问题上都弄错了。符合语法的句子如"这匹马是一只六腿甲虫""这条狗生病了但没病""我的勇气有5公斤""彼得被网球联系着"，这些句子的确荒

---

① 徐冰：《让知识分子不舒服》，《南方周末》2002年11月29日。
② 何文焕：《历代诗话考索》，见《历代诗话》（下），北京：中华书局，1982年，第823页。

诞，但并不是没有意义。一句符合语法的短语，不可能无解。米特里认为它只是不真实（not true）而已。

《爱丽丝漫游仙境》中爱丽丝在国王房间中发现的那首胡诌诗（"Twas brillig, and the slithy toves"）整篇音韵铿锵煞有其事，却无一有意义的词，批评家 R. P. 布莱克穆尔盛赞此诗是"艺术中成为达达主义和超现实主义的整个运动的先驱"①。托多罗夫也强调说：自创语言永远是有理据的，自创词语者的新词，可以是语言的，可以是反语言的，但永远不会是非语言的。②

如果连语法要求明确的语言中，都不可能有"胡说"，其他符号系统中，"不可解"就更难存在。米特里一干二脆地指出："电影中不存在胡说，哪怕有意做成反讽或混乱（anarchy），玩弄物的逻辑意义，哪怕被认为荒诞，也就有了意义。"③ 同样，美术也不可能无意义，达利、马格利特、夏加尔等超现实主义的绘画就是证明。至今各种符号行为都在挑战意义的边界，它们只要这样做，就是把自己变成艺术，挑战本身，开拓新的疆域。

正如本书第二章第一节的讨论，在解释之前，符号意义的存在已经前定，合适的元语言集合总能形成，只不过意义的实现，逻辑上有待元语言集合完成解释活动之后才能出现。而这种"不通"，往往导致多种解释的可能，成为一个艺术文本的妙处所在。

里法泰尔欢呼诗歌这种奇特的难点："我应当强调再强调，这种初次阅读的障碍，正是符号表意的指南（guideline），是在通向更高的系统上意义的钥匙，因为读者明白了这是复杂结构的一部分。""不用说，这种不通引人注目，为狂欢理解的洪水打开了闸门。"④ 李商隐的《锦瑟》《无题》，黄庭坚说"殊不解其意"，王士祯说"一篇《锦瑟》解人

---

① R. P. Blackmur, *Language as Gesture: Essays in Poetry*, New York: Harcourt, 1952, p. 41.
② 茨维坦·托多罗夫：《象征理论》，王国卿译，北京：商务印书馆，2004 年，第 364–365 页。
③ Jean Mitry, *Semiotics and the Analysis of Film*, London: Athlone Press, p. 228.
④ Michael Riffaterre, *Semiotics of Poetry*, Bloomington & London: Indiana University Press, 1978, p. 6, p. 62.

难"。但是注家众多，哪怕不能定于一解，也就解出来了。

不过里法泰尔认为，不能说"不可解"的必定是杰出的艺术。谢榛举出韩愈、柳宗元不少"不可解"的诗句："韩昌黎、柳子厚长篇联句，字难韵险，然夸多斗靡，或不可解。"① 唐人樊宗师，只传世一首诗与一篇文，被人评为完全不可解。好的作品，不一定完全是因为易解，不好不一定完全是因为难解，反过来亦然。是否能解并不是艺术质量的标准。

虽然在信息发出与传达的过程中，解释意义必须不在场，以保证信息传播流向解释，但是只要有相应的元语言，就不可能有无意义符号文本。元语言不允许一个文本得不出任何解释意义。哪怕是确实不可解的文本，也能得出一个"近解"。正解本来就是任何解释无法达到的理想，任何偏解只是偏的程度问题。因此，元语言集合的任务是推出一个意义，而不是取得唯一正确的意义。

阿尔都塞派的马克思主义文论家马歇雷声称："艺术用使用意识形态来挑战意识形态。"② 意识形态，按本章最后一节提出的理解，就是一个文化的评价元语言，即元语言的元语言。为什么艺术能挑战它？因为任何真正的艺术品，都包含一些按先前的解释程式看来不可解、不可评说的成分，艺术在定义上就是强迫文化元语言解释它原本无法解释的东西。在对付艺术文本的不可解性时，解释者被迫不断调适更新他的元语言集合，以求一解，艺术的"断无不可解"品格，迫使艺术的元语言发生改变。

4. 元语言的构成

既然每一次解释努力，背后都有一个由各种因素组成的释义元语言集合在支撑，那么，组成这个元语言集合的因素来自何处？它们怎么会组成形形色色的、能产生不同解释的、变化无穷的元语言集合？

---

① 谢榛：《诗家直说笺注》，济南：齐鲁书社，1987 年。
② Pierre Macherey, *A Theory of Literary Production*, London: Henley, 1976, p. 60.

实际上，表意过程的各个环节，都参与构筑文本解释需要的元语言集合。

笔者认为这些元语言因素大致上分成三类：（社会文化的）语境元语言、（解释者的）能力元语言、（文本本身的）自携元语言。

社会文化的**语境元语言**，是元语言组成因素的最主要来源，可以称之为符用性元语言，即文本与社会的诸种关系引出的文化对信息的处理方式。例如一个简单的"走"字，作为军官对士兵下的命令，作为父母对子女的规劝，作为警察逮捕犯人后的训词，哪怕语气一样，即文本风格相同，意义可以完全不一样：语境是意义生成的外部条件。这一问题本书在第八章第五节讨论语境时已经详谈。

能力元语言来自解释者的社会性成长经历。他的记忆积累形成的文化修养，他过去的解释经验积累，他解读过的相关文本的记忆，都参与构成能力元语言。马克思主义所强调的阶级地位和社会实践，精神分析所强调的幼儿成长经验，布迪厄所说的进入场域的人所携带的习性（habitus）与性情（disposition），都与此有关。

也有一些因素与生俱来，例如孟子等说明的人性道德能力（恻隐之心等），康德强调的人的先验范畴，心理学阐发的人脑先天能力（例如格式塔心理构筑能力）。所有这些，都汇集到解释者的能力储备中来。面对需要解释的文本，有关因素会被挑选出来，聚成适当的元语言集合。

解释者的能力元语言，还包括并非完全由解释者主体控制的感情和信仰。这些不是一般意义上的"能力"，而是在理性背后，甚至在潜意识层次起作用的因素。他们对解释的控制，经常会超过理智的分辨能力。而且这些因素解释能力之强，经常能使解释者维护他的元语言有效性。例如认为没有达到某效果，是心不够诚，信仰不够坚定。利科说："为了理解而信仰，为了信仰而理解，这是现象学的箴言……就是信仰和理解的解释学循环。"[①] 信仰提供的实际上是一种

---

① Don Ihde, *Hermeneutic Phenomenology: The Philosophy of Paul Ricoeur*, Evanston: Northwestern University Press, 1971, p. 22.

能力元语言。

应当说明，能力元语言是接收者自己感觉到的能力，并不是可以客观测定的解释能力。例如不少人相信自己对彩票、股票、期货之类的选择能力，对灾难的预感能力，等等。只要提供了他做出某解释的理由，就是他的能力元语言。

第三种是符号文本的**自携元语言**，本书第八章第四节讨论符号文本六因素时，已经讨论过雅柯布森的意见，这里再进一步说清。文本固然是解释的对象，但是文本以及伴随文本，也参与构筑解释自身所需要的元语言，为此提供的元语言组分数量相当大。例如，文本标明自身所属体裁，是元语言集合中的一个重大因素。例如故事片中的恐怖场面，与纪录片或电视"现场直播"中的血腥暴力场面，虽然文本表现类似，体裁的压力却推动两种完全不同的解释；情歌中的求爱语言，与口头说出的求爱，词句可以相同，得出的意义完全不同；道士的符箓，巫师的念咒，体裁决定了它们无需一一用字句解释其重要意义。实际上每一种体裁对阅读方式各有要求，甚至同样文本，例如《水经注》，当作文学作品读，与当作地理材料读，体裁导致的解释完全不同。这点本书在第五章讨论体裁时已经谈到。

自携元语言是普遍的。任何符号活动，处处可见这些元语言标记设定，指导此文本应该如何解释。就拿比喻来说，上一章已经讨论过，比喻的"相似"经常是自我设定的元语言引导的结果。反喻很难找到像似点，其意义是无可奈何的让步。承认系词的力量，可以克服符义学的困难，在符用层面上得到整合。

例如说"我是一天的烟头"（我到晚上筋疲力尽只冒余烟）；"杯子是我心脏的直径"（贪杯使我心室肥大）；"时间的柠檬吝惜它的泪水"（浪费生命无人同情再说也无用）；"沙发是房间里的飞行路线"（此人只会躺在那里无所事事地幻想）。这些句子是我随意找来的现代诗的诗行，括弧里是我本人的猜想，既然有那些"是"，允许做类似解释。

许多论家讨论比喻时，实际上犯了艾柯所说的"像似性谬见"。比喻的像似，只是一种文本设立的假定而已，"像似点"无需真的像似。利科在《为相似性辩护》一文中指出，相似性（像似性）"不仅是隐喻陈述所建构的东西，而且是**指导和产生**这种陈述的东西……应当成为谓词的归属特征，而不是名词的替代特征"①（黑体是笔者加的）。他说的"谓词归属"，就是"像"或"是"这样的自携元语言标记的强制性，而他说的"指导和产生"陈述，就是元语言对解释的作用。比喻两造之间的像似性，实际上是文本自携元语言对解释的压力造成的。

诗人肯宁汉姆有句诗曰"两只黄蜂冷得像树皮"②，为什么黄蜂会冷，而且冷得像树皮？这是因为这个"像"字既然在那里，就必须起作用，哪怕比喻的两边不像，也必须像。里法泰尔在《诗歌符号学》中引用了艾吕雅五十年代初的两句诗，更加风趣地说明了这个问题："地球蓝得像个橘子。/没错。词儿从不撒谎。"他说这是对后世空间飞行时代的诗性前瞻，但据说诗人只是"从天堂回到人间时兴奋地连声呼喊"③。

因此，支持每一次解释努力的元语言，构成虽然复杂，但这些元语言因素相当具体，并非不可捉摸。可以看到，**解释符号文本的元语言集合，是每次解释时用各种元素因素配制起来的**，像调鸡尾酒一样，有配方可参考，但每次解释临时加以机变。元语言的可调节性，是本章试图说清的核心问题。这也就是为什么许多符号文本，第一次看不清，重读方见妙处。里法泰尔称之为"追溯阅读"（retroactive reading），他认为诗不可能一次读出意义，再读时有第一次的经验引路，就很不同，再读才能找出合适的元语言集合。④

---

① 保罗·利科：《活的隐喻》，汪堂家译，上海：上海译文出版社，2004 年，第 266—267 页。
② J. V. Cunningham, *Some Salt: Poems and Epigrams*, Mount Horeb, WI: Perishable Press, 1967, p. 43.
③ Michael Riffaterre, *Semiotics of Poetry*, Bloomington & London: Indiana University Press, 1978, p. 62.
④ Michael Riffaterre, *Semiotics of Poetry*, Bloomington & London: Indiana University Press, 1978, p. 5.

5. 同层次元语言冲突

语言学与逻辑学中的元语言理论，只谈到元语言之间的层控关系。1920年罗素给维特根斯坦《逻辑哲学论》写的序言，是元语言观念在现代的第一次明确描述，已经点明层控关系是元语言的根本："每种语言，对自身的结构不可言说，但是可以有一种语言处理前一种语言的结构，且自身又有一种新的结构。"① 他的意思是元语言可以分成多层，每一层元语言的结构无法自我说明，只能作为对象语，靠上一层元语言描述。塔斯基认为，上一层元语言，总是比下一层的对象语言"本质上更丰富"②。

扩大言之，任何意义系统之所以是一个系统，正是因为它无法自我解释。一个意义系统如果是"完整"的，就不能自我解释，如果能自我解释，就不可能是完整的。哥德尔的"不完整定律"（Gödel's Theorem）说明"一个描述系统是自洽的，那它就是不完备的；一个描述系统是完备的，那它就是不自洽的"，这是现代"元意识"的最清晰表述。

既然没有一个结构本身能自洽，元语言结构的诸种不完整之处，各种矛盾、模糊、冲突、悖论，只有靠再上一层的元元语言来解决。如此理解元语言，元语言之间就不会有冲突，因为它们并不处于同一层次。《传灯录》卷二十八说"在迷为识，在悟为智；顺理为悟，顺事为迷"，清晰地指出"理"与"识"的层次控制关系；董说《西游补》第四回孙行者入小月王万镜楼，镜中见故人刘伯钦，慌忙长揖，问"为何却同在这里？"伯钦道："如何说个'同'字？你在别人世界里，我在你的世界里，不同，不同！"

在解释活动中，各人解释不同，哪怕同一人，前后解释不同，也

---

① Bertrand Russell, "Introduction", in Ludwig Wittgenstein, *Tractatus Logico-Philosophicus*, London: Routledge, 1987, p. 7.

② Alfred Tarski, "The Semantical Concept of Truth and the Foundations of Semantics", *Philosophy and Phenomenological Research*, 1944, p. 4, p. 347.

是正常的。不同的解释主体坚持各自的立场，不会发生元语言冲突。元语言不同产生的歧义，是元语言的题中应有之义，本来每次解释所用的元语言集合构成不同，自然引出不同的意义。

而本书要问的是：**在同一个（或同一批）解释者的同一次解释努力中**，使用了不同的元语言集合，那时候会出现什么情况？尤其当这些元语言集合产生完全相反的意义，会不会一个意义取消另一个意义？如果这些元语言集合同样有效，冲突意义并立，此时符号解释以什么形态出现？笔者把这种**同层次元语言冲突，称为"解释旋涡"**。

本书将仔细讨论这种元语言冲突的符号学发生机制，探讨它在文化运作中起什么作用，尤其是在意识形态对社会文化的调控中起什么作用。实际上同层次元语言冲突造成的解释旋涡，在人类文化中极为普遍，只是学界没有注意。迄今为止，无论是在文化学语言学实践中，还是在符号学学理上，还没有人论及这个问题。其原因是，至今学界认为不同元语言分布在不同层次上，上一层元语言的产生，目的是解决下一层语言（该元语言的对象语言）中出现的矛盾冲突。这样一来，元语言之间，从分布位置上，从功能定义上，就排除了冲突可能。

而本章至此的讨论，主要就是想说明元语言冲突可以出现在同层次上。在不同解释者之间，在同一解释者的不同解释之间，最重要的是在同一个解释者的同一个解释中，可以使用不同的甚至互相冲突的元语言因素，组成他的元语言集合。

当两套意义标准出现在同一个解释行为之中，诸种元语言因素很有可能协同产生一个意义。例如，作为副文本的作者名"杜甫"，让解释者将《秋兴八首》放在杜诗总体风格中来解释，这是极为重要的元语言标记；此诗收于《唐诗三百首》，是文学史承认的经典集合，是型文本标记；而解释者家学渊源熟读唐诗，文学史知识丰富，崇拜杜甫，构成了恰当的能力元语言；在杜甫崇拜中（由于其儒家思想，或由于其"现实主义"），杜诗又被罩上光环。在具体解释中，这几种元语言因素相辅相成，合为一套元语言集合，使解释者把"香稻啄余鹦鹉粒"读成意味无穷的绝代妙句。

但是，如果元语言因素不可能配合，也就是说，在同一个解释努力中，在同一元语言集合中，出现几种冲突的元语言成分，它们就可能推动不同的意义解读。例如，假定解释者找到旁证，开始怀疑《秋兴八首》非杜甫所作，而是后人伪托窜入王洙、王琪本《杜工部集》，此时他的唐诗语境元语言因素，就给文本定位造成困难，解释者的文史修养就无法起作用，读杜诗的元语言集合被撕开，文本元语言（诗句的文字风格）与语境元语言（文本的文学史地位）、主观元语言（解释者的修养）直接冲突，使解释无所适从。

一旦元语言无法协同，对象文本中原先似乎并不存在的混乱，就可能因为解释元语言的对立，产生出冲突的意义，"香稻啄余鹦鹉粒"就可能被理解成劣句。

6. 解释旋涡

向解释敞开的文本，提供文本自携元语言因素，并且呼唤其他元语言因素。元语言因素的集合和分化，是解释行为形成的。不同的元语言集合之间的协同或冲突，发生在解释中，而不是发生在文本中。

理想的情况是，在解释中各种元语言因素协同，形成一个互相促进的集合，例如电影中的音和画，例如图像与文字说明，互相配合以催生比较明确的意义。即使它们之间有不一致的地方，甚至表面上看在推动相反的解释，解释活动也会达到一个暂时稳定的解读。例如对内克尔立方体（Necker Cube）的解读，把平面的立方图像视作立体。格式塔心理学指出，我们看到突出的方块，就不可能同时看到凹入的方块。我们采用一种解释，就排除了另一种解释。

不同的元语言集合也可能形成"反讽"式的协同。表面义与意图义相反，在解释中相反相成。在这种情况下，冲突的元语言集合也会协同产生意义。例如你的上司说："放心，我这个人不容易生气。"这可能是安慰，也可能是威胁。如果是后一种情况，此话的文本义与意图义不合，有效的解释就应当能够从各种元语言因素（例如场合、表情、此人一贯的行事风格）中解读出意义。但是"安慰"与"威胁"这两种解读不可能并存，解释者根据他使用元语言的能力，只能采用其中一义，实际上也只有一义具有真值，掩盖了另一义。

也能观察到更加复杂的元语言冲突，此时两个解释同时有效。贡布里希讨论过鸭一兔图，他认为："我们在看到鸭子时，也还会'记得'那个兔子，可是我们对自己观察得越仔细，就越会发现我们不能同时感受两种更替的读解。"① 维特根斯坦却对同样的图提出完全不同的看法：并非看到鸭就不可能看到兔，看到兔就不可能看到鸭，他认为鸭兔实际上并存②，二者不可能也不必互相取消。

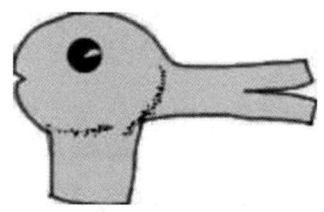

荷兰木刻家艾歇（M. C. Escher）致力推翻内克尔立方体的单解释，例如题为"相对""上下"的那几幅，也让解释者看到平面翻成的两种立体可以同时并存。艾歇的大量背景与前景互换的画，例如瓷盘画《天使与魔鬼》（Angels & Devils），让人同时看见天使与魔鬼，让两种元语言（以黑为背景看白，以白为背景看黑）同时起作用，不但可能有双解，此图要求必须双解并存。

---

① E. H. 贡布里希：《艺术与错觉：图画再现的心理学研究》，林夕、李本正、范景中译，杭州：浙江摄影出版社，1987年，第 4 页。

② Ludwig Wittgenstein, *Philosophical Investigations*, London: Blackwell Publishers, 2001, p. 45.

上 编 原 理

这样一来,就出现了两个不同的元语言集合冲突而造成的解释旋涡。两套元语言互不退让,同时起作用,两种意义同样有效,永远无法确定。两种解释悖论性地共存,并不相互取消。而这恰恰是这类文本的魅力所在,冲突造成的双义并存,让解释无所适从,正是我们着迷的原因。①

阐释旋涡其实并不神秘,稍注意观察,我们就会发现阐释旋涡出现于很多符号解释之中。最常见的解释旋涡,出现在戏剧电影等"演示文本"的表现层次与被表现层次之间。历史人物有一张熟悉的明星脸,慈禧太后长得像斯琴高娃,秦始皇长得像陈道明,为什么并不妨碍我们替古人担忧?

因为我们解读演出的元语言旋涡,已经成为我们的文化程式,成为惯例,观众对演出的解释,一直跨越在演出与被演出之间,二者不能互相取消。应当说,观众对于名演员的记忆,会影响演出的场景的"真实感",但此种意义游移是演出解释的常规,解释旋涡不会对解释起干扰破坏作用。没有人会觉得一旦历史人物有一张名演员脸,历史就失真不可信。表现与被表现的含混,两种解释之间的旋涡,正是表演艺术的魅力所在。这一原则可以扩大到所有的艺术。文本形式与内容(演出与被演出)从发出这一端考虑,可能处于两个不同层次。在接收这一端,却很难把它们隔为两个层次分别

---

① 关于"解释旋涡"的进一步理论探讨,请参见笔者《哲学符号学:意义世界的形式》第四章第二节"双义合解的四种方式",成都:四川大学出版社,2023年版。

267

处理。斯琴高娃与慈禧太后，落到观众的同一感知中，也落入同一个解释行为中。

诚然，能力元语言来自解释者的经验，因此，看斯琴高娃演孝庄皇后，熟悉这位演员的观众倾向于欣赏她的表演，了解清史的观众倾向于看到孝庄皇后是如何被演的。但是在制作人的"意图定点"（参见第八章第六节）中，大部分观众具有这两方面能力，同时能看到斯琴高娃演出慈禧太后，不然不会选此剧本，或者不会选此演员。艺术家相信他的"阐释社群"能兼顾这里的表现层次与被表现层次，也只有二者被兼顾，艺术才算成功。

有社会心理学家发现女性容易看到演员，男性容易看到历史人物。这看法可能有道理，与"社会性别"造成的文化注视方向有关。女性比较注意演员，比较了解演员的演出生涯、生活琐事；男性比较关心历史，尤其是政治史。了解面的不同，造成能力元语言的不同。实际上这不是生理性别造成能力元语言差别，而是男人女人的经验差别。除非解释者有元语言缺陷（例如从来没有注意过斯琴高娃而认不出她，或是完全不了解晚清这段历史），否则两种解释同时存在于每个人脑子里。

这很容易验证。例如著名演员劳伦斯·奥利维（Laurence Olivier）演出的莎剧改编电影《哈姆雷特》（中译《王子复仇记》），笔者见到的是哈姆雷特以及奥利维；只有对五十年代黑白电影了解较多的观众，才认出奥利维，而这样的人不多了。由于文化变迁，观众元语言能力变迁，这个解释冲突对大多数人几乎不再存在。

超现实主义画家勒内·马格利特（René Magritte）的画《这不是烟斗》（*Ceci n'est pas une pipe*）引起广泛注意，因为其图与文的超常"一致"：

烟斗图像，当然不是真的烟斗，是像似符号，而不是物。加上这样一个标题，却让人糊涂了。标题携带的文本元语言（以强调非此物而否认符号的对象），实际上在取消体裁自携元语言（这是一幅画，体裁规定画上是烟斗的再现），也在推翻能力元语言（观者开始怀疑自己是否有最起码的看画常识）。此时出现的悖论是：这幅画如此充分地自我说明，就完全不需要元语言来解释，出现了元语言自我否定。而没有元语言，意义就没有来历，画的意义就反而落空。

为此，解释者受到的压力，反而是设法搜寻一个相反的元语言集合，来证明《这不是烟斗》这样的标题是假相，这幅画的实际意义深远得多。如此形成解释旋涡，非常特殊。福柯等后结构主义哲学家见猎心喜，讨论得越来越玄。[1]

此种"常识否定"似乎很难解，却见于许多禅宗公案。《五灯会元》卷五：丹霞天然禅师于慧林寺遇天大寒，取木佛烧火。院主诃曰："何得烧我木佛？"师以杖子拨灰曰："吾烧取舍利。"主曰："木佛何有舍利？"师曰："既无舍利，更取两尊烧。"佛像神圣，是因为体现佛性，但这种体现是在元语言层次上的：佛像只是舍利子的转喻。院主不小心做了常识否认，给丹霞禅师一个制造元语言自我否定的好机会。禅宗大师提前一千年为超现实主义艺术和后结构主义哲学铺了路。

---

[1] Michel Foucault，*This is Not a Pipe*，Berkeley：University of California Press，1973. 其中竟然讨论到"烟斗"（pipe）一词原文中，"p"的样子像烟斗。

7. 元元语言冲突,"评价旋涡"

笔者把文化定义成"社会相关表意活动的总集合",意识形态即文化的元语言,它是文化活动的评价体系。① 社会性评价活动,就是意识形态支持或反对文化中发生的意义解释。关于意识形态的定义据说有几十种之多,现代批评理论的论家,几乎都有自己的意识形态定义。齐泽克甚至建议干脆不谈意识形态:"难道其本身全然晦涩难懂、含混不清的特性还不是放弃它的充分理由吗?"② 本书对这几十种定义无法一一评价,"文化的元语言"这定义至少简明扼要,适合做符号学的分析。

上文分析,认为元语言集合能够发生冲突,那么元元语言集合也能发生冲突,这时候就出现更高一层的解释旋涡,可以称为评价旋涡。即使用同一个意识形态体系,也会出现评价旋涡。儒家伦理难以避免"忠孝不能两全"就是显例。

文化评价的主体,往往是集团。在历史维度上,集团主体比个人更为重要,更为常见。如果这些集团分别进行各自的解释活动,就不会产生同层次冲突。例如美国对蓄奴制的不同理解严重冲突,集团主体却被南北地缘分割;对历史人物(例如李鸿章)或事件(例如法国大革命)的评价,由于历史元语言一再改变而不得不经常改写,但是理解主体被代沟分开,此时并不形成评价旋涡。

更经常看到的现象是:集团主体所用元语言,比个人主体更难以一致。集团主体进行评价活动时,元语言冲突就成为一种相当普遍的现象,可以说,评价旋涡是意识形态在文化中起作用时几乎难以摆脱的悖论。

这问题听起来似乎复杂,实际上处处见到。2010 年 8 月,张轶

---

① 文化的定义是:"一个社会中所有与社会生活相关的符号活动的总集合。"参见笔者《文学符号学》,北京:中国文联出版公司,1990 年,第 89 页。

② 斯拉沃热·齐泽克:《意识形态的幽灵》,见斯拉沃热·齐泽克、泰奥德·阿多尔诺等,《图绘意识形态》,方杰译,南京:南京大学出版社,2002 年,第 4 页。

的照片《挟尸要价》引发了巨大争议。有人认为标题与事实不符，是造假；有人认为基本相符，情况属实。这里卷入的是道德评价的冲突。许多人认为是捞尸者冷血；但是也有人指出打捞尸体是江边百姓谋生一行，这行业也如殡葬业一样，按服务行规行事。本来，这是两批人观念不同，但中国新闻摄影学会全票授予《挟尸要价》"金镜头奖"，就把评价主体变成了"全国人民"。作为合一的评价主体，我们就无法调和"尊重人"与"尊重习俗"两套标准，就只能形成评价旋涡。本来是各说各理，"此亦一是非，彼亦一是非"，现在成了"彼此一是非"。

还有更大局面的评价问题："凡是敌人反对的我们就要拥护，凡是敌人拥护的，我们就要反对。"这是典型的评价元语言对立，主体隔开壁垒分明。黄仁宇的一系列著作，从"中国现代化"角度看问题，认为"蒋介石与毛泽东具备互补的历史意义"。把现代中国作为合一评价主体，就出现评价旋涡。黄仁宇从中有意引出价值冲突，因为他认为旋涡比单向好："对明显价值的崇拜将使历史走向目的论的直线进展。"[①]

现代化进程中的一个重要问题，就是如何处理意识形态冲突。中世纪社会努力维持统一的评价体系，而现代社会不得不面对评价体系冲突这个事实。自从政教分离后，社会集团，例如中产阶级与无产阶级，例如妇女与少数集团，他们的自我意识都不断增强，评价体系往往对立。当他们组成一个社会、一个民族，不同的意识形态就形成评价冲突，成为影响社会演化的重大力量。这点，本书上一章讨论"反讽社会"时，已经有所触及。反讽的冲突是在文本层面上，是意义活动本身具有的，而评价旋涡则发生在评价层次上，更加本质化。

在现代化进程中，社会不得不承认几套不同的评价体系都具有合理性。虽然在不断适应变形之后，某种意识形态可以成为社会主导，但社会演进的基本动力，是绵延不绝的评价旋涡。由此产生了"福利

---

① 黄仁宇：《黄河青山：黄仁宇回忆录》，张译安译，北京：生活·读书·新知三联书店，2001年，第575页。

资本主义"这样看起来自我矛盾的意识形态主张。实际上，有时内部各种因素越是冲突，综合意识形态行得通的可能性越大，因为它们内化了评价旋涡，其运作阻碍反而减少。包含冲突利益的意识形态体系，最终成为政治实践的主流，证明评价旋涡是今日世界意识形态运行的常态。

而当今的全球化浪潮，使评价旋涡的规模更为增大：当民族利益与跨民族利益不得不同时起作用，出现了"全球本土化"（Glocalization）这样的悖论。在这种时候，不善于利用评价旋涡，不知如何内化冲突，不知变通的民族，就难以适应多元化的世界大潮。无论哪个国家，都不得不摒弃单一评价体系。谁能适应并充分利用评价旋涡，谁就在世界潮流中走在前面。

当今文化的一个特色，是文化表意的各个层面都出现解释旋涡，想在文化生活中追求解释元语言的单一化，已经不再可能。本书最后一章，就是以新儒家的"仿韦伯论"来说明中国现代化进程为什么需要评价旋涡，而不是单一价值。

既然已经讨论到文化的复杂性，本书关于符号学原理的讨论，就只能暂时告一段落。本书后半部分，将尝试把这些原理推演到真理、主体、社会、文化、艺术、历史等困扰人类多少世纪的课题中，看符号学能给我们带来什么不一般的看法。本书最后一章"现代性与评价旋涡"，就是应用符号学的这条原理讨论文化问题的一个尝试。

下编 推演

第十一章　理据性及其滑动

1. 偶发再度理据性

本书第三章详细讨论了理据性问题。各家论者都承认理据性是有限的：许多符号无理据；而在语言这个最大的符号体系中，理据性基本上完全缺失。因此，无理据性是符号常态，理据性是例外。

这样就遇到一个难题。模仿是人最基本的意义方式，尤其是文学艺术，离不开模仿。没有理据性，就无法做模仿再现，而语言是人类表达意义的主要工具。既然语言任意武断，基本上无理据，用于模仿时，如何能"像似"对象？这个根本性的矛盾，在人类文化中是如何解决的呢？

第一种办法是扩大理据性的范围。索绪尔仅指出拟声词与复合词具有"相对理据性"。乌尔曼进一步指出有三种理据性：语音理据性（即拟声理据）；词形理据性（衍生词理据）；语义理据性，指的是各种修辞性语言（figurative language），尤其是比喻与转喻。①

他实际上比索绪尔多加了一个"语义理据性"，打开了一个巨大的可能。热奈特的《模拟写作》一书②，认为同形词、同音词等都有理据性，他称这些为"初度克拉提鲁斯现象"（primary cratylism）；然后他讨论了诗歌语言的"理据链接幻觉"，例如比喻、通感等，他称作"再度克拉提鲁斯现象"（secondary cratylism），这种看法扩展

---

① Stephen Ullmann, *Semantics: An Introduction to the Science of Meaning*, Oxford: Blackwell, 1962, p. 81.

② Gérard Genette, *Mimologics*, Thais E. Morgan, trans., Lincoln: University of Nebraska Press, 1995, p. 157.

了乌尔曼的"语义理据性"。热奈特的结论是：诗歌语言的目标，就是创造"尽量多的有理据词语"①。

热奈特是"就诗论诗"，实际上这是语言艺术的特征。有论者认为一旦语言"风格化"（stylized），就可能获得理据性，因此文学性散文也有不少理据性，因为"文学的"语言不可避免有许多比喻。②瑞恰慈就认为仪式性（ritualistic）的语言是有理据的。③ 如此类推下去，哪怕非艺术语言，也经常有相当数量的理据性。例如西语revolution，有词源（拉丁文 volvere，意为转动）的比喻理据性；中文译成"革命"，则是利用了"汤武革命"的典故，有历史理据性。至于鲁迅的讽刺"革命，革革命，革革革命，革革……"④ 从拟声、拟意、比喻进行词语搭配，更有多重理据性。

中国语言学界也不断寻找语义理据性。张永言认为，除了一些原始名称外，语言里的词大多有其内部形式可循，或者说有理据可说的。⑤ 蒋绍愚提出，所有的派生词都是有理据的，因为弄清了词语的来源，也就弄清了它的得名之由，也就弄清了词语的意义。⑥ 李娟红用笔记小说具体地来做这个分析，发现所有的所谓"新词"，都有理据。⑦ 曾丹分析网络新语，指出网络语汇都生成于类推、隐喻、转喻，也就是借理据性生成。⑧

论者还在把理据性范围推得更大。费歇认为语法是一种"图表像

---

① Gérard Genette, *Mimologics*, Thais E. Morgan（tr.）, Lincoln: University of Nebraska Press, 1994, p. 152.
② Stephanie Merrim, "Cratylus' Kingdom", *Diacritics*, Spring 1981, p. 54.
③ I. A. Richards, C. K. Ogden and James Wood, *The Meaning of Meaning*, New York: Harcourt, Brace and World, 1923, pp. 24—47.
④ 鲁迅:《鲁迅全集》第 3 卷，北京：人民文学出版社，1956 年，第 399 页。
⑤ 张永言:《关于词的"内部形式"》,《语言研究》1981 年第 1 期，第 9—14 页。
⑥ 蒋绍愚:《近代汉语研究概况》，北京：北京大学出版社，1994 年。
⑦ 李娟红:《从笔记小说释词现象看词语的理据》,《江西社会科学》2009 年第 1 期，第 240—243 页。
⑧ 曾丹:《试析汉字符网络语汇的构成及其生成机制》,《江汉大学学报（人文科学版）》2009 年第 1 期，第 60—63 页。

似",因为语法实际上是意义的同型结构,与意义相应。① 乌尔曼最后认为所有的"习用语"都有理据性,"每一个习用语,都有任意武断的词,也有至少部分有理据,即透明的词"②。但是所有这些中外论者,没有一个说理据性是确实普遍的、无所不在的,他们的理据性例子再多,也都是部分的、偶发的。

那么文学艺术在进行模仿描写时,是不是因为用了这些理据性的词句呢?显然不是。任何语言都能进入文学,都可以用来进行模仿。人类在文化中,已经在实践普遍理据性,却无法说明其中的道理,本章试图回答这个问题。

语言可以用来模仿,这是柏拉图在《理想国》中再三强调的。亚里士多德在《诗学》中指出,文学的最重要机制是模仿,模仿就是利用语言的像似性。他讨论的模仿范型是悲剧,悲剧除了使用姿势、表情、道具,更多的还使用语言;如果语言对于对象是不透明的,那就无从模仿。历代都有人感到这里有个巨大的未解问题。莱辛指出:"诗歌必须追求把符号从任意符号提高到自然符号。"③ 路易斯很早就谈到了"由词组成的画面"④。维姆萨特给语象下了个定义:"最大限度地实现了其潜力的语言形象。"⑤

最强烈的呼声来自诗人庞德(Ezra Pound),他编辑的费诺罗萨所著论文《作为诗歌手段的中国文字》,被汉学家嘲笑为学理上错误百出,但是当代符号学界却一再回顾庞德此说。看来庞德的诗人式敏感,击中了意义问题的要害。庞德认为中国文字是理想的,因为"中国文字不是任意的符号,而是自然行为的生动速记"。最近,"语言像似性

---

① Olga Fischer, "An Iconic, analogical approach to Grammaticalization", in Jac Conradie et al (eds.), *Signergy*, Amsterdam: John Benjamins, 2010, pp. 279–298.

② Stephen Ullmann, *Semantics: An Introduction to the Science of Meaning*, Oxford: Blackwell, 1962, p. 97.

③ Gotthold Ephraim Lessing, "Letter to F Nicolai, 5–26–1769", quoted in Max Nänny & Olga Fischer (eds.), *Form Miming Meaning: Iconicity in Language and Literature*, Amsterdam: John Benjamins, 1999, p. xvi.

④ C. Day-Lewis, *The Poetic Image*, New York: Oxford University Press, 1947, p. 13.

⑤ William K. Wimsatt, *The Verbal Icon: Studies in the Meaning of Poetry*, Lexington: University of Kentucky Press, 1954, p. i.

讨论会"的组织者再度引用庞德此文，指责符号学界至今没有能好好地回答这个问题，即庞德很早就感觉到的"作家对像似的迫切需要"①。

2. 普遍符用理据性

在近年两届阿姆斯特丹大学"语言像似性讨论会"的论文集中，符号学界集中讨论了这个问题。诺特提出，语言像似应当分成两类，语言学家指出的这些语音、词法、句法、词源的理据性，都是语言的"内理据"（endophoric），即"模仿形式的形式"（form miming form）。而真正在表意过程中起作用的，是语言的"外理据"（exophoric），外理据是"模仿意义的形式"（form miming meaning）。内理据是个别的、偶发的，而外理据是普遍的，诺特称之为"普遍语言像似"②。

任意性的语言，如何能包含像似性，以组成"画面"？这是因为任何符号（包括语言符号）的文本性组合，只要被社群用入符号交流行为，就获得再度理据化，与意义已经有了超出任意的联系。这种普遍再度理据化，来自符号使用，可以称作符用理据性。因此，符号学关于理据性，有以下论辩：

第一，索绪尔把任意性看成是"符号的第一原则"，他只承认拟声词的初度理据性，复合词与词组的构造理据性。

第二，皮尔斯认为，大量符号是有理据的，但是语言词汇是无理据的规约符号。

第三，语言学家发现语言中理据性范围大得多，从构词法，到句法，到比喻通感等各种修辞手法，到语法构造，都出现局部理据性。

第四，笔者在这里要提出的，是普遍的"符用理据性"。语言，

---

① Max Nänny & Olga Fischer (eds.), *Form Miming Meaning: Iconicity in Language and Literature*, Amsterdam: Benjamins, 1999, p. xvii.

② Winfried Nöth, "Semiotic Foundations of Iconicity in Language and Literature", in *The Motivated Sign: Iconicity in Language and Literature* 2, Amsterdam: John Benjamins, 2001, p. 17.

作为人工制造的符号，必然被社群作集体使用。语言如其他符号一样，在使用语境中被理据化，在使用者社群中，这种效应是普遍的。维特根斯坦对此有个说明，"（同意）不是意见一致，而是生活形式一致"①。他说的"生活形式"是指语言在生活中的使用方式。

不是符号给使用以意义，而是使用给符号以意义，使用本身就是意义。索绪尔感觉到这一点，他把象征列于他说的符号之外，因为象征与意义"有一种自然联系的根基"②。象征也是符号，为什么索绪尔宣称象征不是任意的，而把它排除在符号学之外呢？因为象征的源头也是任意的符号，社会性使用已经给了象征在"自然联系的根基"（见本书第九章第六节关于"象征"的讨论）。社群使用中的符号，对于参与使用者来说，已经开始透明，获得了理据性。

语言的"像似"，一直是符号学中最大的争议点。③ 符号学家诺特指出，语言中的普遍像似性，表现在三个方面：第一，在接收者的思想与认知中，心像无所不在；第二，在"创造性文本"中必然需要像似符号；第三，传达中互相理解以语言的像似为先决条件。④ 这三点都落在符用范围里，其中"心像原则"是最根本的，语言要能激发心像，语言文本中就必须有语像。洛特曼指出，在模仿中，"语言符号意义化，使符号变成其内容的模型"。⑤

让我们随手举一个例子。"无边落木萧萧下，不尽长江滚滚来"，从这两行诗中可以找到某些"初度理据性"的只有"萧萧"与"滚滚"两个拟声词，其余词没有理据性，也找不到热奈特说的比喻通感等。但是实际上这两句诗不仅给了我们一幅极其生动的形象，而且其

---

① Ludwig Wittgenstein, *Philosophical Investigations*, Oxford: Blackwell, 1953, p. 241.
② 费尔迪南·德·索绪尔：《普通语言学教程》，高名凯译，北京：商务印书馆，1980年，第104页。
③ Michael Shapiro, "Is the Icon Iconic?" *Language*, December 2008, pp. 815–819.
④ Winfried Nöth, "Semiotic Foundations of Iconicity in Language and Literature", in *The Motivated Sign: Iconicity in Language and Literature* 2, Amsterdam: John Benjamins, 2001, p. 25; Valerii Lepakhin, "Basic Types of Correlation Between Text and Icon, Between Verbal and Visual Icons", *Literature and Theology*, March 2006, pp. 20–30.
⑤ Yuri Lotman, *The Structure of the Artistic Text*, Ann Arbor: University of Michigan Press, 1970, p. 21.

中每个词，都在我们心里引发相应的意义与形象。具体词如"落木""下""来"，比较抽象的复合词如"无边""不尽"，甚至专有名称如"长江"，都携带着相当清晰的像似性，效果类似一幅山水长卷。"诗中有画，画中有诗"，这些词语可以"替代"视像，激发心像，因此已经理据化。

再例如索绪尔用来说明像似性的例子。"树"这个词，一张树的照片，一棵活生生的树，符号很不相同，给使用者的感觉却类似，在使用中效果也类似，证明它们有相通之处。西尼认为这是"现象符号学"的根本问题："说'house'，写成斜体，写成大写，像孩子一样画一所房子，这些声音、记号、图画，意义都是相同的，哪怕法语 maison，或是西语 casa，都有一个相同的词或思想的形式，使它们意指房子。"他称这个"思想"为"形式的内容"（the content of the form）。① 也就是说，被使用的感知形式产生了内容。

贡布里希的一篇名文《对一座木马的思考》为本书说的"使用使符号理据化"提供了一个非常有说服力的解释。一根竹竿为什么能代替马？它没有马的形象，也没有贴上马的图像或标签，它甚至不如"马"这个词那样，有社会规约决定它意义为"马"（让我们可以指责赵高"指鹿为马"是欺君）。竹竿之所以被称为马，是因为对孩子以及周围其他人而言，它被当作马使用，由此它获得了马的意义。②

模态逻辑语义学的创始人克里普克在《命名与必然性》一书中指出，词"使用"的历史，造成意义积累。无论是专名（如"丘吉尔"）还是通名（如"黄金"），它们获得了意义，"并不是这个名称的含义在起作用，而是这个名称的起源和历史，构成了历史的因果传递链条……而当一个专名一环一环地传递下去的时候，确定该名称的指称方式对于我们来说就无关紧要，只要不同的说话者给它以相同的指称对象"③。也就是说，原先是有理据还是无理据，对于在某个语境中

---

① Carlo Sini, *Ethics of Writing*, Albany: State University of New York Press, 2009, p. 3.
② Ernst H. Gombrich, *Meditations on a Hobbyhorse and Other Essays on the Theory of Art*, London: Phaidon 1963, pp. 12—14.
③ 索尔·克里普克：《命名与必然性》，梅文译，上海：上海译文出版社，2005年，第125页。

的符号使用者来说，已经无关紧要。在"形成链条"的使用中，名称获得了使用理据性。

不是说作为语言符号基础的任意性原则不成立，而是说，在符形符义层面上，在语言系统"内部"，理据性是特殊关系方式，并非普遍；而在语用层面上，"外部性"理据是语言有效使用的基础。因此，语言（以及任何符号系统）处于任意性与理据性的张力性结合之中。两者的平衡是动态的，因使用语境而变化。

正因为再度理据性是使用中获得的，才会出现下面几节讨论的，在特殊使用方式中，符号出现"理据性滑动"现象。

3. 理据性上升

正因为符号的理据性是在文本的使用中获得的，在不同的使用语境中，理据性会有所变异，可以升高，也可以降低。理据性的上下滑动比较复杂，需要细致的讨论。

理据性上升，类似本书第九章第六节讨论的象征化。社会性地一再重复使用某个符号，会不断增加该符号的语用理据性，理据性增加到一定程度，我们就可以称之为一个象征。例如人名很少有理据性，父母或作者取名时的理据（例如辈分，例如家族往事）不为社会所知。取名中比较容易认出的背景理据（例如时代用语），不是名字的普遍规律。名字虽然看得出性别、民族等，这些不能使名字"透明"起来，任何名字都是一个"新词"。可是名字一旦进入社会性使用，就能够变成一个具有普遍意义的词汇，成为意义富厚的象征。《金瓶梅》的潘金莲，《红楼梦》的贾宝玉，靠"人物形象"之助，获得强大的理据性。其"透明"（直见其义）到如此程度，任何人不能再取此名字。

而历史性的长期使用，更能把人物的名字（关羽、魏忠贤等）变成某种品质的代表，人名成了典故。典故是一种特殊的理据性，通过文本间性向历史借来意义。文献中的不断引用（例如"阿Q精神"），可以使一个名字成为抽象品格的象征。大部分专用名词，如物品名、物种名、地名，在使用中获得并增加理据性却是普遍的①，"长城""黄河"的意义，就是显例。

巴尔特指出，埃菲尔铁塔作为符号本来是空的，没有意义，但是因为永远树立在每个巴黎人面前，就被多少代的巴黎人加入了"巴黎品质"②，从而成为巴黎的象征。这座电线架似的铁塔，一开始被几乎所有的巴黎人骂为丑陋不堪，现在却被一致认为具有浪漫的魅力。因此，理据性顺着文本间性的加强而增加。只要一个符号的社群集体坚持使用，一个没有理据的符号可以获得理据性，甚至成为"高度理据化"的象征。

再度理据性不是任何人的选择，而是符号文本使用中的必然因素。卡勒在《追寻符号：符号学、文学与解构》一书中提出，凡是句子都预先设下了各种逻辑的、修辞的、语用的"预设"。③ 句子把原先无理据的词语组成了一个关系式：它描绘了一个场景，这个场景有像似性；这个场景落在一个世界的关系式里面，带有指示性。符号组合进入使用后，前后文之间就搭建了新的理据。

卡勒举了一个有趣的例子证明这一点。"'你再也不打老婆了吗？'这句问话背后有很多东西：任何回答都是在回应这句话的预设。"④ 不管是肯定还是否定的回答，都是已经承认此语中"你打过老婆"的意义。语句或其他符号文本，都在使用预设理据性，使用本身，就是在创造语用理据性。只有拒绝使用（无表情地说"无可奉告"，或干脆不说话），才会与顽强地使用理据性切断关系。很多发言人，先得学会这个"惜言止谤"的公关技巧。

理据性上升的过程，是人类每时每刻使用符号的自然结果。而

---

① 参见 Laurie Bauer, *English Word-Formation*, Cambridge: Cambridge University Press, 1983, pp.42—61.

② Roland Barthes, "The Eiffel Tower", *A Barthes Reader*, New York: Hill & Wang, 1982, p.238.

③ Jonathan Culler, *In Pursuit of Signs: Semiotics, Literature, Deconstruction*, Ithaca, New York: Cornell University Press, 1981, pp.108—118.

④ Jonathan Culler, *In Pursuit of Signs: Semiotics, Literature, Deconstruction*, Ithaca, New York: Cornell University Press, 1981, p.111.

且，随着文化交流的加速，由于理据性的累积，文化中的总体理据量日益富厚，人类文化也就日渐丰富。

4. 理据性滑落

反过来，已经获得理据性的符号或词语可以在使用中磨损，从而"去理据化"（demotivation）①，乌尔曼称为"丢失理据"（loss of motivation），即失去原有的理据性。去理据化（丢失形象）是各种习用比喻的必然命运。我们说"一路顺风"，而不问飞机实际上宜于逆风起飞降落；至于"山脚""桌腿""玉米""花生""轮船"，在过多使用中完全非理据化。没有人会觉得"电气火车"是个不通的说法。②

这种变化是语言的常态。绝大部分词语原先都是新鲜比喻，失去理据性的词语，成为语言的主要肌体。非理据化是必要的，它使语言的日常使用提高效率。因此，语言中同时发生两个过程。每次使用，让理据性上升，为符号添加再度理据性，同时也磨损旧有的理据性，例如"火车"丢失了构词理据性，但是获得了再度理据性，"火车"有了新的形象。

本节要讨论的是一种比较特殊的非理据化，可以称为"艺术性理据滑落"。它是文学艺术中的一种特殊安排。文本中某些词符，可以突然从含义深远变成任意。美国现代诗人威廉斯（William Carlos Williams）的这首诗《巨大的数字》（*The Great Figure*）是个佳例：

在密雨中
在灯光里
我看到一个金色的
数字 5

---

① Stephen Ullmann, *Semantics*, Oxford: Blackwell, 1962, p. 121.
② 参见《消义化》，见笔者《文学符号学》，北京：中国文联出版公司，1990年，第176—178页。

写在一辆红色的
消防车上
无人注意
疾驰
驶向锣声紧敲
警报尖鸣之处
轮子隆隆
穿过黑暗的城市

这首诗中,每个词都有符用理据性,描摹的形象栩栩如生:在夜雨中,消防车尖叫着奔向某处。但是诗中间出现一行"数字5",这个数字没有理据性,滑落到这个符号的任意性中。

要测定"理据性丢失",笔者建议用两个简单的方法。第一个是替代。此符号可以被同类另外的符号替代(例如另外一个数字,或一个字母,只要该符号没有明显的理据性,不要用1、7、13之类已经被西方社会"象征化"了的数字),而意义没有变化,它就是任意的。第二个是解释。如果很难看出"另有深意",那么这个符号就丢失了理据。第一个是形式的,第二个是内容的。显然,在这首诗所有的词中,只有这个"5"能通过这两个测验,因此"5"是任意的,失去了其他词都有的符用理据性。威廉斯发起的诗歌运动号称"客体主义"(Objectivism),客体主义据称要求"触及物的坚硬的切实性"[①]。而这行诗,借助理据性突然滑落,的确成为"不携带意义"的"纯然之物"。

此种理据性滑落,也可以发生在任何艺术体裁中。电影《建国大业》中有一个镜头,姜文演的毛人凤在军舰上,军帽突然被风刮掉,毛人凤只是略一仰头,眉头一锁。测试一:完全可以剪掉此镜头而不损害文本意义;测试二:此镜头无法解读出一个意义,不能说这镜头

[①] Henry M. Sayre, "American Vernacular: Objectivism, Precisionism, and the Aesthetics of the Machine", *Twentieth Century Literature*, Vol. 35, No. 3, William Carlos Williams Issue (Autumn, 1989), p. 312.

有意写毛人凤在"逆历史潮流而动"。这部电影镜头由于史料太多，叙述简省，速度较快。毛人凤在其中只是非常次要的人物，电影对他的心理没有也不必做任何描写。这个镜头或许是妙手偶得，让人怀疑是拍摄场里鼓风太大出现的意外情况。不过导演保留下来，应当说是妙笔。《沧浪诗话》云"诗有别趣，非关理也"，严羽的"理"不是指理据性，用在这里倒是恰到好处。

电影《手机》中，对尔虞我诈复杂的人际关系十分灰心的费墨教授（在同名电视剧中，换了另一个角色，主持人严守一）决定离开，到爱沙尼亚去教中文。为什么偏偏是爱沙尼亚？电视剧中说"是个海边的国家"。因此，任何海边的国家都可以替代它（测试一）。这是个随手挑出的不穷不富、非东非西的"无名小国"，使自我流亡显示出"无目的性"（测试二）。它的无根据性正是主题所需：主人公找了与一个京城的红尘万丈成对比的宁静归宿。

理据性滑落，不是价值判断，不一定保证其艺术效果。电影《赤壁》中，林志玲饰演的小乔为马接生，给小马驹取名为"萌萌"，这个名字没有任何来由，在这个电影中无根据。但是带了一点当代女孩的取名风格（因此通不过第二测试法），理据性错置让观众哗然大笑。

下面是安徽诗人陈先发的一首诗《秋日会》：

> 她低挽发髻，绿裙妖娆，有时从湖水中
> 直接穿行而过，抵达对岸，榛树丛里的小石凳。
> 我造景的手段，取自魏晋：浓密要上升为疏朗
> 竹子取代黄杨，但相逢的场面必须是日常的
> 小石凳早就坐了两人，一个是红旗砂轮厂的退休职工
> 姓陶，左颊留着刀疤。另一个的脸看不清
> 垂着，一动不动，落叶踢着他的红色塑料鞋。
> 你就挤在他们中间吧。我必须走过漫长的湖畔小径
> 才能到达。你先读我刻在阴阳界上的留言吧：
> 你不叫虞姬，你是砂轮厂的多病女工。你真的不是

> 虞姬，寝前要牢记服药，一次三粒。逛街时
> 画淡妆。一切，要跟生前一模一样

诗原想用"魏晋"之风，为现代"造景"，但是现代场景完全没有古典中国的风雅。等待虞姬这个倾国倾城历史美人的，只是退休工人的无聊枯坐。石凳上已经坐着了两个人："一个是红旗砂轮厂的退休职工"。"红旗砂轮厂"可以用任何工厂名字取代，但毕竟指示了某种过时的名称和产业，可以说有部分符用理据性。

但是接着出现的诗句就让人深思了："姓陶，左颊留着刀疤。"一个退休职工，脸上有伤疤，或许可以说是工伤所致，但是姓陶却毫无理由，可以是任何姓。"另一个的脸看不清/垂着，一动不动，落叶踢着他的红色塑料鞋。"塑料鞋可以是任何颜色，红色至多是不讲究。两种测定法，证明在这首诗里描写当今的三行诗句，理据性突然滑落，与这首诗的"新古典主义"色彩形成鲜明对比。

虞姬从浓重的文化氛围中走来，刚走入场景，却出现相当大规模的理据性滑落，像灯光突然转暗，突现了全诗主题：这个让霸王叹息让霸权倾覆的美女，竟然可以任意地坐在两个完全无身份可言的男人之间，落进当代的庸常之中，她的典故意义被"无理据性"剥夺。象征与反象征的对比，凸显了这首诗的主题。

另一种经常看到的理据性滑落，是中国诗历史悠久的"兴"。一部分"兴"与诗的"正文"有语义上的关联，或是写景作氛围，或是作为比喻（所谓"比兴"），或是点出曲调名，这些都是有理据的。从汉以来，大部分学者主张相关论，因为《诗经》被尊崇为典籍，经学家主张"微言大义"，使关于"兴"的讨论纠缠不清。

但是有相当部分的"兴"，与正文无任何关联。[①] 许多"兴"只是提供一个语音（音韵与节奏）的呼唤，以求文本应和。古人已经觉察到这个问题。郑樵说："诗之本在声，声之本在兴。"[②] 朱熹也主张

---

① 以下关于"兴"的讨论，见陆正兰：《兴即呼：对中国传统诗学一个基本概念的再认识》，《西南大学学报（人文社会科学版）》2008年第4期，第21—26页。

② 郑樵：《通志·乐略·正声序》。

"无关联兴"。五四后,许多现代学者大为赞扬"无关"原则,古史辨派更主张无关论,钟敬文早年就建议把"兴诗"分为两种:一是只借物以起兴,和后面的歌意不相关的,命之为"纯兴诗";二是借物起兴、隐约中兼略暗示其后面歌意的,命之为"兴而略带比意的诗"。

顾颉刚说,他开头弄不明白"兴"。"数年后,我辑集了些歌谣,忽然在无意中悟出兴诗的意义。"① 启发他的是苏州民间唱本中的两句词:"山歌好唱起头难,起好头来就不难。"只要起头,无须关联。因此,顾颉刚论《诗经》说:"'关关雎鸠,在河之洲',它最重要的意义,只在'洲'与下文'远'的协韵。"朱自清基本同意这个看法,说起兴的句子与下文常是意义上不相续,却在音韵上相关联着。②

钱锺书引阎若璩《潜邱札记》解《采苓》,首章以"采苓采苓"起兴,下章以"采苦采苦"起兴,"乃韵换耳无意义,但取音相谐"③。钱锺书又把这个原则用于后世歌谣中,汉《铙歌》:"上邪!我欲与君相知,长命无绝衰……"一般解首句为指天为誓的"天也",而钱锺书认为是"有声无意"的发端兴呼,与现代儿歌的起首"一二一"一样,只是无意义词句。④

关于"兴"是否与后文关联,同样可用双测试法。可以被同韵的词替代,无法解释出一个"深意",证明的确出现理据性滑落;一旦滑落,即无关联。

5. 理据性滑落后陡升,禅宗公案

在某些使用语境下,已经失去理据性的符号组合,可以突然获得理据性。这种情况还是在文学艺术中最为多见。此种符号组合,通得过第一种测试,可以被任意符号替代;但是用第二种测试,却可以发

---

① 顾颉刚:《古史辨·起兴》,上海:上海古籍出版社,1982年,第677页。
② 朱自清:《关于兴诗的意见》,见顾颉刚:《古史辨》第三册,上海:上海古籍出版社,1982年,第684页。
③ 钱锺书:《管锥编》第一卷上册,北京:生活·读书·新知三联书店,2002年,第125页。
④ 钱锺书:《管锥编》第一卷上册,北京:生活·读书·新知三联书店,2002年,第128页。

现它们被赋予"深意"。

钱锺书提出的"拟声达意",是一种非常特殊的诗歌技巧,至今注意此说者极少。① 索绪尔承认拟声词有初度理据性,即语音像似性,但是他没有看到,在某些使用方式中,拟声词并不拟声,而是拟"意"。这种词句没有初度理据性(因为"意"并没有声音,无法"拟"),反而带上抽象意义的再度理据性。

刘勰《文心雕龙·物色》中曾用"属采附声"来概括诗经中的拟声,钱锺书认为刘勰举例以偏概全了。用语音拟声,是正常的语言功能;用语音拟意,却是一种特殊的用法:"声意相宣(the sound as echo to the sense)②,斯始难能见巧。"钱锺书指的是《诗经》中大量表达状态或心情的词,如"杨柳依依,灼灼其华",拟的不是声,而是状态。本书第十章第三节举的例子"忧心悄悄""忧心奕奕""忧心殷殷""忧心钦钦"等,是对"忧心"的"拟音"。用测定法一:它们几乎可以用任何叠字(因为在诗中,只需同韵)替代,因此无理据;但是用测定法二,如此使用,它们必定表达"忧心",就此带上理据性。果然某些词句,如"忧心忡忡",后世使用得多了,就真的成了有理据性的成语。

后世的民间歌曲,又创造了许多新的拟声达意词。例如元曲大量叠字,至今读来依然生动,如死搭搭、怒吽吽、实辟辟、冷湫湫、黑窣窣、黄晃晃、白洒洒、长梭梭、密拶拶、混董董。③ 这些叠字可以用其他词替代。

布拉克墨尔提出的"姿势语"(language as gesture),与钱锺书的"拟声达意"很相似。他的解说是:

> 语言由词语构成,姿势由动作构成……转过来也成立:词语形成动作反应,姿势可以由语言构成——语言之下的语言,语言

---

① 陆正兰:《"拟声达意"与"姿势语"》,《中国比较文学》2007年第1期,第89页。
② "拟声达意"此语的英文,在《管锥编》1979年版中为"sound an echo to the sense",1986年版同。在2002年三联版《管锥编》中改为"sound as echo to the sense"。2002年版才是正确的。
③ 殷孟伦:《子云乡人类稿》,济南:齐鲁书社,1985年,第287—288页。

之外的语言，与语言并列的语言。词语的语言达不到目的时，我们就用姿势语……可以进一步说，词语的语言变成姿势语时才最成功。①

姿势语是原本有语义的词句，在某种语境下，成为一种几乎是纯语音的（也就是突然失落理据性的）感情发泄，反过来又获得了超出词句的意义。

布拉克墨尔举的例子是莎士比亚《麦克白斯》中的著名台词："明天，明天，明天……"以及李尔王的词："决不，决不，决不，决不，决不……"布拉克墨尔说，如果改成"今天，今天，今天……"或"是的，是的，是的，是的，是的……"字面意义完全不同，而"姿势意义"却依然相近。因为这里"文字已摆脱了字面意义而成为姿势"。这个解释就是本章说的第一测试。而这种语气传达微妙的蕴涵义，超出词句正常表达的范围。文字的声音表面上失去字面意义，正是它们扪及更深一层意义的跳板。

在他的描述中，姿势语听起来像魔术，例子其实不难见到，只是我们未注意罢了。郭沫若的《凤凰涅槃》，超越语义直指姿势的趋向很明显："一切的一，和谐。/一的一切，和谐……/火便是你。/火便是我。/火便是他。/火便是火。"这样的诗句，不需要，也不可能一句句索解，词语循环往复，意思说无似有，实际上也可以替代以其他词（例如说"完美的美、美的完美"）而不会太多地改变意义。但是这些无意义词句被迫表达一种词句意义之外的气势。田汉作词的《义勇军进行曲》也出现了明显的姿势："冒着敌人的炮火，前进！前进！前进进！"最后的"进"字，意义超出了字面义，而是凭借"拟声"表现一种姿势，行文自然，与主题切协，令人忘记这个词实际上丢开了理据性，另获深意。②

以失落理据取得特殊意义的现象，可以见于许多禅宗公案。"文

---

① R. P. Blackmur, *Language as Gesture: Essays in Poetry*, New York: Harcourt, 1952, pp. 35—64. 此引语以及本章下面各引语，均出自此文。
② 陆正兰：《"拟声达意"与"姿势语"》，《中国比较文学》2007 年第 1 期，第 104 页。

偃禅师与僧人问答。僧问'佛是什么?'师曰'干屎橛'。"① 这个"干屎橛",几乎可以用任何词替代,因此是无理据,但是其意义必是"佛"的真谛。同样"庭前柏子树"可以用任何同类词组替代,但是意思必为"祖师西来意"。理据性的脱落陡升,正好印证了王夫之那段名言:"谓之有托佳,谓之无托尤佳。无托者,正可令人有托也。"(《明诗评选》卷八)"无托"的词,本是不表达任何意义,但是正由于摆脱了理据性,它们就成为语境的工具,被迫表示上下文强加的意义。

在西方艺术史上,达达主义-超现实主义发现丢开理据对艺术的重要性,创造"自动写作法"。只需记下随意产生的各种词句或幻觉,诗人尽可能使自己处于被动的接收状态,不考虑主题,不记住前文,不重读前句。为了躲开任何再度理据性,他们用骰子或《易经》,瞎翻词典随意选词②,其结果是写出随意搭配的文词,如"悬挂在树枝上的果实在燃烧","单纯的雨倾泻在不动的江河上"。但是超现实主义并非追求无意义,他们希望词句的随意性反而可以揭露精神活动的本来面目,表达潜意识中的神秘意义。

理据性的上下滑动,是文学艺术的一个重要手段:理据性不仅可以落在不同的层次上,不仅可以在一定的使用方式中上下滑动,还创造出令人眼花缭乱的表意方式。但是迄今为止,无论在中国还是西方,尚未有学者对此做出令人信服的论辩。

对此,西方学界有辩词说,十九世纪是理性主义时代,只有到二十世纪,在量子力学出现后,有了"测不准原理",随意性的"量子诗学"才能出现。③ 而在受禅宗影响深远的中国文化中,早就找到方法,以消除理据让词句表达神秘意义。既然在实践上早已经领先,或许当代中国学界能在理据性的全面讨论上,为世界先。

---

① 普济:《五灯会元》卷十五,北京:中华书局,1984年。

② David Hopkins 介绍了 Hans Arp, Jakob Boehme 等人 1917—1918 年在苏黎世和柏林等地达达主义写作集会中用"《易经》中的八卦"做随机选择,见 *Dada and Surrealism: A Very Short Introduction*, Oxford & New York: Oxford University Press, 2004, p. 105.

③ Daniel Albright, *Quantum Poetics: Yeats, Pound, Eliot, and the Science of Modernism*, New York: Cambridge University Press, 1997, p. 65.

第十二章　谎言与虚构

1. 符号，真相，谎言

本书讨论符号表意，却一直没有讨论意义的"真实性"问题，这是符号学中最困难的问题之一。首先要说明，符号学讨论的主要不是"是否符合实情"的"经验真实"，那是个证实（verification）或证伪（falsification）的问题。意义是否"真实"是个符号现象学问题，无法仅仅靠文本分析来讨论。① 符号学讨论的是意义的"真值"，即符号传达是否表达发出者心目中的诚信。诚信或非诚信的传达、扭曲、接受，在符号学中称为"述真"（veridiction）问题。符号学很难处理"有一说一"，只能处理"知一说一信其一"的问题。符号学只能从意图意义、文本意义、解释意义三个环节处理"真相"的解释问题。②

本书第一章讨论了符号意义三环节（意图意义、文本意义、接收意义），这三者之间的互动构成诚信、谎言、虚构等问题。符号发出者明知真相而不说真相，或说出真相却没有被当作真相，或明知真相说的不是真相也让接收者不必当作真相。这些听起来相当复杂，却都是经常发生的意义畸变。

述真问题，在二十世纪后期成为符号学、语言学、文艺学、历史学、社会学、教育学、法学、哲学、伦理学、翻译学等众多学科共同关心的一个课题，其中卷入的各种情景貌似简单，欲分析底蕴找出规

---

① Crispin Wright, *Truth and Objectivity*, Cambridge, MA: Harvard University Press, 1992, p. 124.
② 关于"真"问题的进一步讨论，见笔者《哲学符号学：意义世界的形成》第五章"真知与社群"，成都：四川大学出版社，2023年。

律却至为繁难。这一课题对各学科提出重大挑战，也吸引了广泛兴趣。

与他人交流，看起来是作为文化的人的一种自然需要，实际上是痛苦的事。"对话理论"的提出者巴赫金认为我们只是"忍受"对话："对话不是我们对他人敞开胸怀，恰恰相反，对话是因为我们不可能把他人关闭在外。"① 要交流对话，就必须对付各种难局，要弄懂他人之心，是非常困难的事；退而求其次，要懂得他人表达的意义中的诚信与谎言，同样困难。但我们是文化之人、社群之人，必须对付这些难题。

列维纳斯有妙语说："爱转变我们对他人的恐惧，也就是把他人在我身上引出的恐惧，变成担心他人的安危，直到把我变成完全对他人负责。"② 我们可以把列维纳斯的"爱"这个词换成"信任"，然后我们可以发现交流中的"真实性"，最终是一个如何"接受"交流的问题，即如何针对难以确定的真伪意图，对应地变更自己的接受态度。

检查有关符号交流"真实性"的大量文献和研究，大致上可以看出研究者的两种倾向。一种倾向是把真实性归结为某个基本交流原则。伦理哲学家罗斯（W. D. Ross）在二十世纪三十年代就提出人际交流"诚信原则"（principle of fidelity）③，由于政治哲学家罗尔斯在名著《正义论》中借用此原则，并且扩展成政治伦理学的"公平原则"（principle of fairness），而广为人知。④ 语言学家格赖斯（H. P. Grice）提出的"合作原则"（cooperative principle），现在已经成为许多学科的基础理论。此原则要求对话者"做出符合谈话方向的贡献"，

---

① M. M. Bakhtin, "Problems of Dostoevsky's Poetics", in Pan Morris (ed.), *The Bakhtin Reader*, London: Edward Arnold, 1994, pp. 88—96.

② 转引自 Susan Petrilli and Augusto Ponzio, *Semiotics Unbounded: Interpretive Routes Through the Open Network of Signs*, Toronto: University of Toronto Press, 2005, p. 65.

③ W. D. Ross, *The Right and the Good*, Oxford: Clarendon, 1930, p. 35.

④ John Rawls, *A Theory of Justice*, Cambridge, MA: Harvard University Press, 1971, p. 312.

因此必须遵循四个准则,即"真实、足够、相关、清晰"①。以上这些理论的共同点,是认为有效的社会交流需基于某种诚信,违反这个原则的传达则为"违规"。顺利的交流,取决于如何排除这些违规。

但是在人类文化中,符合这些诚信原则的交流并不多,这些原则只是一种评价要求,可以用在法学、政治学、翻译学、教育学中。"诚信原则"一旦用到复杂的、有许多虚构的传达场合,例如美学、叙述学、游戏学,就很困难。②

另一种做法则是反过来讨论,以非诚信为正常,以诚信为例外。艾柯多次提出"符号撒谎论",认为符号的特点就是"可以用来撒谎",因此,"符号学是研究所有可以用来撒谎的东西的学科",甚至"撒谎理论的定义应当作为一般符号学的一个相当完备的程序"。③因为"不能用来撒谎的东西,也不能用来表达真理,实际上就什么也不能表达"。"每当存在着说谎可能时,就有一种符号功能";"说谎可能性就是符号过程的特征"。④他重复此说次数之多,使我们不得不重视。

戈夫曼的"表演论"(dramaturgy)与此类似,他认为人的社会行为本质上是演戏。戈夫曼提出人在社会上有四种表演方式:自我理想化表演(把自己表演得比实际的强);误解表演(有意错误的表现、欺骗、谎言);神秘化表演(保持距离,让对方猜不到自己的底细);补救表演(尽快变化以纠正某个印象)。我们在生活中无时无刻不在展示一个身份,甚至独处时也向自己展示一个身份,而每次展示的身份可以完全不同。⑤ 性别研究理论家巴特勒(Judith Butler)的"操

---

① H. P. Grice, "Logic and Conversation", in *Syntax and Semantics*, Vol. 3, New York: Academic Press, 1975.

② Amy McManus and William F. Harrah, "Narratology and Ludology: Competing Paradigms or Complementary Theories in Simulation", *Developments in Business Simulation and Experiential Learning*, Vol. 33, 2006, p. 425.

③ Umberto Eco, *A Theory of Semiotics*, Bloomington: Indiana University Press, 1976, pp. 58—59.

④ Umberto Eco, *A Theory of Semiotics*, Bloomington: Indiana University Press, 1976, pp. 70—74.

⑤ Erving Goffman, *The Presentation of Self in Everyday Life*, New York: Anchor, 1959.

演论"(performativity)把这种表演身份理论推演到性别上。男女性别不是生理上与生俱来的,而是操演出来的,"我们对某个性别化的本质的期待,生产了它假定为外在于它自身之物"①。

谎言是人类一种重要的甚至必要的社会交流,而且可能只有在符号学中才能讨论清楚。维特根斯坦早就指出谎言是一种"语言游戏",而且谎言游戏"与其他语言游戏一样,要学习才能会"。② 实际上,谎言是二十世纪受"语言转向"影响的各种学科着迷的课题。社会语言学家巴恩斯指出,关于谎言的论著奇多,但是没有人认真研究"谎言"的类型,没有人仔细研究儿童如何学会(也就是人类文明最早如何学会)撒谎,尤其不清楚的是儿童如何弄清"恶意谎言"与"善意谎言"(所谓"白谎")之间微妙的区分。③

在文化的符号表意活动中,意图完全可以半真半假。医生给病人安慰剂,是骗局,但不是欺骗。稍微思考一下各种表意,就可以明白,在"诚意"与"撒谎"之间,有非常宽的灰色地带。建立功能语法的韩礼德(Michael A. K. Halliday)总结了许多种"修正"策略,基本上都是在语句中加不肯定词,例如"我猜想""我怀疑"之类的词,为了引入"介于是与非的那部分意义"。④ 语用学家里奇(Geoffrey N. Leech)提出"礼貌原则"(politeness principles),从语用上修正格赖斯的"合作原则",他提出六条准则:策略、慷慨、赞誉、谦逊、一致、同情。有了这六种准则,说话就可以不符合"合作原则",传达却更为顺畅。⑤ 他实际上把"显谎"(知道对方会明白底

---

① 朱迪斯·巴特勒:《性别麻烦:女性主义与身份的颠覆》,宋素凤译,上海:上海三联书店,2009年,第8页。
② Dale Jacquette, "Wittgenstein on Lying as a Language Game", in Daniele Moyal-Sharrock (ed.), *The Third Wittgenstein: The Post-Investigations Works*, Aldershot: Ashgate Publishing Ltd, 2004, p. 159.
③ J. A. Barnes, *A Pack of Lies: Towards a Sociology of Lying*, London, Cambridge University Press, 1994, p. 21.
④ Michael A. K. Halliday, *An Introduction to Functional Grammar*, New York & London: Arnold, 1994, p. 360.
⑤ Geoffrey Leech, "Politeness: Is There an East-West Divide?" *Journal of Foreign Language* (Shanghai), 2005, No. 6, pp. 3—31.

细的委婉、夸张、客套等不实语言,例如见人说"久仰")纳入诚信范围,认为"显谎"与知道对方不会明白而有意行骗的"隐谎"完全不同,"显谎"是促进交流的手段。里奇的理论对于讲究人际策略的中国文化特别有用,引起许多中国语言学家关注。① 不过礼貌原则只是丰富了合作原则,没有真正处理谎言问题。

要真正理解诚信与谎言,就必须处理符号表意的各种类型,即找出一个简洁明了,却能总结各种诚信与谎言局面的模式,最困难的问题是如何把诚信与谎言之间的各种"必要的变体"包括进来,包括艺术中的虚构、"显谎"、反讽等难以用真假标准来衡量的复杂局面。可惜,提出符号撒谎论的艾柯,没有提出一个研究谎言的模式。

格雷马斯与库尔泰斯是最早试图建立"述真"模式的符号学家。他们把"是"(être)与"似"(paraître)作为"真"的两个必要条件,与之对立的是"非是"(non-être)与"非似"(non-paraître),这样就组成了一个符号方阵,这个格局经常被称为"述真方阵"(carré véridictoire)②,方阵中出现了四种可能性:

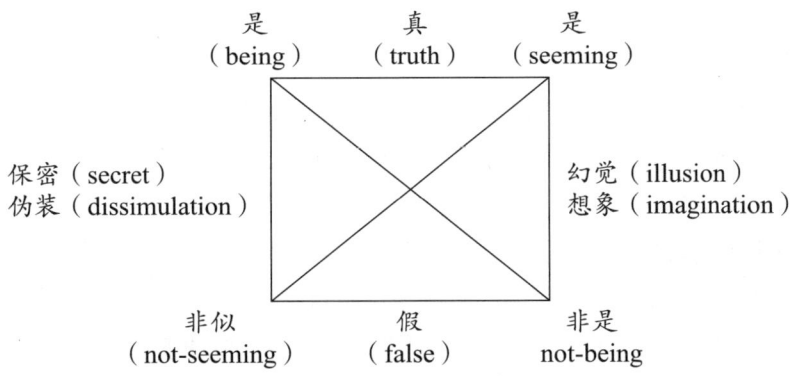

他们的结论是:

---

① 中国学者讨论礼貌原则的论文,最为人所知的可能是顾曰国的《礼貌、语用与文化》,《外语教学与研究》1992年第4期,其中提出稍有不同的五条礼貌准则。

② A. J. Greimas and Joseph Courtés, *Semiotics and Language: An Analytical Dictionary*, Bloomington: University of Indiana Press, 1982, p. 312.

1. 真：既"是"又"似"；
2. 假：既"非是"又"非似"；
3. 幻觉、想象："非是"但"似"；
4. 保密、伪装："是"但"非似"。

笔者试图用本书提出的符号原理构架来解释一下格雷马斯的"述真"四分模式。在符号表意的三个阶段中，"是"关系到意图意义，"似"关系到文本意义。"是"可以理解为发送者的诚信意图，"非是"就是意图不诚信；"似"可以理解为文本忠实地表达了（无论诚信与否的）意图，"不似"就是文本不可信。因此：

"真" = 诚信意图 + 可信文本；
"假" = 不诚信意图 + 不可信文本；
"幻觉、想象" = 不诚信意图 + 可信文本；
"保密、伪装" = 诚信意图 + 不可信文本。

所谓"可信"，即"似真"，是文本符合"常理常情"，而不一定可证明为符合"实情"。如此理解的优点在于不再把真实性问题看成发送者单方的意图，而看作意图与文本的配合。这样，诚信与谎言，由两步构成，即明白自己所知，言或不言自己所知。

但是，格雷马斯的述真四分式，忽视了符号表意的一个重要环节，即接收者的解释。这环节让意义得到实现，幻觉是接收者幻觉，保密是对接收者保密，真实与作伪也是对接收者而言的。接收者如果没有相应的接受态度，一切都无从谈起，上述四种变体，都只是一种待实现的可能性。

2. 接受原则

格雷马斯曾建议，述真的模式化最后在三个条件上实现，即做

(faire)、是（être）、知（savoir）①，但是他没有把这三个条件落实到具体分析中。有些符号学家试图推进格雷马斯的述真理论。拉斯提埃尔认为，对于符号表意来说：

> "诚信/作伪"（true/false）的区分是"述真状态"（veridictory status）。
> "实在/非实在（即可能/不可能）"（real/unreal, or possible/impossible）的区分是"本体状态"（ontological status）。
> "正/负（即愿/不愿）"（positive/negative, or euphoric/dysphoric）是"心理状态"（thymic status）。②

上一节说过，实在与否的"本体状态"在符号学论域之外。但是"述真"问题，却必须包括接收者的所谓"心理状态"，因为接受是符号传达的关键环节。

还有一些理论家也看到了接收者的重要性。符号学家马多克斯（Donald Maddox）指出，艾柯的符号谎言论没有能区分两种根本不同的局面：符号发送者的"错误再现"（misrepresentation）与符号接收者的"弄错指称"（mistaking of references）。③ 两种局面的成因很不相同。

发送者与接收者的互动是交流的关键。哈贝马斯在讨论交流时指出，语言游戏如棋局，交流双方根据局面做进退处置。④ 而巴恩斯认为语言游戏如扑克，双方不知道对方掩盖起来的牌。⑤ 笔者觉得在讨论诚信与谎言时，哈贝马斯的比喻比较准确。符号表意文本是摊开

---

① Donald Maddox, "Veridiction, Verifiction, Verifactions: Reflections on Methodology", *New Literary History*, Spring 1989, pp. 661-677.
② François Rastier et al, *Meaning and Textuality*, Toronto: University of Toronto Press, 1997, p. 86.
③ Donald Maddox, *Semiotics of Deceit*, Lewisburg: Bucknell University Press, 1984.
④ Jürgen Habermas, *Moral Consciousness and Communicative Action*, Cambridge: Polity Press, 1990, p. 91.
⑤ J. A. Barnes, *A Pack of Lies: Towards a Sociology of Lying*, New York: Cambridge University Press, 1990.

的，如接收者能看到的棋局，而不是遮掩的扑克。正因为接收者依靠的只有文本，文本的袒露代替了发出者的动机，才会出现接收者不怀疑诚信而受骗的局面。一旦如此理解，述真问题就贯通了本书第二章说的表意三环节：

发送者的意图意义→文本（包括伴随文本）携带的文本意义→接收者的解释意义

第一个环节意图意义，无法直接被接收者接触到，接收者能接触到的只是文本与伴随文本（例如发送者的脸部表情，发送者的一贯性格等因素）。发送者意图可以很复杂，但如果文本与副文本都遮掩了发送意图，接收者就只能自行判断如何解释文本。

很多符号表意的接收者无法追溯意图。自然符号（例如日食、闪电）、宗教符号（神迹、神授教义），意图是难以追究之事；古迹符号（古迹与古籍）作者年代遥远；现代的"集团发送者"，例如电影制作团队、设计公司，主体组成过于复杂。对于无法追究发送者意图的符号表意，我们只能假定意图是诚信的，否则传达只能中断。没有别的文本记载可以参照，我们无法考证《春秋》中鲁国历史记载的真伪，只能认为是信史。

第二个环节文本意义是潜在意义，它是待实现的意义，对真实性问题不能承担直接责任。但是文本很明显有两个大类：一类"可信"，即在接收者眼中不显露矛盾，可以相信；另一类"不可信"，内部成分冲突不能一贯，违背常理不能置信。因此，接收者从文本的构成来猜测意图，从文本中留下的痕迹寻找合适的解释模式（即文化惯例，例如夸张的客套话不能当真）。尽管如此，一切解释，只能在文本与伴随文本中寻找根据。例如对《春秋》的各种"微言大义"读法，无论解释者如何发挥，必须声称是根据《春秋》的文字找出来的理据；裁判是否判罚，靠他看出球员绊倒是真摔还是作假。

接收者的解释一旦开始，就难以规定以何种形态结束。这就是第四章讨论的"无限衍义"。意义解释可以出于实际原因暂时中止，却永远不会结束。① 本章中所说的"接收意义",指的是接收者面对符号文本采取的态度,即他是否认为这个文本有意义。接受意识是解释的保证,而接受意识的第一反应就是是否接受并开始解释这个文本,然后才出现如何理解此文本的问题。本书第二章第三节说过"任何解释都是解释",上当受骗也是一种解释。至少应艾柯的要求,符号成功地实现了撒谎。而拒绝接受,就可以把任何符号变成潜在符号。意义没有得到实现。

3. "同意接受"各类型

本书认为,"诚信/作伪"是发送者态度;"可信/不可信"是文本品质;"愿接受/不愿接受"是接收者态度。把表意述真建立在这三个环节的相应配合上,可以得出四个基本格局。

第一格局第一型,是本书整个讨论的出发点,符合上述各种"诚信原则"的要求:

1a,诚意正解型:诚信意图→可信文本→愿意接受

所谓"诚信意图",就是文本发送者"言其所知"(尽管他的"所知"不一定是客观真实)的意图;所谓"可信文本",就是没有让接收者发觉有内在矛盾的、对接收者来说合乎常情常理的文本;所谓"愿意接受",就是接收者意识到文本有意义而开始解释过程。上述"三正格局",实际上是所有科学的/实用表意的格局,至少是此类表意期待中的格局。此"正常"格局,尚有第二型:

1b,欺骗成功型:不诚信意图→可信文本→愿意接受

---

① Charles Sanders Peirce, *Collected Papers*, Cambridge, MA: Harvard University Press, 1931—1958, Vol. 5, p. 484.

可以看到，1a 与 1b 实际的传达流程相同：就符号表意的进程而言，看不出区别，都是表意成功。骗局与否，只在意图的区别，即文本发出者是否"知其非而有意言其是"。为什么把这似乎是两个极端的类型放在一道讨论？因为在实际的交流中，二者经常难以区分。例如广告、公关、时尚等符号表意行为，发送者意图是否有诚意很难确定。广告多多少少虚假，大众也允许广告夸张，只要文本合适，达到的效果就会相同，见广告而产生购货的念头；下属的尊敬是真情还是假意，上级大部分情况下睁眼闭眼，只要恭敬如仪就行了。原因一是无法调查清楚，二是水至清则无鱼，在无关紧要的场合，诚意与否，只能暂时搁置不论，心中如果有疑惑，也一笑了之。

《易传》云"修辞立其诚"，加工文本目的是让意图显示"诚"，发送者是否有诚意，就是一个文本外的问题。这就是为什么说谎行骗者，对文本反而特别小心，尽可能做到滴水不漏。而一旦修辞之"诚"确立，就很难怀疑意图之诚。董小英强调"修辞立其治"，文本完备就能达到目的。① 她的看法是有道理的。在修辞上花功夫，目的经常是掩盖不诚信意图。诺曼底登陆前盟军的假情报战，让德军始终相信主攻方向是加莱，甚至诺曼底已经被成功登陆后，希特勒依然误以为是牵制佯攻，从而贻误战机。盟军的办法就是完善文本：用双面间谍泄露"完全真实"的，经得起检查，但非关全局的机密情报。②"修辞"果然达到了"立诚"目的。

《三国演义》中骗局最多，虽然是小说，但因为众所周知，本书尽量多用一些该书中的例子，以求行文简洁，不必处处解释。成功的计谋，都是文本完美化的结果，如诸葛亮"草船借箭"，借雾夜才得以成功；蒋干中计，周瑜借老友之名才得以成功。

正因为意图意义常被遮蔽，以上两型形式相当一致，组成了第一格局。诸葛亮哭周瑜，究竟是诚意还是欺骗，东吴将士莫衷一是，我

---

① 董小英：《修辞立其治》，见中国社会科学院外国文学研究所文艺理论室：《跨文化的文学理论研究》第二辑，哈尔滨：黑龙江人民出版社，2008 年，第 181—198 页。

② Jeffrey T. Richelson, *A Century of Spies: Intelligence in the Twentieth Century*, New York: Oxford University Press, 1997, p. 78.

们至今对诸葛亮的动机无法猜测。艾柯说符号学研究一切可以用来撒谎的东西，在这第一格局中已经基本体现。

一旦文本不够完美，被接收者觉察到矛盾不一致的地方，此时接收者的态度就复杂起来，但是只要能解释出认知价值，接收者不必一律拒绝接受：

2a，反讽理解型：诚信意图→不可信文本→愿意接受

要理解意义，并不一定需要一个完美的文本，这就是格赖斯"合作原则"的关键所在。假定发送者是有诚意的，那么接收者对文本的要求可以打折扣，他可以超越文本的局限，理据合作的惯例达到理解。丁尔苏引用过凯勒尔描述的一个场景：

假设我和我的同伴正在听一个报告，如果我想向她暗示这个报告实在太乏味了，我可以朝着她的方向打一个稍带夸张的哈欠。这个哈欠必须略微不同于真实的哈欠，以保证它不被误解。假装的哈欠应该足够显著，使得接收者知道这是一次思想交流的企图，从而去寻找合理的解释。为此，假装的哈欠必须满足两个条件：
1. 它必须能够被认出是"哈欠"的假装。
2. 它必须能够被认出是"假装"的哈欠。[①]

意图诚信：它是"假装"的哈欠，发送者并不想隐瞒他对会议的厌烦态度。文本不可信：它必须夸张到能够被认出是在假装打呵欠。其结果：愿意接受。接收者理解这是个应当不按文本表面意义理解的符号文本。

"不明说"传达的模式都属于这一型，听起来复杂，实际上日常

[①] Rudi Keller, *A Theory of Linguistic Signs*, New York: Oxford University Press, 1995, pp. 144—145.

生活中很多。例如主人看表，你知道对方不是看时间，而是暗示一个意图意义。因此你不会问对方时间，而是知趣地告退。《三国演义》中，聪明过头的杨修看到曹操的点心盒上写"一合酥"，打开就吃；听曹操以"鸡肋"为口令，就让部队准备退兵。这都是超越文本的解释，文本与伴随文本（曹操性格、军事僵持局面等）合起来，并不构成可信文本。这样的传达最后是成功的，但是需要接收者做出超越文本的努力。叙述学中所谓"不可靠叙述"，例如通过一只猫的视角讲述，或以一个傻瓜的口吻讲述，或让谋杀犯来讲破案经过，能够更有效地讲一个故事，也是此类型的佳例。

格雷马斯述真方阵所说的"保密、伪装"，就是这个类型，但是结果不一定是误解。发送者意图是诚意的，文本扭曲（例如用密码，例如反讽）不直接表达原意，但接收者的理解能力，或抓捕伴随文本的能力，跨越了此障碍，最后依然达到了理解。这种"反讽传达"，是各种幽默之所以迷人的原因。

但是，不可信文本很可能有一种更复杂的变体：

2b，表演-幻觉型：作伪意图→不可信文本→愿意接受

2b与2a的区别在于发送者"非诚信"。由于文本遮蔽，发送者的诚意很难判断，理解与上当之间，在符号表意过程的形式上很难做出区分。2a与2b，都是扭曲文本，但是2b的发送者带着非诚信意图，用了不可靠文本，因此是个如同1b的成功骗局，只不过文本有意露出骗局的马脚，是一种"翻转"的骗局。

《三国演义》中的空城计是一个绝妙好例。诸葛亮无兵力守城，只能大开城门，如此守城法太蹊跷，而且与"诸葛一生唯谨慎"的伴随文本极端冲突。诸葛亮意图作伪，但是无奈只能用出乎常理的矛盾文本（因此不同于1b之有意行骗），司马懿明知文本有问题，反而产生疑惑而中计。

"华容道"也是个好例子。诸葛亮夜观天文，知道曹操命不该绝，索性就把最关键的隘口让关羽去把守，他熟知关羽的性格，会因为报

恩而放走曹操，他用假文本让关羽去成全他的"忠义"。诸葛亮下此命令没有诚意，他也明白告诉关羽不想让他去华容道设伏捉曹操，因为"有违碍处"。关羽自以为是按职责行事，实际上中了诸葛亮的"留人情"翻骗之计。

此格局可以与格雷马斯述真方阵中的"幻觉"对比。动机"不是"与文本"不似"结合，造成的幻觉遮蔽了作伪意图，使计谋得手。

"翻骗"似乎太少见，不必列为一个类型，实际上这种"表演—幻觉型"是文学艺术中一种重要格局，即"逼真性"（verisimilitude），普林斯称为"引发一定程度上符合外在于文本的一套'真实性'标准的文本品质"[1]。实际上需要接收者配合，才可能使明知为假的文本，产生让人信以为实的逼真性。

艺术符号的发送者明白说是在作假表演，艺术的文本也明显地打着虚构的记号（例如屏幕的方块，电影的片头，舞台的三面墙，以唱代言，灯光布景，明星面孔）。艺术文本有了这么多的不实记号，还是有观众信以为真，不自觉地"悬搁不信"，自愿地为虚构的人物与故事情节担忧，为人物的命运悲伤。观看《白毛女》的士兵拔枪打黄世仁，读《少年维特之烦恼》而自杀，读者写信给福尔摩斯求救，这些都被认为是艺术创造幻觉的奇迹。

甚至体育，明显是假装的战争，但是哥伦比亚足球队打入乌龙球的后卫被该国人枪杀，拳王泰森咬伤对手的耳朵，都是"逼真性幻觉"超越了文本的虚假，接收者的幻觉强度使他们忘记舞台与拳击赛场文本是虚假文本。

尼采认为真相本来就是幻觉："真相就是一些可以运动的隐喻……经过长时期的使用，对于一个民族来说，它就成了固定性、规范性、具有约束性的东西。真相就是让我们忘了它是幻觉的幻觉。"[2]

---

[1] Gerald Prince, *A Dictionary of Narratology*, Lincoln: University of Nebraska Press, 1987, p.102.

[2] Friedrich Nietzsche, *Philosophy and Truth: Selections from Nietzsche's Notebooks of the Early 1870's*, Daniel Breazeale (ed.), Atlantic Highlands, NJ: Humanities Press, 1979, p.84.

而托多罗夫说得更确切一些,他认为逼真性"只有在对自身的否定中才能存在,只能在无它的时候才有它"[①]。逼真性是一种真实幻觉,一旦接收者意识到自己是在幻觉中,就不能再接受这个符号文本,幻觉就消失了。

4. "拒绝接受"各类型

本书第二章第三节说过"任何解释都是解释",因此拒绝接受也是一种解释,也是在肯定符号文本有意义基础上做出的姿态。但是愿意接受是衍义是否能开始的关键,不愿接受,符号表意就结束在这一点上。一旦接收者出于各种原因,认识到此符号表意文本缺乏必要的认知价值,他就会拒绝接受这个文本,符号表意就只能中止。于是出现第三格局的诸类型:

3a,不得理解型:诚信意图→可信文本→不愿接受

这是1a基准型的变体,诚意的传达可以因为不被接受而失败。《三国演义》中张松带了西川地图到曹操那里,准备献计让曹操取西川,曹操却不予理睬。张松对曹操并不存在欺骗意图,表达意义的文本也是准确可信的。曹操就是不接受,使张松此举无法达到交流目的,哪怕诚信也以失败告终。

3b,表意受阻型:诚信意图→不可信文本→不愿接受

恼怒的张松索性激怒曹操:

丞相驱兵到处,战必胜,攻必取,松亦素知。昔日濮阳攻吕

[①] Tzvetan Todorov, *Introduction to Poetics*, Minneapolis: University of Minnesota Press, 1981, p. 150.

布之时，宛城战张绣之日；赤壁遇周郎，华容逢关羽；割须弃袍于潼关，夺船避箭于渭水：此皆无敌于天下也！

操大怒曰：

"竖儒！怎敢揭吾短处！"喝令左右推出斩之。

后张松虽然留得一命，却因为用了不可信文本，被曹操威胁砍头，拒绝接受，此种传达再也无法达到目的。

《三国演义》六十回，关羽荆州失败，派人叫糜芳、傅士仁发兵相救，

使者曰："关公军中缺粮，特来南郡、公安二处取白米十万石，令二将军星夜解去军前交割。如迟立斩。"芳大惊，顾谓傅士仁曰："今荆州已被东吴所取，此粮怎得过去？"士仁厉声曰："不必多疑！"遂拔剑斩来使于堂上。芳惊曰："公如何斩之？"士仁曰："关公此意，正要斩我二人。我等安可束手受死？"

关羽在生死危急关头，傲慢如旧。用此种完全不可信文本，表意自然受阻。

3c，谎言失效：作伪意图→可信文本→不愿接受

此局面，与谎言骗局的典型局面1b只差了一点：文本没有问题，接收者看穿文本的骗局，拒绝接受，从而拒绝上当受骗。东吴杀了关羽，为防魏、蜀夹击局面出现，孙权派人把关羽的首级转送曹操，目的在于使刘备怀疑杀关羽乃曹操指使，从而转恨曹操。曹操从司马懿之议，"将关公首级，刻一香木之躯以配之，葬以大臣之礼"，这条移祸于人之计被曹操识破了。

第三格局的abc三型，一个共同特点是符号文本被拒绝接受，述

真与否就都成了不必讨论之事。现在让我们看一种最极端的情况：如果接收者看出意图作伪，文本不当，但是认为虚假表意中有认知价值，而坦然将计就计接受，以伪为伪，此时就会出现本书讨论的最复杂也最为有趣的第四格局，也是"不愿接受"时唯一可能的表意模式：

4，假戏假看型：作伪意图→不可信文本→不愿接受
（镶嵌 1a，真事真看型：诚信意图→可信文本→愿意接受）

不是为了引出这个格局，本来不必花如此长篇幅讨论拒绝接受的任何传达类型。这个类型非常重要，实际上是文学艺术借以立足的基本交流模式，再复杂也不得不论。传达双方都知道是一场表演，发送者是做戏，文本摆明是假戏，接收者假戏假看，所谓"不愿接受"就是假看，就是不接受文本的直接信息。

在这个类型中，发送者也知道对方没有要求他有"事实性"的诚信，他反而可以自由地作假；发出的符号文本是一种虚构，不必对事实性负责，此时他可以堂堂正正地"美言不信"[①]。接收者看到文本之假，也明白他不必当真，他在文本中欣赏发送者"作假"的技巧（作家的生花妙笔、演员的唱功、画家的笔法），此时"修辞"不必立其诚，而是以巧悦人。

虚与实的第三种配置方式，落实在符号接收者身上。上面说的是虚实配置，在艺术文本的特殊表意方式中，最后却必须实现于艺术文本的接受之中。艺术是假戏假看，但是艺术的特殊的文化规则，在假戏假看中镶嵌了一个"真事真看"。这个类型的确比较复杂，下节详论之。

---

① "信言不美，美言不信"，《道德经》八十一章。

5. 虚构中如何述真？

钱锺书《管锥编》二卷陈琳《为曹洪与魏太子书》论卷，讨论了该信中一个非常奇特的段落，"亦欲令陈琳作报，琳顷多事，不能得为。念欲远以为欢，故自竭老夫之思"。曹洪明知道太子曹丕不会相信他这个武夫会写文词如此漂亮的信，偏偏让陈琳写上：这次不让陈琳写，我自己来出丑让你开心一番吧。钱锺书认为这是"欲盖弥彰，文之俳也"①。

因此，这是一场默契的游戏：对方（魏太子曹丕）会知道他不是在弄虚作假，而是明白他说话有趣，弄巧而不成拙；曹丕也会觉得自己也够得上与陈琳比一番聪明。所以这是双方的共谋，是假话假听（曹丕不会笨到去戳穿他的"谎言"）中的真话真听（曹丕理解到他这位族叔，还有此人的书记官，真能逗人）。

有今日论者认为钱锺书的意思是："既然是先人未言之而著作者'代为之词'，当然也就无'诚'可言。"②显然这里不涉及修辞诚信问题，钱锺书对这种表意方式的分析，远远超出修辞。文本自身携带了特殊元语言及虚构的意图，以及文本要求应该采取的解读方式。

这一层虚实关系已经够复杂了。钱锺书进一步指出，这是讲述虚构故事的必然框架："告人以不可信之事，而先关其曰：'说来恐君不信。'"而且这个构造有更普遍的意义："此复后世小说家伎俩。"③ 在讨论《太平广记》时，钱锺书引罗马修辞家昆提兰（Quintillan）之言："只须作者自示为明知故作而非不知乱道（non falli iudicium），则无不理顺言宜（nihil non tuto dici potest）。"④

---

① 钱锺书：《管锥编·全后汉文卷九二》，北京：生活·读书·新知三联书店，2007年，第1650页。
② 高万云：《钱锺书修辞学思想演绎》，济南：山东文艺出版社，2006年。
③ 钱锺书：《管锥编·全后汉文卷九二》，北京：生活·读书·新知三联书店，2007年，第1651页。
④ 钱锺书：《管锥编·太平广记卷二四五》，北京：生活·读书·新知三联书店，2007年，第1167—1168页。

陈琳此信，不是虚构的小说戏剧，但是这封信的表意方式，实际上是文学艺术借以立足的基本模式：艺术符号表意的各方都知道是一场表演，发送者是做戏，文本摆明是戏，接收者假戏假看；发送者也知道对方没有要求他有表现"事实性"的诚信，他反而可以自由地作假；发出的符号文本是一种虚构，不必对事实性负责；接收者看到文本之假，也明白他不必当真。

就拿戏剧来说，舞台与表演（服装、唱腔等）摆明是假戏假演，虚晃一枪：一方面承认为假，一方面假戏还望观众真看。钱锺书引莎士比亚《第十二夜》中的台词："如果这是舞台演出，我就指责假的绝无可能。"① 这是戏中人站到观众（接收者）的立场，"一若场外旁观之论短长"，即以接收者可能的立场，先行说明戏为假，舞台上本来是虚构假戏，这样一说观众反而不能以"假戏"为拒绝的托词，而必须真戏真看。虽然框架是一个虚构的世界，这个世界里却镶嵌着一个可信任的正解表意模式，迫使观众做一个真戏真看。

如果做不到这一点，所有这些虚而非伪的表意，就没有达到以虚引实的目的，如钱锺书引李贽评《琵琶记》："太戏！不像！……戏则戏矣，倒须似真，若真者反不妨似戏也。"② 真者不妨似戏，是因为接收者会采取 2a 反讽读法，戏者必须如真，才能引出 4（1a）读法。各种虚构文本假中含真，但是读者要意识到他必须采用文化形成的解读规范。

这种解读方式运用最彻底的是小说：小说干脆另外设立一个叙述者，让这个虚拟人格对讲的故事负责，让叙述接收者认同叙述者的故事，这样作者和读者都可以抽身退出，站到假戏假看的外框架上，故事再假都可以袖手旁观。

例如，纳博科夫虚构了《洛丽塔》，但是在这个虚构世界里的叙述者是亨伯特教授，此角色按他主观了解的事实写出一本忏悔录，给

---

① "If this were play'd upon a stage, I could condemn it as an impossible fiction." 钱锺书：《管锥编·太平广记卷二四五》，北京：生活·读书·新知三联书店，2007 年，第 1345 页。

② 钱锺书先生引自《游居柿录》卷六，他认为是叶文通托名李贽评点《琵琶记》。钱锺书：《管锥编·太平广记卷二四五》，北京：生活·读书·新知三联书店，2007 年，第 1345 页。

监狱长雷博士看。书中说的事实是不是"真实的"？不是，原因倒不是亨伯特教授的忏悔只是主观真相（例如亨伯特教授声称是小女孩洛丽塔勾引了他），此处说的"非事实性"是因为它只存在于这个虚构的世界中，在这本小说包含的世界里，亨伯特教授的忏悔不是骗局，所以雷博士给亨伯特忏悔一个道德评语："有养育下一代责任者读之有益。"① 因此，这是一个虚构所包裹的正解传达。

可以说，所有的艺术都是这种 4（1a）型。哪怕是荒唐无稽的虚构，例如《格列佛游记》，都是这样一种双层"假戏假看－诚意正解"格局，大人国小人国的故事，斯威夫特是说假，格列佛是说真。读斯威夫特小说的读者不会当真，但听格列佛讲故事的"叙述接收者"，必须相信格列佛的诚信。

这也适用于非艺术的虚构，或者用其他虚构框架标记（例如画廊、舞台、打扮、电影的屏幕片头），甚至不明显地设置必要语境。张爱玲说："我有时候告诉别人一个故事的轮廓，人家听不出好处来，我总是辩护似地加上一句：'这是真事。'"② 张爱玲说这话带着歉意，她的确是在虚构，但是她可以自辩说，在她的虚构世界里，故事是真事。

同样局面，甚至不必到虚构艺术中去找，我们百姓在酒后茶余，说者可以声明（或是语气上表明）："我来讲一段故事"，"我来吹一段牛"。听者如果愿意听下去，就必须搁置对虚假的挑战，因为说者已经"献疑于先"，预先说好下面说的非真实，你爱听不听。所有的艺术都必须明白或隐含地设置这个"自首"框架：

> 戏剧是让观众看到演出为虚，而后相信剧情之真。
> 影视是让观众看到方框平面印象为虚，而后相信剧情之真。
> 评书是让听众看到演唱为虚，而后相信故事之真。
> 舞蹈是让听众看到以舞代步为虚，而后相信情事之真。

---

① Vladimir Nabokov, *Lolita*, New York: Putnam's Sons, 1955, p. 8.
② 张爱玲：《〈赤地之恋〉序》，转引自周建漳：《虚实与真假之间》，《学术研究》2009 年第 3 期。

诗歌是让读者看到以夸大语言为虚，而后相信情感与意义之真。

电子游戏是让玩者看到以游戏角色为虚，而后相信投入的场景之真。

体育比赛如摔跤拳击，让观众知道格斗非真，从而认真地投入输赢。

此时发送者的意思就是：我来假扮一个人格，你听着不必当真，因为你也可以分裂出一个人格。然后他怎么说都无不诚信之嫌，因为用一个虚设人格，与对方的虚设人格进行意义传达。①

虚与实之间纠缠最为复杂，人格分裂最为倒错的，恐怕是所谓踢假球：一般观众看到的足球，是一场虚而非伪的斗争，因为这场抢斗是按大家同意的一套规则进行的，包括足球比赛规则，联赛的地位升降规则，甚至赌球的规则。大家既然接受这一套规则框架假中之真，就能全身心地投入输赢，为之悲伤或欢庆。但是参与赌假球者（不是一般赌球者），买通了后卫与守门员的人，他们要看的是：这些球员能否在适当的时候巧妙地放水。②

如果放水做得太笨，大家都看出来是个不可信文本，就都会很愤怒。但是愤怒原因不同。一般观众愤怒，是因为踢球这争斗假戏应当真做，他们就是来看真做的。虚必须非伪，必须顺条有理，才能接受；一旦虚而又伪，就让大家觉得受骗。而参与制造假球的人也会愤怒，因为真戏应当真做。他们看的不是假中之真，他们取消了体育比赛的虚拟框架，把假中之真变成了真中之真。此时体育不再是艺术，而是一张赌桌，实赌就必须实做。

以上案例似乎非常特殊，此表意格局却极其常见，各种把艺术看作"现实的反映"的立场，把艺术的实用意义部分（参见第一章第七节）上升为主要成分的观念，各种把艺术的"兴观群怨"看作主要功

---

① 关于文本框架的"横向真知"的较详尽讨论，请参见笔者《哲学符号学：意义世界的形成》第五章第四节，成都：四川大学出版社，2023 年。

② 这个例子是四川大学魏伟博士在 2009 年符号学课程作业中提供的，特此致谢。

能的学说，要求演员"化身成角色"的斯坦尼斯拉夫斯基体系，实际上都是取消了艺术的虚拟框架前提，回到了 2b"表演－幻觉"格局。

这不是指责哪个学派。任何人都可能忘掉艺术的虚构框架而不小心跌进"逼真性"里面。福楼拜写《包法利夫人》，写到艾玛之死而大哭。有人劝他不如让艾玛活下去，福楼拜说："不，她不得不死，她必须死。"这算是暂时当真一会，又回到虚构语境之中，他作为作者重新站在故事之外。正如我们任何人看书看戏，也会一时忘记自己在看假戏而为戏中人垂泪。

美国一首童歌"Frosty the Snowman"唱道："雪人真是雪做的，孩子们却都知道，他有一天复活过。"① 的确儿童从小就学习如何接受虚构，欣赏虚构中的真实，这是他们成长过程中"文化化"的重要一步。

在艺术欣赏中跟着"逼真性"走，艺术就不再是一种游戏，不再能取得陈琳信件式的迷人效果：明知人识己语之不诚，而仍阳示以修辞立诚；己虽弄巧而人不以为愚，则适成己之拙而与形人之智。在一个"虚"的框架内，默契的双方之间，依然可以玩实的交流游戏，就像曹丕读陈琳信。此时的关键点已经不在文本的虚实配置，而在接受态度的"虚实默契"。曹丕真看出陈琳的把戏，而依然能欣赏这个悖论，可以称为假戏假看中的真戏真看者。我们够不上曹丕的聪明，因为今日此文作者写明是陈琳，我们面对的只是一个 2a 格局，知道陈琳在虚构，帮曹洪讨好太子。

作者与读者之间的默契，达到钱锺书描述的"莫逆相视，同声一笑"②，才是真正的艺术境界。陈琳此信作为信札艺术后世广为流传，有文学史家指责为"词浮于意"③。如果陈琳写此信有实际目的，词就必须达意。陈琳在玩艺术，那就必然"词浮于意"。从艺术游戏的

---

① "He was made of snow, but the children know how he came to life one day."
② 钱锺书：《管锥编·全后汉文卷九二》，北京：生活·读书·新知三联书店，2007 年，第 1650 页。
③ 郭英德、过常宝等：《中国古代文学史》（上册），成都：四川人民出版社，2003 年，第 89 页。

要求来看，陈琳作为作者，曹洪作为演员，曹丕作为观众，都领会了艺术符号表意复杂层次上的"虚而非伪"，都很合格。

我们可以说艺术不是一个真实的符号表意，而是一个"大家均知其假而一同暂且当真"的作伪表演。但是，悖论的是，虽然框架是一个虚构的世界，这个世界里却不仅可以，而且必须镶嵌着一个可信任的正解表意模式，即"诚信意图→可信文本→愿意接受"。

与上述 4 型对比，2b 表演－幻觉型（作伪意图→不可信文本→愿意接受）是接收者忘记了框架，拒绝分裂出一个人格，而"全心全意"进入了虚构世界，在幻觉中忘记了他并不属于那个世界，他们不能接受虚构的不可信框架文本。

6. 真假与计谋的文化道德

在以上八种可能的模式中，三种因为无接受环节而无法完成符号表意：

3a，不得理解型：诚信意图→可信文本→不愿接受
3b，表意受阻型：诚信意图→不可信文本→不愿接受
3c，谎言失效型：作伪意图→可信文本→不愿接受

另外五种是可能的表意模式：

1a，诚意正解型：诚信意图→可信文本→愿意接受
1b，欺骗成功型：不诚信意图→可信文本→愿意接受
2a，反讽超越型：诚信意图→不可信文本→愿意接受
2b，表演－幻觉型：作伪意图→不可信文本→愿意接受
4，假戏假看型：作伪意图→不可信文本→不愿接受（内含诚意正解型）

总结一句，要完成表意，必须要接收者愿意接受。一旦接收者拒

绝接受，符号表意就只能中断。最后一种格局之所以可能，是因为三个环节均为负，反而无混乱表意之可能，每个环节均为谎言，反而成全了"真实性"的可能。这样的框架中就反而能包含一个"诚意正解型"表意。所以艺术是谎言中的真实，是在虚构框架中镶嵌了诚信原则。

那么接收者用什么来判断是应当接受还是不接受？要接受一个表意，首先就是从符号表意中有所得，对"真实性"有所了解。接收者不可能跳过文本，不可能直接与发送者交流。因此，接收者认为符号文本具有认知价值，就会接受（1a）；哪怕上当受骗也不能怪他，可信的文本具有欺骗性的真实假象（1b）；哪怕文本本身是扭曲的，接收者也或许有能力解读反讽文本后的"真实意义"（2a）；而幻觉之所以起作用，是因为幻觉给人真实感（2b）；最后，全虚构表意会有认知价值，因为可以内含假中之真（4）。

因此，"接受原则"就是满足接收者的认知要求，接收者努力从符号表意中获得所谓的"真实性"，为达到这个目的，就只能按文本情况做解释的策略安排。最早讨论述真问题的格雷马斯，因为忽视接受环节，未能厘清此中种种复杂关系，但是他意识到这不仅是一个符号形式问题，更是卷入文化价值观念。他曾经提出："在几个同质的文化中，有可能建构一个以述真模式为基础的分类。"[①]

拒绝接受，还是变通接受，实际上是个文化价值问题。而且，笔者认为，"不同质"的文化，甚至同一文化中的不同群体，对于作伪、反讽、幻觉、虚构的态度不一样。文本"可信"与否，也就是是否符合常情，而常情因文化而异。在不同文化中，诚信的标准有巨大差别。

尽管标准不同，述真的符号方式却是相通的。笔者相信，本章讨论的模式分型普遍有效。一个社会能靠巨量的意义交流向前发展，条件就是能对表意进行有效而顺畅的处理。儿童之所以渐渐心智成熟，

---

① 转引自 Donald Maddox, "Veridiction, Verification, Verifactions: Reflections on Methodology", *New Literary History*, Spring 1989, pp. 661—677.

人类之所以形成繁复多变的符号文化，就是因为学会使用这五种接受方式促进交流。

都说中国文化的精髓在很大程度上是谋略①，我们把这些谋略称为智慧，《三十六计》《孙子兵法》《六韬三略》被我们视为骄傲。但是这种赞美是有特定语境的，即它们得到称颂，通常是在"目的高尚"且符合"道"的宏大前提下，比如国家与民族利益等。在日常语境中，统领中国的依然是儒家思想，比如日常生活中一个人很有谋略，我们的评价是"这个人很有心计"或者"这个人城府很深"，都是贬义的，至少是倾向贬义："巧言令色鲜矣仁。"传统文化的元语言设定并控制了人们的判断标准和价值取向。

这就出现了一个奇特的悖论：多计谋的中国人，艺术想象却并不比别的民族更加高明，因为艺术过于小道，不值得显示智力。中国文学艺术，一直缺少智力美的盛宴：耐看的侦探小说、"理趣"诗歌、科幻电影，都是凤毛麟角。国内有的编导计划拍一部情节复杂扑朔迷离的电影，却会拍成闹剧。对比一下《三枪拍案惊奇》与科恩兄弟的原作《血迷宫》（*Blood Simple*），就可以看出这点。

---

① 以下看法得益于2010届博士颜青在"符号学论坛"上的帖子，特此感谢。

第十三章　标出性

1. 语言学中的标出性

标出性就是二元对立中较少使用的那一项特殊品质，即较少使用的原因。本书建议，在文化符号学研究中，标出性来自三项之间的平衡关系，即所谓"中项偏边"。我们先从语言学讲起。

标出这个概念，是二十世纪三十年代布拉格学派的俄国学者特鲁别茨柯伊（Nikolai Trubetzkoy）在给他的朋友雅柯布森的信中提出的。[①] 特鲁别茨柯伊是音位学的创始人，而雅柯布森是现代符号学发展史上的关键人物，他们的讨论受到语言学界高度重视。但是至今这个问题的讨论局限于语言学界，符号学界基本上没有触及。一般说，语言学都讨论不清的问题，在符号学中因为范围大得多会更难处理。但是标出性这问题，也只有在文化符号学中才能解释清楚。

标出性这个术语，中国语言学界一直称作"标记性"。此译名很不方便，"标记"的汉语词意义过于宽泛，容易出现误解误用（例如风格标记、文体标记、标记性建筑、带标记的样本）。西语中也有这问题，marking/marked 都是常用词，一样容易误会。乔姆斯基 1968 年建议一个特殊术语 markedness。[②] 此术语应当译为"被标记性"，译词过于累赘。笔者建议，这一系列术语的汉语对应词，都改用"标出"与"标出性"。"标出"一词简洁而少歧义，而且有 markedness

---

[①] 这封信最早是用俄语写的，英译文见 Roman Jakobson (ed.), *Nikolai Trubetzkoy Letters and Notes*, The Hague: Mouton, 1975, p. 162.

[②] Noam Chomsky and Morris Halle, *The Sound Pattern of English*, New York: Harper & Row, 1968.

的被动意义。

当对立的两项之间不对称，出现次数较少的一项，就是"标出项"（the marked），而对立的使用较多的那一项，就是"非标出项"（the unmarked）。因此，非标出项，就是正常项。关于标出性的研究，就是找出对立二项何者少用的规律。

特鲁别茨柯伊发现，对立的清浊辅音，如 p-b，t-d，s-z，f-v 等，数量不对称。浊辅音因为发音器官多一项运动，从而"被积极地标出"（actively marked），结果是浊辅音使用次数较少。因此，他把标出性定义为"两个对立项中比较不常用的一项具有的特别品质"。检查一下就可以发现，浊辅音的确使用频率相对较少，在全世界各种语言中，这个现象非常恒定。①

此后许多语言学家在各种语言中，在语言学各个领域中，考察研究标出性已经有大半个世纪之久。他们发现标出性可以解释许多语言现象，规律相当稳定，并不局限于印欧语言，在各种语言中都存在，成为语言学家所谓"统计共项"（statistical universals）。对立的两个语言现象，出现频率普遍不对称。

非标出项（清辅音）之所以使用频率较多，原因可以归结为"使用经济原则"（least effort principle）。此原则更精确的表述是所谓齐普夫定律（Zipf's Law）。② 美国语言学家齐普夫在1931年发现的这条数理语言学定律，在今日用计算机验证发现极其精确，已经应用在信息论、城市规划等语言之外的领域。此定律一般用统计数学的公式说明，非常通俗简单的说法是："较短的用得较多。"但是齐普夫定律如何适用于汉语这样词长短不明显的语言，不是很清楚。汉语既不是

---

① 特鲁别茨柯伊讨论的是辅音，清浊辅音与其字母在许多语言中并不对应，因此不容易统计准确，但是大致上可以从字母出现频率看出一个端倪。用Google搜索汉语，可以看到：s字母出现5.8亿次，z出现1.4亿次；p字母3.0亿次，b字母2.7亿次；t字母6.3亿次，d字母4.8亿次。如果用Google搜索"所有语言"，这个区分就更有说服力：s字母出现68亿次，z出现20.0亿次；p字母38.0亿次，b字母30.0亿次；t字母64.0亿次，d字母50.0亿次。特鲁别茨柯伊提出的"清浊音标出性不对称"，应当说是一个全球性普遍现象。

② George Kingsley Zipf, *Selected Studies of the Principle of Relative Frequency in Language*, 1932.

拼音，又非屈折语，汉语中标出性情况就很不相同。语言学家都同意，在典型的分析语如汉语中，同样有对立词项之间的不对称，因此也有标出性，只是汉语的标出性不表现在形态上。

沈家煊认为，汉语的标出性有六个层面：组合、聚合、分布、频率、意义、历时。他认为六者是统一的："如果在词法上是无标记项，那么在句法上和语义上也是无标记项……如果在语义上是无标记项，那么在句法和语用上也是无标记项。"他把这个规律称为标出性的"一致性"。[1] 但是他在后文中，却从"一致"论后退了："大多数情形下按这些标准作出的判断是一致的，即使有不一致，把这些标准综合起来考虑，判定……不会有多大的困难。"[2] 所谓"综合判定"，就是标出项不一定都有这六个特征。

总结长达八十年的热烈讨论，很多语言学家指出，语言的标出性问题至今在理论上难以说清。[3] 词项形态，不一定导致句法、语用等语言其他层次的标出性。巴提斯台拉（Edwin L. Battistella）仔细检查各家理论后，得出的结论是："恐怕真是没有合一的标出性理论，相反，我们看到的，是由一系列不同的标出性领域，不同的标出性方案，不同的分析目标汇合成的图景。"[4] 有语言学家建议干脆放弃这个研究课题，因为对立项不对称的情况太复杂，原因太多，说不清楚。[5]

尽管如此，语言标出性至少文献已经极为丰富，甚至困难重重的汉语的标出性问题，也已经有不少研究。雅柯布森已经意识到标出性并不局限于语音、语法、语义等，应当进入"美学与社会研究领

---

[1] 沈家煊：《不对称和标记论》，南昌：江西教育出版社，1999年，第25页。
[2] 沈家煊：《不对称和标记论》，南昌：江西教育出版社，1999年，第34页。
[3] David Lightfoot, *How to Set Parameters: Arguments from Language Change*, Cambridge, MA: MIT Press, 1991, p.186.
[4] Edwin L. Battistella, *The Logic of Markedness*, New York: Oxford University Press, 1996, p.34.
[5] Martin Haspelmath, "Against markedness", *Journal of Linguistics*, 2006, Vol.41, No.1, pp.25—70.

域"①，但是在文化标出性问题上，研究者不能说少，大部分讨论在描述对立面的"不平等"现象，没有看到比较完整的基础原理或社会机制研究。②

由于缺少文献，本章尝试对文化标出性做一个符号学研究，不得不从头做起，因此本章的大部分讨论，不得不是探索性的。

2. 文化研究中的标出性

对立二项的不对称应为一个普遍规律。钱锺书在《老子王弼注》论卷中有长文，引魏源《古微堂集》："天下物无独必有对，而又谓两高不可重，两大不可容，两贵不可双，两势不可同，重、容、双、同，必争其功。何耶？有对之中，必一主一辅。"钱锺书评说魏源这段话是"三纲之成见，举例不中，然颇识正反相'对'者未必势力相等，分'主'与'辅'"。③ 他认为魏源的普遍对立不对称之说，很有识见。

标出性在文化中普遍存在，只是原因不在形态上，而在符用上，如果有形态不平衡，也是符用反过来影响形态。我们从语言学讨论标出性最常用的例子说起：英语中 man 与 woman 的对峙中，man 为非标出项，第二词 woman 派生自 man（来自古英语 wifman，即 wife＋man），比较长，因而比较少用，是标出项。由此，既此亦彼兼指男女的"人"，就用非标出项 man，例如"人类"作 mankind。这是典型的形态解释。

但是词项形态因语言而不同，法语中 homme（男人）与 femme

---

① Roman Jakobson and Morris Halle, *Fundamentals of Language*, The Hague: Mouton de Gruyter, 1956, p. ix.

② 例如音乐研究中有 Robert Hatten, *Musical Meaning in Beethoven: Markedness, Correlation, and Interpretation*, Indiana University Press, 1994；人类学研究中有 James J. Liszka, *The Semiotic of Myth*, Indiana University Press, 1989；社会学中有 Linda Waugh, "Marked and Unmarked: A Choice Between Unequals in Semiotic Structure", *Semiotica* 38, 1982, pp. 299－318.

③ 钱锺书：《管锥编·老子王弼注》，北京：生活·读书·新知三联书店，2007 年，第 648 页。

（女人）没有派生关系，长度或形式复杂性也没有明显不同，但是 homme 依然有携带"非男非女，亦男亦女"的能力，因此 femme 依然是标出项；再例如汉语中"男人""女人"长度相同，男女二元对立之不对称依然存在，在代词中，不知性别时用"他"，性别混杂时用"他们"。

从文化符号学角度看，"人类"一词用 mankind 而不用 womankind，原因不在词长或认知，其根本原因是现代女性抗议最激烈的文化权力问题，即男性的社会宰制，是男性社会权力使男性为占据中项的"正常"性别，在不知性别或不分性别情况下，用男性裹挟全部人。这样，标出性与词项形态就拉开了距离。

既然在各种文化中，不管词项形态如何，女性大多为标出项，那么女性标出的原因就不在词法中，而在文化中。文化符号研究中，标出项的特点是符用性的，也就是本书第八章所说的"使用原则"。两项对立中，导致不平衡的是第三项，即"非此非彼，亦此亦彼"的表意，笔者称之为"中项"；为了简便，笔者建议把携带中项的非标出项称为"正项"；把中项排斥的称为异项，即标出项。

中项的特点是无法自我界定，必须靠非标出项来表达自身。笔者建议称这种现象为中项偏边。《老子》中说："天下皆知美之为美，斯恶已；皆知善之为善，斯不善已。""天下"就是大多数人形成的中项，标出项（恶、不善）之所以成为标出项，就是因为被中项与正项联合排拒。

那么文化中的标出项，难道不像语言学中有风格特征？下文会说到，在文化中，风格是一种感觉，无法以形态为绝对标准。中项偏向的一边，就是正常的、中性的；中项离弃的"异项"，认知上是异常的、边缘化的。中项无法自我表达，甚至意义不独立，只能被二元对立范畴之一裹卷携带，即只能靠向正项才能获得文化意义。但是这个被动表现的中项，对决定哪一项标出有决定性意义：它与正项联合起来，标出异项，排除异项。

中项偏边是文化标出性所共有的特征：语言的二元对立之间不一定有中项（例如清浊音之间无中项），而文化对立范畴之间必然有中项。钱锺书引神会《语录》:"今言中道者,要因边义;若不因边义,中道亦不立。"① "中道"是佛教哲学,神会的理解与符号学的标出性极为契合。

语言学家石毓智认为,哪怕研究语言标出性,也应当用"模糊逻辑":"传统的刚性的二值逻辑变成了有弹性的多值逻辑……对于中间状态的处理,不再是非此即彼了,而是利用隶属度的概念,看其在多大程度上属于某一类。"但是他并没有说语言的标出性必然取决于"中间状态"的"隶属度"。②

本章所说的三项关系,图例如下:

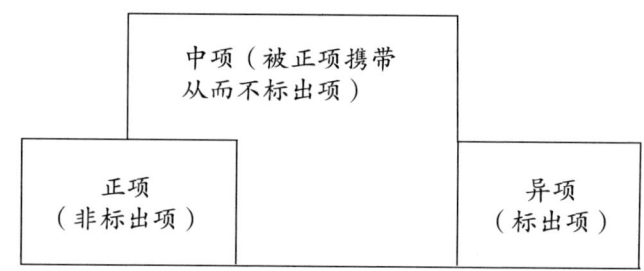

为什么只有文化的标出性,取决于"中项偏边"这个关键问题,而语言学讨论标出性问题的学者从来没有处理这个问题呢?笔者认为,其中很大的原因,是本书第二章第一节讨论的不同类型符号对意义三环节倚重不同。语言学中"非此非彼一亦此亦彼"的情况不多(例如清浊辅音之间),而在文化中则是普遍规律。语言学的基本范畴经常是"科学式"的,倚重的是"客观的文本",而文化符号学倚重的是解释意义,其意义经常是"主观的"。语言的标出性往往在形态上首先表现出来,风格特征往往很明显,而文化符号的风格特征常常是一种感觉,形态因素不是主要的,这点下一节

---

① 钱锺书:《管锥编·老子王弼注》,北京:生活·读书·新知三联书店,2007年,第718页。

② 石毓智:《肯定和否定的对称与不对称》,北京:北京语言文化大学出版社,2001年,第21页。

将仔细讨论。本书此章关于标出性的讨论，只求适用于文化符号学，不想强加于语言学。

本书的讨论，从对立概念中的不对称，回过头来看这种标出性在符号形式（例如服饰、化妆、仪礼、姿态等）上的表现。为了不纠缠于语言学至今没有弄清楚的标出性问题，本章有意不考察语言，而集中考察非语言符号。笔者的路线是从"概念/意义层次"出发进行分析，然后追回到初级符号表达的形式层次，并且上升到更高层次，即意识形态或文化政治层次。

3. 风格作为标出特征

首先，"文化"本身就已经卷入了强烈的标出性：文化只是相对于"非文化"而存在，而文化强烈地定义本身为正项。从表面看来，在文化与非文化的二元对立中，文化有比较多的风格性元素（仪礼、建筑、服饰等），我们也经常把这些风格元素等同于"文化"。而作为正项，文化必须是非标出的，也就是非风格化的。这如何理解？

《后汉书》记载光武帝收复失地，"老吏或垂涕曰：'不意今日复睹汉官威仪'。"汉朝老吏看到的是峨冠博带之类中原文化的风格符号，此人因"汉官威仪"感动到垂涕，是因为长期生活在"化外"，见惯了胡服胡装。这是文化标出性的悖论。生活在某种文化中的人，并不觉得自己的文化元素风格特别。每个文化中人经常在异族人身上发现大量奇异的风格性元素，而认为自己的仪礼服饰是正常的。

这与风格元素的数量或怪诞离奇程度没有绝对的关系，与"认知困难程度"也没有关系。身在一个文化之中的人，难以觉察自己具有高度风格性的特征。不少符号学家认为，风格就是"对正常的偏离"（deviation from the norm），绝对无标出性的风格，所谓"零度风格"，也就是风格被程式化后变得习以为常。[①] 文化标出性只是主观

---

① Nils Erik Enkvist et al, *Linguistics and Style*, The Hague: Mouton, 1973, p.15.

感觉到的符号偏离,无法像语言学的标出性(所谓"结构复杂")那样客观度量。

例如二十世纪七十年代中国人的衣着过于统一,当年我们自己不觉得,直到当今中国文化已经剧变,回头从照片上看到当年自己的衣着风格,才觉察出奇异。同个文化中人,只能在异项中觉察出更多的风格元素。法国著名作家马尔罗曾有妙言云"中产阶级社会有风格,但是没有中产阶级风格"①。可以推而广之说,任何一个文化有风格,但是没有文化的风格。我们看时装表演,因为我们自己的装束太一般,无表演价值。

文化具有标出性的"非文化"对立面,可以是前文化、异文化、亚文化。在一个文化内部,常常有亚文化群体(例如异教徒众、移民社群、同性恋群体、"流氓"帮派等),他们也经常以特别的风格(例如所谓奇装异服)区别于主流文化。

一般情况下,标出性会导致很强烈的自我感觉。在一个语音或肤色或风俗迥异的环境中,被标出会让人很不自在,例如宋代犯人的"金面刺字",使这群人自然而然走上梁山。异项组成一个集体(亚文化社群)时,很可能自觉地维持标出性形式特征,避免被主流吸纳。英国伯明翰学派的文化学者贡布里奇认为,青少年亚文化"流氓"(delinquent)集团对社会的"威胁性",只是在"能指形式"上,而不是在所指(意识形态)层次上。② 在文化符号学看来,异样形式提供的风格偏离,就已经是标出性的实质意义。

反过来,有意把异项标出,是每个文化的主流必有的结构性排他要求。一个文化的大多数人认可的符号形态就是非标出,就是正常。文化这个范畴(以及任何要成为正项的范畴)要想自我正常化,就必须存在于非标出性中,为此,就必须用标出性划出边界外的异项。

在语言学中,往往是标出特征导致不对称;在文化活动中,社会主流为了把异项边缘化,让自己成为稳固的主流,从而标出"异项风

---

① 转引自 Renato Poggioli, *The Theory of the Avant-Garde*, Cambridge, MA: Harvard University Press, 1968, p. 65.

② Dick Hebdige, *Subculture: The Meaning of Style*, London: Methuen, 1979, p. 98.

格"。风格本身看起来似乎有个"量",实际上风格是相对的感觉,如经常穿戴饰物数量多,是标出;但有时正相反,穿戴得少是标出(例如"超级迷你裙")。因此,文化的标出特征,很不稳定。

4. 标出性的历史翻转

对立文化范畴之间不对称带来的标出性,会随着文化发展而变化。文化的发展,就是标出性变化的历史。

男女性别对立,是语言学常举的例子。在文化史上,性别对立中的标出性是不断变化的。在前文明社会中,男性是标出的。与大部分高等动物(鸟类、哺乳类)一样,多半是雄性标出。只是史前人类男性除了胡须、毛发、体味等生物性符号,已经加上文身羽饰等人工装饰:男性/雄性的标出,有助于吸引女性/雌性,而女性/雌性作为正常的主项,无须标出,自然界的这种标出性安排,有利于种族繁衍这个最重要的生存目的。

人类"高级文明"最明显的特征,是女性开始用各种妆饰给自己身上加风格标记,而男性成为以本色示人的非标出主项。文明就意味着打斗、掠夺,战争代替生殖率,让部族存活。狩猎退居次要后,种植与畜养(男性活动)代替采集(女性活动),提高了生产率,物质生产代替后代生产,使女性更加边缘化。

到现代社会,女性自觉装扮,巨大的百货公司商品大部分是女人用品,时装业靠在女性妆饰上不断花样翻新而变成庞大产业。列维－斯特劳斯解释说,女性的化妆是"难以辨认的象形文字,讲述的是一个我们无法知晓的黄金时代,她们只能用装饰图案来颂扬这个年代,因为她们还没有其他的文字来表述它"[①]。这位伟大的人类学家可能忘了,在那个尚无文字的女权黄金时代,女性根本不在脸上画图案。

波伏娃有名言:"女人不是天生的,女人是变成的。不是生物的、

[①] 转引自麦克尼尔:《面孔》,王积超、刘珩、石毅译,北京:中国友谊出版公司,2000年,第317页。

心理的、经济的原因定义了人类女性在社会中心（au sein de la societé）的面貌，而是整个文明仔细加工（élaboré）了这个产品。"①性别研究界至今在反复讨论这个"社会性别构成"观点，但是文明究竟如何"加工"女人的？是文明把女性变成了标出符号，"加工"成具有标出性的异项。文明当然也"加工"男人，但是并不给予那么多风格性标出符号，于是男人成为"社会中心"的正项。

而文化把这种标出性自然化了，女性作为"文化的人"就不能不化妆。女性主义理论家声称，女性不得不在男人的注视中端详自己，化妆是满足男人的性需要，是男权社会"对妇女漂亮的预设"，因此是一种"美丽神话"。② 笔者同意这个见解，笔者想指出的只是，需要女性标出的，不仅是男人，而是整个文化，包括女性自己。有的女性主义者经过调查，惊奇地发现，大部分"性别歧视"化妆品广告的设计者是女性。③

不在装扮上下功夫的女人，被认为"不像女人"。女人的"自觉自愿"的标出，是女性在文化中被边缘化最明确的证据。拉康认为，"女性通过化妆，成为把'无'的真实装饰在身上的存在"。这话听来很玄，对于化妆的标出作用倒是绝妙的理论化。④ 拉康的原意是另一回事，笔者的引申是：在化妆的后面，不存在"女性本质"，风格符号呈现的只是女性在文化中获得的标出性。

正项异项翻转后，被颠覆的正项会以边缘化异项的方式部分持久地保留下来。在一些亚文化（例如同性恋、男妓、戏曲）中，依然有不打扮的女人和刻意打扮的男人。因此，前文化的男性标出性，可以以另一种方式保留在文明社会中。亚文化依然是文化的异项，只是把与文化的历时对立变成共时对立。

---

① Simone de Beauvoir, *Le Deuxième Sexe*, Paris: Gallimard, 1949, Vol. 2, p. 13.
② Naomi Wolf, *The Beauty Myth: How Images of Beauty are Used Against Women*, New York: Anchor Books, 1992, p. 12.
③ 陈顺馨：《中国当代文学的叙事与性别》，北京：北京大学出版社，2007年，戴锦华"序二"，第5页。
④ 见福原泰平：《拉康：镜像阶段》，王小峰、李濯凡译，石家庄：河北教育出版社，2002年，第232页。

从文化演变上来看,前文化－文化－亚文化"标出项翻转",可以在文化的许多符号范畴对立中观察到。例如裸身与服饰。在前文化中,裸身为正常;在文化中,衣装为正常,裸身为标出。直到二十世纪初,马来民族女子上身也是裸露的,一旦"暴露在文明眼光下",第一桩事情就是穿上衣服,不管现在对殖民主义有多少指责,对盖上裸体几乎无人抗议,而今日西方"天体主义"是在封闭环境中,或"艺术"状态下,被有限允许的亚文化。在裸露/衣着的对峙中,裸露的标出性过于明显,不得不从文化中自我取消。

这种情况有点类似二十世纪初之前中国女人的裹小脚陋习。一个民族现代化进程一旦开始,哪怕是效率极端低下的民国初年,都能让小脚这种过于明显的"非现代"符号很快消失。不同的只是小脚看起来是符号载体累加过度,而裸身看起来是符号载体缺失。[①] 类似的意义地位变迁,在文化演变中处处可见到。例如血亲婚－乱伦禁忌－隐蔽血亲婚,文身－不文身－亚文化文身,生食－熟食－生食作为美味。

随着当代文化超熟发展进入所谓"后现代",长期处于边缘地位的标出项有可能再度翻转,造成文化的再次变迁。例如在前文化中身体表达(歌舞、竞技)为主流,文字表达(甲骨文、金文、楔形文)困难、稀少而标出;在成熟文化中,书写、印刷等文字公众性表达为主流,身体表达(例如善歌舞的异族)为标出;而当代文化中身体的公众性表达重新兴盛,体育与娱乐等成为文化生活中心,文字表达开始因边缘化而又带上标出性。

现代之前,人类以适应自然为主流,逐草而游牧,改造自然(例如发明某些工具)为标出性活动;现代时期人全力改造自然,顺应自然反而成为标出性活动;而在当代,生态主义逐渐成为共识,顺应自然再度成为主流,保护自然渐渐变得重要,而改造自然渐渐开始带上"过度开发"的标出性。

---

① 甚至在语言学中,缺失也可能成为标出性。沈家煊认为用沉默来回答"你好",用迟疑来回答邀请,都是标出的。见沈家煊《不对称和标记论》,南昌:江西教育出版社,1999年,第24页。

在性关系上，史前人乱交混居为正项，性关系固定是标出的、偶然的；此后文化采用各种婚姻制度改造性关系：从走婚，对峙婚，最后变成一夫一妻家庭制度，而婚外婚前或同性性关系则带上强烈的道德标出性，成为亚文化；而到性关系容忍度越来越高的当代，婚前婚外性活动标出性在渐渐降低，似乎在进入半正常。

甚至，符号活动本身也会地位翻转。波德利亚认为，符号虽然一直存在于人类文化中，在传统社会中，符号是禁忌之物、象征之物，数量稀少而稳定，总是与权力结合在一起，神圣而不能随便使用。而在工业革命之后，随着专制社会的崩塌，符号也被大量使用而机械复制，形成现在符号与物的新关系，即符号几乎要把物淹没，或者把物世界变成符号世界。把物资源投入非生产性使用，在古代是仪式性的，在当今是心理性的，为了满足自我对符号意义的渴求。① 符号原来是标出的，现在无符号的"裸物"成为标出，卑微地摆放在农贸市场。

5. 中项问题

非标出项因为被文化视为"正常"，才获得为中项代言的意义权力；反过来说也是对的，非标出项正是因为能为中项代言，才被认为是"正常"。中项是各种文化标出关系的最紧要问题。

有相当多的对立二项，在名称上已经决定了正项与异项，例如善恶、美丑、正邪等。此时文化中项的偏边，决定的是社会意义的"冠名权"。善与恶之间总有大片的中项区（人、行为或概念），既非善又非恶。一个文化中至善与至恶、全善与全恶终究是少数。当中项认同善，以恶为耻而不为，这个社会就趋向稳定，所谓"稳定"，就是中项认同正项；反之，社会趋向动乱。

这里讨论的不是道德问题，善与恶的定义从来变动不居，社会动

---

① 乔治·巴塔耶：《竞争性炫财冬宴中的礼物》，见孟悦、罗钢主编：《物质文化读本》，北京：北京大学出版社，2008 年，第 2 页。

荡可能把正项与异项位置翻转,一旦翻转,新的正项完全有资格称自己为"善",道德只是与人类历史的某个阶段相关。这里讨论的只是中项的认同取向问题。要维持一个文化中的意义秩序,消灭"恶",在定义上就不可能,要的只是把"恶"明确标出为异项,以标出来控制其发生频率,也就是阻遏中项认同"恶",社会大多数因为恐惧被标出而趋向"善"。钱锺书引《朱子语类》:"善、恶虽相对,当分宾主;天理、人欲虽分派,必省宗孽。"[①] 因此,"恶"绝对是"恶",而且必为"宾",变化的只是何者为"恶"。朱熹认为"人欲"为"孽";而当代消费社会,一旦"无欲",就会停转,"恶"的标准不能不与朱熹不同。[②]

对立的概念中的一项争夺到携带中项的意义权力,就确立了正项地位,这是文化时时在进行的符号意义权力斗争。任何二元对立的文化范畴,都落在正项/异项/中项三个范畴之间的动力性关系中。如正常/异常,智/愚,贤/不肖,健康/病态,清醒/疯狂,主流/边缘,开化/化外,等等,由于中项的介入和易边,都处于动态变化之中。

中项趋向善,不是伦理价值观,而是文化符号的意义解释。关键问题并不在于一个人做了什么,而在于文化如何解释并命名这个行为,从而使中项恶其名而避之。《水经注·洙水》:"孔子至于暮而不宿,于盗泉渴矣而不饮,恶其名也。"为了能包容中项,非标出项不得不降低标准。把大善留给圣人,把大恶留给魔鬼,而把一般人的道德标准则降到较低水平,这才能让中项觉得自己是正常的。自己的小善即善,自己的小恶也不至于落入恶。

同样,衡量病态与疯狂的标准,必须维持在一定的水准,不然社会大多数人,或大多数行为,被说成是病态或疯狂。此时文化就很难"自觉"为正常,病态与疯狂反而无法标出成异项。因此,病态与疯狂是被打上标出性烙印的范畴,因时因地因不同文化而异,而不是绝

---

① 钱锺书:《管锥编·老子王弼注》,北京:生活·读书·新知三联书店,2007年,第648页。

② 关于文化标出性中的"名称标出"与"意义标出"的进一步区分,请参见笔者《艺术符号学:艺术形式的意义分析》第三部第二章,成都:四川大学出版社,2022年。

对的科学判断。福柯说："人们在监禁他们邻人的至高理性的活动中，通过非疯狂的无情的语言相互交流、相互确认。"①

福柯的用词非常切合本章的讨论。排除异类的同时，我们用"非疯狂"的一套正项标准，来相互确认我们是非疯狂的正常人。这个问题，自从福柯对现代"科学观"的批判之后，已经广为人知。但是用标出性学说来看，一个文明社会固然必须标出病态与疯狂，但是也必须把标准降到一定程度，这才能让中项，即不免略有点疯傻的你我绝大多数人，偏向非标出主流。

福柯还说，历史上有一个时期是"疯狂零度"，"从这个起点开始理性和疯狂被确定为彼此外在、互不交流、莫不相干的东西"②。前文明中的人类没有疯狂这个概念，但是前文明也没有符号，人类的符号活动一开始，就用来标出异端。

对于政治家来说，所谓"团结大多数，孤立一小撮"的策略，似乎是本能。1957年规定各单位右派分子的比例是百分之五，"积极分子"也是少数，大部分人是"革命群众"。而"文革"中的不少运动，例如1966年至1967年的"打倒走资本主义道路的当权派"，1969年至1970年的清查"五一六分子"之所以进行不下去，除了"文革"的根本原则错误，策略上是标出性标准过低。一旦"反动"异项过大，中项对主项的认同感就减弱到危机程度。

雅柯布森回答特鲁别茨柯伊的信时，已经敏感地观察到政治中有标出性："如今苏联报刊常出现的一条口号：'所有不与我们站在一起的人都是反对我们的'，而过去他们经常说'所有不反对我们的人都是与我们站在一起的'。"雅柯布森看到，二十世纪三十年代初斯大林对政治中立者策略的变化，是改变了标出方式。斯大林把中项推到对面，实际上在降低标出性的标准，也就是扩大标出项范围。③ 这种符

---

① 福柯：《〈疯狂与非理性：古典时代的疯狂史〉前言》，见杜小真编选：《福柯集》，上海：远东出版社，1998年，第1页。

② 福柯：《〈疯狂与非理性：古典时代的疯狂史〉前言》，见杜小真编选：《福柯集》，上海：远东出版社，1998年，第1页。

③ Roman Jakobson (ed.), *Nikolai Trubetzkoy Letters and Notes*, The Hague: Mouton, 1975, p. 132.

号方式变易，不久就引向灾难性的肃反扩大化。

中项站位的决定意义，可以从最不稳定的富/穷二元对立看出来。富裕与贫穷的界定永远是相对的，但是极富或极贫总是少数，两极之间永远存在大片不穷不富的中项。"为中项代言"（不管是"替天行道"，还是"为多数人利益服务"）则是权力行为的关键。政府的财政行为，在很大程度上是调节中项范畴的意义行为。当中项认同贫穷时，富人被标出，权力从富裕一端收取财富（"劫富济贫"），以平衡中项的仇富心理；当中项认同富裕时（例如"共同奔小康"时），穷人被标出，权力的功能主要在救穷济贫。

稳固中项对正项的认同，对文化研究极其有用，一个例子是电视传播研究的所谓伯格纳涵化理论（Cultivation Theory，又译成"培养理论"或"教养理论"）。1967 年，伯格纳开始电视内容的"文化取向"研究。由于电视图像的现场性，受众对媒体的依赖性越来越强。电视成为现代社会的"文化指标"（cultural indicators），大众传播实际是文化自身沟通，以维系文化内一致的价值观。[①]

尽管每个人的审美、信念、价值观都不尽相同，但是常看电视，就渐渐与电视上呈现的"主流意见"相认同，伯格纳称之为"主流效果"，涵化效果就越来越大。因此，媒介最主要的效果并非在于改变受众，而是使观众认同既有的价值规范。电视的秘密，不是使受众观点变化，而是让受众不发生变化：中项价值观稳定，社会就稳定。

以上讨论的问题，一向被认为属于经济或政治领域。本书试图把它们当作文化符号学的意义问题。政治标出异项，把排除标出性的意义社群组织成"社会主流"。文化的非标出项意义不能自我维持，需要依靠中项的支持，本质上很不稳定：中项一旦易边，标出性就翻转到二元对立范畴的另一边。

《战国策·赵策二》："昔舜舞有苗，而禹袒入裸国"，有苗之舞，裸国之裸，都是与当时已经成为主流的华夏文明对峙的异项，而圣人

[①] George Gerbner, "Toward 'Cultural Indicators': The Analysis of Mass Mediated Public Message Systems", *Communication Review*, Summer 1969, pp. 137-148.

对标出的异项表示尊重。从中可以看出中华文明刚开始不久，古人对标出性已经有非常成熟的政治理解。必须划出少数异类，必须边缘化异类，必须在一定程度上容忍异类——这是文化对标出性的"三个必须"，三个必须都是广义的政治行为。由此，人类文化从一开始就充满了关于标出性的意义政治。波德利亚认为，所有的真理都可以按照它们所产生的模型在普遍循环中进行交换。"不外乎用想象证明真实，用丑闻证明真理，用僭越证明法律，用罢工证明工作，用危机证明系统，用革命证明资本。"因此，"水门事件"首先成功地让人们认识到这个事件是一个丑闻，"对丑闻的批评总是能够形成对法律的致敬"①。

但是社会中项对跟随正项来排斥异项有一种愧疚，这表现在一系列社会符号行为上。例如仪礼上的"女士优先"；例如节日安排上有妇女节而没有男人节，有护士节而没有医生节，有劳动节而没有经理节，有教师节而没有公务员节，有情人节而无已婚者节，有母亲节、父亲节、儿童节却没有成年人节，有"鬼节"而无"人节"。许多民族不约而同做如此安排，可见社会主流对标出项共同的心态。

可以看出，文化与语言相比，语言的标出性往往比较稳定，在历史上很少变动，而文化的标出性变化较多。文化范畴的符号学特点，本来就相当不稳定，原因是中项的站位会变动。伊格尔顿曾经注意到，"在转换（transformation）这个观念中存在一个悖论：如果一个转换足够深刻，它就可能把转换的标准一起转换掉，因此使转换看起来不可理解"②。标出项的翻转，来自中项标准的翻转，也就是社会文化元语言的变迁。我们的祖先竟然长达一千年之久认为女人裹小脚才是正常，这是中项跟着正项形式的"非标出集团"主流价值。中项的站位一旦变动，原先非标出性的意义标准就不再理所当然，甚至变得不可理解。

---

① Jean Baudrillard, *Selected Writings*, Palo Alto: Stanford University Press, 1998, pp. 176—180.

② Terry Eagleton, *Figures of Dissent*, London: Verso, 2003, p. 246.

第十四章　身份与文本身份，自我与符号自我

1. 术语群辨析

很多学者尝试过建立一门"主体符号学"，这个工作至今只是处于创立阶段，没有形式比较清晰的论辩基础，甚至未能确定一个大家能同意的问题范围。自从二十世纪五十年代梅洛－庞蒂试图融合存在主义与符号学[①]，在这方面有所努力的学者，可能以格雷马斯及其"巴黎学派"用力最多。

格雷马斯不像其他符号学家，有明显的结构主义阶段，然后突破进入后结构主义。可以说他坚持了结构主义，也可以说他的结构主义本来就是后结构主义，这中间的混杂，让后继者感到难以为继。高凯（J. C. Coquet）的"主体符号学"理论一度相当盛行[②]，但是今日似乎应者不多。本书第一句话就说"人的精神浸泡在符号中"，精神应当是符号学研究的重点，至今，精神符号学（Semiotics of Mind）已吸引了李思屈、张杰等中国学者。

符号学讨论主体问题的难点是：主体这个课题，在西方哲学中已经演变得非常复杂。从笛卡尔之后，西方哲学基本上围绕着主体问题展开。十八世纪康德与黑格尔的哲学对主体的建构，形成了几种不同的体系；二十世纪则是拆解主体的时代：马克思主义文化哲学认为主体受文化霸权与意识形态的宰制；胡塞尔把主体置入意识中的自我和

[①] 参见 Richard L. Lanigan, *Speaking and Semiology: Maurice Merleau-Ponty's Phenomenological Theory of Existential Communication*, The Hague: Mouton, 1991, p. 18.

[②] 参见王论跃《主体符义学》，见王铭玉、宋尧编：《符号语言学》，上海：上海外语教育出版社，2005年，第170—181页。

他者的复杂关系之中；弗洛伊德把主体分裂成冲突的若干部分，摧毁了主体独立的幻觉。二十世纪七十年代之后，"主体性"更受到后结构主义与解构主义的毁灭性打击，从而完整的主体在学理上已经无法辩护。

二十世纪六七十年代，当搭建符号学原理基础的工作暂时告一段落，格雷马斯等人腾出手来处理符号与主体、身份、情感、经验这样复杂的主观问题时，就面临这样的困局：哲学有关主体的论辩已经过于成熟。此时，符号学的长处——把问题分解成形式元素，然后找出它们的关联与互动规律——就显得缓不应急。论者不得不略过步步为营的论证，一蹴而就地跳到"主体性解构"这样的哲学前沿问题。

这就是"主体符号学"面临的困难：此类著作让人觉得原理依然未讲清，讨论却不如文艺学和哲学激进。任何问题，赶时髦抓术语是最容易的，但在符号学这样从基本单元做起的学科中，一蹴而就构不成论证。本书还是回到符号最基础的单元，从最基本的形式要素谈起，看最后能否循序渐进，深入主体的讨论。为此，本书并不准备与其他学科关于主体已经解构的看法保持一致。

与先前各章一样，本章必须清理几个纠缠在一起的概念：主体（subject）、自我（self 或 ego）、自我意识（self-consciousness）、人格（personality）、身份（identity）、认同（identification），等等，都是"个人"一词的所谓"同义词群"，这些词都在广泛使用。"个人"（individual）的词根意义，原是"不可分"（non-dividable）①，到如今，个人分成了许多概念。况且，以上的中译，只是许多译法中举一而已。本章略加辨义，然后进入本书自己的讨论，不再纠缠于西语本身的混乱以及翻译造成的困难。

这个词群中最使人困惑的是"主体"一词。西文 subject，并没有像中文那样强烈的作"主"色彩。语法上的 subject 译成"主语"，就已经不尽合适。从米德（George Herbert Mead）1934 年的著名遗

---

① Susan Petrilli and Augusto Ponzio, *Semiotics Unbounded: Interpretive Routes Through the Open Network of Signs*, Toronto: University of Toronto Press, 2005, p. 45.

作《心灵，自我，社会》提出主体互动论开始①，西方学者不断讨论"主我"（I）与"宾我"（me）之间的复杂关系，me 依然是"自我"，却不是主语，宾我从主我分裂出来，是一个不完整的主体。②

班维尼斯特否定 subject（主语）有稳定的 subjectivity（主语性），他认为每次说话都有不同的 subject，离开具体的话语，具体的符号表意行为，就没有 subject。格雷马斯则在元讲述层次上讨论这个问题。他指出所有的"陈述"都是 subject 的"知识"以及"意愿"，所有的话语都是"我说"的产物，都隐含着"我说"。例如"我走了"，实际上是"我说'我走了'"。因此"我走了"这句子里的"我"，实际上"主语性"不足，因为是"我说"的宾我。他们这些论辩，在中国人看来，是过分复杂的纠缠，实际上都是在说 subject 作为主语很不稳定，中文几乎无法传达代词格变格给这些西方论者的焦虑。

更重要的是，在西文中，subject 的另一个意义是"臣民"（君主之外所有其他人），作为动词，是"臣服""顺从"。中文中"主体"意思相反，是"帝王的统治地位"（"上以安主体，下以便万民"，《汉书·东方朔传》）。这样的意思只有中文才可能有。③

因此西方学者在讨论主体性时，可以讨论"主体的顺从性"这样从中文看来不成立的命题。福柯提出"屈从知识"（subjugated knowledge）这一概念，指"一套被视为无用或未充分阐明的知识，天真的知识，位阶远在认知和科学性门槛之下的知识"④。拉达克里希南（R. Radhakrishnan）指出："站在'屈从主体'（subjugated subject）立场的现代理论家们（女性主义者、种族理论家、后殖民主

---

① George Herbert Mead, *Mind, Self, & Society*, Chicago: University of Chicago Press, 1934.
② 参见 Robert G. Dunn, "Self, Identity, and Difference: Mead and the Post-structuralists", *The Sociological Quarterly*, Autumn, 1997, pp. 687—705.
③ 朝鲜的用语"主体思想"，朝鲜的英文出版物上作 Juche Ideology；"主体电影"，Juche Cinema；"主体足球"，Juche Football。他们避免用 subject，倒是避免了意义混淆。
④ Michel Foucault, *Power/Knowledge: Selected Interviews and Other Writings, 1972—1977*, Colin Gordon (ed.), Gordon et al (trans.), New York: Pantheon, 1980, p. 82.

义批评家等）均抗议将他们看作处于主流结构中'缺失'和'不在场'的位置。"①

而下面这段话，是著名性别理论家巴特勒写的："权力强加于臣民（subject）身上，迫使他们服从，从而采取了一种心理特征构成主体（subject）的自我身份，权力话语的内化创造了主语（subject），而服从（subjection）包含了这种对话语根本性的依赖。"② 原文在一词三义中打转，目的是说明主体来源于服从。英文原文读起来简直像绕口令。这段中译是笔者做的，笔者再三思考挑选不同的对应词并且括弧加注，中文读者依然难以明白巴特勒在说什么。维特根斯坦说，词语决定了我们理解的世界。这是一个很让人悲观的例子：西语的 subject 与我们心目中的"主体"的确很不相同。

还有更重要的一层区别。中文"主体"一词，现在词典上的正式解释是"在认识和实践中的人"③。而西语的 subject 在词典上的解释是"思想、感情的实体"（a thinking or feeling entity），属于"意识或自我意识的领域"（realm of ［self-］ consciousness），也就是说，subject 只与心灵相关联；而"行动主体"（agent）是有"按选择行动能力"（capacity of acting on one's choices）的人，实际上 subject 常被比喻地定义为"thinking agent"（思索行动者）。④

因此，中文的主体包括心灵与实践，而西文的 subjectivity 只是心灵的，不是行动的，行动的"主体性"在西语中应当是 agency。这种差别引出中西方"主体性"观念的巨大差别：中国哲人在不断讨论"知与行"关系问题，在西方哲学中几乎不存在主体如何实践这个题目。有美国汉学家写了整整一本厚书，讨论中国现代文学中"缺乏

---

① R. Radhakrishnan, "Toward an Effective Intellectual: Foucault or Gramsci?" in Bruce Robbins (ed.), *Intellectuals: Aesthetics, Politics, Academics*, Minneapolis: University of Minnesota Press, 1990, p. 64.

② Judith Butler, *The Psychic Life of Power: Theories in Subjection*, Palo Alto: Stanford University Press, 1997, pp. 2—3.

③ 商务印书馆辞书研究中心编：《古今汉语词典》，北京：商务印书馆，2001 年。

④ T. F. Hoad (ed.), *The Concise Oxford Dictionary of Word Origins*, London: Guild Publishing, 1986, p. 469.

agency（行动主体）的道德责任感"[1]，中国人不太明白此书在讨论什么。

我们从中文中研究主体问题，会觉得西方论者讨论不着边际。学术上的确需要一点跨文化理解，但是也必须看到语言造成的障碍。与其在中文中强行体会"主体"的层层意味，本章不如换个角度，从符号学角度分析"自我"（self）与"身份"（identity），然后再看如何理解主体性，以及它们与符号表意的种种关联。

2. 从主体到自我

本书一开头就已经讨论过，一个理想的符号表意行为，必须发生在两个充分的主体之间，即一个发送主体，发出一个符号文本，给一个接收主体。发出主体在符号文本上附送了它的意图意义，符号文本携带着意义，接收者则推演出他的解释意义。这三种意义常常不对应，但是传达过程首尾两个主体的"充分性"，使表意过程中可以发生各种调适应变。这表现在第十二章"述真"讨论的种种变体中。

在实际符号传达过程中，"充分性"并不是自我资格能力的考量，而是自我有处理意义问题的足够的自觉性。自我并不是意义对错或有效性的标准，只有承认对方是符号"游戏"的参加者，表意与解释才得以进行。德里达在《声音与现象：胡塞尔现象学中的符号问题导论》中说："表达是一种志愿的、坚定的、一部分一部分地意识到的、意向的内在化。如果没有对于使符号活跃起来的主体意向，就没有能赋予主体一种精神性的表达。"[2] 其实解释也如此，没有意向，无法解释。

符号文本，落在发出与接收两方之间的互动之中，其中的主体性，只能在主体之间的关系中解决。符号传达是一个互动过程，主体只能理

---

[1] Sabina Knight, *The Heart of Time: Moral Agency in Twentieth-Century Chinese Fiction*, Cambridge Mass: Harvard University Press, 2006.
[2] 雅克·德里达：《声音与现象：胡塞尔现象学中的符号问题导论》，杜慎译，北京：商务印书馆，1999年，第41页。

解为"交互主体",或者说主体性就是交互主体性(intersubjectivity)。

而在一个文化中,符号文本进入传播流程,最后演化成"共同主体性"(com-subjectivity)中的一部分。这是本章的主要论述路线。

人类文化中的大部分符号接收,必须从对方的立场与文本品质(例如体裁)调节接受方式,交流才能在无穷的变化中进行下去。而符号过程,正是对这种"独立主体"神话的挑战,迫使接收者考虑对方的立场。这样理解的主体,是相互的,是应答式的,是以他者的存在作为自己存在的前提。

胡塞尔是现代最后一个主体哲学论者。他思考的主体性依然是"绝对而纯粹的同一性",但他已经看到,主体与他者必须结合成一个主体之间的"移入"与"共现"关系。在这种关系中,他者实际上是"另一个自我"或称"他我"。胡塞尔在他晚年最后的思索中,从认识论角度考虑主体间性,主体间性是从自明的主体性中派生出来的。他提出:"每一个自我－主体和我们所有的人都相互一起地生活在一个共同的世界上,这个世界是我们的世界,它对我们的意识来说是有效存在着的,并且是通过这种'共同生活'而明晰地给定着。"① 个体之主体性,只有在共同主体性里才得以实现;共同主体性也只有在众多的个体发挥主体性时,才得以实现。这点构成了我们讨论的基础:在符号传达中,只能依靠主体间性,即与他人的关系来理解自我。

任何符号表意和解释活动,都需要从一个意识源头出发。无论表意或解释,没有"自我"的意图,就不可能进行。因此,我们称为"主体"的概念,在符号学的具体分析层面上,与"自我"大致可以互换。

自我必须在符号交流中形成,拉康对"交流构成自我"说得相当清楚:"当发出者从接收者那里接到反方向传来的自己的信息……语言的功用正是让他人回应。正是我的问题把我构成为主体",因此

---

① 弗莱德·R. 多尔迈:《主体性的黄昏》,万俊人、朱国钧、吴海针译,上海:上海人民出版社,1992年,第63页。

"构成自我的是我的问题"。① 我对我在符号交流中采取的各种身份有所感觉,有所反思,有所觉悟,自我就在这些自我感觉中产生。

为了避免上一节讨论的术语纠缠,我们先论证,在什么情况下可以把"自我"当作"主体"的同义词来使用,用"自我符号学"(semiotics of self)代替至今难以厘清的"主体符号学"(subjective semiotics);下面几节,将讨论"自我"与"身份"在符号学中的关系,讨论自我如何在各种身份中运动;然后进一步讨论"文本身份"与"符号自我"的关系。经过这样一步步解析,或许我们能凭借符号学,把主体问题整理得明白一些。

3. 从自我到身份

"身份"一词卷入的问题相当复杂,但是比"主体"容易整理清楚。此词源自拉丁语 idem(相同),演化出二义:"身份"(identity)与"认同"(identification)。当两个意义都有时,中文不得不一词双译,叠成"身份认同"。例如经常出现的说法"the subject's identity",中文表述就出现了麻烦,有时候是"主体的身份",有时候是"主体的认同",有时候则是"主体的身份认同",一个短语三个不同的译法,而且意义的确不同,弄得中文论文中也经常三种说法互换。② 笔者觉得中文区分"身份"与"认同"是有必要的,虽然此时西文是一个词,但是西文的不便并不必成为中文的混淆。

自我必须在与他人,与社会的符号交流中确定自身,它是一个社会构成、人际构成,在表意活动中确定自身。而确定自我的途径,是身份。在具体表意中,自我只能以表意身份或解释身份出现,因此,在符号活动中,身份暂时替代了自我。实际上这些身份,有真诚有假扮(对于无聊节目,我习惯性地鼓掌),有长久有暂时(此刻我是教师,一旦离开课堂,这个身份就消失),有深思有本能(我为噩梦而

---

① Jacques Lacan, *The Language of the Self*, Baltimore: The Johns Hopkins University Press, 1968, pp. 62—63.
② 房芳:《知识男性的主体身份认同探析》,《中国学术研究》2007 年第 5 期。

感到恐怖，没有去想何必如此）。如此多灵活易变的身份，暂时遮蔽了、替代了自我。但是最后能集合的自我，只能是自我采用的所有身份的总集合：自我还是比较稳定的。

明白了这一点，我们就可以区分自我与身份：身份是与符号文本相关的一个人际角色或社会角色。对于任何符号表意，都有一个身份相应的问题。身份不是孤立存在的，它必须得到交流对方的认可，如果无法做到这一点，表意活动就会失败。我以一个军官身份发布的命令，如果对方不承认我的命令背后的军官身份，也就是不采取相应的士兵身份来接收，那么这个符号意义就落空，我就成了空头司令。

人一旦面对他人表达意义，或对他人表达的符号进行解释，就不得不把自己演展为某一种相对应的身份。人有可能、有能力展示或假扮许多身份，但是一个特定的人，很难展示某些身份：老人因为性情不喜欢"装嫩"，知识太少的人很难展示学者身份，男子因为生理原因很难装女子身份。特别有能力乔装身份的人，是演员，或是骗子：要伪装身份，他们必须有意愿，也有对自己发出的符号文本（例如言语、姿态）进行"修辞"的能力。

哪怕在第二章中讨论到的"自我符号"场合，自己的冥思苦索，也是把自己当作表意对象，是在自己内心经验中努力将自我对象化，因此也需要身份。当我面对自己思索或梦想，我必须用同等身份表意，也以同等身份接收，不然我很可能患有多重人格症（Multiple-Personality Disorders）。此类患者的行为，无法以常人在不同场合用不同身份来解释。他调换用的是人格而不是身份，每个人格有其姓名、记忆、特质及行为方式，通常原来的人格并不了解另一个人格的存在。

人格分裂是正常还是病态，现在成了一个可争论的问题。斯蒂文森的著名中篇小说《化身博士》（*Strange Case of Dr Jekyll and Mr Hyde*），把主体分裂归罪于药物，但是小说的确反映了现代世界压迫自我分裂的压力。① 丹尼尔·贝尔在《资本主义文化矛盾》一书中，就指出成熟的资本主义文化中道德无法合一，资产阶级必须"白天正人君子，晚上花花公子"。② 詹姆逊把精神分裂看成是资本主义社会的人格病，因为他们无法让个人与世界合一，无法在时间中把握延续。③ 但是德勒兹则声称精神分裂者才能对抗资本主义的合一化匀质化压力，才能把人格从社会压力中解放出来。④ 他的意思是真实的自我应当是分裂的。

如果自我是靠各种符号身份集合而成，那么一定说自我是完整的，就是要求过高了。**自我是身份结合形成的，因此"身份的真假"，实际上是此身份与同一自我的其他身份之间的关系。**身份的获取可以到非常"认真"的程度，所谓"认真"，是与"自我"的其他身份距离相当近。写作时的性别角色（例如女作家乔治·艾略特用男人身份写作），可以说有真有假，但是同性恋中的性别角色，就不能说是假的。没有身份是绝对"本真"或绝对"伪造"的，连骗子也会考虑，自己装某种人物是否合适，是否蒙混得过去。

社会文化中的人变换身份的能力，远远超过我们自己意识到的程度。身份不仅是表达任何符号意义所必需，也是接收符号文本的基本条件，而接收身份几乎是强加给我们的。例如，面对发出符号文本的父亲、长官、法庭、教师、导演、歌手、广告商，我们不得不选择是否采用儿子、下属、犯人、学生、观众、听众、潜在购买者的身份来接收，我们对符号文本的接收和解释，必须在这个选择上建立。

我们可以拒绝采取发出者期盼的身份，例如采取逆子身份，父亲的话就失去权威性；采取观众身份，教师的话就失去认知价值；采取批判者身份，导演的文本就失去催人泪下的逼真性。因此，同样的符

---

① 赵毅衡：《斯蒂文生〈化身博士〉译序》，见史蒂文生：《化身博士》，赵毅衡译，昆明：云南人民出版社，1979年，第4页。

② 丹尼尔·贝尔：《资本主义文化矛盾》，赵一凡、蒲隆、任晓晋译，北京：三联书店，1989年，第6页。

③ Fredric Jameson, *Postmodernism and Consumer Society*, 1983, p. 118.

④ Gilles Deleuze and Felix Guattari, *Anti-Oedipus: Capitalism and Schizophrenia*, Minneapolis: University of Minnesota Press, 1983.

号文本，意义因接收身份而异，这点我们在第八章讨论"意图定点"时已经说过。反过来说，意义的实现是双方身份应和（对应或对抗）的结果，应和得出迎合的意义，对抗得出反讽的意义；完全没有身份应和，就没有意义可言。

因此，哪怕在同一社会交流场合，一个人的身份可以有很多重，取决于参与表意的各种解释需要，永远变动不居。例如舞台或电影演出，说演员即"能指"，角色即"所指"。① 这种戏剧符号学是过于简单了。演出中的身份方式异常复杂。巴尔特的《明室》一书中讨论摄影，说面对镜头的人同时有四个身份："我以为我是的那个人，我希望人家以为我是的那个人，摄影师以为我是的那个人，摄影师要用以展示其艺术的那个人。"把巴尔特的分析再推进一步，我们可以看到，在舞台上，就至少有六种身份。为了方便讨论，括弧里列出解释，以及笔者建议的英文对应词：

我认为我是的那个人（可以称为"自我"self）。
我希望人家以为我是的那个人（可以称为"面具"persona）。
导演以为我是的那个人（可以称为"演员"actor）。
导演要用以展示符号文本的那个人（可以称为"角色"character）。
观众明明知道我是某个人（我的名字代表的人 person）。
但是被我的表演所催动相信我是的人（进入角色的人格 personality）。

上面六种身份，分成三对。自我处于三个平面上：前演出、演出、被演出；接收者也有三个平面：自己、戏剧的叙述框架（演出的安排）、观众。如果我们同意本书第十二章中提到的戈夫曼关于人生"演剧化"的观念，那么这六层身份实际上普遍存在于每个人的生活中。作为一位教师，我一样要面对自己、领导、学生，一样有演出与被演出的六层身份。

---

① Sam B. Girgus, *America on Film: Modernism, Documentary, and a Changing America*, New York & London: Cambridge University Press, 2002, p. 238.

据说"好的演员表演的是角色,低能的演员表演的是自己"。实际上六种身份隐与露非常多变,而观众的期盼各不相同。"演技派"演一人像一人,"本色派"演的都是自己。我们去看名演员表演,很想看到"他自己",但是我们无法清楚李小龙的"人格",只能满足于欣赏他的"面具"。

因此,表演,或人生,是一个异常复杂的符号行为,只是我们做惯了,对此并不自觉。我们每个人要应付各种社会场合,所谓人生如戏,就是在各种符号行为中,不得不用太多的身份,同时还要让"自我"延续下去。这样的自我很难整齐,只是严重人格分裂,只出现于特殊人物的特殊场合。例如潜伏间谍,他每次"演出"的文本身份不同。身份五花八门,要让自我不四分五裂,的确需要是特殊人才。

符号交流身份,分作很多类别范畴:有性别身份,性倾向身份,社群身份,民族身份,种族身份,语言身份,心理身份,宗教身份,职业身份,交友身份。随着文化局面的变化,还会有新的身份范畴出现,例如网络身份(online identity)。人在符号交流中,不可能以纯粹抽象的自我出现,只能随时采取一种身份,甚至采取多种身份,进入符号意义游戏。

反过来说,就是凭借这些意义身份的集合,自我才得以形成。心理学家威廉·詹姆士说得极为通俗,"自我"就是"我所拥有的一切":身体、能力、房子、家庭、祖先、朋友、荣誉、工作、地产、银行账户。[①] 的确,在每一个"拥有"中,都出现一个身份。罗素也从像似方向认为确认自我是可能的:"当我们试图向内心深处看,我们总是面对某种具体的想法或感觉,而没有看到拥有这些思想或感觉的'自我',尽管如此,有理由认为我们能认识'我',只是这种认识难以与其他事物区分。"[②] 当代政治哲学家查尔斯·泰勒也认为我们的"存在性困境"来自"对无意义的恐惧",因此,我们是靠表达而

---

① William James, *The Principles of Psychology*, New York: Dover Publications, 1959, Vol 2, p. 291.

② Bertrand Russell, *The Problems of Philosophy*, London: Williams and Norgate, 1912, p. 50.

发现生活的意义的。①

身份似乎是每次表达意义的临时性安排，但是有自我作为身份的出发点，人的各种身份之间就有了三种特征："独一性"（uniqueness），身份是自我自觉的选择；"延续性"（continuity），符合自我的一贯性；以及"归属性"（affiliation），即参与一定的社会组合。三种特征实为三种"自我认知"（self-knowledge），自我是这些身份认知集合的地方。一旦自我消失（例如死亡、昏迷、"混世"），这些身份认知就无以存身。身份能够被偷窃借用（冒名顶替，例如假结婚取绿卡之类），自我却不可能被借用。自我有能力明白所采用的各种身份之"真假"程度。

身份是一种"面具"，荣格认为，"面具"（persona）是内部世界和外部世界的分界点：人格（personality）最外层的面具掩盖了真我，使人格成为一种假象，按着别人的期望行事，故同他的真正人格并不一致；人靠面具协调人与社会之间的关系，决定一个人以什么形象在社会上露面。

的确，我们戴着面具表现着我们自己以及我们在社会中的角色。我们以此告诉外部世界我们是谁，用面具去表现我们理想化的自我。但在另一方面，面具的作用在于它维护了人的虚伪与怯懦，掩盖了对未知事物的恐惧，启动心理防御机制，使人比较有自信地步入不同的环境。

而在我们用各种身份进行人际符号交流时，我们逐渐获得每个场合所需要的人际认同（interpersonal identity）。这过程有三个步骤：第一步是"范畴化"，即给相对于自我的他人贴上标签。例如，要把自我定位为中产阶级，第一步要给自我之外的他人，贴标签为打工族等身份；第二步是把自己所属的集团，与社会其他集团进行比较，例如把商界、官场、学界进行比较；第三步是认同，即在比较后把自己的身份归于某个集团，例如归属于学界。这三步（范畴化、比较、归属）是排除过程：我认为我是什么身份，取决于我认为我自认为不是

---

① 查尔斯·泰勒：《自我的根源：现代认同的形成》，韩震等译，南京：译林出版社，2008年，第22—23页。

什么身份。

身份本身是多重的,哪怕在同一次意义行为中,自我也不得不采取多重身份。例如在同事聚会时,自我的身份是一个教师,一个思想倾向上的新左派,一个男人,一个丈夫,一个父亲,一个喜欢说某种方言的人,一个某足球俱乐部的球迷,一个好喝蓝剑啤酒的人,等等。这些身份可能同时起作用。但是可以看到,只有在做有关的符号意义交流时,才需要某种身份:不谈足球时,不需要球迷身份;不谈全球化进程时,不需要新左派身份。身份只是符号活动的需要。

由此出现两种身份倾向:本质主义(essentialism)、反本质主义(anti-essentialism)。本质主义认为自我有确定的本质,例如男女、种族,因此身份有恒常性,不会因不同场合的需要而随时变化;反本质主义认为身份必然因时因地而异,随时可以采取一个新的身份,没有本质可言,例如女性自我不一定说"女人话"。

如果从身份的复杂性来说,的确有非常难以变动的部分(例如生理性别、肤色),以及可以变化的部分(例如性倾向、族群认同),甚至临时采用的身份。本质主义在某些身份中占优势。例如我们提醒自己,永远不要忘了我是黄皮肤的中国人,说明某些身份不是任人挑选的,而是不可更改地占领着自我。但是在人的具体文化生活中,却没有一个身份是贯穿一切活动的,而且相当多的身份是临时采用的。坚持一种身份,"三句话不离本行",让人觉得偏执不正常。

我们看待他人,往往陷于本质主义:总认为某某性别,某某年龄,某某民族,不应当会做某某事,但是对自己却往往以反本质主义之名,给自己机动的理由。由此,反本质主义往往出现于意图意义,本质主义往往出现于解释意义。本书第一章举的例子(例如电影《刮痧》)就说明了这种不平衡。

因此,身份上的本质主义与反本质主义都有一定道理,成为符号表意中的"身份政治"。正因为身份可以有非本质的部分,身份整合而成的自我,就是一个变动不居的整体。

自我不仅是各种身份的集合,还用一个比较抽象的能力或向度,一种关于自身的思考,一种解释元语言,来统领各种身份。① 因此,此种"身份之和"的整体品格,可以称为"意识"或"自觉",甚至"自觉意识"。各种身份及其文化解释,只是构成了自我的不自觉的、杂乱的"表面层次"。只有自觉意识才能反思,才能给予表面层次以确定意义。②

因此,所谓自我,是隐身在身份背后的意识,对他人来说不可捉摸,对自己来说也不一定很自觉。只有一部分身份,倾向于加强自觉意识,对保持自我有利;不少是无可奈何采取的,例如"雌伏做小""装疯卖傻",如果延续太久,最后可能破坏自我的稳定。因此,自我与身份构成复杂的互动关系,柏格森提出"深度自我"与"表演的角色"之间,总是存在张力。③ 深度自我是反思的自我,各种身份是自我对自己的文化说明,反过来,身份也能与自我构成冲突,形成竞争。④ 一个人的社会责任(例如父亲身份),能使一个沉溺的没有反思的自我,略为清醒一些。

如果一个人的自我具有反思能力,他的各种社会文化身份,就是自我的自觉延伸,自我就能控制身份的需要与压力。自我的这种自觉反思品格,在现代凸显其重要性,原因是传统社会结构的消失,使身份越来越变动不居。在传统社会中,人的诸种身份相对稳定,自我不太需要反思;而在现代,身份过于复杂,自我的稳定性受到威胁。此时只有充分自觉的反思,才能把握自我。吉登斯认为,"反思性已延伸到自我的核心部位。或者说,在后传统的场景中,自我成为反思性投射"⑤。

---

① Fernando Andacht, "A Semiotic Reflection on Self-interpretation and Identity", *Theory and Psychology*, 2005, No. 1, pp. 51—75.

② Harold Garfinkel et al, "On Formal Structures of Practical Actions", in J. C. McKinney & E. A. Tiryakian (eds.), *Theoretical Sociology*, New York: Appleton-Century-Crofts, pp. 338—366.

③ 转引自 William Ralph Schroeder, *Continental Philosophy: A Critical Approach*, Oxford: Blackwell, 2004, p. 456.

④ Norbert Wiley, *The Semiotic Self*, Chicago: University of Chicago Press, 1995, p. 26.

⑤ 安东尼·吉登斯:《现代性与自我认同:现代晚期的自我与社会》,赵旭东、方文译,北京:生活·读书·新知三联书店,1998年,第35页。

在佛教哲理中，很早就对自我有所论述。原始佛教说"无我"（Anatman），主张人无我，法亦无我。"人无我"指的是不存在常恒自在的自我，"法无我"指一切由种种因缘和合生成，不断变迁。"无我"解为"无主宰"，我非我身之主宰，世界万物也没有造物主。这两种无我，实际上不可能共存。因为人法均无我，业报轮回就落了空，没有相续承继者。为此，小乘大乘佛教诸派，提出种种复杂理论。大乘的般若实相宗，提出"如来藏"，即佛性我（Buddhato），乃实践种种假相后面的"实相"。实际上已经同意有本体佛性。汉传佛教从天台宗到华严宗，已经开始含混本心究竟是"真心"还是"人心"。

禅宗对这个问题的回答就毫不含糊了：如果没有万有之主宰，佛性就只能存于人心。众生皆有佛性，佛性能否取得，就是自我的一种选择。慧能《坛经》里说："一切万法，不离自性。"能否见性成佛，只在乎一念之间。在禅宗看来，自我虽是流变无常，却是定慧的转纽之纲。"有我"成为以我为主，佛性佛法，反而是自我可以获得的。

4. 当代文化的身份自我危机

我们大部分人，所谓芸芸众生，还是期望自己的自我相对稳定地存在，至少在一定时期一定文化环境内，可以作为各种表意身份的依托。我们也意识到，自我会在它采取的身份压力之下变化。一旦自我不能相对稳定，人就会很痛苦。我们经常看到一夜成名或一夜暴富（例如赢了彩票大奖）的人再三强调"我还是我自己"，就是这种自我稳定期望。

"存在性安全感"是精神分析家莱恩提出的概念，莱恩认为，一个基本上有着存在性安全感的人，他对自己和他人的现实性与统一性具有根本上是稳固的感觉。莱恩对这样的自我非常乐观：在通常的环境中，他与周围世界有着明显的区别，因而他的身份和意志自由也都毫无问题；他具有内在的一致性、实在性、真实性以及内在的价值；他具有空间上的扩张性；最后，他具有时间上的连续性；他既然降生于世，就决定要走向死亡。要是这样，个体就获得了存在性安全感坚固的核心。①

这倒是一个很理想的境界：一个拥有存在性安全感的人，能够依赖自身与环境之间稳固的联系，得到对自我的确认，也就能实现自我的生存价值。但是这样的理想状态在哪里呢？依然要靠身份。

马克思说，在未来社会，工业的这种发展将给社会提供足够的产品，以满足全体成员的需要，在这个基础上，社会调节着整个生产，因而使我有可能随我的心愿今天干这事，明天干那事，上午打猎，下午捕鱼，傍晚从事畜牧，晚饭后从事批判，但并不因此就使我成为猎人、渔夫、牧人或批判者。②的确，理想的自我选择指挥身份的充分能力，只有在理想社会才能实现；反过来说，只有在自我享有充分自由的身份选择权的社会，才能实现自我的充足性。

而当代文化的剧变，当代社会符号表意的过分复杂、过分泛滥，不是让人身份自由，而是要求人采用的身份过多，过于异己，从而形成了自我的危机。

早在二十世纪三十年代，卡尔·雅斯贝尔斯就看到二十世纪人类的精神状况的变化，以及由这一变化所引发的精神问题的紧迫性：

> 同这些时代（已逝的黄金时代，那时候，人类生活在一个精神稳固的环境下，他们有能力掌控自我以及能够很好地建立自我与生活世界之关系）的人相比，今天的人们失去了家园，因为他们已经知道，他们生存在一个只不过是由历史决定的、变化着的状况之中。存在的基础仿佛已被打碎。③

现代文化的各种表意活动，要求的身份变化，过多也过于复杂。

---

① R. D. 莱恩：《分裂的自我——对健全与疯狂的生存论研究》，林和生、侯东民译，贵阳：贵州人民出版社，1994年，第28、30—31页。
② 《马克思恩格斯全集》第三卷，北京：人民出版社，1979年，第37页。
③ 卡尔·雅斯贝斯：《时代的精神状况》，王德峰译，上海：上海译文出版社，2005年，第1页。

由此，身份非但不能帮助构建稳定的自我，相反，把自我抛入焦虑之中。

经过大半个世纪，世界进入后现代文化，当代文化身份的剧烈变动，使稳定自我成了奢想。各种表意方式过分戏剧化，拿 MTV 举例：歌手本来只是唱歌，在 MTV 中却不得不表演成各种身份，于是出现自我的恍惚，"音乐电影体现、附和且鼓励了多变'自我'持续地重塑，从机械复制及技术生成角度来看，所有的突变的多样性都是有可能的，不存在稳定自我，取而代之，是多样的身份"。[①] 于是人们看到卡夫卡式噩梦成为现实，自我无法找到自身精神稳固的核心，内心永远处于失望、焦虑之中，我无法知道我的身份是否还由我控制。

5. 自我的纵横移动

一个自觉的自我，只有通过符号意义，才能寻找自己在世界上的定位。本书第一章就引用过皮尔斯关于人的本质是符号的看法：自我意识，就是理解自我在符号过程中起的作用。这个过程并不是均一的，而是由一系列关于自我形象（self-image）、自我评价（self-esteem）、自我了解（self-knowledge）等直接与自我相关的符号行为身份组成。

关于自我，据说定义有十二种之多。有倾向于个人潜意识的，有倾向于社会决定的，各家观点不一，每一种定义都有一定道理，但都不全面：从笛卡尔式的绝对中心自我、胡塞尔的"责任自我"，到弗洛伊德的本我理论，到米德的人类社会学自我，到泰勒的社群主义自我，这个光谱的一端，是人内心隐藏的本能、非理性的、自由无忌的"无担待自我"（unencumbered self），克里斯蒂娃称之为"零逻辑主体"（zerologic subject）。[②] 而另一端可以是"高度理性"的由社会和文化定位的个人。

---

① Steven Connor, *Postmodernist Culture: An Introduction to Theories of the Contemporary*, Oxford: Blackwell Publishing, 1997, p. 185.

② Julia Kristeva, *Strangers to Ourselves*, New York: Columbia University Press, 1994, p. 98.

这些定义都有道理，其实它们并不如哲学家们辩论中那样互不相容：可以经验到的自我，实际上是顺这个尺度上下变动的。① 自我的上下位移是正常的，甚至是经常的行为，从社会的、精神的、责任的、道德的，到本能的、"自由"的：自我之所以无法确定，正是因为在当代社会，自我采取的身份实在过多，**身份迫使自我上下移动**。

弗洛伊德与拉康都讨论过自我的上下层次移动。弗洛伊德的女儿安娜·弗洛伊德在其父亲理论的基础上，提出了著名的"防御机制论"。② 防御机制是自我的一种防卫功能。在"超我"与"本我"之间，经常会有矛盾和冲突，人会感到痛苦和焦虑。此时自我以某种方式调整冲突的关系，使"超我"的监察可以接受，同时"本我"的欲望又可以得到某种形式的满足。而自我防御机制，往往都表现在意义解释中，包括压抑、否认、投射、退化、隔离、抵消、合理化、补偿、升华、幽默等各种形式。运用得当，可减轻痛苦，缓和焦虑，消除痛苦，帮助渡过心理难关，防止精神崩溃。但是对自我压制过度，就会表现出焦虑、抑郁等病态。

因此，自我实际上不断地在位移。社会学家卢曼提出，社会以及社会中的个人，都分成六个层次：一个"心理的"个人，向上成为"（人际）互动的""组织的"甚至"社会的"自我，向下可以成为"有机生物的"，最后成为"机械的"自我。③ 这上下各层，都可以是不同情况下自我的站位。

深受符号学影响的哲学家让·瓦尔最早把超越（transcendence）分解成两种：向上超越（trans-ascendance）与向下超越（trans-descendence）；符号学家塔拉斯蒂则把瓦尔的向上超越解释为"外符号"方式（exosemiotic），向下超越解释为"内符号"方式（endosemiotic）。而另一位符号学家威利则把前者称为"向上还原"，

---

① Gordon Wheeler, *Beyond Individualism: Toward a New Understanding of Self, Relationship, and Experience*, Hillsdale, NJ: Analytic Press, 2000, p. 67.

② Anna Freud, *The Ego and the Mechanisms of Defence*, London: Hogarth, 1937.

③ Niklas Luhmann, *The Differentiation of Society*, New York: Columbia University Press, 1982, p. 72.

把后者称为"向下还原"。所谓还原,指的是用一种普遍性的理论来解释:"向上还原",就是对自我做社会学的解释;"向下还原",就是对自我做生理学的解释。① 不管哪一种"还原"都是符号意义解释。本书第二章讨论过,意义之解释,就是转换成另一种符号。

无论是向上还是向下的运动,都是自我本身的位移,都没有脱离自我的符号行为范围,但是位移都有破坏自我控制的危险。弗洛伊德的名言"人不是自己家里的主人"②,就是看到自我难以安排自己的站位。面对现代社会的压迫性,弗洛伊德、拉康、克里斯蒂娃等心理分析学者,对向下位移讨论较多。他们看到自我可以落进非理性的范围,在他们看来,这种运动可以摆脱社会桎梏,恢复人的本性。拉康坚持无意识是"按语言方式组成的"(structured like language)③。笔者认为,可以说无意识是"按符号学方式格式化的"(semiotically formatted);向下移动,是人寻找自我意义之立足点之必须。

但是如果自我继续下行,向生物和"物理－化学"方向(也就是向"信号－反应"的本能方向)过分位移,自我会渐渐失去控制能力。《中庸》提出"君子慎独",就是明白,一旦语境撤除,身份失落,会使自我不再对文化负责,很可能"自由落体"到本能之中。

另一方面,向上的位移使自我变成"他人的自我""主体间性的自我""文化符号学的自我",可以使自我丰富化、理想化,充满了社会意义。有时候这不是坏事。布朗肖在分析卡夫卡时认为:

> 卡夫卡在他自身的这种可怕的崩溃状态中——对他人,对自己都完蛋——认识到了写作要求的重心所在。凡在他觉得自己彻底垮台之处,就产生这样的深度,它以那种最伟大的创造的可能性取代了毁灭。④

---

① Norbert Wiley, *The Semiotic Self*, Chicago: University of Chicago Press, 1994, p.78.
② "Man is not the master of his own house", quoted in Arnold H. Modell, *The Private Self*, Cambridge, MA: Harvard University Press, 1993, p.98.
③ Jacques Lacan, *Écrits: A Selection*, London: Tavistock, 1966, Vol.1, p.166.
④ 莫里斯·布朗肖:《文学空间》,顾嘉琛译,北京:商务印书馆,2003年,第46—47页。

卡夫卡写作时不得不采取的身份，挽救了他，使其不至于陷入自我崩溃。

但是向上位移，也有可能使自我变成纯理性的自我，让自我丧失独立性，被吸纳进社会意识形态。这正是福柯与阿尔都塞所批判的：在资本主义社会，不允许存在个体的自我，只有资本主义社会建构的自我。《礼记·大学》要求君子的自我不断上移："物格而后知至，知至而后意诚，意诚而后心正，心正而后身修，身修而后家齐，家齐而后国治，国治而后天下平。"对当代人来说，这样过分的担当，不仅做不到，而且会因装模作样而显虚伪，因不自量力而成为妄人。

当符号自我围绕心理自我中间位置做上下位移，自我就必须负责控制意义的变动。它能不能对各种身份活动承担全部责任，是不是"充分主体"，就会出现疑问。所谓当代的主体危机，就是这种分裂产生的。

无论向上、向下位移都有风险，这让人不由想到中国古代贤哲的智慧：《易经》要求君子"守持正固"；孔子讲君子要行"中庸之道"，要"持中守正"，也许"中正"才是"自我"最安全的位置，"中庸"的境界很难达到，所以君子要修身。老子也具有同样的智慧，"道冲而用之或不盈，渊兮似万物之宗。挫其锐，解其纷，和其光，同其尘"。如此才能"没身不殆"，不会有过分剧烈的上下位移。

自我位移，还有一个循时间分解的向度。自我真正存在，只有在此刻；我在回忆过去的经验时，思考的是对象自我；我在考虑到未来时，面对的是尚未形成的自我。这样就出现了自我的水平组合。用皮尔斯的绝妙说法，自我是"对未来事件的非固定性原因"，自我是一个延展于时间中的符号过程。本书第四章第四节已经引用过皮尔斯绝妙的看法：无限衍义在自我身上一样起作用。人在思考自身时构成符号自我，过去的我可以说是这个符号的对象，未来的我可以说是这个符号的解释项。

沿着皮尔斯指出的方向，其他符号学者也讨论自我在时间轴上的展开。卡普兰总结说："经验主义着重回顾，从源头分析一个观念；实用主义展望前景，注意的不是源头而是结果，不是经验，而是尚待形成的经验。"米德认为自我的思索是逆向的，自我的内心对话是现在的我朝向过去的我；科拉皮艾特罗则把皮尔斯与米德两人的观念结合起来，组成三个三联式，即当下－过去－未来，与主我－宾我－你（I-me-you）相应，也与符号－对象－解释项相应，成为符号表意"主体化"的基本格局。①

的确，自我思考的过程往往是审视过去的经验，期望未来会有某种结果：对自我这个符号的解释，总是有待未来决定是否有效。塔拉斯蒂引用克尔凯郭尔的话，"对于一个主体，没有比存在着（existing）更难的事了，他不可能完全存在，他只能以存在为目标"②。这样，此刻的自我就是符号，而未来－他我－解释项才是自我的意义所在。

这样，皮尔斯提出的"人是符号"就得到了当代符号学界的支持。参照第七章双轴问题的讨论，我们可以把上面描述的这两种维度（从上至下，从过去至未来）的展开，看成是自我这个符号文本的聚合轴与组合轴。

6. 反思自我的悖论，试推自我

说主体有，起始于十七世纪起的欧陆哲学，那是理性主义的天下。笛卡尔首先提出了主体中心论的唯心主义，康德与黑格尔的思想方法很不相同，但是都强调了主体的重要性以及完善的可能。这种对主体的乐观一直延续下来，变成胡塞尔的意向性自我，以及符号学的意义自我。

说主体无，也几乎同时发生，只是今日更风行。十七世纪英国思想者开始对主体持怀疑论立场。从经验主义者洛克，到现代怀疑主义的创始人休谟，一直延续到逻辑实证论的罗素、维特根斯坦，都对自我持怀疑态度。尼采作为后现代的主体解体论的先行者，把主体看成

---

① Vincent Colapietro, *Peirce's Approach to the Self: A Semiotic Perspective on Human Subjectivity*, Albany: SUNY Press, 1989.
② Eero Tarasti, *Existential Semiotics*, Berlin & New York: Mouton de Gruyter, 2000, p. 7.

是个"语法虚构";到二十世纪,弗洛伊德认为主体只可能是分裂的,阿尔都塞、福柯、布迪厄等人纷纷把主体的构筑归结为外因:社会或意识形态。德里达则坚持认为自我只是形而上学的幻想。

面对这个局面,当代的主体符号学不得不回答最困难的问题:如何能控制自我的形成?自我靠各种符号表意身份集合而成,而身份是自我的选择,那么是否只要控制自己的身份选择,自我就可以选择自我。

如本章第三节所说,自我意识的对象只能是自我之外之物,自我无法思考此时此刻的自我,因为此时此刻的我是思考主体。我能思考一切,就是不可能思考我的思考,我能思考的只可能是我的思想留下的痕迹,即经验和意向。而经验存在于过去,意向对象尚未出现,两者都非此时此刻的我,自我能思考的自我,只是自我曾经或将要进入的状态(宾我)。

因此,自我是一个悖论:自我似乎是理解一切的起源,但是理解行为正是在自我试图理解他人发出的符号信息时出现的。自我外在于对自我的理解。

很多思想者看到了这里面有个悖论。梅洛—庞蒂说:"全世界都在我之中,而我则完全在我之外。"① 萨特认为自我"不是自我的是,而是自我的不是"(It is not what it is. It is what is not);拉康的名言更加悖论:"当我思'我思故我在'正是我不在之时。"(Where I think "I think therefore I am not", that is where I am not)② 他们都明白"自我本身"是一个不可能成立的概念,自我中心之不可能,正是因为它的中心地位靠自我的各种表意身份构建,而这些身份又必须靠自我。因此,自我必须靠自我构建。这不是循环论证,这是符号自我概念的悖论性存在。

自我必然是个悖论,因为它是个意义系统,而且是个感觉上"完整"的意义系统,本书第十章讨论过:任何意义系统,要求完备,就

---

① "The world is wholly inside and I am wholly outside myself", Maurice Merleau-Ponty, *Phenomenology of Perception*, London: Routledge and Kegan Paul, 1962, p. 407.

② 转引自 Malcolm Bowie, *Lacan*, Cambridge: Harvard University Press, 1993, p. 67.

不能自洽；要求自洽，就不可能完备。从怀疑主义到后现代主义的各论家，说主体不可能成立，自我无法看到自我。如果承认自我是个悖论性存在，自我意识在符号学中是可能建立的。

维特根斯坦认为不可能确认个体自我，他说自我的感觉，例如"痛"这个体验，"如果没有公共语言，我们无法描述这个体验"①，他认为"自我"是外人完全不能理解的，因为自我的"私人语言"不可能有固定意义，我自己的"痛"无法为外人所理解。既然无法说个人的"我痛"，就无法说"我"；而我如果用公共词汇"我痛"，我的自我性就成了问题。

皮尔斯思考自我的角度，几乎与维特根斯坦完全相同，即符号表意能力，但是结论正好相反。他说大人教孩子不要碰火炉，但是孩子不会因为大人说了，就不去碰，因为火炉很温暖，令人感到亲切。只有当孩子摸了一下，烫的痛苦迫使他反思，这才明白自己的无知。然后他会意识到，由于他的无知之错，自我出现了：一个空的自我，被认错注入了个体意义。②

皮尔斯也认识到维特根斯坦说的表意公共性问题："如果我仅仅是符号表意的内容，就不存在自我，因为没有一个可以产生符号传播的实体。"③ 但是一旦进行自我纠错，就出现了本书第二章讨论过的"自我符号"："我错，故我在"。通过试推，一旦认错，看到自己主观意识的局限，符号意义的自我就在解释中出现了。

此种符号自我的认识方法，与笛卡尔正好相反。符号自我是在社会中不断学习，矫正符号意义解读，才出现的；反过来说，自我就是符号过程得以进行的依托。这样的自我，就是符号自我。对自己进行意义矫正解释，才形成自我。因此，我们可以称之为"试推自我"（建议英译 abductionist self）。于是，有主体说，无主体说，这两种对立观念，在符号自我的形成中达到一种妥协，符号学在有无两派之

---

① Norbert Wiley, *The Semiotic Self*, Chicago: University of Chicago Press, 1994, p. 121.
② 转引自 Vincent Colapietro, *Peirce's Approach to the Self: A Semiotic Perspective on Human Subjectivity*, Albany: SUNY Press, 1989, pp. 99—118.
③ Norbert Wiley, *The Semiotic Self*, Chicago: University of Chicago Press, 1994, p. 24.

中走出一个中间路线。试推证明了自我意识的可能，只是笛卡尔的理性自我是傲慢的、自我中心的，而皮尔斯的试推自我谦卑得多。自我，是矫正自己错误的反思意识。

因此，试推自我，就是"反思自我"，也就是在自我这个符号系统中，进行元语言运作。当自我只是在考虑自我之外的对象（即处理符号表意）时，自我只是处于符号活动的第一层次，这个层次上自我的运作是盲目的；当自我对自身进行的意义活动进行反思，也就是对自己如何处理符号的元语言方式进行反思，自我就进入了第二层次，即"元自我"层次。[①]

从皮尔斯的"试推自我"，可以推论到自我的一种特殊能力，即可以看到符号意义活动中自我的错误。由此，第十二章讨论的"述真"问题，变成反思问题：例如我作为文本的解释者，可以发现我发出的符号中，意图意义与文本意义的错位，从而进行具有自我意识的矫正。这说起来似乎抽象，实际上在人的日常活动中时时发生，例如修改一个说法，例如"打腹稿"想好再说，例如此刻我在电脑前修改眼前这个句子。

一旦我们获得了对自我的符号处理方式的反思能力，即能够反思自我的元自我意识，我们才开始接近真正的自我。这是相当多的学者的共识，例如主持哥本哈根大学主体研究所的扎哈维，就竭力主张只有靠反思才能够及自我。[②]

布斯是"反思自我论"的辩护者。有一次他应邀到某大学演讲，上台后声称自己是韦恩·布斯的兄弟，此人因病不能来，他来说一番不同意见，把学生和教师都听懵了，好一阵才回味过来：布斯在模仿苏格拉底，只是他玩的是自我反讽，让自己驳斥自己，最后证实自己。布斯去世后出版的《我的许多自我》（*My Many Selves*），再次讨论了反思作为复合自我的根本建构原则。反思不仅是文本间性，而且是一种"主体间性"操作。此刻的自我，反思彼刻的自我。

---

① Norbert Wiley, *The Semiotic Self*, Chicago: University of Chicago Press, 1994, p. 36.
② Dan Zahavi, "How to investigate subjectivity: Natorp and Heidegger on reflection", *Continental Philosophy Review*, 2003, Vol. 36, No. 2, pp. 155—176.

讨论自我意识的学者，常引用萨特的一个有名的比喻：自我意识就像冰箱里的灯，灯一直装在那里，冰箱关起来工作时，不需要亮灯，只有当我们从外面打开冰箱查看时，才需要有灯照亮冰箱内部。① 灯就是自我意识，只有从外面打开，才能发现它的存在；如果不打开检查自我，自我内部不需要自我意识才能工作。因此，在自我内部，不可能提供关于自身的证明，只有站到自我之外，才可能发现自我的意义。

问题是：哪个他人能替我站到我之外，来打开自我这个冰箱，看到我的自我意识这盏灯？须知他人看我之心，正如我看他人之心，永远无法了解，而只有我最渴望理解我。因此，打开自我，反思自我的这个人格，不可能是他人，只可能是"元自我"，即在更高层次上反思自我的自我意识。

不是每个人都具有打开自己的"元自我"意识。纳博科夫说，人的特点是"意识到我在意识自我意识"。他解释说："换言之，我不仅知道我存在，而且我知道我知道这点，我这才属于人类。"② 这是对"元自我"的有趣表述。显然，若是对"人类"的每个成员，纳博科夫的要求就太高了。而"我知道我知道我存在"的，是很少数人，哪怕我们对自己好奇，并不一定是在对自己进行元意识的反思。

但是，纳博科夫的要求（"意识到我在意识自我意识"），至少对某些人是应该可以做到的，例如对符号学研习者。自我问题，正是符号学应当解决的问题，从自我意识开始，学会试推，恐怕是我们都应当尝试的事。

7. 文本身份

符号文本必须有社会性的身份作为支持，我们可以称之为文本身

---

① Quoted in Norbert Wiley, *The Semiotic Self*, Chicago: University of Chicago Press, 1994, p. 91.
② Vladimir Nabokov, "Being aware of being aware of being", *Interview with BBC 2*, London: BBC Listener, 1969, p. 5.

份（textual identity）。符号文本，是发出者自我意图的抛出物。本书第二章讨论了符号表意的一个基本原理：表意本身把被表述世界（不管是虚构性的，还是事实性的）"推出在场"，表意本身是主体的一种带有意图的"抛出"，而符号文本则是抛出后的意义形态。

符号文本的"文本身份"，是一种重要的"型文本"（而作者名字是指明这个型文本的"副文本"），本书第六章第二节"伴随文本"讨论过，这些伴随文本严重地影响意义解释。文本身份有关，却不等同于发出者的身份。文本身份是相对独立的，是文本与伴随文本背后的"文化身份"、社会地位，或体裁范畴。

没有文本身份，任何文本都无法表意。不同的文本身份，要求对文本做完全不同的解释：没有交警身份的手势无法要人服从；没有学校权威的铃声无法让学生回到课堂上去；没有帝王墓碑身份的"无字碑"，只是出于某种原因没有刻上字的碑石，并不藏有说不尽的秘密；没有广告身份的形象，只是一堆无聊照片；没有虚构身份的电视广播，有可能被当作现场真事直播；没有"五经"身份的《礼记》是一批杂乱的文字集合；没有"四书"身份的《春秋》，只是鲁国宫廷的一些记事，王安石称为"断烂朝报"，不可能微言大义。①

文本身份不同于发出者的人格身份，通常文本身份比发出者身份更为重要。符号文本很可能发出者阙如（例如自然符号），或身份不明（例如民间故事），或是一个制作集团（平话小说、今日的广告），此时发出者的身份无法确认，只剩文本身份。例如一首歌的词作者、曲作者、策划人、出品人、录音师、演唱者等身份，最后结合成歌曲的文本身份（例如"现代城市情歌"），能直接影响听众接收的，也只是文本身份。

那么，文本身份究竟从何而来？是发出者赋予的，还是符号文本的社会属性加上的？应当说，文本本身是文化直接作用于符号表意的结果。一旦符号文本形成，文本身份就可以独立地起作用。对此，发

---

① 《宋史·王安石传》："先儒传注，一切废不用。黜《春秋》之书，不使列于学官，至戏目为断烂朝报。"

出者的意图会有相当的作用。一幅画，不同意图的发出者，可以把它变成不同身份的文本，例如对地方旅游业的宣传，例如某某别墅区的推销广告。文本身份，有超出发出者个人身份的维度，它用在广告里，就是广告身份；用在旅游宣传，就是宣传身份，更换设计者身份对文本的影响有限。

歌的文本性别，通常并不是歌词作者的生理性别，这与小说、弹词等叙述文体有很大不同，那里的叙述者"我"经常与作者在性别上同一，至少读者的压倒性印象如此。叙述学家苏珊·兰瑟指出："小说中的'我'与作者'我'有某种联系……读者把简·爱这人物当做夏洛特·勃朗特作者自己的声音的形象。"① 而歌曲中的性别身份很不一样，兰瑟称歌曲为"疏离式"（detached）文本，其作者与文本中的"抒情我"，性别都可以完全不同。

因此，文本身份是符号表意的社会维度：一种化妆品广告，产品市场目标是女性，第八章讨论的"意图定点"落在白领女性消费者。这就规定了它的文本身份是女性广告。发送者（广告设计者、广告公司与电视台工作人员）和他们的性别或意图，都与文本没有太多关系。商品的文本身份取决于文化的"预设"机制：消费主义、阶层分野、符号价值、性别偏见，等等。

叙述学家费伦举的一个例子很说明问题：一位大学教务主任写给全体教师的一封信中规定了呈交成绩单的特定日期，人们禁不住会说这番话语中没有声音，说话者是一台官僚机器……我们识别出那种声音，不是因为我们识别出那封信的作者，而是因为作为社会存在，我们在其他场合听到了那个声音对我们说话。② 费伦说这是与"个人声音"相对的"社会声音"，也就是文本身份，在这个例子中，就是"上级公文"。

---

① 苏珊·兰瑟：《观察者眼中的"我"：模棱两可的依附现象与结构主义叙事学的局限》，见 James Phelan, Peter J. Rabinowitz：《当代叙事理论指南》，申丹、马海良、宁一中等译，北京：北京大学出版社，2007 年，第 225 页。

② 詹姆斯·费伦：《作为修辞的叙事：技巧、读者、伦理、意识形态》，陈永国译，北京：北京大学出版社，2002 年，第 19—20 页。

版本学家认为不同版本有完全不同的文本身份,手抄本、初版本、签字本、盗版本,虽是同一"文本",却有完全不同的意义价值。同样一篇文本,基于不同的教学目标,被赋予了不同身份。特定系统中的文本,有完全不同的身份,例如"必读""样本""例文""延伸阅读""参考书""课外自由阅读"等,它们的地位完全不同。

文本身份,很可能反过来影响接收者身份,即所谓"人以群分"(togetherness):人以文本身份方式归类。崇拜某种经典或某种信仰的人,喜爱某种电影的人,喜欢某种网上交际的人,喜欢某种麻将牌戏的人,相信某种观念(如 UFO)的人,喜欢"闪游"的人,他们走到一起来的原因,是对某一类符号文本身份的认同。因此符号文本的身份,与接收者身份趋同效果,比发出者身份更明显。因此,文本身份与人的身份类似,有人际、种族、社会、阶级、性别等范畴。

性别理论专家里弗在研究儿童游戏后得出结论,人类文明往往让"男孩子培养了扮演广义他者角色的行为能力,女孩子发展了扮演具体他者的移情能力"[①]。这不仅表现在男孩与女孩身上,更表现在他们热衷的游戏"身份"上。用本书第十三章中讲述的"标出性"理论来说,"女孩"游戏身份往往是具有阴柔的标出性特征,而"男孩"游戏身份却往往不具有明确的性别特征,是"非标出"的。

因为符号发送有时空跨度,符号文本的身份相对独立于原先的发出者。把文本身份分类,就会发现文本身份,与发出者的身份有联系,但非常不同。文本身份可以有许多种类:文化身份如体裁,风格身份如文体,社会身份如性别,历史身份如时期,工艺身份如版本与制作。文本身份是符号文本在文化中的定位,也是它对文化的依托。而文本发出者与其可能有联系:俗文学的作者很可能是俗人,民歌的唱者很可能是乡野男女,但是文学史让我们看到,文不必如其人,解不必如其文。

文本身份可以比发出者身份更加复杂。我们不知道兰陵笑笑生的

---

① Janet Lever,"Sex Differences in the Games Children Play",*Social Problems*,April 1976,p. 481.

身份，《金瓶梅》哪怕真是徐渭所作，徐渭也只是"扮演"了兰陵笑笑生。但是《金瓶梅》的文本身份比这些文学史猜谜更复杂：此书词话本、全本都有多种手抄本流传；唱词与平话风格混杂，市井生活与隐晦描写相间，甚至方言都有多处地域，诗词有多处来源，用词有雅俗之分。苏轼说："赋诗必此诗，定知非诗人。"诗的身份，不等于写诗者的身份。

甚至，文本身份与作者身份会完全冲突，例如歌曲、电影、游戏等，都有相当明显的"性别身份"。① "男歌"是男对女唱的歌；"女歌"是女对男唱的歌；"男女间歌"是男女互唱的歌；"既男又女歌"即男女通用的歌；"非男非女歌"是没有明显性别身份的歌。可以看出这些歌的性别身份，与发出者的主体意图有一定关系，因为人的性别倾向就有五种（male, female, both, intersex, non-sex）。② 文本性别与创作者的性别身份，没有相应的关系：男性词作者、谱曲者、出品人，完全能写出"女歌"，许多宋词作者就是"男子作闺音"，而歌曲演唱者（歌曲文本发出的最后环节），往往给歌曲文本赋形性别身份。歌曲文本性别身份之复杂，可见一斑。

文本性别身份常常携带着社会对性别身份的期盼意义方式，这些方式常常是人们觉得自然而然，理应如此，远非"创作主体"所能控制。还是从歌曲的例子来看，"女歌"往往包含着社会对女性的各种期盼、想法、偏见（例如女性必须温柔体贴、善解人意，女性必须美丽，女性最好年轻等）。这些并不一定是歌曲制作集团（符号的发出者）独创的想法，不一定完全是他们有意识的安排。这些文本身份，往往是在文本产生之前就已经决定的。

文本性别，往往比符号发出者的主体性别更具有"流动性"，更明显地形成一个从极端男性到极端女性的多样变体连续带，而不至于如发出者那样过分固定于"自然规定"与社会认同。例如，对既男又

---

① 以下关于歌曲文本性别的讨论，参见陆正兰：《歌曲文本的性别表意》，《贵州社会科学》2010年第9期。

② Anne Fausto-Sterling, *Sexing the Body: Gender Politics and the Construction of Sexuality*, New York: Basic Books, 2000.

女（androgyny）的生理身份，社会容忍度很低，在符号文本身份中，却相当常见而自然。在歌曲中如此，在各类广告、各类衣装中，甚至在各种社会角色中，都很常见。人的生理强行决定性别身份，而文本身份却更依靠社会文化，更加多变。

那么，作者身份与文本身份，到底哪个创造了哪个？斯图亚特·霍尔在《文化身份与族裔散居》中谈到文化身份既"存在"（being）又"变化"（becoming）的特征。虽然每个人都与一群人共享着源自祖先文化的集体自我，但文化身份绝不是永远固定在某种本质化的过去，它们要屈从于历史、文化和权力的无休止"游戏"。因此霍尔将主体建构看作一种变动的过程：我们先不要把身份看作已经完成的、然后由新的文化实践加以再现的事实，而应该把身份视作一种"生产"，它永不完结，永远处于过程之中，而且总是在内部而非在外部构成的再现。① 自我不可能完成，因为人需要不断与世界与他人建立意义联系，而这种意义表现的文本身份，会对自我进行不断的重新塑造。因此，如果把作者看成是"社会人"，那样就**不是作者身份派生出文本身份，而是文本身份"生产出"作者身份**。

新历史主义者格林布拉特详细讨论过文本身份的"自我塑形"（the forming of self）作用。他研究了英国文艺复兴时期的六位作家，从莫尔到莎士比亚，他指出这些人的自我塑形是通过他们在各种文本中采取的身份。这些作家不断回到特殊的个体生活场景中去，"回到男男女女每天都得面对的物质需求和社会压力上去"②。他把自我的这种文本身份化方式称作"即兴运作"（improvisation），这是每个人把自我融入周围文化限制中的一种方式，"能够让大多数人适应一种既定的文化，同时也让自己参与其中"。

格林布拉特写了英国伊丽莎白时期著名人物罗雷爵士（Sir

---

① 斯图亚特·霍尔：《文化身份与族裔散居》，见罗钢、刘象愚编：《文化研究读本》，北京：中国社会科学出版社，2000年，第208页。

② Stephen Greenblatt, *Renaissance Self-Fashioning: From More to Shakespeare*, Chicago: The University of Chicago Press, 1980, pp. 5—6.

Walter Raleigh)的传记。罗雷不断用各种文本身份进行"自我戏剧化"[①],在诗歌、书信、游记中,扮演出一个个角色。其文字中有大量"戏剧性"成分,而正是这些文本身份构成了罗雷的"自我形塑与再现"[②]。这不仅是因为我们现在只有从这些文本窥见罗雷,也因为罗雷本人当时就靠这些文本塑造自己。对社会,对历史,这些文本身份及合成的"符号自我",比他的真实自我更为重要,况且我们无法了解他的真实自我。

文本身份比个体自我其他活动所采取的身份更为长久,对自我的"塑形"意义更为深远。这就是为什么对文本身份的研究具有特殊意义,构成一个重要的符号学课题。广告设计者,就经常遇到文本身份、广告代言人的人格身份,与商品品格的配合难题。

在社会动荡时期,个人身份出现了问题,失去选择的自由度,此时就出现文本身份的集体追求。在国内引发广泛影响的一首摇滚《一无所有》,就是想通过文本身份重新寻找个人身份。"文革"的狂热,接着是经济的大转型,时代迅速变化中的一代人,身份落入空无。"于是,崔健就这样展开了自己与时代的对话。这里说的不是'我与你'的爱情问题,而是一种存在身份定位意义的追问。"[③]

另一个比较生动的例子是意大利电影《海上钢琴师》:主人公生在船上,从不上岸。轮船从一港口到另一港口无休止地穿梭,他的演奏辉煌灿烂,给予这个自我充分的支撑。音乐生命随着轮船的旅行延续。甚至在暴风雨摇撼轮船时,这个人也依然在船上弹琴。音乐文本身份对别人是短暂的,对他是切实的:他的自我,是靠艺术文本身份合成的。[④] 这种自我可能是幻觉,却是一个稳定的自我。电影结尾

---

① Stephen Greenblatt, *Sir Walter Raleigh: The Renaissance Man and His Roles*, New Haven and London: Yale University Press, 1973.
② Stephen Greenblatt, *Renaissance Self-Fashioning: From More to Shakespeare*, Chicago: The University of Chicago Press, 1980, p. 2.
③ 王岳川:《中国镜像:90年代文化研究》,北京:中央编译出版社,2001年,第320页。
④ Rosa Stella Cassotti, "La leggenda del pianista sull'oceano: Narration, Music and Cinema", in Erkki Pekkila et al (eds.), *Music, Meaning & Media*, Helsinki: International Semiotics Institute, 2006, pp. 38—44.

时，这位钢琴师决心与旧船一同沉入海底，因为除了这个音乐文本身份集合以外，他别无自我。

8. 普遍隐含作者

本章第三节讨论过身份的集合如何构成自我，而文本身份的集合，也可以构成一种拟主体。虚构作品、历史描述、档案积累，都能给我们的足够身份材料或提喻性符号来构建一个复杂人物，哪怕从历史书《三国志》加以集合的一个"曹操"，也有别于真正存在过的曹操；文本主体福尔摩斯、林黛玉，也是拟主体。我们对这些"主体"的了解甚至多于了解一个真正存在的主体。电视剧2010年版《红楼梦》中林黛玉"裸死"，了解林黛玉的观众认为"绝对不像"林黛玉。

这很有点类似歌迷、影迷、球迷等崇拜者，从大量零星材料"星闻"建构崇拜对象。我们可以把这种身份集合成的主体，称为"拟主体"（建议英译 pseudo-subject）。拟主体并非真的主体，因为他没有意指能力，也没有责任能力，只是一个意义解释的构筑。但是对这些"粉丝"来说，拟主体比真实主体更重要。

布斯提出的"隐含作者"（implied author）理论，从小说文本中寻找作者身份，从而构筑一个与作者的自我相仿的拟主体，一个假定能够集合各种文本身份的出发点。布斯是在《小说修辞》这本名著中提出这个概念的，叙述学界至今无法摆脱此概念，却一直没有讨论清楚。集法国叙事学之大成的热奈特坚决抵制此概念[①]，甚至布斯在提出这个概念四十年之后，在85岁高龄去世前最后一文中，依然要为此概念的必要性做自辩。[②]

隐含主体到底是否是一个真正存在过的人格？布斯，以及讨论小

---

① Tom Kindt and Hans-Harald Müller, *The Implied Author: Concept and Controversy*, Berlin: Gruyter, 2006, p. 119.

② 韦恩·布斯：《隐含作者的复活：为何要操心？》，见 James Phelan, Peter J. Rabinowitz：《当代叙事理论指南》，申丹、马海良、宁一中等译，北京：北京大学出版社，2007年。原书（*A Companion to Narrative Theory*, Oxford: Blackwell）出版于2005年，布斯于该年十月去世，因此看来这是布斯的最后一文。

说隐含作者问题的人，至今没有论辩清楚。布斯一直坚持隐含作者与生产文本时的作者主体（可以称为执行作者）重合。也就是说，隐含作者具有在文本生成时，哪怕是暂时的、特定时空中的主体性。布斯认为这个人格是存在的。这个拟主体可以是作者的"第二自我"，也就是说，在写作这本小说时，与文本中各种身份的集合是一致的。这样一说，隐含作者就有了真实的自我作为源头。

这个假设，即真实自我（哪怕是发出文本时的瞬时自我）与隐含自我（文本身份引申所得的类自我）应当重合，却没有可能证明，实际批评操作中也无济于事。应当说，执行作者与作者自我有关，是作者在写作时用的一个身份；而隐含作者取决于文本品格，是各种文本身份的集合。因此有论者认为这样找出的拟主体，不是"存在"，而是"文在"（texistence）。①

至今，隐含作者只是（小说或电影的）叙述学研究中的一个课题，从符号学来说，这个概念不限于叙述，任何文本中，各种文本身份都能够集合而成一个"拟主体"。只要表意文本卷入身份问题，而文本身份需要一个拟主体集合，就必须构筑出一个作为价值集合的"隐含发出者拟主体"，即"隐含作者"。我认为这个概念可以扩大到所有的符号文本，可以称作"普遍隐含作者"。

钱锺书指出："以文观人，自古所难：嵇叔夜之《家诫》，何尝不挫锐和光，直与《绝交》二书，如出二手。"② 人之言行不符，未必即为"心声失真"。"常有言出于至诚，而行牵于流俗。蓬随风转，沙与泥黑；执笔尚有夜气，临事遂失初心。不言衷者，且唯言哉，行亦有之。"③ 真实的作者，我们无法了解，也不必了解，因为"以文观人"实在太难。文本身份是文本的"社会资格"，而符号主体，则是这些文本身份集合起来形成的一个拟主体，我们不一定必须讨论"作

---

① William Lowell Randall & A. Elizabeth McKim, *Reading Our Lives: The Poetics of Growing Old*, New York: Oxford University Press, 2008, p.95.
② 钱锺书：《谈艺录》之四八，见《文如其人》，北京：生活·读书·新知三联书店，2007年，第426页。
③ 钱锺书：《谈艺录》之四八，见《文如其人》，北京：生活·读书·新知三联书店，2007年，第429页。

者意图",我们完全满足于讨论"拟主体"身上的社会文化价值集合。

而且,这个符号自我是普遍的,是任何符号表意活动中都存在的。走进一座豪华百货大楼,或是一个普通农贸市场,我们都能感到这样一个隐含主体迎面而来。例如楼盘的设计,作为符号文本,同样会有体现其价值集合的楼盘"隐含作者"价值,是"当代社会的精英分子"的贴心人。因此楼盘高档但不豪华奢侈,设施现代但不炫富,有游泳池和健身房讲究生活质量,关怀家庭关心生态环境,这个特殊符号自我,在向适合的男人女人说话。

这些文本身份集合构成的拟主体,与房产开发商这真正的主体,或许有关系,更可能毫无关系,不管如何,与这个楼盘的隐指作者拟主体没有必要建立某种联系——只有给房产商写传记的人,才会关注这种联系可能。

第十五章 当代社会的符号危机

1. 后期现代的意义方式

当代社会的符号泛滥,已形成一个迫在眉睫的危机。本书讨论的不是可有可无的理论游戏,而是人类面临的大问题。本章要避免被看成故作危言,就必须从符号活动的原理说起。当我们用这些原理来观察当代社会文化生活时,我们就不得不面对一些无法规避的重大矛盾。如果看不到缓解这些矛盾的办法,我们面临的将是符号危机越演越烈,发展下去,将威胁到人类文化本身的生存。

很多文化学者从二十世纪八十年代就开始使用"后期现代"(Late Modernity)这个术语描述当今社会。例如哈贝马斯、吉登斯、吉恩等。"后期现代"与"后现代",不只是两个术语的区分,更是对当代文化的两种不同看法。

进入二十一世纪后,不少学者用一些其他术语来代替"后现代"这个争论太多的概念。德国社会学家贝克(Ulrich Beck)称当代为相对于"初始现代性"的"第二现代性"[1];波兰社会学家鲍曼(Zygmunt Bauman)称之为相对于"固态现代性"的"液态现代性",或是相对于"沉重现代性"的"轻巧现代性"[2];英国"人类地理学家"瑟理弗特(Nigel Thrift)称之为相对于"硬件现代性"的"软件现代性"[3];如此等等,不一而足。这些术语大部分是描述性的,

---

[1] Ulrich Beck, *Risk Society: Towards a New Modernity*, London: Sage, 1992.
[2] Zygmunt Bauman, *Liquid Modernity*, Cambridge: Polity, 2000.
[3] Nigel Thrift, *Knowing Capitalism* (*Theory, Culture and Society*), London: Sage, 2005.

强调变化而不强调断裂,接近"后期现代"之说。

笔者认为,至少对本书讨论的课题而言,"后期现代性 vs 前期现代性"的对比展开,比"后现代 vs 现代"更能清楚地说明问题。尤其是中国社会目前的转型,虽然有大量后期现代性成分,也保留着大量前期现代性。虽然本书并不把中国当代文化作为特定分析对象,但笔者也希望本书的讨论适用于当今中国。

本章的目的,是发展其他文化学者可能没有充分讨论的一个问题,即符号泛滥引发的意义危机。这个危机,出现在现代社会进入后期时。它在现代已有端倪,只是近年开始达到危机程度。

前期现代,人们有对理性和知识、有对人类主体的信心,认为理性与自我认识,将使人类不断完美。前期现代盛行的是各种"解放哲学"——旨在把人类从各种不自由的束缚中解放出来的哲学。后期现代则是符号泛滥时代,人们虽然并不完全明白自己生活在符号的洪水之中,也感觉到压迫的源头不明,哪怕他们弄清自己是符号的奴隶,牢房却是天鹅绒的,屈从也是享受型的,人们很难从自己选择使用的符号中解放自己。

前期现代的社会控制方式,倾向于福柯所说的强制性"全景控制",意识形态是强制性的;而后期现代社会,趋向于在元语言上控制解释方式,文化机制调节的是符号意义,人只是在符号消费的伴随文本网络中"自愿"地站位,道德叙述是补充性的"软方式"。

前期现代的生产象征是大体积重型工业生产物质、大量雇员以及与之配套的巨无霸管理机构;后期现代性则以符号方式管理欲望符号生产,具体操作受控于信息、电子化与数字化。

因此,生产、消费、控制、调节,无论从哪个方面来说,后期现代都主要表现为一系列符号学上的特征。

2. 当代符号危机的四个特征

本书第二章第一节,列出符号表意的第一条规律,就是"解释意义不在场是符号过程的前提"。需要符号,就证明符号的解释意义没有出现。那么当代的符号泛滥，说明什么意义不在场呢？

改革开放前，泛滥的是生产符号：钢炉前火花飞溅，镰刀下麦浪金黄，肌肉发达的工人，红光满面的农妇。从东柏林一直到平壤，同样的"生产"图案雕像填满每个角落；从票据到电影片头，全是工农兵。这是对工农阶级作为生产者的赞颂，实际上正因为工农在生产中得不到应有报酬，缺乏劳动的动力，所以必须用符号提供荣誉来推动物质生产。伦敦白金汉宫前的维多利亚女王纪念碑雕塑群，也有类似的工人和农妇雕像，护佑着大英帝国之狮，那正是马克思描述的工人阶级"绝对贫困化"的时期。有了这样的符号，工农业产品就不再是商品物质，而是"劳动神圣的结晶"。

"符号补缺"在过去年代就已经很明显，现在局面更甚多倍，只不过所缺之物倒了过来。现在是消费主义时代，供给能力远远大于需求。但现在竞争的输赢，企业的生死，起决定作用的是在商品或服务上添加的符号价值。过去符号补的是物之稀缺，现在符号补的是价值之稀缺。

符号附加值分成两个部分：一是艺术附加值，主要是设计、包装、出售方式的美观，让人感到赏心悦目；另一部分是虚荣附加值，即品牌、潮流、时尚、格调等，给人以社会地位感觉。符号附加值并不进入使用，只是使商品增加了原来没有的价值，从而可以"增加消费"。只要社会有超出温饱需要的冗余购买力，就会给各种品牌商创造附加值的机会。虽然说消费者是上帝，但是市场最忌讳让消费者做主人。要控制消费的走向，不仅要煽动物质消费的欲望，还要勾起对本品牌特殊的附加值的向往，这就是广告帝国兴起的原因。广告很少说产品的质量，广告真正花大力气做的是虚荣附加值的连接。广告用之不疲的公式是：开此车就能如明星般吸引美女；用此剃须刀就沾上了名家仙气；喝彼啤酒也能得到赢家福气；用某某名人"在电视上用过"的产品，就与此名人处于同一格调，享受同一品位。

因此，广告泛滥，广告竞争，此时符号指向的缺场的意义是消费欲望，广告的存在和繁荣，是消费意愿不够的有力证明。在当今，"大众购物意向"成为经济健康的主要指标，"消费潜力"成为市场的救星。广告展现的不是欲望，而是被诱惑之美，是购买后的幸福。广告背后不在场的意义，是社会不嫌多的欲望，当代符号危机的**第一个特征，是对欲望的欲望**。

这个结论或许是我们始料不及的，我们总认为这个时代是个"人欲横流"的时代，这个社会最不缺的似乎就是欲望：人人都在追逐利益最大化，追逐享受和奢华。应当说，如此估计"人心不古"，绝对正确。但对于急于出售商品与服务的资本而言，顾客的欲望却是始终不够多、不够强。购买欲多了更多，才是财富中的财富，才是市场经济最终的救星。

从2008年的金融危机就可以看到，能够把世界经济从危机中拯救出来的，不是生产，而是消费，更是符号消费。我们每个人作为生产者，只能给国家、给全人类增添麻烦：我勤勤恳恳做一个提包给自己挎，提包厂就不得不少生产一个提包，提包工人就多一份失业的危险，经济危机就更深一层。但是我如果多买一个提包，我就是在为恢复经济做一点贡献。如果我像当年的菲律宾总统马科斯夫人那样有一千双鞋，只要钱不是像她那样贪污来的，我就应当得到各国首脑共同颁发的一枚勋章。归根到底，铺天盖地的广告，规劝我们赶快去做的，不就是买了一个提包、再买一个提包吗？

如果我决定再买一个提包，我周围不断冒出来的文本一再提醒我，人们正在等看我挎这个提包，因此我买的提包必须有炫耀的价值，不在于美观好看，而在于昂贵的牌子：满街的人，全办公室的人，正等着我露出提包的牌子。实用或美观，使用性或艺术附加值，救不了这世界，"品牌价值"才能。"品牌"不是布料，不是皮革，不是做工，不是投入的劳动，而是一个没有形体，却完全能度量其价值的"符号感知"，即品牌。

要决定品牌符号的价值，测试很容易做。拿一真一假两个提包，把牌子换过：一个成了真货假牌子，另一个成了假货真牌子，两个提包我开出同样价钱，而且我把作假手脚全部告诉顾客，让他们挑选。绝大部分人会选择"假货提包真牌子"。消费者都知道牌子比货值钱，货可以是假的，但提供感知的符号必须是真的。

笔者的这个实验，正是西方跨国公司多少年来的策略。它们关掉在西方的工厂，以避免给职工高工资高福利，转到其他国家生产，卖给全世界。也就是说，我们高价买来的名牌商品，哪怕是从西欧商场买来的，也都是上面说的"假货真牌子"。只是从这个公司集装箱里拿出来的，就可以说成是"真货真牌子"，理直气壮卖高价，让全世界的时髦人群疯狂抢买。

西方左翼理论家攻击跨国资本主义的正是这一点。加拿大学者奈奥米·克兰轰动性的名著《反商标，瞄准"品牌恶霸"开火》[①]，不是在为东西方顾客争取公平，而是为受到失业威胁的西方工人说话，因为他们现在争取更多福利比之前难多了。

经济增值的压力，必须靠加大消费量才能缓解。物质消费总是有限的：在衣食无忧之后，吃得更多更好，只能增加肥胖症危机；穿得笔挺整齐，只能显得"无风度，无品位"。这不是说现在已经没有挨饿的人、挨饿的民族，也不是说没有超时工作的劳工，而是说这些不是对人类未来的主要威胁。越是"社会下层"，肥胖症越严重，就是一个说明。

可以说任何人，作为生产者招人恨，受到每个国家的贸易保护倾向排挤，作为"名牌奢侈品消费者"，才让全世界感激。我们作为人的生存价值，在于符号消费。二十年前，人们把"奢侈浪费"称为"物质主义"。1985年歌手麦当娜有一张有意拿标题唬人的单碟，叫作《物质女郎》（*Material Girl*），当时被称作"美国文化堕落的象征"。相比于当今"不买最好只买最贵"的"名牌女郎"（Brand Girl），那时的麦当娜，真是"纯真年代"的象征。

当代符号危机的第二个特征，是娱乐性迫使意义在场结束。近年来各种莫名其妙的"吉尼斯世界纪录"层出不穷：印度歌手连续唱歌八十小时，尼泊尔兄弟连续握手十九小时，六个荷兰人玩同一电子游戏五十小时，西班牙番茄大战，叙利亚做出一百三十五平方米的甜

---

① Naomi Klein, *No Logo*, *Taking Aim at the Brand Bullies*, Toronto: Random House Canada, 1999.

糕,等等。这种无害的玩笑,人类一直有此类冲动,但只是在所谓"狂欢"场合,增添幽默情趣。现在娱乐却成了社会发展的必需,拉动内需的最好招数。

现在多少机构在挖空心思想出娱乐新花招:重庆市举办"万人火锅宴",扬州办"千人麻将赛",马鞍山搞"中国浴城"。电视台上的娱乐节目、选秀节目,多少人一日不能落下。都说现代社会"时间就是金钱",显然只是对出租车司机、冰激凌店主而言的。对绝大部分人,不嫌多的是空闲。全人类娱乐,就是用各种名堂制造时间消费。

或云:身处这种娱乐社会,高兴的是百姓大众,何妨一笑置之?旅游投入的资金毕竟还是有限,让人民高兴也是应当的,作为符号学课题,也很有趣。美国社会学家波兹曼1985年的名著《娱乐至死》[①],近年中译本出版后给中国学界很大震动。此书主要是指责电视文化代替了文字文化,而电视过于娱乐化,一切都以有趣为标准,世界上任何严肃问题,都无法再让人们严肃地讨论。波兹曼的这本书已经无法处理当今的问题。现在我们面临的,不是严肃问题娱乐化,而是娱乐成了最严肃的问题;不是电视文化愚蠢,百姓不再关心重大问题,而是整个人类经济不得不靠娱乐来拯救。

哈贝马斯认为:"永恒的美只能反映在时代的伪装之中,这一点被本雅明说成是辩证法图景。现代的艺术作品,其特征在于本质性和暂时性的统一。这种当下特性在艺术和时尚、新颖以及游手好闲者、天才、儿童的外表之间建立起了亲密关系。"[②] 对当代文化进行全景扫描,就让我们看到当代文化的"时代的伪装":暂时性取代了本质性,"时尚、新颖"让所有的人都获得"游手好闲者、天才、儿童"的玩耍身份,也就是取得必要的人格分裂。然后,一个总体性的"虚构"格局,即是本书第十二章第四节说的"假戏假看",成为当代文化的主要符号表意格局。

[①] Neil Postman, *Amusing Ourselves to Death*, 1985. 中译本波兹曼:《娱乐至死·童年的消逝》,章艳、吴燕莛译,桂林:广西师范大学出版社,2009年。

[②] 哈贝马斯:《现代性的哲学话语》,曹卫东等译,南京:译林出版社,2004年,第11—12页。

社会把娱乐当作认真的事业在做，全世界都认真地从事游戏符号活动，那么究竟是什么意义不在场，使大家都来玩娱乐符号呢？娱乐的特点，是除了当下的快乐，表面上没有其他意义。它并不指向一个意义的缺场，它的目的只是愉悦的当场实现，过后即忘，不再无限衍义。娱乐是为娱乐而娱乐，除了娱乐本身无他物。它甚至不像艺术那样，反过来指向文本自身。娱乐文本本身没有价值，娱乐是艺术符号的崩解融化，是意义的在场接受与即时结束。

后现代符号危机的**第三个特征，是表意时空距离的消失**。本书第二章第七节讨论过"符号传送时空距离"，我们对事件的理解，无法脱离我们自己身处的语境，以及事件发生的时空语境。一个解释者，不得不努力去回溯源头时空对事件的限定。但是后期现代的传媒，有一个极大的特点，就是吉登斯曾经详细论述的当代传播的"时空脱节"。①

在前期现代世界，信息的时间与空间以实在方式出现，例如邮船到港时间，或是记者赶到现场并赶发电文的时间。

到了后期现代社会，电子传媒同时够及几乎每一个人，但是电子传媒时间被统一化，空间与本地性被严重忽视。在后期现代社会的传媒中，所有到来的消息都以并置方式出现，像一堆信息的拼图。在统一化的世界时间中，事件失去了表意的时空距离，也就失去了原有的本地文化条件，语境冲淡到几乎消失。来自阿富汗的消息，与来自巴黎郊区的消息，读来就像来自同一个地方：它们发生在同一个虚拟空间之中，塌缩成第六章第四节说的"链文本"。

时间是现代性概念的一个重要部分，现代化是时间的不断加速，现代性就是时间的历史。一旦时间本身同一，空间向"非地点"消失，"共时并置"就成为事件的呈现方式。在这个空间扭曲的虚拟时空中，距离实际上是反置的。我们对远方的各种名流的兴趣，远远超出我们对隔壁邻居的兴趣。传统意义上的在场/缺场被颠倒过来。

---

① 安东尼·吉登斯：《现代性的后果》，田禾译，南京：译林出版社，2000年，第14页。

后期现代符号危机的**第四个特征,是"反弹单轴化"**。用本书第七章讨论双轴关系时举的例子。我要装修房子,就面对用什么风格的意义问题。除了考虑我的财力、工匠的能力,最重要的是我想取得的效果。在传统社会,这不是问题,组合规定非常强势,士大夫家、乡绅家、百姓家,内外如何装修已经分别定好规矩,聚合操作极其窄幅,装修者没有多少可挑选的余地。《礼记·坊记》说:"夫礼者,所以章疑别微,以为民坊者也。故贵贱有等,衣服有别,朝廷有位,则民有所让。"哪怕一个堂阶,《礼记》规定"天子之堂九尺,诸侯七尺,大夫五尺,士三尺";一直到清代,《朝庙宫室考》中还特别强调此中的符号意义:"学礼而不知古人宫室之制,则其位次与夫升降出入,皆不可得而明,故宫室不可不考。"

在前期现代社会,装修项目的可选性多了一些,但依然相当有限,各个社会阶层、社会集团,都有约定俗成的"语法",不会让"暴发户""附庸风雅""小布尔乔亚"等太多地坏了规矩;而在后期现代,这些"非贵族"范畴已经不存在,每个人自由选择:不仅选择轴宽,而且宽度不断疯长。对于大部分人,选择自由到无法自己找到一个"自己的风格"。在眼花缭乱的选择可能中,只能取用社会一致公认的标准。例如大部分人都选择吊顶、吊灯之类的"宾馆式"装修,要考虑的只是几星的豪华差别。

整个社会已变成一个开放的大商场,挤满了无限的选择。不是说所有的选择对每个人同样开放,很多人依然以价廉为第一考虑。有测试证明,面对几种品牌,消费者对自己的挑选有信心;一旦面对几十种品牌(例如五十种牙膏,五十种汽车),消费者对挑选本身感到畏惧。他没有自己的标准,只能跟着广告走,或者跟着舆论走,挑选听说过的牌子。从毛巾到汽车,无不如此。而这个社会为了让生产不断膨胀,尽可能给人们推荐符号价值多的品种。[①]

既然我们作为社会人,主要作为符号消费者存在,我们就更为依赖文化中现成的组合关系。**符号体系的构成,不是社会组织的抽象,**

---

① Barry Schwartz, *The Paradox of Choice*, New York: Ecco Books, 2005, p. 8.

而是其具体化。符号创造再现模式，社会就会紧跟，就如宾馆装修与住宅的联系。后期现代社会的选择中，我们看起来自由的，表面上没有任何权威能把意义标准强加于我们身上。但是我们没有在聚合轴上选择的意志或能力，就只有采用社会提供的现成的符号表意方式，如果我们不想被人视为"落伍"的话，只有接受文化安排好的文本组成方式和解释元语言。

人生不是独立存在的组合段，而是许多"意义"互相牵制，构成一个看来似乎有意义的"人生叙述"。在传统社会，组合的文化规约（例如八字相配）剥夺了个人自由，也省却了选择与后悔的烦恼；在前期现代社会中，社会集团的内部利益联姻，也简省了选择过程；到了后期现代社会，似乎择偶是绝对自由。尤其生育意愿降低，男女分工不明显，选择可能几乎无限。实际上选择一开始，自我意志就被推上审判台，各种隐蔽的"讨价还价"，让我们无所适从。任何选择都是一种后果惨痛的考验，让我们意识到命运能让我们掌控的范围之窄小。

在这个围绕单轴旋转的社会中，没有家族或社区联系，没有对第三方的义务，人与人只是陌生人，互相之间只有所谓"公民冷淡"。一旦面临的选择段宽得无法掌握，选择就只能是机遇选择，即没有预设意义的纯然选择，作为选择主体的自我，只是自由状态的飘浮。越是封闭的系统，由于元语言单一，越能"解决"如何生活的问题；越是开放的体系，元语言组成复杂化，越是无法提供答案。符号泛滥的结果是形成"选择悖论"（paradox of choice），即"开放后的自动封闭"。

当代人的选择悖论，证明克尔凯郭尔所说"焦虑是自由造成的晕眩"极为真切。[①] 在无序中，偶然的选择组成的并置组合段，只能靠个体加上一个至少暂时具有说服力的解释。这样，后期现代的人生，只是一系列勉强兼容的片断，最大的可能也只是暂时的可信度。很像

---

① Soren Kierkegaard, "Anxiety is dizziness of freedom", *The Concept of Anxiety*, Princeton: Princeton University Press, 1980, p. 43.

延续许多集的肥皂剧，兴趣散乱而片断，远非前期现代浸透因果延续的"大河小说"（roman de fleuve）格局。①

3. 从异化劳动、异化消费，到异化符号消费

马克思在《1844年经济学哲学手稿》中，借用德国哲学的观念，提出"异化劳动"（alienated labour）观念：

> 工人把自己的生命投入对象；但现在这个生命已经不再属于他而属于对象了。因此，这种活动越多，工人就越丧失对象。凡是成为他的劳动产品的东西，就不再是他自身的东西。因此，这个产品越多，他自身的东西就越少。②

工人在劳动中不是肯定自己，而是否定自己。劳动强加于工人，使他们丧失自我，这是劳动的异化。

本书第七章讨论了选择是一种意义行为，而且选择牵涉符号的双轴关系。我们从符号学角度观察当代人的生活，可以发现，这双轴关系在当代发生了畸变。应当说当代社会与传统社会相比，最大的特点是宽轴，给个人性的选择和解释更大的余地，但是由于符号泛滥危机，当代社会的人受制于"选择悖论"，越来越倾向于单轴行为，即放弃选择，放弃聚合操作。这样，消费也在无选择中成为异化的意义活动。

二十世纪六十年代的一些论者（例如贝尔、弗罗姆）已经提出"异化消费"（alienated consumption）的观念，即永不满足、永无止境的"欲望消费"。③"欲望"是相对于"需要"而言的，"需要"的

---

① "大河小说"是现代小说的一个典型种类，往往是对一个家族世代的描写，用多部长篇延续写成，例如左拉的20部长篇小说集合《卢贡－马卡尔家族》（又名《第二帝国时期一个家族的自然史和社会史》）和高尔斯华绥的《福塞特世家》。
② 马克思：《1844年经济学哲学手稿》，北京：人民出版社，2000年，第52页。
③ 丹尼尔·贝尔：《资本主义文化矛盾》，赵一凡、蒲隆、任晓晋译，北京：生活·读书·新知三联书店，1989年，第22页。

是人应有的东西，"欲求"则代表着个人趣味和喜好，是一种无限的需求。异化消费意味着"为消费而消费"，以消耗、抛弃、更新为消费的实现。"异化消费"追求的是心理满足，因此是消费商品作为一种符号意义活动。格雷格·肯尼迪在《垃圾本体论》一书中甚至认为"比起异化消费，异化劳动似乎尚可接受"，他认为，"异化消费"造成的物质浪费，会导致人类绝灭。①

当代社会的消费已经更进一步。消费欲望已经成为解救经济的万灵药丹，更重要的是，当今消费的不再仅仅是商品与服务，而是商品与服务上的添加符号。仅仅消费商品，已经不足以使经济加速发展，也不能使人群拉开等级差距。贝尔等论者，没有看到当代社会已经不能满足于"异化消费"，而必须进入"**异化符号消费**"。异化，就是人不得不采用的身份（生产者、消费者、符号消费者）把他的自我压迫得变形，使他失去了主体的意志能力。我们可以套用格雷格·肯尼迪的话，"比起异化符号消费，异化消费似乎尚可接受"。

前期现代以自由资本主义为主导的生产方式，必然引发严重的贫富不均，阶级分化，社会关系紧张；后期现代主导的符号生产方式，是知识经济、服务经济、福利资本主义，据称贫困已经被局限于"结构边缘"，只要给予足够注意（例如医疗改革、低收入补贴），就可以缓解甚至消除。

应当说，后期现代纠正了前期现代社会的某些社会不公，例如福利社会阻挡了工人阶级的"绝对贫困化"，这不是坏事。但是后期现代并没有"解放"工人阶级。阶级斗争换了一种形式，在符号消费面前，阶级分野更为明显，富人虚荣地炫耀消费符号，穷人屈辱地消费底线物质商品。阶级与阶层冲突，在传统资本主义社会是物质分配，所有权之争夺；在现代社会更表现为文化宰制权，表现为意识形态与价值控制；在当代更外观地表现为意义方式、意义权力的元语言控制。

---

① Greg Kennedy, *An Ontology of Trash: The Disposable and Its Problematic Nature*, Albany: New York University Press, 2007, p. 103.

符号危机的原因，是当代生产与消费对符号的依赖。这个社会要的不是速度，而是加速度：不能提高增长率，就是巨大灾难。生产效率不断提高，生产同样价值的产品，需要的人力越来越少，因此必须增加消费，才能保持人人有工作。而物的消费量，再提高也有限，只能在附加值上下功夫。前面已经说过，这种附加值，只有符号才能制造，因为它纯是一种意义。

符号的价值渐渐变得比商品本身多，而且随着历史推进，商品的符号价值部分越来越大。这就是当今社会符号泛滥、淹没我们的生活的根本原因。商品的物使用性越来越小。波德利亚分析"物体系"时，讨论了这个变化过程。他认为当代社会中物的变化经过三个相位：功能性体系，非功能性体系，伪功能性体系。传统家具的功能是确定的，其质感与存在、使用方式，决定了它们在存在状态中也是确定的；现代的家具，例如宜家（IKEA）的拼搭家具，使传统意义上武断固定的分类，已经不再适用；而到了非功能体系阶段，技术的进步已经成为一种无目的欲望、功能的错乱。"在我们所生活的'新技术'环境之中，充满了修辞和寓意的氛围"[1]，物淹没在符号意义之中。

我们不禁要问：这个不断增加符号价值的过程，是不是总会有一个限度？是不是到某一天，人们会拒绝再买一个符号价值更高的名牌提包？会厌倦了假旅游点的人造景色？会厌倦了超出所需物质生活资料的花样？波德利亚声称，在当代，任何物"要成为消费的对象，物品必须成为符号"[2]。一旦回到物质消费，整个世界经济会停摆，引发地球停转一般的灾难：大量靠设计符号生产符号谋生的人（就是大多数广告、公关、旅游、信息从业者，工人和技术人员）会失业。

但是，这场灾难总会到来，早晚要到来，因为对符号意义的欲望，总有任何广告也唤不起来的时候，那时对欲望的欲望就会落空，不再有"环比增长"的日子总会到来。而且从企业花力气做广告的迫

---

[1] 尚·布希亚：《物体系》，林志明译，上海：上海人民出版社，2001年，第94页。
[2] 尚·布希亚：《物体系》，林志明译，上海：上海人民出版社，2001年，第223页。

切程度来看，离今日不会太远。或许，在这场符号灾难之后，人类会认清符号经济的本质，渐渐摆脱对符号的过度依赖，回到一种比较接近本真的生活。但是，从现在人类的生活方式来看，人不像能适应那样的"回到物"的生活。与其到那个时候再来研究符号的本质，不如现在就开始认真讨论这些问题。

前期现代社会特征的严重人性异化现象，劳动者的个人本质，被他的社会分工所代替；后期现代社会，人的全面异化加剧，但是采取的形态不同。后期现代性削弱了劳动分工的重要性，符号消费无需分工。在消费中，个人被"原子化"，从集团、阶级、社群联系上被剥离下来，表面上个人的自主权增大，人的社会联系却被架空，产生严重的无助感，缺乏特定对象的"弥散性焦虑"[①]。

这不是一个只有学界关心的抽象问题，而是每个人的工作和生活中的具体问题。美国最近在郑重反省，要求"再产业化"（re-industrialization）[②]，即增加实体经济。过度符号化的经济体系，反过来羡慕进行实体生产的国家。

4. 替代选择

十九世纪后期出现了"为艺术而艺术"潮流，王尔德的名言"生活模仿艺术"，已经启符号倒置之端。但是要到后期现代，才进入了符号泛滥淹没一切的时代。我们面对的，不是选择过多（这应当说基本上不是坏事），而是无法把所选置于一个意义之中，也就是说找不到元语言来进行有效的选择。

为了逃脱符号泛滥中的弥散性焦虑，使自我不至于过分失落，人们不得不寻找"替代选择"。之所以称为替代，不仅是因为它们替代"真实"的选择，而且它们可以互相替代，因为都是权宜性的。对于一个思索的主体，它们是虚幻的，但是替代选择提供的满足，却是即

[①] 安东尼·吉登斯：《现代性与自我认同：现代晚期的自我社会》，赵旭东、方文译，北京：生活·读书·新知三联书店，1998年，第49页。
[②] 《"再工业化"拯救美国?》，《时代周报》2010年7月19日。

刻而有效的:"此刻如何生活"的选择,代替了制度问题、思想问题、哲学问题,甚至终极价值问题。

第一类替代性符号选择,可以命名为"自恋性"选择。传媒本是提供信息的,但是传媒上充满了有意种植的伴随文本,就让人觉得只要接受这些链接的价值,自己就会有价值。广告说的是商品的"邻接性":成功者之所以成功,是因为选择该产品。名流是与我们不同的另一种人类,他们成为名流的原因是一个谜,我们永远不可能成为名流,但是他们与这些商品的连接容易模仿,我们在商品选择上与名流沾边,也就能给自己一个新的身份。[1]

名流之所以知名,就是因为"知名度",因为有了名,所以更有名;牌子之所以好,就是因为有钱做广告;反过来,因为做广告,"必"是好牌子。这两种方式互连在一道,所谓强强联手,就更让人觉得必有道理:购买这种商品的人,就是要与这种"大手笔"沾上边,代替自己的选择。

在"名人连接"方面,广告没有故意撒谎让人上当。本书第十二章讨论过,撒谎要对文本进行修辞,伪装诚恳,而广告公开明说此种替代选择,"代言人"没有参加设计与生产过程,只是受邀请引导消费。对此,知识分子会觉得可笑,大部分消费者也不一定相信,但只要有机会大众就会购买,因为他们没有能力提出一套自己的选择标准。

第二类替代性符号选择,可以称之为"怀疑性选择"。比较"有想法"的人,喜欢采用这一类意义授权方式。后期现代社会的一个重大特点是知识专门化。传统社会的巫师、先知或牧师,能解决一切疑难;前期现代社会,有"文艺复兴式巨人",有从黑格尔到杜威那样能对任何问题说出一套理论的大师。但是后期现代社会分工极端细密,凡是能分的科目,必然再分。每一门学科都有一批专家,他们的权威在狭窄的领域,说一套外人不明白的行话(例如符号学)。

---

[1] Jessica Evans and David Hesmondhalgh (eds.), *Understanding Media: Inside Celebrity*, Maidenhead: Open University Press, 2005, p. 56.

面临选择难题的人们，经常相信专家的意见，专家如果有错（例如究竟什么商品最好），也是专业知识进步过程中的错误。问题只是在于个别专家的选择不算数，要能与其他选择相配合，才能形成有意义的组合段，这样就需要一系列的专家，他们之间能否一致，就大成问题。如果普通人都心存犹疑，一门专家可能更怀疑另一门专家，难以形成具有同样权威的连贯选择。

可以说，自恋性选择是组合性的，是连接名人；怀疑性选择是聚合性的，是听从专家。两者交替出现，最后出现两者结合的"明星专家"。"替代选择"是后期现代社会的特有异化形式。它起作用的方式是软性的、诱导的，不做强行规定，但是明星专家使人们自愿放弃选择，这一点是共同的。替代选择的结合，可能让大众上瘾。没有附上专家意见（例如食品包装上的成分表），或没有在电视上出现过的品牌，就是可疑的等外品。这时，后期现代性就回到传统社会的巫师时代，听凭某个权威之源提供生活的全部意义。

现代性的批判者，曾经要求"一个全新的能指系统"[①]。这样的系统看来已经出现，符号大泛滥已经到了一个相当大的规模。但是泛滥的符号洪流带来的问题，超出任何人预料：它的无深度运作，反而使人失去选择自由，只有靠现成的组合方式度过人生。

二十世纪六十年代，马尔库塞的《单向度的人》成为法兰克福学派影响最大的书。[②] 他指出现代"先进工业社会"对人的重大异化作用，使人失去存在的自由。那么今天，这种异化进一步加剧，我们自动放弃的，是选择意义的自由，我们从单面人变成单轴人（建议英译 one-axial man），甘愿放弃作为人的本质的符号意义能力。

生活在这样的单轴时代，个人会失去动力，历史会失去目标，人类会失去前行的方向。一旦放弃选择，我们就失去存在的意义，成为

---

① 詹姆逊为利奥塔的《后现代状况》所作序言里说："这是一个全新社会经济时代，甚至我们可以宣告，一个全新的能指系统，已经出现。"让-弗朗索瓦·利奥塔：《后现代状况：关于知识的报告》，岛子译，长沙：湖南美术出版社，1996年，第2页。

② Herbert Marcuse, *One-Dimentional Man: Studies in the Ideology of Advanced Industrial Society*, NewYork: Routledge, 1964.

浑浑噩噩活下去的迷途灵魂。这是后期现代社会的一个重大危机：符号泛滥，反而使我们失去寻找意义的能力与愿望。

5. 经典重估与"文学场"破溃

后期现代的选择困境，最典型地表现在所谓"经典重估"上面。

汉语"经典"一词，与西语对译 canon 相仿，原指宗教教义典籍。"经"必有毋庸置疑的权威光环，有不能替代的永恒价值，一旦取消文本的神圣性，整个宗教或意识形态的基础就会被铲除。经典很像先民的图腾：某种动物被选中，由精英（巫师）加以神秘化，掌权者（酋长）认可，部族大众从中找到凝聚力，取得归属感。

而文化经典，是一个成熟文化从历代积累的大量文本中，选出一小部分公认的精品。文化经典已经世俗化了，但是既然背后有浩如烟海的非经典，经典被历史选中总有原因，因此文化经典头上似乎也顶着光环余痕，甚至也能从中找到民族凝聚力。本书第十六章讨论了文本身份，经典就是文化给予特殊文本身份的文本：经典的要义，不在文本之内，而在文本之外，经典是文化的提喻。这就是为什么经典重估与更新，不同于一般文化符号学的辩论，而是当今文化的一个紧迫问题。

经典更新是常态的、持续的，缓慢到不为时人所觉察，所以人们觉得经典永恒不变。但是在文化剧变时，经典更新会引发巨大争论，引起旧有经典维护者的抗议，他们会高喊"经典不朽"。现代理论用更复杂的语言重申经典意义恒久性[1]，韦勒克声称："文学研究不同于历史研究，它必须研究的不是文献，而是具有永久价值的文学作品。"[2] 意义永恒，就意味着经典集合不变。

经典的重估、更新一直是由知识界来进行的。权力机构出于意识

---

[1] 伽达默尔提出经典"没有时间性"这个命题，张隆溪解释说："这种无时间性正是历史存在的一种模式。"见张隆溪：《经典在阐释学上的意义》，《中国文哲研究通讯》，九卷三期。

[2] 雷奈·韦莱克：《文学理论、文学批评与文学史》，见赵毅衡编选：《"新批评"文集》，北京：中国社会科学出版社，1988 年，第 512 页。

形态原因，也会发动经典重估更新，例如汉代的独尊儒术，例如南宋的确立四书，但这种更新还是要得到知识界同意才能成功。没有知识界的合作，例如"文革"时推行样板戏，哪怕社会接受了，也会迅速地退出经典集合。即使在西方二十世纪八九十年代，在后殖民主义、女性主义等旗帜下进行的激烈经典重估，依然是知识分子之间的斗争。布鲁姆强调："一切经典，以及时髦的'反经典'，都属精英工作。"①

但是近年来，在西方，在中国，在世界上许多国家几乎同步地出现一种全新的经典重估方式，有人称之为"去经典化运动"②，甚至"反经典化运动"③。新旧经典的替换本属常见，重要的是经典更新的基本方式出现了重大的变化。因此，这实际上是一次"另样经典化运动"。

至今对经典重估的辩论，常依据布迪厄的理论。1993年约翰·基洛里的《文化资本：文学经典形成问题》一书，是去经典化运动的重要理论著作，标题就是借用布迪厄最重要的概念。此书言锋直击辩论的最要害点：学校教科书问题。基洛里认为经典问题的关键，是学校课程设置中"文化资本"的分配。学校控制了社会应当如何读写，学校才是"主要游戏场"。④

此处出现了布迪厄的另一个广为人应用的概念——"场"。⑤ 笔者研读布迪厄时，一直想弄清的问题是：各种"场"边界究竟在何处？例如"文学场"，一个社会中哪些人落在文学场外没有资格入场？

---

① 哈罗德·布鲁姆：《西方正典：伟大作家和不朽作品》，江宁康译，南京：译林出版社，2005年，第36页。参见 Harold Bloom, *The Western Canon: The Books and School of the Ages*, London: Papermac, 1994, p. 37.

② 1997年1月荷兰莱顿大学进行大规模国际会议，会议论文集合成一巨册《经典化与去经典化》(*Canonization and Decanonization*, Leiden: Brill Academic Press, 1998)，是这个问题最早的文献之一。

③ Stefan Nowotny, "Anti-Canonization: The Differential Knowledge of Institutional Critique", *Transversal Webjournal*, 2006.

④ John Guillory, *Cultural Capital: The Problem of Literary Canon Formation*, Chicago: University of Chicago Press, 1993, p. ix.

⑤ 布迪厄的原文 champ 就是竞赛运动场。很多人中译为"场域"，未免太雅，而且丢失布迪厄的比喻原意，所以我改成"场地"。

布迪厄自己对场边界的定义相当抽象："场的边界位于场的效应中止的地方。"① 这话承认每个场地有边界，却不说边界何在。究竟是谁处于文学场的边缘之外，不加入这个游戏？是没有资本携带入场比赛的大众。迪基认为"每个自认为是艺术世界成员的人就是艺术世界成员"。实际上"艺术世界"概念与"文学场"类似。

布迪厄说，参加场内游戏的"玩家"②，各带赌注，有的还有"王牌"，例如"古希腊知识，或微积分知识"③。在场地中，"玩家彼此对立，有时很凶恶，至少他们对游戏及其赌注达成某种一致的信任，他们赋予游戏与赌注一种可以逃避质询的认识"④。所谓"逃避质询"的赌注，就是对抗者默认对方赌注的文本身份，不予挑战，让各方靠这些赌注展开竞争。显然布迪厄并不认为文学场是全民的游戏，不然他不会一再强调玩家各方对赌注价值的默认。⑤

但是，我们现在正目睹的情景，是大众大规模地参与经典重估。固然大众对文学作品一向有自己的好恶挑选，但是在电子媒体（电视、互联网、DVD、手机）时代来临之前，大众的文化选择，与进行经典重估的文学场无涉。现代之前大众喜好平话、唱本；二十世纪上半期大众爱读鸳鸯蝴蝶小说；九十年代之前武侠与言情小说也一直有为数惊人的读者，他们属于另外的亚文化"次场"；电子媒体革命之后，不仅一些"俗经典"进入了经典集合（这种事情以前多次发生过），更重要的是，经典化的方式，发生了历史上前所未有的变化：原先无资格的大众进入了场地，完全改变了比赛格局。玩家手中的经

---

① 《文化资本与社会炼金术：布尔迪厄访谈录》，包亚明译，上海：上海人民出版社，1997年，第146页。

② 同上书的译者，把joueur译为"玩耍者"，这个词原义双关，不好翻译。但是布迪厄"场"的原意，实为竞赛场地。译为"运动员"可能太严肃；译成"玩耍者"可能太轻。"玩家"或能兼顾双义。

③ 《文化资本与社会炼金术：布尔迪厄访谈录》，包亚明译，上海：上海人民出版社，1997年，第114页。

④ 《文化资本与社会炼金术：布尔迪厄访谈录》，包亚明译，上海：上海人民出版社，1997年，第113页。

⑤ 《文化资本与社会炼金术：布尔迪厄访谈录》，包亚明译，上海：上海人民出版社，1997年，第113页。

典王牌的资本价值，现在受到严重"质询"挑战，大众——这些冲破边界进场的主要玩家，没有携带传统"赌注"。由此，我们也只能走出布迪厄式文化符号学理论的边界。

6. 两种经典化，两种替代自我

本书第七章详细讨论了符号双轴关系，以及不同风格的符号文本的倾斜方式。我们也可以看到，当今文化中有两种经典重估，分别沿这两轴展开。

知识分子更多地担当并且传承历史，经典重估是他们的担当与传承的一种方式。进行经典重估的批评家，与先前经典比较，才能判断面前的作品能否够得上经典，必须对作品做质的衡量。六朝时钟嵘写《诗品》已经在122名诗人中挑出上品12人；到清代袁枚写《续诗品》只能感叹"古人诗易，门户独开；今人诗难，群题纷来"。钱锺书自譬自己的工作也如钟嵘"九品论人，七略裁诗"[1]。布鲁姆则幽默地说，要判断审美价值，"必须回答三重问题：优于，劣于，等于"[2]。他们的工作，实是比较，比较，再比较。

因此，批评性经典重估，是在符号聚合轴上的比较选择。

大众的"群选经典化"，是用投票、点击、购买、阅读观看等形式，累积数量做挑选，这种遴选主要靠的是连接：靠媒体反复介绍，靠亲友口口相传，靠逸事报道。群选经典化有个特点，往往从人到作品，而不是从作品到人，被经典化的是集合在一个名字下的所有"型文本"。

大众当然也比较，他们基本上不与历史经典比，而是比当代同行之间的连接率，即所谓"人气"。为什么是琼瑶成为言情小说家首选，而不是其他人？琼瑶写得如何暂且不论，她的确写得很多，她自己还

---

[1] 钱锺书：《写在人生边上》，沈阳：辽宁人民出版社，2000年，第74页。
[2] 哈罗德·布鲁姆：《西方正典：伟大作家和不朽作品》，江宁康译，南京：译林出版社，2005年，第17页。译文经过本人修改，参照 Harold Bloom, *The Western Canon*, *The Books and School of the Ages*, New York: Riverhead Books, 1994, p.18, 下同。

主办皇冠杂志与皇冠出版社,保持这种至关重要的读者接触。社会性连接一旦开始,就以**平方速度**增加,这就是为什么竞争者必须首先追求"出镜率"。宁缺毋滥追求质量,是迂腐的"名声自杀"。总体连接达到一定的数量级,就成为"家喻户晓"式的熟悉,累积连接而成的亲切,就会把偏爱变成美感。金庸与琼瑶作品几乎每部都拍成影视,天文数的连接,就使经典地位不可动摇。

群选经典的方式,实是连接,连接,再连接,是组合轴上的连接操作。

既然群选经典化,不是一个历史行为,新经典在历史上存留的能力,也就陷入了可疑境地。下一代的经典群选,自然偏向于易于连接的同代人,例如陶喆碟片上有他的宣言:"以经典化的摇滚乐为攻击对象。"布鲁姆幸灾乐祸地说,群选经典的下场是,"被哪怕最极端的多元文化论者,在两三代以后抛弃,给新作腾出地盘"[1],实践证明,这种替换一代青春岁月就可完成。

这两种经典化方式的不同,使经典的接受也具有一系列的重大差别。

首先不同的是批评的地位。经典更新是对批评元语言的一个重大挑战。每个时代总是会有一批学者拥典自重,学阀及其经典维护者地位是有压迫性的,尤其在学院里更是如此。但是青年学者要成长,最终要挑战权威。经典文本的守护者,就不得不面对挑战做出辩护,这种反复论辩见证的是一种批判性文化方式。

群选经典是无需批评的。几乎不可能与金庸小说迷辩论金庸小说的质量,与琼瑶三毛小说迷辩论琼瑶三毛小说的质量。不是说偶像碰不得,而是这种选择,本来就不是供批评讨论的,而是供追随的。在群选经典操作中,经典与"劣作"之间没有中间地带。其他人可以选择不追随,但是很难做分析性的辩论。

---

[1] 哈罗德·布鲁姆:《西方正典:伟大作家和不朽作品》,江宁康译,南京:译林出版社,2005年,第56页。

群选经典靠的是连接①，不少论者认为电子媒体造成"速食文化"，求短求快。实际上并非如此，当代人有的是闲暇时间，各种艺术门类的命运并不取决于长短（网络小说可以长达几百万字，电视剧可以有上百集），而取决于它们是否能提供娱乐性快感，提供本章第四节讨论的欲望意义在场实现。

在这个意义漂浮的后现代社会，经典是自我认同的需要。作为社会人意义缺失，我们被原子化为孤独的人，就更依赖文化给我们提供符号组合关系。上文说过，符号文本的组织，不是具体社会组织的抽象化表征，相反，是抽象社会关系的具体化。我们不知道如何找到自我，但是要逃脱意义失落的空虚，就不得不寻找替代选择。经典不仅是结构化了的结构（structured structure），而且是能结构化的结构（structuring structure），经典由于其文本身份，成为重要的替代价值来源。

两种不同的经典化，虽然都能为接收者的自我提供虚幻的价值，提供的方式却不一样。批评式经典的阅读本质是比较性的，而这种从经典中得到的文本自我，是读者个人本有的"思想行为的模仿性重复"②，从而"使作品暂时性地成为充填自我的唯一实体"③。如此得到的自我意识，难以疏解孤独，提供社会结合愉悦。阅读经典让我们得到一点虚荣：我为我自己崇拜《红楼梦》而骄傲，我从崇拜中得到的价值，攀附在民族文化的历史中，经常是一种自恋。我的引用，是我的文化身份证明。

而群选经典，本来就是群体连接的产物，阅读和引用这些经典，能加强社会归属感觉，社会关系中分散的节点被共同爱好串结起来。在与经典作者的抽象联系中，同崇拜者组成的社会具体接触中，个人不再是孤独的个体。看起来读者给出的是全奉献式的，不带任何功利

---

① 关于当今文化的"超接触性"，请参见笔者《哲学符号学：意义世界的形成》第六章第五节，成都：四川大学出版社，2023年。

② 哈罗德·布鲁姆：《西方正典：伟大作家和不朽作品》，江宁康译，南京：译林出版社，2005年，第262页。

③ 乔治·布莱：《批评意识》，郭宏安译，桂林：广西师范大学出版社，2002年，第245页。

心的追随，但是他们得到的是安顿自我的迷醉，是身份意义充实的欢欣。

不管用文本身份填充人格自我，还是在群体连接中安放符号自我，都不是真正的存在意义。经典文本上附加的符号意义，替代了真实社会关系，人们得到的依然是虚幻满足。

我们正目睹一场巨大的全球性文化演变：娱乐消费代替了生产，成为社会主要职能，而电子媒体的普及，使从来没有参与主流文化的社会群体，现在能参与文学场。场地的"动态边界"① 就出乎意料地膨胀，出现了史无前例的文化民粹主义浪潮。

五四时期经常被指责为经典重估过于激进，但是五四在重估经典时，有极为认真的论辩。现在翻阅1923年开始出版的刊物《古史辨》，虽然其中大胆推翻经典陈说之论，现在看多半不可靠，但是其细剔微抉反复论辩的精神，令人感动。有梁启超、胡适等人出于文化政治考虑的全盘吹捧，有周作人、钱玄同等几乎无一是处的评价，也有鲁迅不惮直言褒贬的比较研究，由此，五四成功地把一批古代白话小说经典化。

八十年代后期的中国文坛，曾经出现重大的经典更新，以"重写文学史"为标记，审美判断价值变化了：张爱玲、沈从文、钱锺书经典化，茅盾等人地位下降。其激烈程度堪与五四比美，却依然是批评式经典更新。

但是，九十年代后期开始出现的经典更新，就不再有如此的批评精神，经典化操作从聚合轴摆向组合轴。说这是"向俗文学靠拢"，是把问题简单化了。笔者并不是在此反对严家炎、王一川等学者把金庸经典化，经典从来都在更新。笔者感到焦虑的是在今日经典更新中看到的双轴位移。虽然依旧是批评家在做最后判断，但是他们的判断方式，已经从比较转向粘连。例如，虽然金庸已经被不少学院人士列入经典，至今没有对金庸小说的真正的质量分析。布鲁姆坚持认为莎

---

① 布迪厄认为："每个场都构成一个潜在的、敞开的游戏空间，其界线是一个动态的边界，与场的内部斗争的厉害密切相关。"《文化资本与社会炼金术：布尔迪厄访谈录》，上海：上海人民出版社，1997年，第150页。

士比亚是"经典的核心",但是他至少做了分析式判断:"莎士比亚写了三十八部戏,其中只有二十四部是杰作。"① 至今笔者没有读到对金庸小说做这种分析判断。

所以,新的情况不是经典集合更新,而是批评界开始采用群选经典"全跟或全不跟"原则,也就是说,学院经典更新开始组合化。大众,这个来到文学场的新玩家,有巨大的经济资本(票房),有重要的社会资本(票选),而且愿意把这两者转换成符号资本(群选经典)。文学场向组合轴倾斜的趋势,如果没有遇到阻抗,最终会导致聚合倒塌消失,于是整个文化成为单轴运动:经典无需深度,潮流缺乏宽度,剩下的只有横向的线性粘连,只有粉丝式的群体优势。

当代文化的剧变已经显出后果,某些需要深度阅读的体裁,已经濒临灭种命运:需要沉思潜想象外之意的诗歌,已经被宣布死亡;需要对言外之意做一番思索的短篇小说,已经临危。这样,经典之争,渐渐变为体裁之争,竞争者靠大众体裁(例如影视改编、诗配歌曲)最后胜出。

一个无需批评的文本,不是正常的文本;一个无需批评的文化,不是正常的文化。当我们完全接受一人一点击的纯数量经典化,文化民粹主义就会全盘胜利:几十亿找不到意义的人,手伸向自己的点击制造的文本身份。经典更新似乎无关家国大事世界大局,可以把它说成只是文论界派别之争,最多只是一个教科书课文的取舍问题。在大历史维度上,双轴位移却关系到整个文化的前途:今天已经见到端倪的符号灾变,将让文化丢失历史,留下满世界只有虚幻文本身份可粘连的空洞人格。

---

① 哈罗德·布鲁姆:《西方正典:伟大作家和不朽作品》,江宁康译,南京:译林出版社,2005年,第26页。

第十六章　现代性与评价旋涡

1. 历史与符号力量

本章与全书其他各章节不同，本章是一个符号学原理的应用实例，也是想证明符号学并非空谈。

本书第十章第六节及第七节，讨论了同层次元语言冲突引出的"阐释旋涡"，以及元元语言冲突引出意识形态的"评价旋涡"。本书第九章第九节，则讨论了反讽作为文化的成熟形态持续存在的可能。用这些符号原理，来观察关于中国现代文化史上一些长期争论未决的问题，或许能给我们一个新的理解角度。

既然人类文化是符号文化，文化史的演进背后就应当有持久的符号动力。意义追求方式，与经济和科技力量的重要性往往可以相比，有时甚至更加重要。对历史的符号动力研究，很值得一做，也有许多人做过，例如黄仁宇把现代化看成一个元语言方式，即"用数字管理社会的方式"。

"历史符号学"是符号学界试图建立，但是一直没有找到比较确定模式的学科。符号学作为对人类意义活动的研究，顺理成章地改造了修辞学、风格学等语言学旧有学科，顺流而下向文学艺术的各门类延展，重新审视了伦理学、美学等哲学学科。[①] 由此，符号学不可避免地进入社会生活：社会的意义活动集合，是符号学必然的专注领域；尤其是伯明翰学派在当代社会研究中注入了"符号再现""符号

[①] 例如 John Deely, *The Impact on Philosophy of Semiotics*, South Bend, Indiana: St. Augustine's Press, 2003.

抵抗"等论辩之后①，社会符号学也有相当成功的尝试。② 人类学则是符号学取得最令人信服成果的领域，如今对神话、宗教、仪式的研究，已经离不开符号学。③

符号学已经覆盖了所有的人文社会科学，但是历史似乎是个例外。其原因倒不是很多人想当然认为的符号学的"共时偏向"，而是历史的进程超出任何单一原因的解释。洛特曼指出：

> 历史学家要处理的是文本，这个局面对于历史事实的结构与其解释，是关键性的……历史学家无法看到事件，只有从书面材料中取得叙述。哪怕亲历的历史，也必须转成文本。④

换一个角度，我们可以看到符号学能处理的问题，不只是历史学问题，更是历史中的文化行为。历史符号学不是符号化的历史（semiotized history）⑤，而是历史上表意方式的演进（historical representations）⑥。换句话说，笔者更加关注的，不是"历史的符号"（signs of history），而是"历史中的符号"（signs in history）；不是当今历史学的元语言，而是找到历史演进的元语言，即历史中的人如何用意义活动推动历史。

作为例子，本章仔细剖析一个百年争论不断的解释元语言问题，即关于现代性发生的"韦伯理论"。在本章的讨论中，经常把评价文化的"元元语言"称为"元语言"，不仅是为了行文方便，也是因为

---

① 例如 John Fiske, *Reading the Popular*, Boston: Unwin Hyman, 1989.
② 例如 Robert Hodges & Gunther Kress, *Social Semiotics*, Ithaca: Cornell University Press, 1988.
③ 例如 James A. Boon, *Other Tribes, Other Scribes: Symbolic Anthropology in the Comparative Study of Cultures, Histories, Religions, and Texts*, New York: Cambridge University Press, 1982.
④ Yuri Lotman, *Universe of the Mind: A Semiotic Theory of Culture*, Bloomington: Indiana University Press, 1990, p.221.
⑤ J. L. Gómez Mompart, "Semiotics and the History of Social Communication", *Semiotica*, Vol.81, Jan 1990, pp.221—226.
⑥ Richard Parmentier, *The Sacred Remains*, Chicago: University of Chicago Press, 1987.

"元语言"本来就是相对的:如果把文化的意义解释活动作为对象,那么意识形态评价标准就是它的元语言。

2. 现代性的动力与制动

韦伯1905年的著作《新教伦理与资本主义精神》,讨论十八世纪,即该书成书一个半世纪前,英美资本主义兴起背后的文化元语言。"资本主义"一词,窄义是"市场经济";词义放宽,即如今说的西方"现代化"。本书中尽量用韦伯的"资本主义"一词,有时候使用"现代化"一词,也是在接近韦伯"资本主义"一词的意义上。

韦伯提出,新教伦理为资本主义提供了文化辩护。韦伯描述的"新教伦理",是一种评价经济活动意义的"读法"。新教伦理实际上是一种符码集合,一种元语言,一种生产方式背后的元语言支持。

此后许多论者仿照韦伯模式,讨论其他地区资本主义发展的文化基础。他们都面临一个难题:韦伯的讨论是追溯性的,他在已经成功地实现了现代化转型的英美,寻找两个世纪前转型的文化动因,不管他如何解释,他的结论却事先正确。而现代的"仿韦伯论"者,却试图在现代化转型尚未实现,或有待于证明最后能成功实现的社会,寻找类似的思想,设法把这些国家旧有的文化传统,解释成现代化所需的元语言。韦伯分析的是资本主义最早自发的原因,此后资本主义在全球其他国家发展,都不再是自发的,而是输入了资本主义价值后才发生的。韦伯讨论的是现代性如何发生,"仿韦伯论"者讨论的是其他国家如何接受现代性。

韦伯解决资本主义"原发问题"的钥匙,是他在加尔文教的某些教派(如卫理公会)找到的"天职"观念,这个观念包含两种相反的价值判断元语言。

第一是资本主义的价值动力因素,即把敛财致富作为人生目的,此动力之大,能够克服资本主义"必须反对的最大敌对力量",即

"传统主义"(traditionalism)。①

韦伯再三强调,"天职"观念的第二方面更重要,敛财致富是为了增加上帝的荣耀。贪婪是人的本性,"获取本能"在人类社会普遍存在。韦伯特地指出"中国封建显宦(Mandarin)、古罗马贵族,或现代农民,与谁比,贪婪都不逊色"。甚至,"恰恰在中产阶级-资本主义按西方标准很落后的国家,一个鲜明的特征,就是盛行不择手段赚钱谋私"②。所以他强调,资本主义的动力不能只是贪婪,而是把贪婪"崇高化"。在传统主义占优势的社会,任何赚钱都是"为富不仁","被看成最卑劣的贪欲,毫无自尊"。③

资本主义产生的意义支持,是一种特殊的元语言评价,鼓励敛财,但是给它"崇高"的意义评价。韦伯在1920年加的序言中解释说:"贪得无厌……与资本主义精神无关。资本主义甚至可以等同于对这种不合理冲动进行制约,至少是对之进行理性的冲淡。"④ 用皮尔斯的符号三分法来说明,敛财是符号文本,对象是财富积累,其"崇高意义"是解释项。

韦伯认为德国路德教对"天职"的理解有缺点,对南欧天主教更有微词。他认为,资本主义没有在德国、法国首先产生,原因在于缺乏适当的宗教观念支持。但是1905年他的书出版时,德国与法国的资本主义已经充分发展。该年德国制造品出口总额已经超过美国,韦伯生前也已经看到日本资本主义兴起。面对这种发展,韦伯并不觉得应当重新评价路德教,他也没有重新评价天主教、神道教,用来给德国、法国、日本的现代化找宗教伦理辩护。原因是,英美十八世纪资本主义是原发的,需要一个合一的意义解读,其他国家现代化的起

---

① Max Weber, *The Protestant Ethics and the Spirit of Capitalism*, London: Routledge, 1992, p. 23.
② Max Weber, *The Protestant Ethics and the Spirit of Capitalism*, London: Routledge, 1992, p. 21.
③ Max Weber, *The Protestant Ethics and the Spirit of Capitalism*, London: Routledge, 1992, p. 21.
④ Max Weber, *The Protestant Ethics and the Spirit of Capitalism*, London: Routledge 1992, p. 21.

飞,都是"受激型"的,动力价值来自国外,本民族的"传统主义"在起制动作用,两种评价因素依然具备,源头各有不同。

韦伯没有看到二十世纪七八十年代新加坡、韩国等东亚国家和地区的资本主义启动,或九十年代中国内地的经济起飞。但是根据他处理德国、法国、日本的原则,他哪怕见到,也不会给东亚现代化找儒教理由。这些国家和地区的现代化速度,都后来居上,超过英国、美国,但是它们都不需要清教的合一元语言。这也就是说,所有现代韦伯论者,做的是韦伯不做的事情。对敛财的赞美,与抑制敛财的"传统主义",完全可以来自不同源头,但是现在与"新教不同",并存于同一个解释的元语言中,笔者把这种局面称为"动制分源"。

即使在英美,在现代化启动之后,"动制合一"状态也不复存在。这就是美国社会学家丹尼尔·贝尔1975年的名作《资本主义文化矛盾》一书的主旨。贝尔强调他的方法与黑格尔、马克思、帕森斯不同。他认为帕森斯(以及帕森斯背后的韦伯)他们"都有一个共同前提,即认为社会是统一结构,要了解任何社会行为都必须将它同整体联系起来看"①。此观念,类似本书第三章第二节批判的"有机系统论"。贝尔强调:"社会不是统一的,而是分裂的。它的不同领域各有不同的模式,按照不同节奏变化,并且由不同的、甚至相反方向的轴心原则加以调节。"② 他引用文化史专家 V. W. 布鲁克斯的妙言:"清教徒的酒泼翻以后,酒香变成了超验主义,酒汁变成了商业主义。"

贝尔把社会分成三个"特殊领域":经济-技术体系,政治,文化。他认为这三个部分起作用的方式大相径庭。经济-技术领域的"轴心原则是功能理性","其中含义是进步"。③ 而文化不同,贝尔同

---

① 丹尼尔·贝尔:《资本主义文化矛盾》,赵一凡、蒲隆、任晓晋译,北京:生活·读书·新知三联书店,1989年,第56页,注10。
② 丹尼尔·贝尔:《资本主义文化矛盾》,赵一凡、蒲隆、任晓晋译,北京:生活·读书·新知三联书店,1989年,第56页,注10。
③ 丹尼尔·贝尔:《资本主义文化矛盾》,赵一凡、蒲隆、任晓晋译,北京:生活·读书·新知三联书店,1989年,第59页。

意卡西尔，文化是"符号领域"，本质上是反动的，文化"不断回到人类生存痛苦的老问题上去"①。政治则调节二者之间的冲突。贝尔的结论是，经济和文化"没有相互锁合的必要"②。他明确说，韦伯的"天职"观念已经不再起作用："破坏新教伦理的是资本主义自己……资本主义制度失去了它的超验道德观。"③

如此讨论之后，就可以处理本章的主旨：市场化在中国靠什么价值发生？中国现代化需要动力，也需要制约，却与其他国家一样，并不需要清教式的整体元语言。一百多年来，一再出现全盘西化论，也一再出现儒学救国论，两者势不两立，都是因为没有明白，现代性的元语言各组分可以是冲突的。对于这些国家的现代化，元语言冲突造成的评价旋涡，为历史演进提供更有效的意义解释。此中的符号学原理，本书第十章第七节做了详细解释。

3."中体西用"没有错

十九世纪下半期的洋务运动，是中国人第一次现代化的努力。一直说洋务运动失败在于官办现代化。这的确是缺点，但不一定导致失败，企业的控制权从来就是在政府与个人之间摆动。本书想讨论的是洋务运动的指导思想，张之洞的"中体西用"论。虽然是老题目，但从符号学的元语言组成角度考量，此论并没有错。

张之洞认为，西学中学作用各异：一是工具，一是价值；西是"通"，中是"本"，"通"用来开风气，"本"用来正人心。社会上"旧者不知通，新者不知本"，一旦无"本"，"犹不知其姓之人，无辔之骑，无舵之舟"。这个说法相当准确，无鞍辔、船舵，即失去制约力量。

---

① 丹尼尔·贝尔：《资本主义文化矛盾》，赵一凡、蒲隆、任晓晋译，北京：生活·读书·新知三联书店，1989年，第41页。
② 丹尼尔·贝尔：《资本主义文化矛盾》，赵一凡、蒲隆、任晓晋译，北京：生活·读书·新知三联书店，1989年，第60页。
③ 丹尼尔·贝尔：《资本主义文化矛盾》，赵一凡、蒲隆、任晓晋译，北京：生活·读书·新知三联书店，1989年，第67页。

日本明治维新的口号"和魂洋才",与"中体西用"意义上没有根本性的不同。前者成功后者失败,问题出在如何维持平衡。张之洞坚持选拔人才必须靠"中学","其西学愈深,其疾中国亦愈甚。虽有博物多能之士,国家安得而用之哉?"这叫人想起后世顶真坚持的"用人政治标准第一"。日本人两边都做得很认真,中国人则一个世纪激辩不休,为辩出中西两者之高低先后,要砍多少头颅。一直要到一个世纪后才明白过来,以"不争论"结束。事事区分哪一种元语言组分为先,是过于紧张的自卫姿态,只能使输入举步维艰。传统主义之牢固,鲁迅在《〈呐喊〉自序》中形容为"铁屋子"。无怪乎到了五四前夕,中国知识分子开始不耐烦,迅速激进化。

李泽厚提出"西体中用"。据说这个口号,来自冯友兰送给他的一个条幅。李泽厚自己解释说,"西体"就是现代化。看来当今学人依然在与张之洞的幽灵作战。从符号学的元语言学说来看,动力元语言与制动元语言之间,就像维特根斯坦论"鸭—兔"画,本来就不必有先后之分。

张之洞的口号提出不久,就出现了一次重要的欧洲思想输入,对中国现代历史起了重大影响,那就是1897年严复"译述"的赫胥黎《天演论》。[①] 赫胥黎的原书是三篇不长的演讲稿,集中反驳斯宾塞社会达尔文主义。全书只用开头一小节说明进化论的原理,从第二节起,一直讨论进化论不适用于人工选择的农牧业,更不适合用道德规范行为的人类社会。

对比阅读一下赫胥黎原作及严复的译文,马上可以明白:严复的书根本不是一本翻译作品,而是借翻译赫胥黎"科学著作"的名义,用大量按语、漏译、选译、有意错译[②],甚至直接插入译者评论,对原作全面改写。此书标题原为《赫胥黎治功天演论》,"治功"是严复

---

① 关于严复与张之洞的对立,现在已经有不少史料。严复1895年发表《辟韩》一文,反驳韩愈《原道》一文。张之洞指示部下屠仁守直接反驳,作《辨〈辟韩〉书》。严复当时就认定是张之洞自己写的。(见王拭《严复传》,上海:上海人民出版社,1957年,第30页,注1。)

② 详见俞政:《严复著译研究》,苏州:苏州大学出版社,2003年。

对"伦理"的译名。① 全书却只有三处提到"治功"。原文简单说明进化论的第一节，被扩充为三节。赫胥黎原书强烈反对斯宾塞代表的"我们时代狂热的个人主义，想把类似于自然的法则应用于社会"②。赫胥黎反社会达尔文主义的小册子，被严复"翻译"成一本社会达尔文主义的宣传册。

因此，中国第一次引进欧洲思想，公然截取一半，只取动力部分，删去制约部分。《天演论》一书风行，严复从后门拉进中国的社会达尔文主义，成为现代中国人的共同元语言。一个多世纪前在中国出现的民族主义、实用主义、自由主义，一直到今天的 GDP 至上主义，无一例外地从社会达尔文主义的"共识"上起步。③

严复的译文充满破绽，但是没有人仔细分析其中层出不穷的矛盾。从此书起，"物竞天择，适者生存"成了现代中国思想的主调，胡适据此改名，鲁迅也只迷上进化论部分。④ 从十九世纪后期起，中国面对西方思想，不是"制而无动"，就是"动而无制"。的确，单一的整合元语言，简单易懂，向来容易说服大众。

4. 新儒家的整体元语言

今日的新儒家面对的局面，与张之洞当年已经很不相同，他们只是为已成事实的"东亚经济起飞"寻找一个民族文化原因。所谓新儒家阵营，成员很复杂，但是大部分新儒家认为，要复兴儒家，最好的方法就是证明儒家能促进现代化。

此处不讨论熊十力、牟宗三、唐君毅等"现代新儒家"，他们一

---

① "治功"二字全书只见到三处。卷下"群治第十六"："理平之极，治功独用，而天行无权。"（严复译：《天演论》，北京：商务印书馆，1981 年，第 91 页。）查赫胥黎原文，应当是："社会进步意味着抑制宇宙过程，用另一种过程代替之，可以称为伦理过程（ethical process）。" Thomas Huxley, *Evolution and Ethics*, Amherst, NY: Prometheus Books, 2004, p. 81.

② Thomas Huxley, *Evolution and Ethics*, Amherst, NY: Prometheus Books, 2004, p. 82.

③ 1971 年科学出版社出版的重译赫胥黎《进化论与伦理学》，"重版说明"开门见山地说："书的前半部是唯物的，后半部是唯心的。"这是"文革"中的最严格"马列主义"观点：进化论是"革命的"，伦理学是"反动的"。

④ 见鲁迅《朝花夕拾》之八，《琐记》。

心想解决的是所谓"内圣开出新外王"问题①，即是儒家传统如何包容民主、科学等现代观念。而"当代新儒家"的中心课题是仿韦伯论：工业东亚的兴起，使人们重新考虑儒学的问题。②九十年代后中国内地的经济起飞，更向儒学提出紧迫的解释要求。对此，当代新儒家很明白很自觉：作为民族精神的儒家思想究竟是如何指导和激发了经济上的巨大创造力，是一个谜。③

韦伯笔下清教完美结合的动力与制约，与儒家传统术语"欲"与"心"几乎同义，宋明理学明确宣告"人欲"不可能纳入"心性"，两者绝不相容。朱熹强调天理要有个"安顿处"，"安顿得不好，便有人欲出来"。④韦伯自己研究过中国儒家，他认为儒家伦理，对"此世"的秩序与习俗采取适应的态度。⑤纯为克制人欲而设，是典型的"传统主义"。

而新儒家认为，近年"儒家文化圈"资本主义繁荣，证明儒家在扮演"东亚清教"角色。为模拟清教，当代新儒家主流强调儒学的整体性，认为儒家伦理各部分合成一个不可分割的整体。⑥成中英对此

---

① 牟宗三说："内圣外王原是儒家的全体大用、全幅规模，《大学》中的格致诚正修齐治平即同时包括了内圣外王。"牟宗三：《从儒家的当前使命说中国文化的现代意义》，见封祖盛编：《当代新儒家》，北京：生活·读书·新知三联书店，1989年，第160页。也有人反对"内圣外王"的提法，例如傅伟勋就认为"现代儒家必须放弃'内圣导致外王'的陈腔滥调"（傅伟勋：《从西方哲学到禅佛教》，北京：生活·读书·新知三联书店，1989年，第466页）。

② 杜维明：《儒家传统的现代转化》，见封祖盛编：《当代新儒家》，北京：生活·读书·新知三联书店，1989年，第214页。

③ 成中英：《合外内之道——儒家哲学论》，北京：中国社会科学出版社，2001年，第156页。

④ 《朱子语类》卷十三。

⑤ Max Weber, *The Religion of China: Confucianism and Taoism*, New York: Free Press, 1968, p.233.

⑥ 当代儒家主流，反对任何分解儒家体系的做法。分解论者如余英时，认为宋明理学因禅宗的挑战而发展自己的"心性论"，发展了"天命之性"和"气质之性"，综合了孟子的性善和荀子的性恶。在修养论层次落到"敬"字上，入世化为全神贯注的心理状态，"敬业"精神由此而来，新儒家才有了一个"天职"伦理观念（余英时：《中国近世的宗教伦理与商人精神》，合肥：安徽教育出版社，2001年）。成中英反驳说，余英时这个看法"仅仅是对商人阶层的一种没有解释的经验研究，与现代中国的资本主义与现代化萌芽没有任何关系"（成中英：《合外内之道——儒家哲学论》，北京：中国社会科学出版社，2001年，第163页）。另一个分解论者李泽厚，从宋明理学中找到从吕祖谦到颜元这条"经世之学"旁系，认为可以与清教相比（李泽厚：《说儒学四期》，《历史本体论·己卯五说》，北京：生活·读书·新知三联书店，2003年，第45页）。

说得很明白，儒家伦理要符合韦伯论，就必须符合"导致现代资本主义的各种原因的整体性与共生性"，这才能让儒家"成为似乎永不干枯的动力源，推动并且保持着资本主义经济的持续发展"。他认为任何韦伯论都必须注意这个"资本主义经济上升发展的整体性与共生性原则"①。

新儒家的有机整体性，还表现在要求全社会整体接受："高层决策者、中层管理者、工作－消费者"各社会层次上，渗透于整个社会。② 在这个意义上，新儒家实际上与贝尔之论相反，赞同帕森斯社会价值整体论。杜维明提出工业东亚社会"整体三原则"：

第一："强势的经济一定要和权威的政府合作。"
第二："民主制度、精英制度和道德教育需要相互配合。"
第三："个人可以求突出表现，但是基本上，还是讲究大的或小的团队精神。"③

杜维明一再陈说这几个原则，有时候说得过分具体，例如赞扬东亚工人很少罢工，东亚的家族产业效率更高，等等。④

新儒家从来都要求一种全面的整体元语言，无论是"内圣外王"，无论是"仁者以天地万物为一体"，无论是"义理事功同为心即理"，都不能拆分。整体论坚持动力与节制合一，是为了让儒家能包容融合"现代精神"。这样的理论当然是很美妙，不仅不再有中西体用之争，而且与清教的"天职"观一样，是完美合一的元语言。

笔者认为，"儒家伦理整体论"，既无根据，也毫无好处。韦伯的

---

① 成中英：《合外内之道——儒家哲学论》，北京：中国社会科学出版社，2001年，第154—155页。
② 成中英：《合外内之道——儒家哲学论》，北京：中国社会科学出版社，2001年，第163—169页。
③ 《走出现代化的死胡同》，作于1993年，《杜维明学术文化随笔》，北京：中国青年出版社，1999年，第58页。
④ 《走出现代化的死胡同》，作于1993年，《杜维明学术文化随笔》，北京：中国青年出版社，1999年，第32页。

"二合一"清教伦理价值,只是用来解释资本主义始发的情况。此后,对任何国家,哪怕对依然是清教势力的英美社会,动力与制约二者都早已分源分途。在其他受激发进入现代化的国家和地区(日本、南欧),甚至二者完全不必互相应和,只需在一个社区内共同起作用:动力源自西欧,制约价值(天主教、神道教、儒家)来自本土。无数例子证明,元语言组分冲突,现代化更加容易成功。

贝尔说:"我们正在摸索一种语言,它的关键词看来是'限制'。"① 贝尔说这种"限制"是一种"语言",倒是比较准确。我们在讨论的是意义的解释方式。包括儒家在内的东亚本土精神资源,只要作为制约价值,不应该消亡,而实为现代化发展所必需。唐君毅认为个人主义与儒家伦理不可能相容②,但是儒家不需要改造为个人主义。

用分裂元语言观来看传统思想,许多复杂的讨论就迎刃而解了。杜维明曾问:"除了先进的国家,如欧美各国,作为参照对象之外,我们为什么不把印度文化、马来文化……也作为我们参照的系数呢?"③ 当然可以,但是制动元语言不必外求,所有韦伯说的"传统主义"都有制动价值。所有民族,只要能接受动力元语言,他们能够,而且也必须,从自己民族的信仰中找到可用的制动元语言。

杜维明最近明白儒家的作用了,他说:"我们现在绝对可以对现代性作出严厉批判……这一批判是调动儒家的精神资源。"④ 这话说得太对了,儒家对现代性的批判不是自今日始,从现代化进入中国时就开始了,只是中国学界一直没有明白对现代性的批判,只要不让制动压灭动力,就可以帮助现代化。

而目前正在兴起的"新国学",也迫切需要朝这个方向定位。大量关于"儒家可以赚钱"的"儒商理论",不仅把儒家庸俗化,而且

---

① 《走出现代化的死胡同》,作于1993年,《杜维明学术文化随笔》,北京:中国青年出版社,1999年,第40页。
② 唐君毅:《中国文化之精神价值》,台北:学生书店,1972年,第322页。
③ 杜维明:《东亚价值与多元现代性》,北京:中国社会科学出版社,2001年,第105页。
④ 杜维明:《东亚价值与多元现代性》,北京:中国社会科学出版社,2001年,第87页。

弄错了儒家思想在当代中国可以起的作用。本来，一套"整体性"的符码，推不出无限衍义；一个排斥冲突性元语言的文化，是恐惧"评价旋涡"的文化；一个无需对立制衡的意义进程，必定引向灾难。这一点，不是已经被中国现代历史证明了许多次？

后　记

　　从七十年代末开始做形式论研究，三十多年转眼过去，能够拿出来请各位同行与青年学子批评的，就只有面前这本书：为思浮浅，为学疏懒，散漫无章法，万分惭愧。不过天下多的是学问，要写一本不浪费读者时间的书，岂是容易？

　　此书的某些问题，三十年来一直在思索，写这本书，花了整整四年功夫。日夜纠缠于一个接一个的难题，难免弄到神思恍惚。幸好每年四川大学符号学班的同学，听我一次次自辩，与我一道思考；课件贴在网上，也引来不少外校学子的搦战。"符号学论坛"上至今留有近千条各种问题的激烈辩论，某些问题来回驳难长达百余帖。如果没有青年人问出各种"刁钻"问题，而且不给面子，穷追不舍，不许我停止修正自己，这本书就会平淡得多。

　　思辨快乐，无功利的思辨更快乐，与睿智深思的年轻人在网络上彻夜长辩，其乐何如！因此，这本书是四年中与许多青年学子共同思考的结果，本书在注释中尽可能留下提出这些观点的学生的名字。这些想法的原创权是他们的，我不能占为己有。

　　正因为有好学敏锐的年轻人参与、推动、挑战，这本书不仅整理了符号学开拓者、发展者、当今国内外各位大师同行的观念，也想提出一些新的想法。有些章节卑之无甚高论，只是梳理他人之说；大部分章节，均以一个可能成立的观点为中心。为了能推论出这个观念，尽可能详细地引述文献。

　　也许上述有一些观点，本书自以为见解独到，别的学者已经有所论述，只是本人读书不够。为不至于给读者错误印象，以为我真的敢为天下先，或误认为"创新突破填补空白"，立论已稳无须怀疑，有关地方，我一再注明：本书建议作如此如此理解。

写此书，有些人的帮助，非注解提及就能表达谢忱：以四川大学"符号学－传媒学研究所"为集合点，西部各大学涌现了一批符号学家，有西南民大彭佳、成都体院魏伟、电子科大魏全凤、重庆交大王立新、宜宾学院伏飞雄、西北师大张碧、兰州大学祝东等西部院校教师，初步形成了一个"符号学中国西部学派"，这或许是欧美之外的第一个符号学派。

还有与我一道苦读符号学的各位青年才俊，小叩大鸣，不应称作我的学生，在此我无法一一列举他们的名字，但不得不提主管"符号学论坛"网站的饶广祥、编辑《符号学关键词》的胡易容、筹划《符号与传媒》刊物的董明来。他们不久后就会跨栏越过我，在符号学的漫漫长途上加入领跑集团。吾妻陆正兰教授专治音乐符号学，让我转引了不少她的流行歌曲研究中的观点，有调有谱，有琴有瑟。

本书四年前击键开盘，两年前成稿，此后重写五通，改动十遍，送印之前，三读校样，过筋过脉之处依然要重重打磨。如今脱手，战战兢兢，汗不敢出，野人献曝，礼轻意在，谢谢读者你的耐心。为了（希望有的）下一本书有所改进，在此我再发邀请：我等待着你不留情面的挑战，直到我认输改正。那将是最美的音乐，迎来人生的大乐至境，无限衍义终于到达了符号本身。

赵毅衡

2010 年 12 月 31 日

成都锦江边，冬日，网络暖流

再版后记

在当今中国学界弥漫性浮躁中，一本学术书能在一年中卖完首版而重印，要好好感谢热情的读者。一年中必须做修订重版，却是出乎意料之事，毕竟这门学科已经经历了一个多世纪的发展，那么多学派，如此多大师，应当已经把这门学问"做满"。自从艾柯1976年出版《符号学理论》以来，三十多年似乎没见到一部公认的更新整个符号学体系之作，近年的西方学者在许多"子课题"上做出令人瞩目的推进，而中国符号学学者要做介绍工作已经双手满满，毕竟要介绍清楚才能发展。难道这个学科的基本原理中，还有那么多问题需要回答？难道这个学科的领域中，还有那么多空白需要填补？

情况有点出乎意料。这几年来，中国符号学发展势头迅猛，使我不得不回答各种挑战。团聚在四川大学"符号学－传媒学研究所"周围的一大批学者，开拓了许多符号学的新阵地，迫使我不得不重新考虑一系列问题。唐小林的"符号诗学"，彭佳的"民族符号学"，程丽蓉的"性别符号研究"，祝东的"先秦符号研究"，谭光辉的"焦虑与幸福感的符号研究"，张碧的"马克思主义符号学"，文一茗的"《红楼梦》符号叙述学"，孙金燕的"武侠与江湖世界的符号学研究"，方芳的"奇幻符号学"，等等，他们的成绩令人兴奋，他们提出的问题使我难眠。

此外，符号学看来在传媒学中找到了立足阵地。饶广祥的"广告符号学"，胡易容的"图像符号学"，陆正兰的"流行音乐符号学"，王立新的"电视剧符号学"，宗争的"游戏符号叙述学"，宋颖的"时装符号学"，蒋诗萍的"品牌符号学"，闫文君的"'名人'符号学"，魏伟的"体育符号学"，这些使符号学具体而切实有效地介入当今大众传媒的各领域,并在此建立了与当代产业经济、与当代社会生活会师的根据地。传媒学与符号学的结合,成为符号学"西部学派"的主要特色:学而无派,令人奇怪;无派之学,行而不远。

这群青年学者与全国的同行们一起,对符号学提出了新要求,哪怕对符号学的一些历史悠久的基本原理,都提出了新的质疑。他们不仅在应用符号学,还对符号学的原理提出了挑战,每个具体而微的问题上都有人加上问号。笔者不禁祝贺自己:全世界的符号学教师,很少有人会面临这样密集的质疑。看来中国符号学的确已经有条件进入一个富于独创性的新世纪。

本书的修订再版,就是在这样的压力下才出现的。学问需要钻牛角尖,需要有动力对无事生非的问题追究到底。在如此一大群青年学者的拷问下,抽象才是具体,无用方算大用。对此,一个毕生专心做"无用之学"的学究,不禁额手称庆,欣慰有加。

赵毅衡

2012 年 4 月 4 日,清明雨中

修订后记

《符号学原理与推演》初版于2011年。2012年脱销再版，觉得原标题太长，改名《符号学》。不料南京大学出版社的施敏编辑，还有我，经常不得不解释原书怎么脱销了？为何改了名？初版标题有一种符号形式魔力，我忝列为符号学家，应当能明白"众口铄金，熟能生情"这原理：本书第11章所说的"普遍符用理据性"，应当加上本书书名的例子。一旦有学者屈尊俯就引用本书，哪怕他们手里拿的是《符号学》，引用的却还是《符号学：原理与推演》。可见符号的实践，非符号学者能控制。

于是，趁南京大学出版社在此脱销重版的机会，此书改回《符号学：原理与推演》，目的是避免一再解释书名的变形记。只是此事给各位读者，给南京大学出版社，尤其是给编辑施敏老师添了大麻烦。空言谢罪，心里有愧，只能请大家包涵。

书复原名，去除了一些赘词错字，内容也没有更改。这后一点看似容易，实际上非常难以做到。就我本人来说，5年来我坚持在符号学各领域拓展。2013年完成《广义叙述学》（其基本论证路线是在本书第十四章①基础上发展出来的）；2014年完成普及读物《趣味符号学》；不过近年来的最主要工作，是思考并写作《哲学符号学：意义世界的形成》，此书第一稿都尚未完成，很难说最后形态，但是与这本书可能走的方向相反，努力思考这些"原理与推演"背后的意识和文化原因。

更重要的是：近三年来，符号学运动在中国发展神速。我们已经看到如下重要专著问世：祝东《先秦符号思想研究》，胡易容《图像

---

① 注：在本书中，该章节已删除，详见2023年再版后记。

符号学：传媒景观世界的图式把握》，陆正兰《歌曲与性别：中国当代流行音乐研究》，李玮《新闻符号学》，饶广祥《广告符号学》，宗争《游戏学：符号叙述学研究》，孙金燕《武侠文化符号学：20世纪中国武侠文本的虚构与叙述研究》，张碧（译）《社会符号学》，乔琦《形式动力：新诗论争的符号学考辨》，等等。

尚未出版但是已经接近完成的有：谭光辉《符号叙述学》，闫文君《名人：传播符号学研究》，蒋诗萍《中国品牌国际传播：文化符号生产与认同机制》，冯月季《社会符号学》，彭佳《生态符号学》，王委艳《交流叙述学》，刘利刚《电影修辞》，陆正兰《流行音乐传播符号学》，王小英《网络文学的符号学分析》，等等。特别值得一提的是赵星植编选翻译的《皮尔斯：论符号》，皮尔斯的符号学论著，以难读难译闻名，这是皮尔斯符号学原作第一次全面的中译。

我重读这本《符号学原理与推演》，额手庆幸的是：中国符号学运动的重任，已经转到青年一代学者肩上。这原来就是我从2006年起写作此书心中的目的：介绍原理，辨析疑难，举例推演，为青年学子提供一套基本的符号学理论与方法论。其中关于符号与符号学的"重新定义"，关于"symbol"的辨义，关于"标出性""伴随文本""元语言冲突""解释旋涡"的仔细解释，在近几年的学界实践中已经看得出产生了效果。这是我感到最高兴的事。

自从1978年开始有机会"做学问"，经吾师卞之琳先生的指导，以形式论及其历史为主攻方向。我很明白，本是中人之才，只有凭借锲而不舍，常年坚持，才能在一点上有所突破。我不敢说自己是"甘坐冷板凳"，实际上，一是别的板凳我不会坐，也轮不到我来坐；况且这个板凳之前，三五青年好友，常来切磋商榷，为貌似无用之学，争个面红耳赤。冷乎哉？冷乎哉？冷暖自知。有此板凳，此生复何求？

赵毅衡

2015年8月8日，暑日凉爽

2023 年再版后记

此书酝酿多年，成稿于 2010 年底，次年 3 月在南京大学出版社出版，至今已经出了三版。各有后记，该谢的人，该说的话，都已经说了，笔者不应再啰嗦。不过这次四川大学出版社再版，修订幅度还是比较大，尤其砍掉两个大章，不得不对此做个简单说明。

符号学在中国发展非常快，我本人也把原书的"推演"的若干应用领域，进一步写成《广义叙述学》《艺术符号学：艺术形式的意义分析》《符号美学与艺术产业》三本书，原来在心里盘旋的符号叙述问题、符号学艺术研究，都有机会得到比较详备的发展，得到了更加充分的讨论。因此，原书第 14 章"艺术符号学"，第 15 章"符号叙述学，广义叙述学"，就像是为心中多年的准备写了个预案。既然感兴趣的读者，能直接翻阅后出的几本书，我决定整体割舍此二章。

希望本书的读者觉得稍微轻松一些。任何学问的发展，涉及的问题应当越来越富厚，论述却应当越来越简洁。笔者最大的愿望，就是让这本书越来越容易读。

四川大学出版社的陈蓉老师，为此修订再版做了很多繁重琐碎的工作，感激不尽。

赵毅衡
2023 年 6 月端午之后